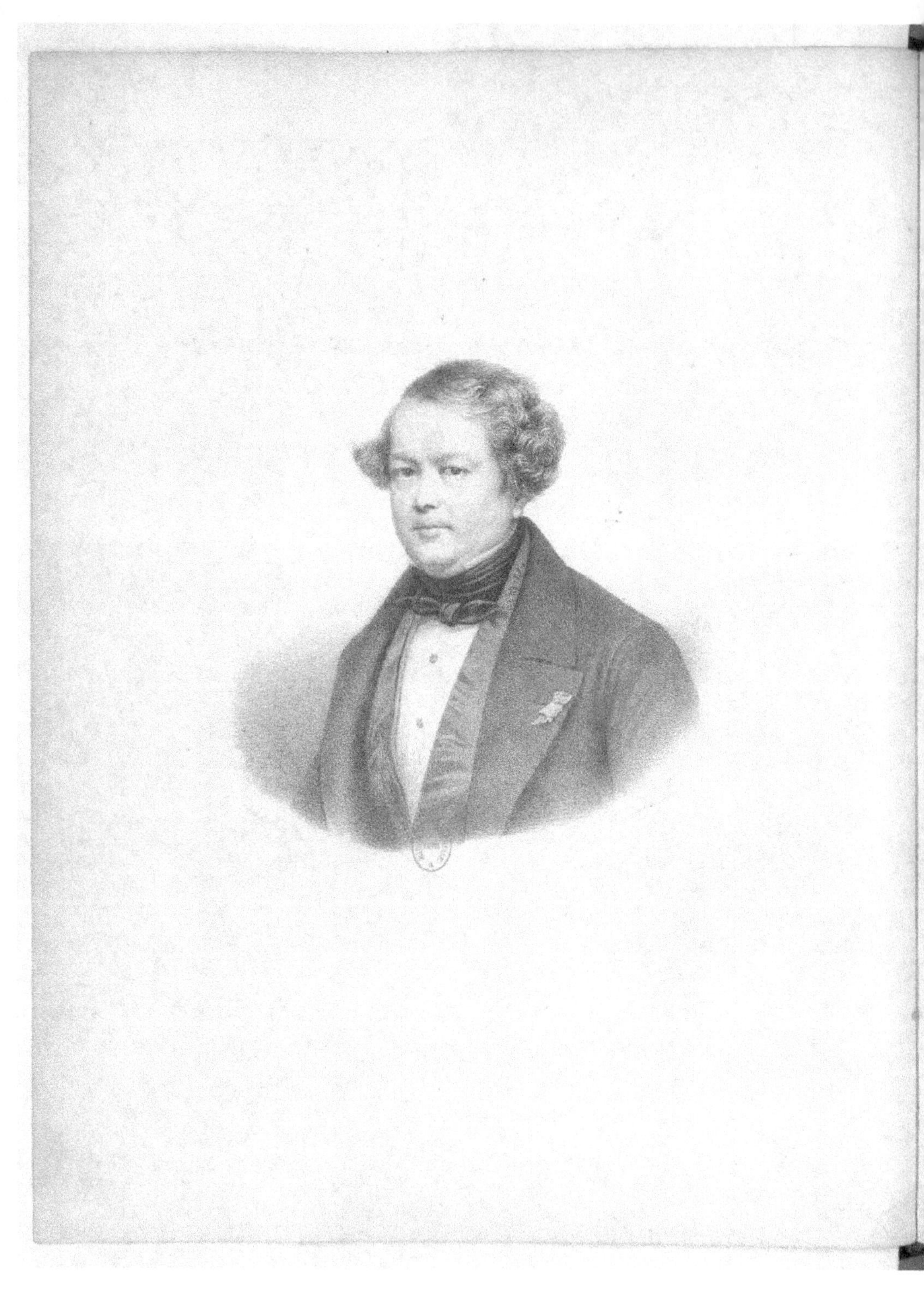

TRAITÉ
DE L'HARMONIE PRATIQUE

ET DES MODULATIONS

EN TROIS PARTIES

DÉDIÉ

À Sa Majesté l'Empereur des Français

NAPOLÉON III

Première Partie :
Traité complet d'Harmonie pratique.

Deuxième Partie :
L'Art de Moduler.

Troisième Partie :
Devoirs et Leçons à exécuter au piano
ou à écrire.

Cet ouvrage est approuvé par l'Institut
et adopté pour les classes du Conservatoire.

Prix net . . . . . 40 francs.
Chaque partie . . 15

par A. Panseron

Professeur de Chant au Conservatoire de Musique,
Chevalier de la Légion-d'Honneur et de la Couronne de Chêne
de S. M. le Roi des Pays-Bas.

Paris

CHEZ BRANDUS ET TOUS LES MARCHANDS DE MUSIQUE
Ainsi que chez l'Auteur.   21, rue Hauteville.

A LONDRES, CHEZ BOOSEY;   A BRUXELLES, CHEZ MEERENS;
A MILAN, CHEZ RICORDI;   **1855**   A MAYENCE, CHEZ B. SCHOTT.

PARIS. — IMPRIMERIE DE L. DITERNER, RUE DES DEUX. 12.

RAPPORTS DE L'INSTITUT ET DU CONSERVATOIRE DE MUSIQUE

SUR LE

TRAITÉ DE L'HARMONIE PRATIQUE ET DES MODULATIONS

À L'USAGE DES PIANISTES

DE M. A. PANSERON

MINISTÈRE D'ÉTAT. — SECTION DES BEAUX-ARTS

INSTITUT IMPÉRIAL DE FRANCE

ACADÉMIE DES BEAUX-ARTS

Le Secrétaire perpétuel de l'Académie

CERTIFIE que ce qui suit est extrait du procès-verbal de la séance du samedi 21 octobre 1854 :

MESSIEURS,

Par sa lettre du 12 septembre 1854, M. le Ministre d'État a invité l'Académie des Beaux-Arts à prendre connaissance de l'ouvrage de M. Auguste Panseron, lequel a pour titre : *Traité de l'Harmonie pratique et des Modulations, à l'usage des pianistes.* Vous avez chargé votre section de musique de l'examiner, et nous avons l'honneur de vous soumettre le Rapport dans lequel nous avons résumé notre opinion.

Arrêtons-nous d'abord à quelques réflexions que nous suggère le titre même de cet ouvrage :

La plupart des savants ont donné à leurs livres un caractère sévère et philosophique. Leurs doctrines, basées sur les lois immuables et mathématiques du corps sonore, s'écartent peu des principes fondamentaux auxquels se rattachent les développements dont l'art moderne s'est enrichi. Ces grands théoriciens se renferment presque toujours dans le domaine de la science, ils approfondissent les causes et s'étendent peu sur les effets. Quelques-uns de ces maîtres, dont les ouvrages ont, sans contredit, une grande autorité, paraissent s'adresser plutôt à l'intelligence qu'à l'instinct; leurs définitions, parfois abstraites, ne sont guère accessibles qu'aux esprits cultivés; leurs exemples, par une certaine disposition des parties, exigeraient souvent chez le lecteur une oreille assez exercée pour qu'il pût s'en rendre compte sans le secours d'aucun instrument; enfin ces divers traités, si estimables d'ailleurs, sont plutôt destinés à ceux que leur vocation ou leur profession attirent vers l'étude de l'harmonie.

Aujourd'hui, le goût de la musique s'est plus généralement répandu. Quelques notions d'harmonie deviennent, pour l'amateur le plus modeste, le complément indispensable d'une éducation musicale.

Pour répondre à ces tendances, les professeurs et les théoriciens semblent vouloir donner à leurs méthodes une forme plus pratique qui permette à toutes les aptitudes d'y puiser des connaissances moins approfondies, peut-être, mais assurément plus utiles.

L'ouvrage que nous venons d'examiner a un avantage incontestable : par la pureté de ses doctrines, par sa logique, sa clarté et les développements considérables de ses leçons pratiques, il est propre à guider à la fois les professeurs dans l'enseignement difficile de l'harmonie, et à former de bons élèves, selon le degré de leur intelligence.

L'auteur a donc voulu mettre cet ouvrage à la portée du plus grand nombre, et l'a intitulé : *Traité de l'Harmonie pratique et des Modulations, à l'usage des pianistes.*

Le piano n'est-il pas, en effet, adopté aujourd'hui par tous les musiciens? Cet orchestre docile n'est-il pas aussi l'interprète de toute musique? et, sans parler ici des mille chefs-d'œuvre spécialement écrits pour cet instrument, quels services immenses n'est-il pas appelé à rendre? Par son secours, on peut quelquefois suppléer aux richesses des masses vocales et instrumentales; le piano rend fidèlement, sinon le coloris et tous les détails, du moins le caractère, les lignes, les contours d'une composition et la pensée tout entière de l'auteur.

Qui n'a éprouvé un charme infini à lire, dans le recueillement, des ouvrages dont l'audition ou la représentation l'avait vivement impressionné? C'est encore le piano qui permet de traduire, d'apprécier et de faire admirer à d'autres ces beautés dont le souvenir le plus fugitif donne cependant de si intimes et de si douces jouissances.

Voilà, ce nous semble, quelle a dû être la pensée dominante qui a guidé M. Panseron dans son œuvre.

Il veut soumettre l'élève à la règle, sans jamais sacrifier les exigences de l'oreille et de l'instinct. Il veut l'habituer à se rendre compte de ses impressions, non par une froide et sèche analyse où le sentiment n'aurait aucune part, mais en lui faisant faire une application intelligente des principes qu'il a reçus; il veut enfin qu'il puisse acquérir une bonne érudition, élever son goût et ennoblir sa pensée par l'étude approfondie des chefs-d'œuvre de l'art.

L'ouvrage de M. Panseron se divise en trois parties : la première partie forme seule un cours complet d'harmonie et d'accompagnement pratiques. Ce travail se distingue par une grande lucidité et par une heureuse classification des matières. On y remarque aussi des tableaux synoptiques très bien faits et des exercices mnémoniques fort ingénieux qui simplifient et abrègent les études.

La deuxième partie est un traité fort étendu sur l'art de moduler dans tous les tons majeurs et mineurs. L'auteur démontre, par des critiques raisonnées, que les maîtres, qui, jusqu'à ce jour, ont le plus habilement traité cette importante matière, procèdent plutôt par inspiration qu'avec méthode; leurs modulations, dit-il, sont fort bonnes, mais ne découlent d'aucun principe.

L'auteur, il faut le reconnaître, vient de tracer aux élèves une route plus facile et plus sûre (il s'agit surtout des pianistes, ne l'oublions pas). Il prouve qu'il n'y a que onze modulations possibles qu'il classe en deux catégories très distinctes, à savoir : l'une de six modulations au moyen de la règle dite d'octave, l'autre de cinq, par la puissance de l'accord de sixte augmentée.

Ce système, dont nous ne pouvons déduire ici toutes les conséquences, est ingénieux, nouveau, et a le mérite de réduire des combinaisons et des difficultés infinies à un mécanisme simple et infaillible. Après avoir présenté le tableau de toutes les modulations possibles, M. Panseron donne de nombreux exemples empruntés à Catel, Albrechtsberger, Kalkbrenner, Rinck, Czerny, et termine en mettant sous les yeux quelques pages célèbres des plus grands compositeurs, afin de prouver l'effet immense que peut produire une modulation inusitée ou une harmonie excentrique, lorsqu'elle est dictée par une véritable inspiration.

La troisième partie est un recueil de leçons ou devoirs harmoniques dans tous les tons et de tous les styles. On y trouve une suite variée d'études de différents auteurs modernes, une longue série de basses chiffrées et non chiffrées, et enfin, quelques mélodies analysées pour préparer l'élève à écrire une basse sous un chant donné.

Mais, comme le dit l'auteur, là s'arrête le cours d'harmonie et commence l'étude de la composition.

En résumé, cet important ouvrage, qui complète la série de méthodes élémentaires que M. Panseron avait précédemment soumises à l'Académie, nous paraît surtout remarquable par l'unité, la nouveauté des aperçus et l'habile progression observée dans chacune de ses parties. Il est, en un mot, le fruit d'une longue expérience et de persévérantes méditations. Nous le croyons destiné à rendre de grands services à l'enseignement.

En conséquence, nous vous prions, messieurs, d'accorder votre honorable approbation au traité d'harmonie de M. Auguste Panseron.

Signé à la minute Auber, Carafa, Adam, Reber, Clapisson et Ambroise Thomas, rapporteur.

Ce rapport est adopté par l'Académie.

Certifié conforme, le Secrétaire perpétuel,
Signé : HALÉVY.

Pour copie conforme, le chef de la Section des théâtres,
Signé : CAMILLE DOUCET.

CONSERVATOIRE IMPÉRIAL DE MUSIQUE

ET DE DÉCLAMATION

Paris, le 10 novembre 1856.

Le Comité des études musicales a examiné le *Traité de l'Harmonie pratique et des Modulations, à l'usage des pianistes,* composé par M. Auguste Panseron.

Il a reconnu que cet important ouvrage était basé sur de bonnes doctrines, qu'il contenait des aperçus nouveaux, des tableaux synoptiques fort utiles et des exercices mnémoniques qui facilitent et abrègent les études.

La deuxième partie de cette méthode, qui traite de l'*Art de Moduler,* est très remarquable par la logique, la clarté et surtout par les procédés ingénieux au moyen desquels on peut avec certitude moduler dans tous les tons. Route nouvelle, où l'auteur s'avance avec une sorte d'infaillibilité mathématique, lorsque jusqu'ici on s'était abandonné à la seule inspiration.

N'eût-il écrit que cette seconde partie, l'habile théoricien aurait rendu un véritable service à l'enseignement.

Le Comité pense donc qu'il y a lieu d'adopter, pour l'usage des classes du Conservatoire impérial de musique, l'intéressant ouvrage de M. Auguste Panseron.

AUBER, *directeur du Conservatoire, président du Comité;*

F. HALÉVY; AMBROISE THOMAS; G. MEYERBEER; D. ALARD; BATTON; A. LE BORNE; VOGT;

ÉDOUARD MONNAIS, *Commissaire impérial;*

ALF. DE BEAUCHESNE, *secrétaire.*

TRAITÉ DE L'HARMONIE PRATIQUE
ET DES MODULATIONS
à l'usage des Pianistes
première Partie

Pour commencer l'harmonie soit pratique ou écrite à plusieurs parties, l'élève doit savoir parfaitement tous les principes de Solfège.

Je dois avouer que presque tous ceux qui sont venus travailler chez moi en ignoraient une grande partie, il fallut donc les leur faire recommencer à partir de la formation des gammes majeures et mineures et surtout, les intervalles, tableau si difficile et si ardu dont on n'a jamais bien apprécié la difficulté. Je vous le démontrerai en vous prouvant la quantité d'intervalles que l'on peut trouver sur une seule note, naturelle, diésée et bémolisée.

Ce sont tous ces détails indispensables qui rendront peut-être mon ouvrage volumineux, parceque j'ai voulu donner beaucoup d'exemples pratiques.

Les Professeurs doivent reconnaître avec moi qu'une des leçons les plus difficiles à bien donner est celle du tableau des intervalles; en voici la raison. Après m'être donné la peine de faire le tableau complet de tous les intervalles possibles sur toutes les notes naturelles, diésées et bémolisées, j'en ai trouvé 588 et je le prouverai plus bas lorsque j'enseignerai ce tableau.

On comprend facilement quel immense effort de mémoire il faut à l'élève pour le retenir.

Pour éviter au maître et à l'élève de recourir à un livre de principes de solfège, je vais placer ici ceux essentiels à l'harmonie.

Je commencerai donc par donner la leçon sur la formation des gammes majeures et mineures.

Pour bien comprendre une gamme il faut savoir apprécier le ton et le demi-ton.

Le ton est la distance qu'il y a d'une note à une autre, lorsqu'il y a un demi-ton entre; ainsi d'*ut* à *ré* il y a un ton, voyez qu'entre ces deux notes, il se trouve au piano une note noire qui forme le demi ton; de *ré* à *mi* il y a aussi un ton; mais de *mi* à *fa* il n'y a qu'un demi-ton, vous devez observer qu'il n'y a pas de note entre le *mi* et le *fa*. De *fa* à *sol* un ton, de *sol* à *la* un ton, de *la* à *si* un ton et de *si* à *ut* un demi-ton.

Il existe deux espèces de demi-tons: le diatonique et le chromatique.

Le demi-ton diatonique est celui que vous trouvez dans la gamme diatonique d'*ut* majeur, comme de *mi* à *fa* et de *si* à *ut*; observez qu'il faut nommer deux notes différentes pour le former, tandis que le demi-ton chromatique s'opère sur la même note au moyen d'un accident tel que d'*ut* à *ut* ♯, de *ré* à *ré* ♯, de *mi* ♭ à *mi* naturel, de *sol* ♭ à *sol* naturel, etc. etc.

EXEMPLE DE PLUSIEURS DEMI-TONS DIATONIQUES.

EXEMPLE DE PLUSIEURS DEMI-TONS CHROMATIQUES

NOMS GÉNÉRIQUES DE LA GAMME.

Tonique.	Sus-tonique.	Médiante.	Sous-dominante.	Dominante.	Sus-dominante.	Sensible.	Tonique.

MNÉMONIQUE POUR SE SOUVENIR DE CES HUIT NOMS.

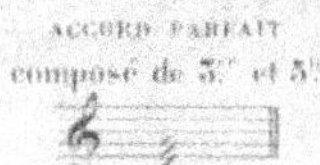

L'*ut* se nomme tonique parceque c'est la première note du ton; ainsi tonique vient du mot ton.

Mi se nomme médiante parceque c'est la note au milieu de l'accord *ut* <u>mi</u> *sol*; médiante vient du mot medium.

Sol se nomme dominante parceque c'est la note qui domine dans l'accord. Une fois que vous savez ces trois notes par leur étymologie les cinq autres deviennent faciles à apprendre et parconséquent à retenir.

Le *Ré* se nomme sus-tonique étant au dessus de la tonique; le *Fa* sous-dominante étant une note en dessous de la dominante. *La* sus-dominante étant une note au dessus de la dominante. *Si* se nomme sensible parceque véritablement il y a une espèce de sensibilité qui le porte à l'*ut* essayez à chanter *ut re mi fa sol la si*, vous sentirez la nécessité de faire monter ce *si* à l'*ut*; et l'*Ut* se nomme octave parcequ'il est à la 8.ᵐᵉ note de la tonique.

Il en est de même dans toutes les autres gammes; la 1.ʳᵉ note se nomme tonique et ainsi de suite, en *sol*, le *sol* est la tonique, en *re*, c'est le *ré* etc.

Les harmonistes ne connaissent que cette gamme et se servent de ces huit noms pour les 15 gammes, soit majeures soit mineures.

TABLEAU DES GAMMES MAJEURES.

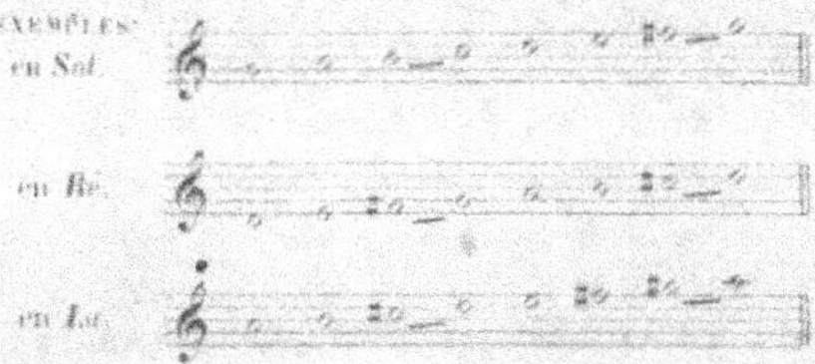

Le Professeur devra faire écrire toutes ces gammes dans tous les tons, sans mettre les accidents aux clés, mais bien devant les notes afin de s'assurer de la parfaite compréhension de l'élève.

De même pour toutes les autres gammes.

L'élève devra aussi souligner les deux demi-tons qui se trouvent de la 3.ᵉ à la 4.ᵉ note et de la 7.ᵉ à la 8.ᵉ; rendez vous bien compte que la gamme majeure se compose de cinq tons et deux demi-tons. Puisque les demi-tons sont de la 3.ᵉ à la 4.ᵉ et de la 7.ᵉ à l'8.ᵉ, les cinq tons se trouvent entre les autres notes.

DE LA FORMATION DE LA GAMME MINEURE.

Avant d'étudier cette gamme il faudra s'assurer que l'élève sait bien composer toutes les gammes majeures dans tous les tons, et qu'il sait bien les relatifs des tons majeurs. Les relatifs se trouvent à la 3ᵉ mineure composée d'un ton et d'un demi-ton diatonique, en dessous du ton majeur.

Exemple, le relatif mineur d'*Ut* majeur est *La* mineur.

Celui de *Sol* majeur est *Mi* mineur, celui de *Fa* majeur est *Ré* mineur etc. Voyez la page (6) et (7).

Il y a plusieurs manières de former cette gamme, elle se fait en montant avec la 6ᵉ mineure ou avec la 6ᵉ majeure, mais nous premièrement nous l'étudierons avec la 6ᵉ mineure, celle-ci étant la plus normale et la moins accidentée. Nous commencerons par le relatif d'*Ut* majeur qui est *La* mineur.

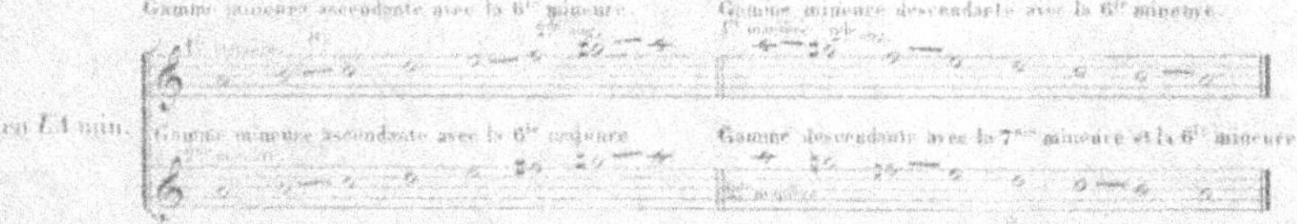

EXEMPLE

Vous remarquerez que cette gamme se forme des mêmes notes que la gamme d'*Ut* son relatif majeur, avec la seule exception que la septième note du ton mineur est haussée d'un demi-ton chromatique pour la rendre sensible.

Voyez la gamme *Ré* mineur, vous la formerez avec les notes du ton de *Fa* en haussant *Ut* 7ᵉ note qui devient *Ut* ♯. De même dans tous les tons. Faites beaucoup de questions, et surtout donnez des exemples.

On doit faire écrire à l'élève toutes ces gammes et ensuite lorsqu'elles sont bien corrigées il faut les lui faire apprendre par cœur.

J'engagerai le professeur à revenir souvent à ces principes. Une fois que l'élève saura bien former ainsi cette gamme mineure, la 2ᵉ manière avec la 6ᵉ majeure sera bien facile à comprendre. Cette seconde gamme est plus vocale parce qu'il n'y a pas d'intervalle de 2ᵉ augmentée de la 6ᵉ à la 7ᵉ note.

VOICI LES DEUX MANIERES DE FAIRE LA GAMME MINEURE.

Gamme mineure ascendante avec la 6ᵉ mineure.　　Gamme mineure descendante avec la 6ᵉ mineure.

en *La* min.

Gamme mineure ascendante avec la 6ᵉ majeure.　　Gamme descendante avec la 7ᵐᵉ mineure et la 6ᵉ mineure.

Vous ferez bien observer à l'élève que la 7ᵉ note de la gamme mineure doit être toujours haussée d'un demi-ton, quelle qu'elle soit, ainsi si la note formant la sensible est bémolisée il faut la hausser par un ♮, si elle est naturelle il faut la hausser par un ♯, et si elle est déjà diésée, il faudra la hausser par un double dièse. Donnez toujours des exemples à vos élèves, souvent la théorie ne suffit pas pour se faire bien comprendre. Il n'y a qu'en descendant de la 2ᵉ manière que la 7ᵉ note n'est pas altérée.

Faites bien comprendre la différence de la 6ᵉ mineure à la 6ᵉ majeure, intervalle essentiel à apprécier pour former les deux manières de faire la gamme mineure; au surplus à la leçon suivante le tableau d'intervalles le lui enseignera parfaitement.

EXEMPLES DE TOUTES LES GAMMES MINEURES AVEC DES ACCIDENTS.

avec 1 ♯ à la clé.　　　　　　　　　　　　　avec 1 ♭ à la clé.

avec 1 ♯ à la clé.　　　　　　　　　　　　　avec 1 ♭ à la clé.

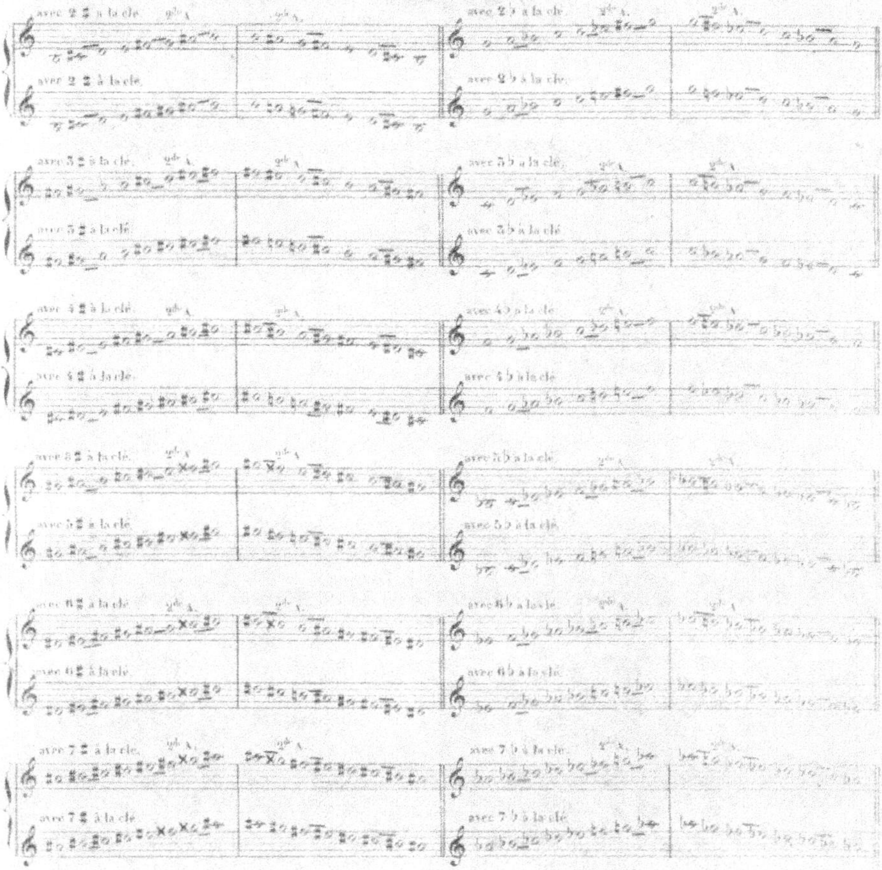

Assurez vous toujours que la gamme mineure est le relatif de tel ton majeur, et sachez quels sont les accidents qui entrent dans le ton majeur. Servez vous en pour la gamme mineure, et haussez la 7e note du mode mineur. Ce moyen est infaillible.

Observez la bizarrerie de cette gamme. Voyez où sont posés les demi-tons. Remarquez que dans la 1re manière en montant il y a trois demi-tons du 2e au 3e degré du 5e au 6e et du 7e au 8e et un intervalle de 2e augmentée du 6e au 7e degré, et que dans la 2e manière, cet intervalle de 2e augmentée ne s'y trouve plus et qu'alors il n'y a que 2 demi-tons du 2e au 3e degré et du 7e au 8e. En descendant la 1re manière les demi-tons sont les mêmes qu'en montant et dans la 2e manière en descendant ils sont placés du 6e degré au 5e et du 3e au 2e degré en prenant de la note supérieure à la note inférieure.

DES MODES.

Mode signifie état des tons. Les tons sont majeurs ou mineurs; la différence la plus sensible existe dans la qualité de l'intervalle qui sépare la troisième de la première note d'une Gamme. Si l'intervalle forme deux tons, une tierce majeure, la gamme est majeure.

Exemple.   Si l'intervalle forme seulement un ton et demi, la gamme est mineure.

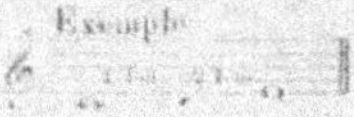

La gamme mineure n'est point une gamme nouvelle; elle est formée par les notes de la gamme modèle, mais à des degrés différens.

Gamme majeure.   Gamme mineure.

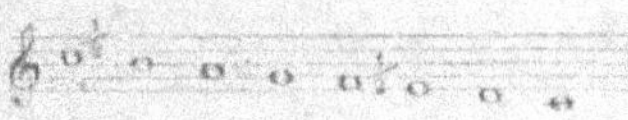

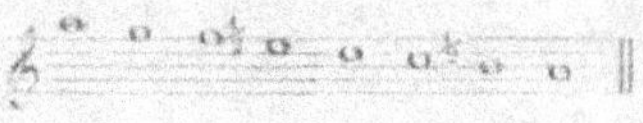

En exécutant cette gamme mineure en montant, on y introduisit des modifications et l'on haussa d'abord la septième note, la sensible, qui tend à se rapprocher de la tonique.

L'intervalle de Fa à Sol # était dur à l'oreille et très difficile à chanter à cause du degré d'un ton et demi; on le rapproche de la septième.

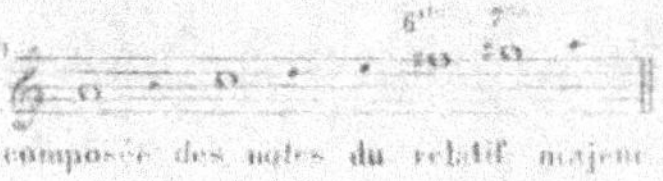

Mais en descendant de 2e manière, la gamme mineure doit être composée des notes du relatif majeur; c'est pourquoi l'on dit que le ton de La mineur est *relatif* de celui d'Ut; et *vice versa*, pour tous les tons; les relations analogues ont-ils le même nombre d'accidens à la clé.

Cependant plusieurs théoriciens conservent la septième majeure en descendant.

On peut effectivement descendre cette gamme de deux manières comme nous l'avons vu précédemment.

DÉSIGNATION DES TONS MAJEURS ET DES TONS MINEURS RELATIFS.

La gamme qui se note sans accident à la clé. — *Ut mode majeur.*

La gamme mineure de La qui se trouve n'a point d'accident. — *La mode mineur.*

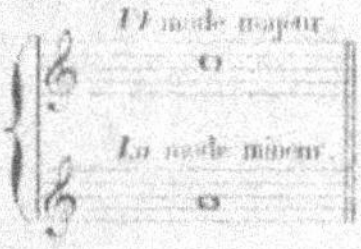

Avec un dièse à la clé, on est en Sol majeur, ou — *Sol majeur.*

dans le relatif mineur, qui est Mi mineur. — *Mi mineur.*

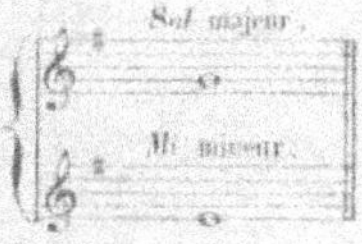

Avec deux dièses à la clé, on est en Ré majeur, ou — *Ré majeur.*

dans le relatif, Si mineur. — *Si mineur.*

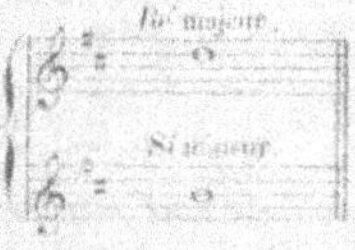

Avec trois dièses on est en La majeur ou — *La majeur.*

Fa # mineur. — *Fa # mineur.*

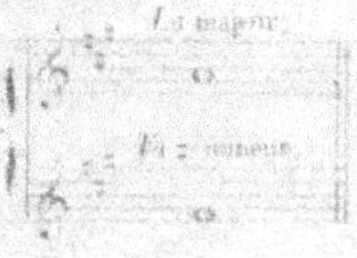

Avec quatre dièses on est en Mi majeur, ou — *Mi majeur.*

en Ut # mineur. — *Ut # mineur.*

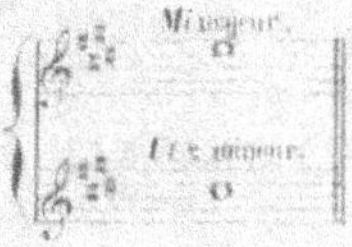

Avec cinq dièses on est en Si majeur, ou — *Si majeur.*

en Sol # mineur. — *Sol # mineur.*

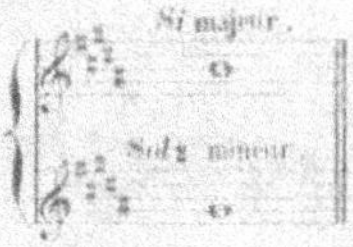

Avec six dièses on est en Fa # majeur, ou — *Fa # majeur.*

en Ré # mineur. — *Ré # mineur.*

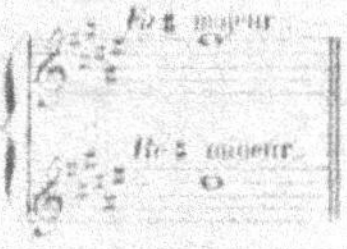

Avec sept dièses on est en Ut # majeur, ou — *Ut # majeur.*

en La # mineur. — *La # mineur.*

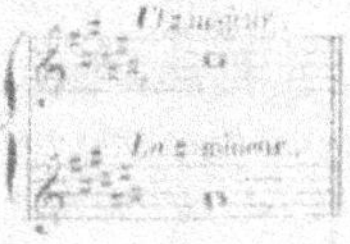

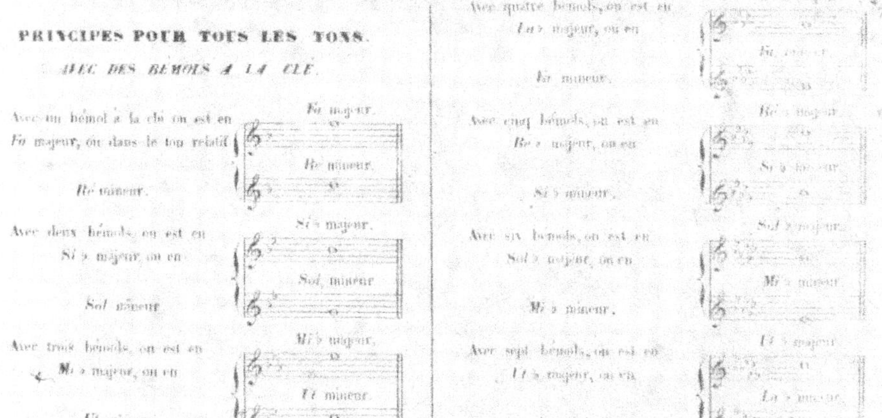

DE LA DISTINCTION DU MODE MAJEUR ET DU MODE MINEUR.

Les signes de la clé ne peuvent, seuls, aider à trouver dans quel mode est un morceau.

Il faut encore lire ce morceau et en chercher les notes essentielles qui forment des accords parfaits, c'est à dire composés de tonique, tierce et quinte.

Accord parfait majeur. 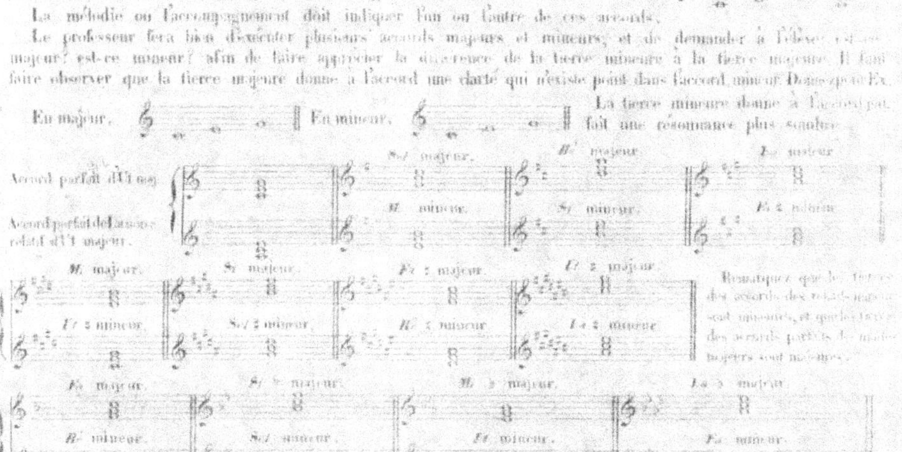 Accord parfait mineur.

La mélodie ou l'accompagnement doit indiquer l'un ou l'autre de ces accords.

Le professeur fera bien d'exécuter plusieurs accords majeurs et mineurs, et de demander à l'élève: est-ce majeur? est-ce mineur? afin de faire apprécier la différence de la tierce mineure à la tierce majeure. Il faut faire observer que la tierce majeure donne à l'accord une clarté qui n'existe point dans l'accord mineur. Demandez-ex.

En majeur. En mineur. La tierce mineure donne à l'accord parfait une résonnance plus sombre.

TABLEAU DES INTERVALLES AVEC LEURS RENVERSEMENTS.

Unisson juste	Unisson aug.	Unisson dim.	2de maj.	2de aug.	2de min.	2de dim.	3ce maj.	3ce aug.	3ce min.	3ce dim.
8ve juste	8ve dim.	8ve aug.	7e min.	7e dim.	7e maj.	7e aug.	6te min.	6te dim.	6te maj.	6te aug.

4te juste	4te aug.	4te dim.	5te juste	5te aug.	5te dim.	6te maj.	6te aug.	6te min.	6te dim.
5te juste	5te dim.	5te aug.	4te juste	4te dim.	4te aug.	3ce min.	3ce dim.	3ce maj.	3ce aug.

7e maj.	7e aug.	7e min.	7e dim.	8ve juste	8ve aug.	8ve dim.
2de min.	2de dim.	9de maj.	2de aug.	Unisson juste	Unisson aug.	Unisson dim.

Les autres intervalles possibles ne s'emploient pas ou du moins très rarement. Il est important de savoir bien par cœur et surtout par raisonnement, de quoi se composent les intervalles, et de bien connaître quelle est la qualité des demi-tons s'ils sont diatoniques ou chromatiques.

J'offrirai à l'élève pour faciliter l'étude du renversement une mnémonique qui est assez curieuse et qui doit frapper son esprit.

En additionnant l'intervalle avec le renversement, le total doit toujours former le nombre neuf.

L'unisson représentant le nombre 1	La seconde le nombre 2	La tierce le nombre 3	Ainsi de suite pour tous
et son renversement le nombre 8	et son renversement 7	et son renversement 6	les intervalles.
total 9	total 9	total 9	

MNÉMONIQUE IMPORTANTE

POUR AIDER LA MÉMOIRE, ET BIEN APPRÉCIER LES DIFFÉRENTS INTERVALLES.

On a remarqué qu'il y avait huit intervalles qui diffèrent entre eux d'un demi-ton de plus ou de moins, ce qui donne un kaléidoscope intervalal à retenir.

Voici les moyens infaillibles que j'ai trouvés pour savoir et retenir parfaitement les intervalles.

TOUS LES INTERVALLES NATURELS DE LA GAMME MAJEURE.

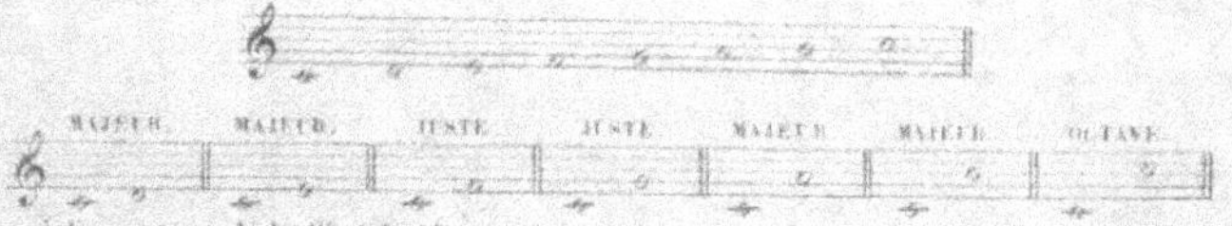

Sont majeurs à l'exception de la 4te et la 5te que l'on nomme justes.

Les intervalles majeurs en les haussant d'un demi-ton deviennent augmentés; en les baissant d'un demi-ton ils sont mineurs; et en les baissant de deux demi-tons ils sont diminués.

Les justes ou inaltérés ne pouvant être ni majeurs ni mineurs, il suffira de les hausser d'un demi-ton pour qu'ils soient augmentés et de les baisser d'un seul demi-ton pour qu'ils soient diminués. Voyez la preuve dans les exemples du tableau des différents intervalles ci-dessus.

Je prie le professeur d'apporter la plus scrupuleuse attention à ces règles entièrement neuves. Je m'en suis constamment servi comme d'un moyen infaillible pour enseigner les intervalles dans mes classes, et je n'ai jamais trouvé une seule intelligence rebelle à ces procédés. Mettez l'unisson et l'8ve dans la catégorie des intervalles justes.

Je vais vous prouver qu'il y a 588 intervalles en musique; vous voyez d'après le tableau précédent qu'il y en a 28 possibles sur la même note, et comme les 7 notes de la gamme majeure peuvent être naturelles, diésées ou bémolisées, cela donne vingt et une espèces de notes; donc en multipliant ces 21 notes par 28 intervalles possibles sur chacune d'elles, cela donne le total de 588.

Pour faire ce travail avec fruit l'élève devra savoir toutes les gammes majeures, car lorsqu'il sera interrogé sur une autre note que la gamme d'ut, il faut qu'il considère la note grave de l'intervalle comme *Tonique*. Exemple *Ré, Si* cet intervalle est une sixte mineure parce-que le Si doit être naturel dans la gamme de Ré majeur et que le Si étant baissé d'un demi-ton suit d'après le principe précédent que cet intervalle doit être mineur. Mi, ut, de même, puisque dans la gamme de Mi, l'ut doit être dièse; Sol, fa#, 7me mineure, puisque dans la gamme de Sol le fa est dièse; La, ut#, 3me mineure par la même raison; Fa, ut#, 5te augmentée; Fa, ut♮, 5te diminuée; la Sixte augmentée de Sol, doit être Mi#, puisque dans la gamme de Sol le mi est naturel, et que un # hausse la note d'un demi-ton, je pense que ces quelques exemples suffiront pour bien faire comprendre cette théorie.

Il existe cependant quelques positions sur de certaines notes où les élèves peuvent être très embarassés, ce sont les notes qui offrent beaucoup d'accidents à la clé. Exemple les notes Sol#, Ré#, La#, Fa#. Vous voyez que si ces notes sont toniques il y a 8, 9, 10 dièses à la clé et 8 bémols dans le dernier tout; alors les gammes sont très difficiles à trouver à cause de la grande quantité d'accidents. Dans ces cas difficiles, j'offrirai deux moyens qui doivent faciliter le travail.

Le premier est de prendre le renversement, par ce moyen on trouve de suite la qualité de l'intervalle.

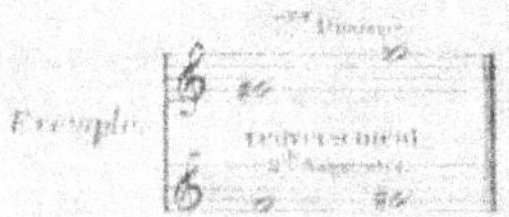

On voit de suite que le renversement de Sol # Fa ♮ est Fa Sol #, ainsi puisque le renversement donne une 2de augmentée l'intervalle doit être une 7me diminuée. Suite et plusieurs autres exemples.

Faites de même pour trouver les autres intervalles.

Le second moyen le voici: nous allons étudier les mêmes intervalles. Quelle est la difficulté qui se présente? c'est de trouver la qualité d'un intervalle lorsque vous avez de la peine à faire la gamme majeure, dans ce cas; ôtez l'accident qui fait que vous avez plus de 7 dièses ou 7 bémols et rendez la note naturelle; n'oubliez pas que vous avez **retiré cet** accident, et rendre le [...] à la fin du calcul. Exemple: ôtez le dièse du sol et vous trouvez sol♮, la♮ qui vous donne une 7me majeure; mais n'oubliez pas que d'avoir retiré le dièse au sol vous a agrandi l'intervalle d'un demi-ton ainsi en remettant le dièse au sol cela **vous diminue** la 7me mineure encore d'un demi-ton, ce qui vous donne la 7me diminuée; de même pour ce # la; retirez le dièse du ré cela vous donne une 4te juste mais en remettant le dièse au ré vous voyez que votre 4te est **diminuée d'un** demi-ton ainsi vous avez la 5te **diminuée**, il en sera de même pour l'intervalle de la #, ré, ainsi que celui de La#, ut. Procédez toujours de même pour tous les intervalles qui vous offriront de la difficulté. Après avoir étudié et s'être bien rendu compte des deux manières l'élève choisira le procédé qui va le mieux à sa compréhension. Cependant je désire qu'il les sache très bien tous les deux.

DES TROIS GENRES

LE GENRE DIATONIQUE, LE GENRE CHROMATIQUE ET LE GENRE ENHARMONIQUE

Le genre diatonique procède par ton et demi-ton.

Le genre chromatique procède par demi-ton.

Le genre enharmonique est le passage d'une note à une autre sans que l'intonation soit changée d'une manière sensible.

MNÉMONIQUE POUR BIEN SAVOIR DE COMBIEN DE TONS ET DE DEMI-TONS
SE COMPOSENT TOUS LES INTERVALLES.

Les élèves pouvant très difficilement retenir la composition de tous les intervalles, il suffit qu'ils sachent d'une manière imperturbable les trois principaux qui sont: La tierce majeure *Ut Mi* composée de deux tons; la quinte juste *Ut Sol* composée de trois tons et un demi-ton; et l'octave *Ut Ut* composée de cinq tons et deux demi-tons. Chaque fois qu'on les interrogera sur la composition des autres intervalles, ils devront les comparer à celui des trois intervalles le plus rapproché.

Ils doivent savoir qu'il y a 28 espèces d'intervalles et c'est ce grand nombre qui en fait la difficulté. Je vais en outre de ces trois principaux leur en indiquer plusieurs autres qui les faciliteront.

La 5me diminuée 2 tons 2 demi-tons diatoniques. Prenez pour mnémonique 2, 2.

La 7me diminuée 3 tons 3 demi-tons diatoniques. id.   3, 3.

La 4te augmentée 3 tons ou triton.

La 5te diminuée 2 demi-tons diatoniques.

Voici une règle excellente: vous ne trouverez de demi-tons chromatiques que dans les intervalles augmentés.

Les demi-tons diatoniques ne se rencontrent que dans les intervalles majeurs, justes, mineurs et diminués; et dans les intervalles augmentés, s'il y a plusieurs demi-tons c'est toujours le second qui est chromatique, même s'il n'y en a qu'un, tel que dans la 2de augmentée le demi-ton est chromatique.

Il existe encore une difficulté, c'est celle de trouver la quantité de tons et de demi-tons des intervalles diminués, posés sur de certaines notes, telle que la 7me diminuée sur *Ut* qui donne *Si* double bémol. Voici un moyen infaillible, c'est de considérer la note grave de l'intervalle diminué comme sensible de la gamme mineure et de formuler cette gamme; vous avez alors

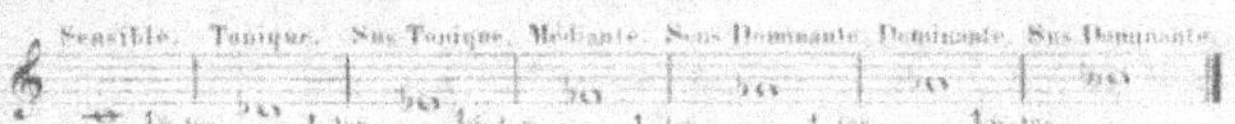

En prenant *Ut* pour sensible vous faites la gamme en *Ré♭* mineur ce qui vous donne huit bémols à la clé et vous avez, en total 5 tons et 3 demi-tons diatoniques. Faites de même toujours pour toute espèce d'intervalle diminué. Non seulement il faut bien savoir la quantité de tons et de demi-tons qui se trouvent dans les intervalles, mais il faut distinguer les demi-tons diatoniques et les demi-tons chromatiques, je ne saurais trop insister là-dessus car c'est avec ces différents intervalles que par la suite on pourra formuler tous les accords.

L'harmonie se compose d'accords; les accords d'intervalles et les intervalles de tons et de demi-tons diatoniques ou chromatiques.

DE L'ENHARMONIE ET DU COMMA.

L'enharmonie est la différence qui existe d'une note à une autre sur la même touche du piano: comme *Ut♯ Ré♭*, *Fa♯ Sol♭* etc.

On nomme comma la neuvième partie d'un ton.

Le ton est composé de 9 commas. Le demi-ton diatonique est composé de 4 commas. Le demi-ton chromatique est composé de 5 commas.

Deux demi-tons diatoniques sont donc plus petits qu'un ton puisqu'ils ne donnent que 8 commas et deux demi-tons chromatiques sont plus grands que le ton puisqu'ils donnent 10 commas; il faut comme vous le voyez un demi-ton diatonique et un demi-ton chromatique ou un demi-ton chromatique et un demi-ton diatonique pour former un ton.

C'est la distance qui existe entre ces deux demi-tons que l'on nomme enharmonie. La science de l'acoustique est seule en état de vous en donner la preuve et même les acousticiens ne sont pas d'accord entre eux.

Il y a donc un comma de *Ré♭* à *Ut♯* de même de *Sol♭* à *Fa♯* etc.

Une mnémonique parfaite à savoir, est de remarquer que la note *Ut♯* écrite au dessous de la note *Ré♭* se trouve à la distance d'un comma au dessus. Il en est de même pour les autres notes.

Les deux espèces de demi-tons diatonique et chromatique ne sont pas indiqués au piano parcequ'il aurait fallu des doubles touches pour *Ut♯* et *Ré♭*, pour *Mi♭* et *Ré♯* etc. Cela aurait donné à l'instrument une trop grande complication et l'on y a sacrifié la pure justesse. Vous allez comprendre le moyen ingénieux que l'on a pris pour y remédier. La différence étant d'un neuvième de ton ou comma, l'accordeur tranche la difficulté en baissant la note diésée de la moitié d'un comma et en haussant la note bémolisée de même d'un demi comma; alors la note baissée ou haussée de cette fraction n'a presque plus de différence sensible puisqu'au lieu d'un neuvième de ton elle est devenue un dix-huitième; mais interrogez un autre instrumentiste que le pianiste et il vous répondra que lorsqu'il fait un *Ut♯* cette note est plus haute que lorsqu'il fait un *Ré♭*; outre que cette différence est sensible à l'oreille elle l'est parfaitement à la vue sur le violoncelle et surtout sur la contre-basse dont les cordes sont plus longues.

DES INTERVALLES CONSONNANTS ET DISSONANTS.

Les intervalles se divisent en intervalles consonnants et dissonants. Les consonnances sont la 3^{ce} la 5te la 6te et l'8^{ve}.

L'unisson est aussi considéré comme intervalle consonnant.

Les dissonances sont la 2de et la 7me.

Il reste la 4te qui a toujours été l'objet de grandes discussions parmi les Théoriciens. Je pense que l'on peut résoudre cette difficulté de cette manière: lorsqu'elle est accompagnée d'un intervalle supérieur consonnant, elle doit être considérée comme consonnance; mais si au cas contraire elle est accompagnée d'un intervalle dissonant, elle perd sa qualité de consonnance, et alors devient dissonant.

Ex. des Consonnances. Unisson. 3^{ce} 5te 6te 8   Ex. des Dissonances. 9e 7me

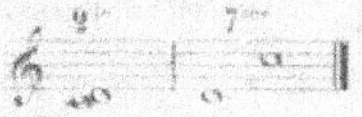

Lorsque cette 4te est accompagnée de la 6te ce qui donne la 3^{ce} supérieure au-dessus de la 4te (l'Fa et la 4te est consonnante; mais si elle est accompagnée de la 5te ou de la 7me elle est dissonante.

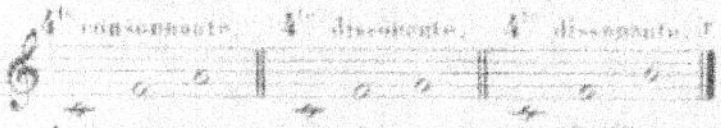

4te consonnante. 4te dissonante. 4te dissonante.   Les consonnances se divisent en parfaites et en imparfaites.

Les consonnances parfaites sont la 5te l'8^{ve} et l'unisson, ces trois consonnances sont parfaites parceque lorsqu'elles sont altérées elles cessent d'être consonnantes.

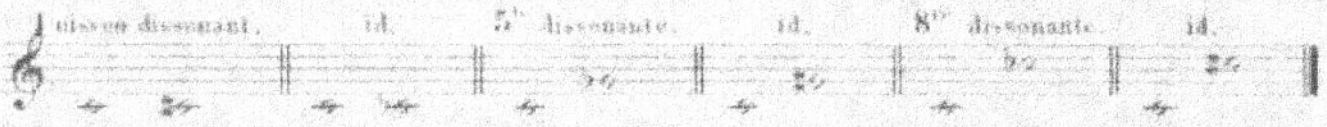

Unisson dissonant. id. 5te dissonante. id. 8^{ve} dissonante. id.

Les consonnances imparfaites sont la tierce et la sixte; on les dit imparfaites parceque, bien qu'elles soient majeures ou mineures, elles ne cessent pas d'être consonnances, mais si elles étaient diminuées ou augmentées elles deviendraient dissonantes.

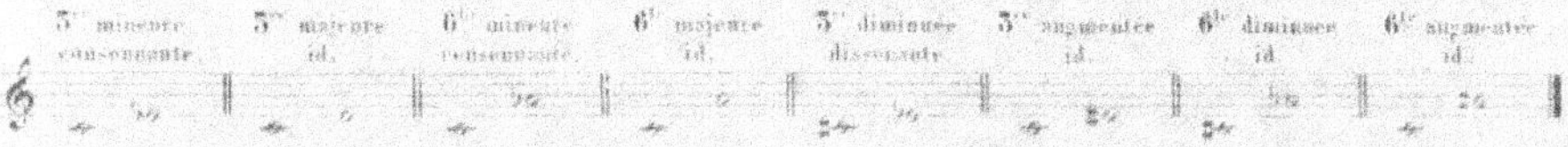

3^{ce} mineure. 3^{ce} majeure. 6te mineure. 6te majeure. 3^{ce} diminuée. 3^{ce} augmentée. 6te diminuée. 6te augmentée.
consonnante. id. consonnante. id. dissonante. id. id. id.

Plusieurs théoriciens pensent que la 3^{ce} augmentée et la sixte diminuée n'existent pas; ils sont dans l'erreur. Il y a plusieurs cas où il faut savoir les analyser.

Il existe aussi d'autres intervalles qui ont été omis dans le tableau; c'est à tort; ainsi la 4te plus qu'augmentée ne se trouve dans aucun tableau; et cependant elle est employée par de grands maîtres. Cherubini entre autres s'en sert dans l'air de Ténor des Abencerages, et certes s'il s'en est servi ce ne peut être ni par hasard ni une faute de sa part.

Exemple de la 4te plus qu'augmentée de Cherubini.

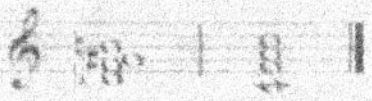

Ré b. et Sol ♯ intervalle de trois tons et un demi-ton chromatique, que répondront les professeurs qui nient cet intervalle?

Je sais bien que l'on répondra que ce Sol ♯ n'est autre que le La b, qu'alors, au lieu d'être un accord avec la 4te plus qu'augmentée, cet accord n'est autre que l'accord de 6te augmentée avec la 3^{ce}; mais dans ce cas le La b tendrait à descendre; or, Cherubini voulant que la note monte, se sert avec intention du Sol ♯ et non du La b, et le Sol ♯, en effet vaut mieux, ainsi Ré b descend et le Sol ♯ monte.

Cet intervalle ne peut donc pas être considéré comme une 5te juste, mais c'est bien réellement une quarte plus qu'augmentée. On trouve souvent cet accord employé ainsi dans mon solfège d'artiste, et généralement dans beaucoup de mes ouvrages.

Je n'ai pas l'intention de me donner comme modèle, et si je ne l'avais pas trouvé employé de cette manière dans d'autres classiques irréprochables; peut-être ne me le serais-je pas permis.

Autre exemple; dans la symphonie en Si b de Haydn dans le final il s'y reproduit deux fois et dans deux tons différents dans le même morceau.

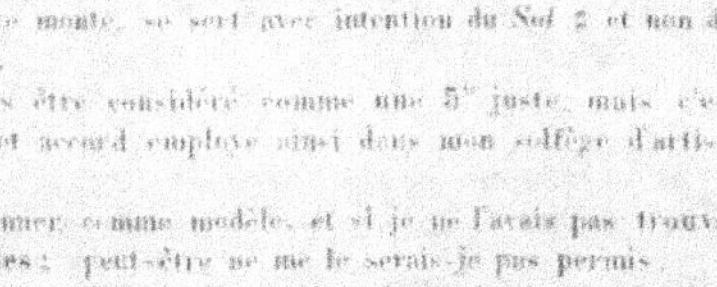

Quant à la 3^{ce} augmentée vous la trouvez dans beaucoup d'auteurs; voyez la fin de l'ouverture de Zampa d'Hérold.

Si vous rencontrez la 3^{ce} augmentée, par la même raison vous trouverez son renversement qui est la 6te diminuée.

DES CLÉS.

Il y a trois espèces de clés; la clé de Sol, la clé d'Ut et la clé de Fa. *Exemple.*

La clé de Sol peut se placer de deux manières; il y a la clé de Sol première ligne et la clé de Sol seconde. *Exemple.*

La clé de Sol première ligne donnant la même appellation de notes que la clé de Fa quatrième ligne, on a renoncé à cette première.

Les clés d'Ut sont au nombre de quatre; savoir: la clé d'Ut 1re ligne, la clé d'Ut 2me ligne, la clé d'Ut 3me ligne et la clé d'Ut 4me ligne.

Exemple ......

La clé de Fa a deux positions; savoir: la clé de Fa 3me ligne et la clé de Fa 4me ligne. *Exemple.*

Il faut bien savoir le premier principe des clés, qui dit que la note posée sur la ligne de la clé en prend le nom; ainsi le Sol, de la clé de Sol 2me ligne, est posé sur la 2me ligne; le Fa, de la clé de Fa 4me ligne, est posé sur la 4me ligne et l'Ut, sur la clé d'Ut 1re ligne, est posé sur la 1re ligne. Il en est de même pour toutes les autres clés.

Je nommerai point d'appui cette première connaissance que nous avons des clés; et cette simple notion nous sera très utile pour connaître celle qu'il faudra lire lorsque l'on voudra transposer.

Entendons-nous donc bien sur ce que je nomme point d'appui.

Exemples des points d'appui.

J'ai donné tous les principes de Solfége dans le commencement de cet ouvrage, mais ici je veux parler des clés, de la transposition et donner quelques règles simples d'harmonie pour faire connaître en quel ton l'on est dans le courant d'un morceau, car pour arriver à cette connaissance, les règles du solfége ne suffisent pas.

UNISSONS DES CLÉS.

Toutes ces notes sur les différentes clés sont identiques.

Gamme Ascendante sur une même note par le changement des clés.

Gamme Descendante sur une même note par le changement des clés.

J'engagerai l'élève lorsqu'il en sera à étudier toutes les clés, à faire cet espèce de travail sur toutes les notes de la gamme; cela le mènera naturellement à bien comprendre les clés qu'il faut employer pour toutes les transpositions possibles dans tous les tons.

Mais toutes ces notes, bien que formant une gamme, ne la donnent pas au vrai diapason. Voyez; le Ré de cette gamme n'est pas selon le diapason à la 2de au dessus du Do qui le précède, mais bien à la distance de 7me au dessous. Le Mi n'est pas à la distance de 2de au dessus, mais bien encore à la 7me au dessous du Ré.

Le Fa de la clé d'Ut 2me n'est pas à la distance de 2de, mais à celle de 9me; le Sol de la clé de Fa 3me ligne est à une 7me au dessous; le La une 9me au dessus, le Si une 7me en dessous et l'Ut une 9me en dessus.

(1) Voici l'effet vrai de cette gamme en plaçant les notes sur leur diapason.

DE LA TRANSPOSITION.

Moyen pour savoir sur quelle clé il faut lire un morceau pour le transposer.

Prenez d'abord la tonique du ton dans lequel vous êtes, et transformez-la en tonique du ton proposé.

Pour bien faire ce travail, il faut chercher le point d'appui. Je nomme point d'appui la ligne sur laquelle se pose la clé. Ainsi la 2ᵉ ligne est le point d'appui de la clé de Sol 2ᵉ ligne et de la clé d'Ut 2ᵉ ligne; la 4ᵉ ligne est le point d'appui de la clé d'Ut 4ᵉ ligne et de la clé de Fa 4ᵐᵉ ligne.

La 3ᵉ ligne est le point d'appui de la clé d'Ut 3ᵐᵉ ligne et de la clé de Fa 3ᵐᵉ ligne. Enfin la 1ʳᵉ ligne est le point d'appui de la clé d'Ut 1ʳᵉ ligne. Ne prenez jamais les interlignes pour point d'appui.

Cherchez-le soit en montant soit en descendant jusqu'à ce que vous le trouviez, s'il n'est pas en montant, il se présentera en descendant. Affirmativement vous devez le trouver, car il existe dans toutes les combinaisons.

J'engagerai l'élève qui voudra prendre l'habitude de la lecture sur toutes les clés à se servir de mon Solfège d'artiste, adopté par le conservatoire, dans lequel j'ai donné 15 leçons progressives sur chaque clé et 20 autres à changements de clés.

DES DIFFÉRENTES CLÉS

DE LA CLÉ DE SOL 2ᵐᵉ LIGNE.

La clé de Sol est la plus usitée; elle sert pour les Violons, la main droite du Piano, les Flûtes, Clarinettes, Hautbois, les Cors, les Trompettes, &ᶜ. C'est donc pour le Solfégien la plus essentielle. C'est sur elle que les premières études doivent être faites.

DE LA CLÉ DE SOL 1ʳᵉ LIGNE.

La clé de Sol première ligne donnant la même appellation de notes que la clé de Fa 4ᵐᵉ ligne, on a renoncé à cette première. Toutefois il faut savoir qu'il existe entre elles une différence dans le diapason, et que la clé de Fa 4ᵐᵉ ligne donne les mêmes notes à deux octaves au-dessous. Dans les opéras de Lulli, Campra, &ᶜ les Violons, Flûtes et Hautbois sont écrits sur la clé de Sol 1ʳᵉ ligne.

DE LA CLÉ DE FA 4ᵐᵉ LIGNE.

On s'en sert pour chanter la Basse-taille et le Baryton, et pour exécuter sur le Violoncelle, la Contrebasse, le Basson, le Trombonne, le Serpent et tous les instruments graves. Elle sert aussi à écrire la main gauche du piano. Les Cors et les Trompettes en Mi se lisent aussi sur cette clé.

DE LA CLÉ DE FA 3ᵐᵉ LIGNE.

C'est elle qui servait autrefois pour la voix de concordant ou Baryton; elle est une tierce au dessous de la clé de Ténor et une tierce au-dessus de la clé de Basse-Taille; on voit par cela qu'elle tient le milieu entre ces deux voix; on est obligé de lire sur cette clé les Cors et les Trompettes en Sol, elle est avec la clé d'Ut 1ʳᵉ ligne, la moins usitée.

N'oubliez pas votre point d'appui qui vous dit que la note posée sur la ligne de la clé en prend le nom. Ainsi la note posée sur la troisième ligne se nomme Fa.

EXERCICES POUR LIRE LA CLÉ DE FA 3ᵉ LIGNE.

Je ne donne point d'exercices sur la clé de sol 2ᵈᵉ ligne ni sur la clé de fa 4ᵐᵉ étant bien que ces deux clés sont connues des élèves.

DE LA CLÉ D'UT 1re LIGNE.

La clé d'ut 1re ligne est la clé dont on se sert pour les Sopranos en Italie; pour les chanteuses c'est donc la clé la plus essentielle à bien savoir. Même, dans presque toutes les partitions Françaises et Allemandes les premiers et seconds dessus sont écrits sur cette clé.

Toutes les clés sont indispensables pour les musiciens qui veulent lire une partition. Il faut savoir cette clé pour déchiffrer les Cors en La, les Trompettes en La, et les Clarinettes en La. Ayez toujours dans la mémoire le premier principe des clés, qui dit que la note posée sur la ligne de la clé en prend le nom.

Ainsi on nomme Do, la note posée sur la première ligne.

EXERCICES POUR LIRE LA CLÉ D'UT 1re LIGNE.

DE LA CLÉ D'UT 2ème LIGNE.

Dans les anciennes musiques on se servait de cette clé pour le second dessus. Elle est aujourd'hui peu usitée, il faut la savoir pour lire le Cor et les Trompettes en Fa et le Cor anglais; ainsi que le *Corno di Bassetto*, et encore pour différentes transpositions.

N'oubliez pas le premier principe des clés qui, comme vous devez le savoir, dit que la note posée sur la ligne de la clé en prend le nom.

EXERCICES POUR LIRE LA CLÉ D'UT 2e LIGNE.

Copiez quelques leçons avec attention sur la clé d'Ut seconde ligne et transposez sur cette clé.

Lorsque vous voulez transposer un morceau de la clé d'Ut première ligne une tierce plus bas, vous devez lire sur la clé d'Ut seconde.

Lorsque vous voulez transposer d'une Quinte plus bas de la clé de Sol, vous lisez encore sur cette clé.

Et si vous voulez transposer une leçon de clé de Fa 4e ligne un ton plus haut, vous vous servez également de la clé d'Ut 2ème ligne; effectivement, le Fa de la clé de Fa 4e ligne, est un Sol sur la clé d'Ut 2ème.

DE LA CLÉ D'UT 3.ᵐᵉ LIGNE.

Cette clé met le Solfégien toujours dans l'alternative de savoir s'il solfiera à l'octave en dessus ou en dessous; il est bien certain qu'il faudrait que le Soprano la solfiât à l'octave au dessous pour correspondre au vrai diapason. Si la partie écrite sur cette clé est chantée par une femme elle doit chanter en dessous, si c'est un homme il doit chanter au dessus. Cette clé étant celle du Contralto qui est la voix la plus grave des femmes et qui se chante aussi par la Haute-contre qui est la voix la plus haute des hommes, offre une alternative continuelle. Gluck et Méhul l'ont souvent employée pour les Ténors; ainsi les hommes chantent cette clé sur le vrai diapason. Voyez, Alceste et Joseph, &.ᵉ

Cette clé est employée pour la partie d'Alto. Il faut aussi la savoir pour lire les Cors et les Trompettes en Ré. Transposez un morceau un ton au dessus; étant écrit sur la clé de Sol, il faut se servir de la clé d'Ut 3.ᵉ ligne. Faites le même travail que vous avez fait pour les autres clés.

EXERCICES POUR LIRE LA CLÉ D'UT 3.ᵉ LIGNE.

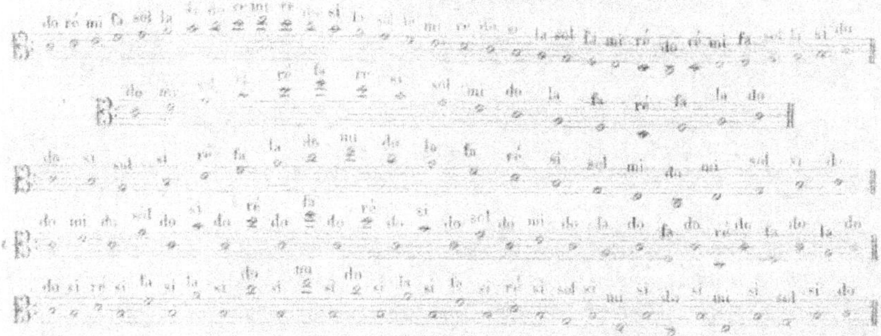

DE LA CLÉ D'UT 4.ᵐᵉ LIGNE.

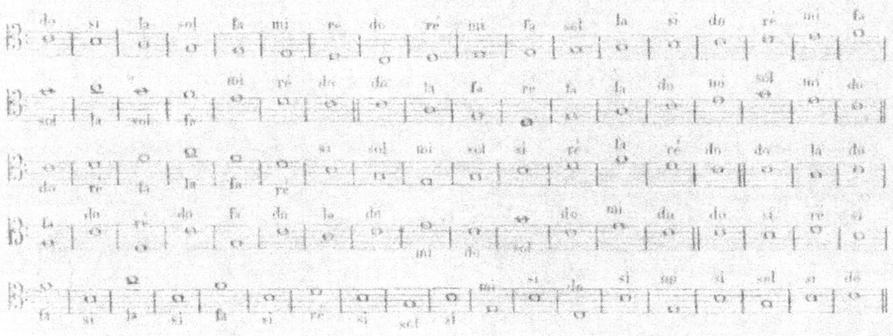

Cette clé est celle de Ténor.

Les musiques vocales Italiennes, Allemandes et Françaises pour le Ténor sont presque toutes écrites sur cette clé; vous voyez combien elle est nécessaire.

On s'en sert pour écrire la Clarinette en Si ♭ et les Cors en Si, ainsi que les Trompettes en Si, les Violoncelles, les Bassons et les Trombonnes; elle est indispensable dans les transpositions. Exemple: un morceau sur la clé de Sol devant être transposé d'un ton plus bas, on est obligé de lire sur la clé d'Ut quatrième ligne.

Copiez aussi plusieurs morceaux sur cette clé et transposez en copiant des morceaux de la clé de Sol sur la clé d'Ut quatrième ligne. Plus vous ferez cet exercice, plus tôt vous la saurez; faites de même pour toutes les clés.

Pour bien apprendre une clé nouvelle il faut pendant une quinzaine de jours n'en point lire d'autres.

126. Supposons un morceau en Ut. On veut le chanter en Ré. Il faut donc que votre Ut devienne un Ré. Sur quelle clé cet Ut deviendra-t-il un Ré? Voici le travail qu'il faut faire?

d'Ut en Ré — Ut devenant un Ré, sera Ré sur la clé d'Ut 3e ligne, puisque l'Ut de la clé d'Ut 3e ligne est sur la 3e ligne; la note au-dessus doit être un Ré. — RÉ

d'Ut en Mi — Pour que cet Ut devienne un Mi, vous trouvez le point d'appui une note plus haut qui est le Fa de la clé de Fa 4e ligne. — MI

d'Ut en Fa — Pour que cet Ut devienne un Fa, vous avez la clé d'Ut 2e ligne. — FA

d'Ut en Sol — Pour que cet Ut devienne un Sol, il faut prendre la clé de Fa 3e ligne. — SOL

d'Ut en La — Pour que cet Ut devienne un La, il faut prendre la clé d'Ut 1re ligne. — LA

d'Ut en Si — Il faut pour que cet Ut devienne un Si, prendre la clé d'Ut 4e ligne. — SI

Que les transpositions soient dans des tons naturels ou accidentés, le changement de clé est le même.

On a vu par les deux gammes précédentes sur toutes les clés, un tableau de toutes les transpositions possibles.

Ainsi, voulez-vous monter d'une 2e sur la clé de Sol un morceau en Ut? prenez la clé d'Ut 3e ligne. Pour le transposer d'une tierce prenez la clé de Fa 4e, etc.

Faites de même dans la gamme descendante.

Exemple. Le même morceau en Ut sur la clé de Sol; transposez d'une 2e en descendant vous prendrez la clé d'Ut 4e ligne, et d'une 3e descendante vous prendrez la clé d'Ut 1re ligne, etc.

Faites bien étudier ce travail à votre élève jusqu'à ce qu'il le comprenne parfaitement et qu'il puisse lui-même l'enseigner, car c'est alors que vous serez certain de sa compréhension.

Après cette étude, expliquez à l'élève les accidens qu'il faut mettre aux clés hors de la transposition.

Lorsque vous transposez d'un ton plus haut, il faut ajouter 2 dièses; de 2 tons 4 dièses, et de 3 tons 6 dièses.

Lorsque vous transposez d'un ton plus bas vous ajoutez 2 bémols; de 2 tons 4 bémols, et de 3 tons 6 bémols. Voyez le tableau suivant.

Sachez bien qu'ajouter des dièses ou retrancher des bémols en même quantité, est une opération équivalente.

Exemple. Le morceau est en Ut, vous voulez aller en Ré; vous savez que l'opération est une 2e supérieure. Vous ajoutez effectivement 2 dièses. Nous allons faire le même travail avec des bémols. À la clé, alors vous ne pouvez pas ajouter des dièses, car vous ne pouvez pas mettre à la clé des bémols et des dièses. Ex: Nous sommes en Mi ♭ majeur et nous voulons transposer le morceau un ton au-dessus, vous devez voir que nous serons en Fa et qu'il ne nous restera qu'un bémol; vous voyez qu'avoir ôté deux bémols, produit le même effet que d'Ut à Ré, qui avait ajouté deux dièses.

POUR APPRÉCIER LES DIVERS ACCIDENTS

En montant | En descendant

On voit bien par ce Tableau qu'en faisant une transposition *Descendante* au lieu d'une transposition *Ascendante*, le calcul est juste le contraire si l'intervalle est pareil.

Si, pour monter, vous ajoutez des dièses, pour descendre vous ajoutez des bémols et *Vice versa*.

Ne quittez cette leçon que lorsque vous serez certain que votre élève vous aura bien compris.

Donnez beaucoup d'exemples ainsi, prenez le ton de Fa et procédant d'un demi ton, aller au Sol bémol. Vous voyez qu'il vous faudra 6 bémols à la clé, un que vous avez déjà dans le ton de Fa et 5 bémols que vous ajoutez.

Pour aller de Fa naturel en Fa dièse, vous aurez 6 dièses, vous devez compter comme un dièse le bémol que vous aviez à la clé et qu'il faut retrancher,* et 6 que vous mettez de plus font 7. Exercez votre élève sur ce calcul prenez encore d'autres exemples, en Mi bémol, vous avez 3 bémols; en Mi ♮ vous avez 4 dièses, les 3 bémols que vous avez retirés et les 4 dièses que vous mettez font bien le calcul de 7 dièses qu'exige l'opération du demi ton chromatique ascendant. Le calcul sera précisément le contraire si vous voulez baisser d'un demi ton diatonique ou chromatique au lieu de monter. Voyez d'Ut en Si naturel, l'opération étant d'un demi ton diatonique, vous ajoutez 5 dièses, et d'Ut en Ut bémol l'opération étant d'un demi ton chromatique, vous ajoutez 7 bémols &c.

* Remarquez que le bécarre devant la note bémolisée produit le même effet que le dièse devant la note naturelle.

TABLEAU SYNOPTIQUE TRANSPOSITEUR de toutes les transpositions possibles.

SIGNES DE TOUS LES ACCIDENTS USITÉS ET NON USITÉS.

Bécarre, Dièse, Double Dièse, Triple Dièse, Quadruple Dièse, Bémol, Double Bémol, Triple Bémol, Quadruple Bémol.

♮   ♯   ✕   ♯✕   ✕✕   ♭   ♭♭   ♭♭♭   ♭♭♭♭

Pour comprendre ce tableau, prenez la gamme type qui se trouve au milieu et composez les transpositions demandées, selon le nom de l'intervalle ou la quantité de tons et demi-tons ou vous voulez opérer la transposition, soit supérieure ou soit inférieure. Vous trouverez sur les lignes additionnées en partition le nom de la note avec l'accident exact que doit exiger la difficulté de la transposition.

Vous devez aussi avoir égard aux accidents que vous avez à la clé dans le ton de votre morceau, ainsi que dans celui dans lequel vous transposez.

Je mets partout dans ce tableau un bécarre à la note qui doit être naturelle, mais si le morceau est dans un ton sans accidents le ♮ est inutile, il en sera de même pour les autres accidents.

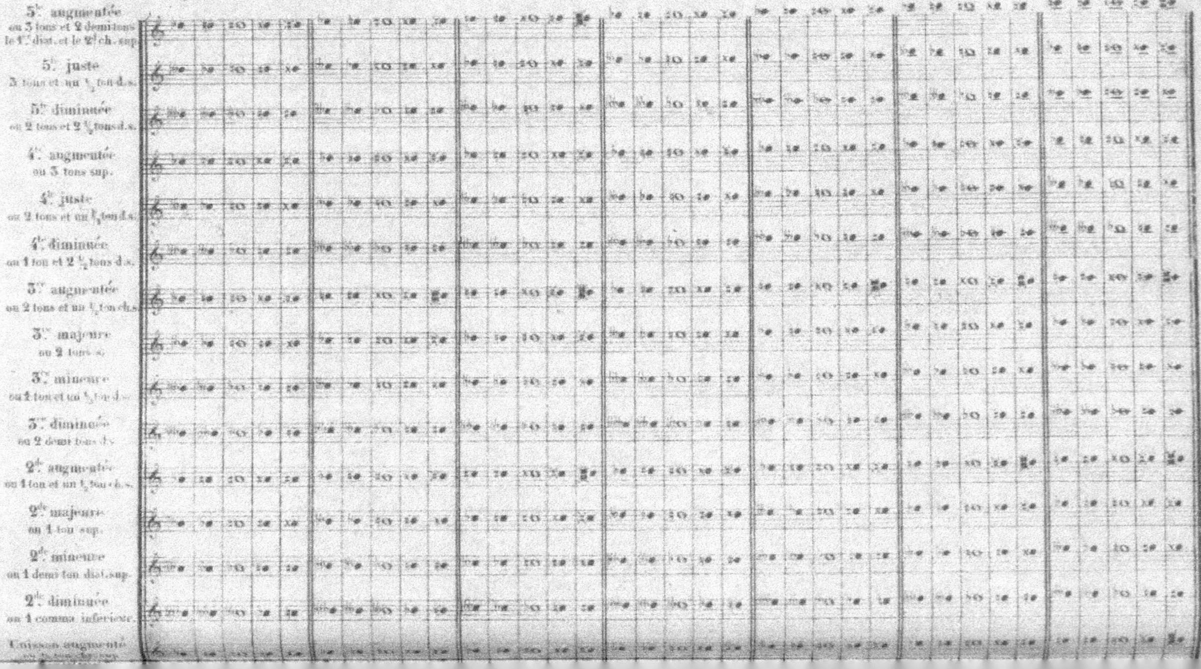

Gamme-type et transpositions (colonne de gauche : nom de l'intervalle ; le corps du tableau est en notation musicale) :

- 5ᵗᵉ augmentée — ou 3 tons et 2 demi-tons, le 1ᵉʳ diat. et le 2ᵉ ch. sup.
- 5ᵗᵉ juste — 3 tons et un ½ ton d.s.
- 5ᵗᵉ diminuée — ou 2 tons et 2 ½ tons d.s.
- 4ᵗᵉ augmentée — ou 3 tons sup.
- 4ᵗᵉ juste — ou 2 tons et un ½ ton d.s.
- 4ᵗᵉ diminuée — ou 1 ton et 2 ½ tons d.s.
- 3ᶜᵉ augmentée — ou 2 tons et un ½ ton ch.s.
- 3ᶜᵉ majeure — ou 2 tons s.
- 3ᶜᵉ mineure — ou 1 ton et un ½ ton d.s.
- 3ᶜᵉ diminuée — ou 2 demi tons d.s.
- 2ᵈᵉ augmentée — ou 1 ton et un ½ ton ch.s.
- 2ᵈᵉ majeure — ou 1 ton sup.
- 2ᵈᵉ mineure — ou 1 demi ton diat. sup.
- 2ᵈᵉ diminuée — ou 1 comma inférieur.
- Unisson augmenté — ou …

TYPE
en *Sol* majeur.

Unisson diminué
ou 1 demi-ton chr. inf.

2.de diminuée
ou 1 comma sup.

2.de mineure
ou un ½ ton diat. inf.

2.de majeure
ou 1 ton inf.

2.de augmentée
ou 1 ton et 1½ ton ch.

3.ce diminuée
ou 2 ½ tons di.

3.ce mineure
ou 1 ton et un ½ ton di.

3.ce majeure
ou 2 ton inf.

3.ce augmentée
ou 2 tons et 1½ ton ch.

4.te diminuée
ou 2 ton et ½ ton di.

4.te juste
ou 2 tons et un ½ ton di.

4.te augmentée
ou 3 ton inf.

5.te diminuée
ou 2 tons et 2 ½ tons di.

5.te juste
ou 3 tons et un ½ ton di.

5.te augmentée
ou 3 tons et 2 ½ tons,
dont le 1.er et le 2.d ...

Je n'ai point donné dans ce tableau les intervalles de Sixtes et de Septièmes les considérant comme inutiles, puisqu'on peut les trouver par le renversement; tous les harmonistes savent que la 6.te renversée donne la 3.ce et que la 7.me donne la 2.de; on sait aussi qu'un intervalle majeur renversé donne le
mineur; le mineur le majeur, le diminué l'augmenté, l'augmenté le diminué et le juste reste juste.

On vend se [illegible] le tableau séparé.

Traité d'harmonie de Panseron.

DES MOUVEMENTS EN HARMONIE.

Il y a 3 espèces de mouvements.
1 Le mouvement droit direct ou semblable
2 Le mouvement contraire
3 Le mouvement oblique.

EXEMPLE DE MOUVEMENT DROIT DIRECT ou SEMBLABLE.

Le mouvement droit est celui dont deux parties marchent en montant ou descendant ensemble.

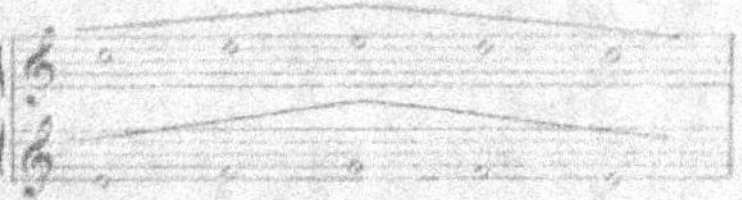

EXEMPLE DE MOUVEMENT CONTRAIRE.

Le mouvement contraire s'explique de lui même, deux parties dont l'une monte et l'autre descend.

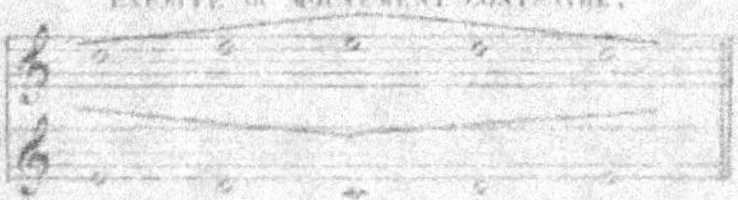

EXEMPLE DE MOUVEMENT OBLIQUE.

Le mouvement oblique est peut-être plus facile à comprendre: une partie monte ou descend par notes ou par croches, tandis que l'autre reste en place par une ronde ou par des valeurs syncopées.

EXEMPLE DES 3 MOUVEMENTS ENSEMBLE.

Le mouvement droit est celui qui offre le plus de dangers dans l'écriture, c'est peut-être le plus doux à l'oreille et celui qui donne de plus douces mélodies à plusieurs voix, mais il expose à faire de graves fautes, telles que des 5tes ou des 8ves de suite. Par le mouvement contraire vous n'avez pas ce danger, pas plus que par le mouvement oblique.

Une harmonie qui réunit les trois mouvements ensemble offre presque toujours la perfection harmonique.

DES FAUTES DE 5tes ET D'8ves DE SUITE

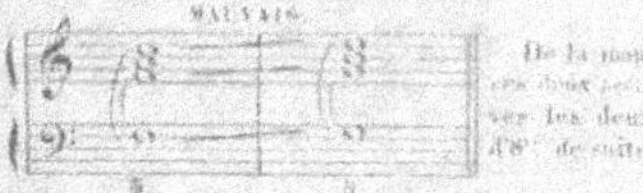

Il est défendu de faire deux 5tes et deux 8ves de suite.

MAUVAIS.

De la manière dont sont écrits ces deux accords vous devez observer les deux fautes de 5tes et d'8ves de suite.

Lorsque deux accords parfaits s'écrivent conjointement on est obligé d'employer le mouvement contraire, car le mouvement oblique n'existe pas, le mouvement droit vous donne les fautes, il ne vous reste donc que le mouvement contraire.

Exemple.

Ainsi ces deux accords sont bien écrits maintenant, les, et vous n'y trouverez pas les fautes de 5tes et d'8ves.

DE L'ACCORD PARFAIT.

L'accord parfait se compose d'une 3.° et d'une 5.°
il se chiffre par 3. 5. ou 8.

Son 1.er renversement ou dérivé se compose de 3.° et 6.°
on le nomme accord de sixte, on le chiffre 6.
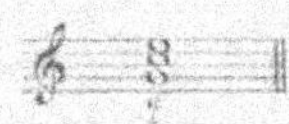

Son 2.° renversement se compose de 4.° et 6.°
on le nomme accord de quarte et sixte on le chiffre par 6/4.

On nomme renverser un accord, mettre la partie inférieure à la partie supérieure, comme on a fait pour renverser les intervalles. Consultez le tableau des intervalles page 8.

Il existe deux espèces d'accords parfaits; l'accord parfait majeur et l'accord parfait mineur. C'est la 3.° qui distingue ces deux accords. Si la 3.° est majeure, l'accord parfait est majeur. Si la 3.° est mineure, l'accord parfait est mineur.

Accord parfait Majeur.	Accord parfait Mineur.	Voyez dans ces deux accords parfaits la différence de la 3.° UT MI naturel, 3.° majeure UT MI bémol, 3.° mineure.

DE L'ACCORD PARFAIT MAJEUR.

L'accord parfait majeur se compose de 3.° majeure et 5.° juste.

Son 1.er renversement se compose de 3.° mineure et 6.° majeure.

Son 2.° renversement se compose de 4.° juste et 6.° majeure.

DE L'ACCORD PARFAIT MINEUR.

L'accord parfait mineur se compose de 3.° mineure et 5.° juste.

Son 1.er renversement se compose de 3.° majeure et 6.° majeure.

Son 2.° renversement se compose de 4.° juste et 6.° mineure.

Exercez les accords parfaits majeurs et mineurs ainsi que leurs renversements dans tous les tons.

ACCORDS PARFAITS MAJEURS.

ACCORDS PARFAITS MINEURS.

de même pour les autres tons.

de même pour les autres tons.

Ut maj. — Ut min. — Ré maj. — Ré min. — La maj. — La min. — Mi maj. — Mi min. — Si maj. — Si min. — Fa ♯ maj. — Fa ♯ min. — Ut ♯ maj. — Ut ♯ min. — Fa maj. — Fa min. — Si ♭ maj. — Si ♭ min.

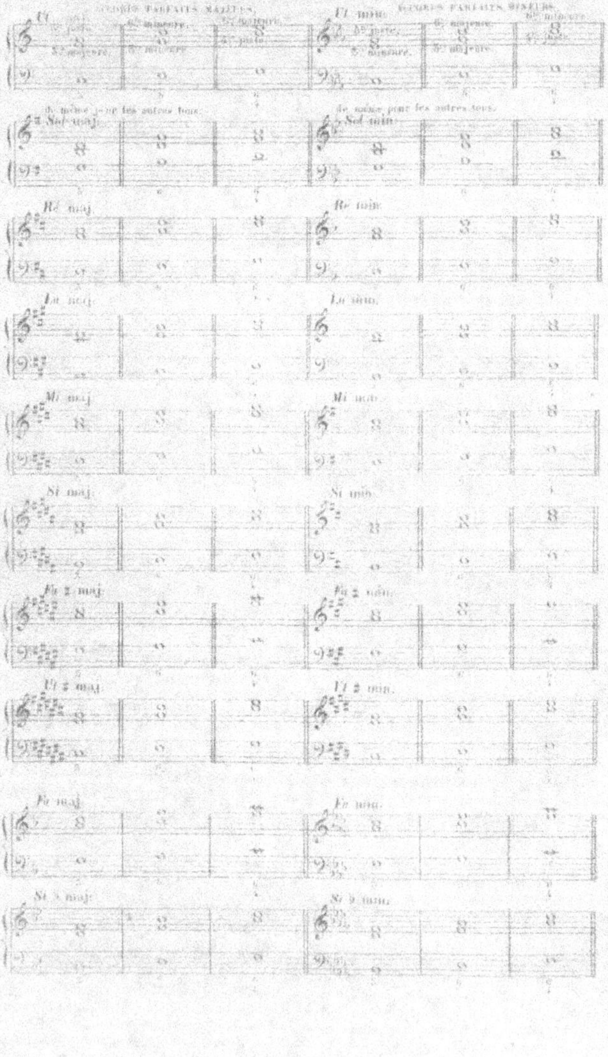

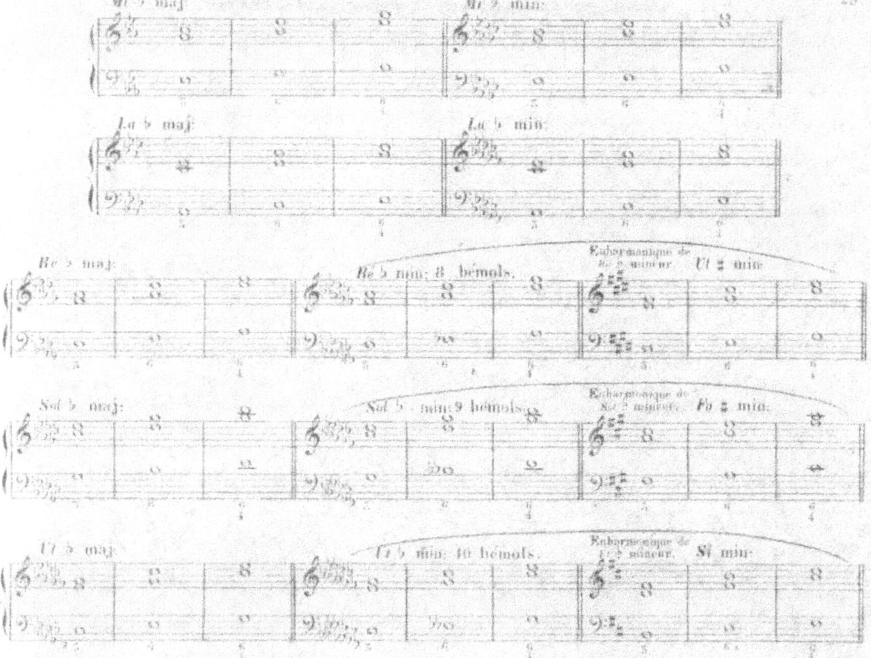

Les trois derniers tons mineurs ne doivent point s'écrire ainsi; il faut prendre l'enharmonie; vous savez que vous ne devez pas mettre plus de 7 accidents aux clés, or en Ré b mineur il y aurait 8 bémols; dans ce cas enharmonisez la note et alors vous serez en Ut # mineur, Sol b mineur avec 9 bémols à la clé vous donnera le ton de Fa # mineur avec 3 dièses à la clé, et Ut bémol mineur vous donnera Si mineur avec 2 dièses à la clé.

Vous devez retrouver ici le calcul de 12 accidents.

Ré bémol mineur 8 bémols.	Sol bémol mineur 9 bémols.	Ut bémol mineur 10 bémols.
et Ut dièse mineur 4 dièses.	et Fa dièse mineur 3 dièses.	et Si mineur 2 dièses.
Total 12 accidents.	Total 12 accidents.	Total 12 accidents.

Pénétrez-vous et rendez-vous bien compte des intervalles dont se composent les accords parfaits, majeurs et mineurs, ainsi que de leurs renversement et surtout de la qualité des intervalles. Analysez les accords toujours en partant de la basse.

Après avoir fait ce tableau des accords parfaits majeurs et mineurs en mettant les accidents aux clés, il sera bien pour s'assurer de la compréhension parfaite de l'élève, de l'engager à le refaire en mettant les accidents aux notes.

Continuez à faire de même tout le tableau.

PRINCIPE FAISANT SUITE A L'ACCORD PARFAIT.

L'accord parfait majeur ne se pose pas seulement sur la tonique de la gamme majeure; il se pose aussi sur la sous-dominante, et sur la dominante.

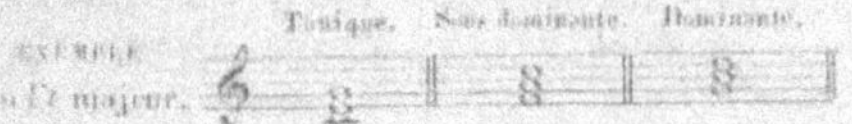

Il va sans dire que l'on peut renverser ces trois accords parfaits majeurs.

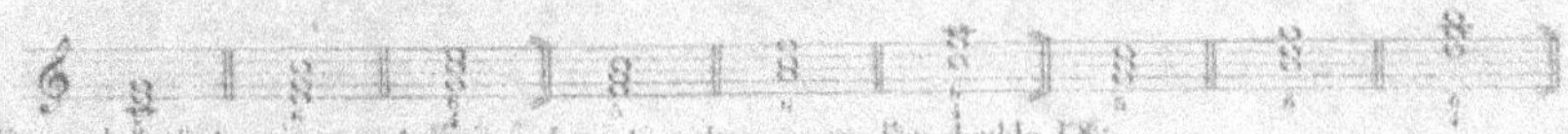

L'accord parfait majeur peut s'écrire à 4 parties, dans ce cas l'on double l'8ve.

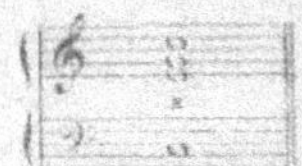

DES POSITIONS.

On peut écrire cet accord de plusieurs manières, sans que pour cela l'accord soit renversé, voyez l'exemple suivant.

C'est ce qu'on nomme positions, il y en a trois, comme vous le voyez la 1re donne l'8ve à la partie supérieure, la 2e la 3ce à la partie supérieure, et à la 3e position donne la 5te à la partie supérieure.

Voici le cas de chiffrer l'accord parfait 8, ou 3, ou 5, selon la position, celle-ci est indiquée par le doigté, on le voit.

On peut même écrire cet accord de ces diverses manières.

En harmonie on calcule toujours à partir de la basse; ainsi tant que la basse ne change pas, c'est toujours le même accord, seulement on change de Position.

Dans le cas contraire, si sur le même accord c'est la basse qui change, l'accord n'est plus le même, alors il y a renversement.

Vous voyez que le premier accord est l'accord parfait, le 2e l'accord de sixte, ou 1er renversement de l'accord parfait, le 3e l'accord de 6/4, ou 2e renversement de l'accord parfait.

Avec un peu d'habitude vous comprendrez la différence de l'accord parfait et de ses renversements et vous ne confondrez pas ceux-ci avec les positions.

L'accord parfait majeur se chiffre de plusieurs manières, selon les cas; ordinairement il se chiffre par un 3, cependant selon les positions on le chiffre aussi par un 5 ou par un 8.

Le 3 indique que l'on veut la 3ce à la 1re partie, le 5, la 5te à la 1re partie, et le 8 l'8ve à cette 1re partie. Quelquefois au lieu d'un 3 l'on met un ♯, ce dièse indique que la 3ce est diésée, de même un ♮ indique que la 3ce est bécarre; le cas peut offrir même un ♭ pour l'accord parfait majeur. Ainsi je suppose l'accord parfait majeur sur Ut ♭ à la basse, dans ce cas le ♭ représenterait la 3ce majeure.

(1) Cette mesure est inutile ici.

Son 1.er renversement est presque toujours chiffré par un 6, à moins que les intervalles accidentés ne forcent à indiquer les accidents.

Son 2.e renversement se chiffre toujours par 6/4 de même qu'à l'accord de 6.te à moins que les intervalles ne forcent à indiquer les accidents.

Dans le 2.e Renversement je ne mets pas 6/4 ou 4/6 indistinctement. Lorsque je mets 6/4 je veux indiquer la 6.te à la 1.re partie et quand je mets 4/6 c'est que je veux indiquer la 4.te à la partie supérieure c'est un système nouveau que je désire introduire; cela facilite beaucoup l'accompagnateur, puisque cela décide la position.

L'accord parfait mineur se chiffre aussi par un 3, ou 5, ou 8, selon le cas ou 5 ou un ♭ selon la 5.te il pourrait aussi se faire que l'accord parfait mineur fût chiffré par un ♯, ainsi je suppose l'accord parfait mineur sur Ré ♯ ou sur La ♯ vous voyez que la 5.te mineure de ces deux accords est diésée, alors le ♯ serait bon. Il faut tâcher de l'éviter pour ne pas avoir confusion avec l'accord parfait majeur.

Son 1.er renversement se chiffre par 6 et quelquefois les accidents au chiffre pour les bien indiquer.

Son 2.e renversement se chiffre par 6/4 et parfois aussi des accidents pour indiquer la qualité des intervalles.

Je chiffre les accords parfaits mineurs d'après le système que j'ai indiqué à l'accord parfait majeur. Ainsi 6/4 ou 4/6 exprime la position que je désire; je crois à la bonté de cette manière pour faciliter l'accompagnateur.

LEÇON POUR EMPLOYER L'ACCORD PARFAIT MAJEUR.

SUR LA TONIQUE, LA SOUS-TONIQUE ET LA DOMINANTE.

Aux trois positions dans tous les tons.

Je recommande à l'élève de bien étudier cet exercice et de parvenir à l'exécuter par cœur, dans tous ces tons.

Ces trois accords parfaits majeurs sont les seuls que l'on puisse poser dans une gamme majeure, dans tous ces accords parfaits je chiffre partout un 3, je n'indique pas les positions puisque l'élève doit l'écrire et l'exécuter aux trois positions.

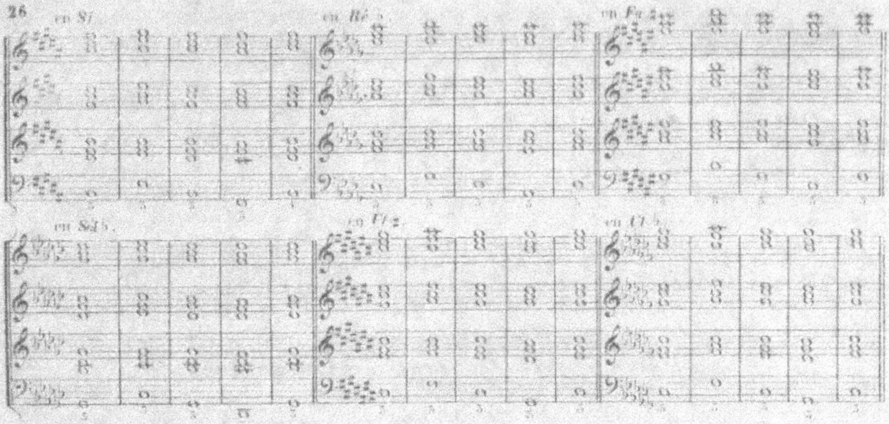

en *Si*.

en *Ré* ♮.

en *Fa* ♯.

en *Sol* ♭.

en *Ut* ♯.

en *Ut* ♭.

Cette succession d'accords parfaits se nomme cadence parfaite en mode majeur avec des accords parfaits.

LEÇON POUR EMPLOYER LES ACCORDS PARFAITS EN MODE MINEUR.

SUR LA TONIQUE, SOUS-DOMINANTE ET DOMINANTE

aux trois positions et dans tous les tons mineurs.

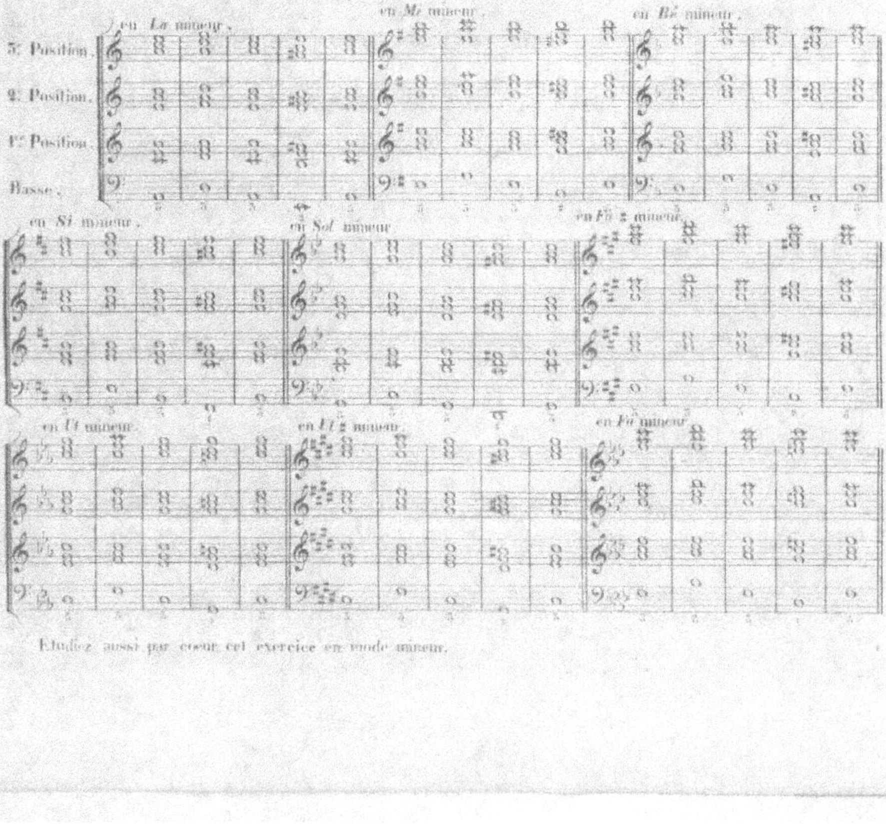

en *La mineur*.

en *Mi mineur*.

en *Ré mineur*.

3.ᵉ Position.

2.ᵉ Position.

1.ʳᵉ Position.

Basse.

en *Si mineur*.

en *Sol mineur*.

en *Fa ♯ mineur*.

en *Ut mineur*.

en *Ut ♯ mineur*.

en *Fa mineur*.

Étudiez aussi par cœur cet exercice en mode mineur.

en *Sol* ♯ mineur. en *Si* ♭ mineur. en *Ré* ♯ mineur.

en *Mi* ♭ mineur. en *La* ♯ mineur. en *La* ♭ mineur.

DE L'ACCORD DE 5te DIMINUÉE. (1)

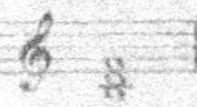

Cet accord ressemble à l'accord parfait, puisqu'il se compose aussi de 3ce et 5te; mais la 3ce est mineure et la 5te est diminuée, c'est de là qu'il tire son nom. Dans la gamme majeure il à une spécialité; il se pose sur la note sensible, ainsi en Ut majeur il se pose sur Si.

Il se chiffre par 5; la barre est un signe de diminution 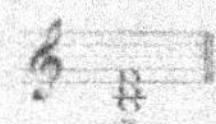

Son 1.er renversement se pose sur la sustonique et se compose de 3ce mineure et 6te majeure. 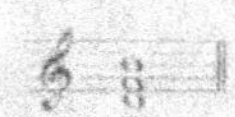

Il se chiffre de diverses manières, soit par 6, ♯6, 6, ♭6, ♯6, ♮6, ♮6, selon les cas; cela dépend des accidents.

Son 2.e renversement se pose sur la dominante du mode majeur et se compose de 4te augmentée et 6te majeure 

C'est parceque la 4te est augmentée que l'on met une croix devant le 4.

La croix est un signe d'augmentation ou de sensibilité. Ici la croix est employée dans sa double signification; car en même temps que le Si forme une 4te augmentée avec le Fa, il est aussi la note sensible du ton d'Ut.

Cet accord est très difficile à employer et même n'est pas d'un excellent effet; mais plus tard il sera remplacé par l'accord de triton, 3me renversement de l'accord de 7me dominante, que très prochainement nous allons étudier et qui nous sera d'un très grand secours. Cet accord doit dans beaucoup de cas être regardé comme dissonant, et alors il faut faire descendre la dissonance qui est la 5te diminuée. Ainsi dans *Si Ré Fa*, il faut faire descendre le *Fa* au *Mi*.

Lorsque nous serons arrivés à l'accord de 7me de dominante, on vous expliquera la manière d'employer la dissonance.

Cependant il est des cas où l'on peut faire monter ce *Fa* (5te diminuée.)

(1) Plusieurs anciens théoriciens nommaient cet accord, l'accord de fausse quinte, nos maîtres ont substitué 5te diminuée. C'est mieux.

Lorsque l'accord de quinte diminuée est suivi de l'accord parfait de la tonique, la note qui fait quinte diminuée dans le premier accord doit descendre sur la tierce du second.

Mais dans l'exemple suivant, la quinte diminuée peut et doit monter.

 Dans ce cas le Fa peut monter en Sol; mais si cet accord se résout par l'accord d'Ut, comme il y a un Mi à l'accord suivant, il faut faire descendre le Fa au Mi. 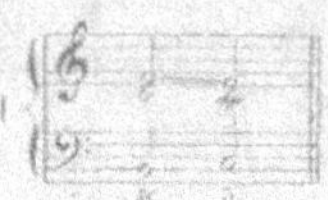

On doit donc considérer souvent la 5te diminuée comme dissonante.

Je ferai voir à présent, en analysant la gamme majeure, où se posent les accords parfaits majeurs, mineurs et de 5te diminuée.

On peut mettre des accords parfaits sur toutes les notes de la gamme excepté sur la note sensible où l'on pose l'accord de 5te diminuée.

ANALYSONS LA GAMME MAJEURE.

Majeur.	Mineur.	Mineur.	Majeur.	Majeur.	Mineur.	5te diminuée.
Tonique.	Sus-tonique.	Médiante.	Sous-Dominante.	Dominante.	Sus-Dominante.	Sensible.

ANALYSONS LA GAMME MINEURE.

Elle est beaucoup plus irrégulière et bien plus compliquée.

Mineur	5te dim. mineur.	maj 5te augmentée	mineur majeur.	min maj	maj dim	maj dim

Vous apercevez ici un nouvel accord qui n'est ni majeur, ni mineur ni de 5te diminuée il se nomme accord de 5te augmentée; nous en parlerons après cette analyse.

Le tableau que vous voyez ci-dessus est celui de toutes les possibilités des accords parfaits majeurs, mineurs de 5te diminuée et même d'un 4me accord de 5te augmentée.

Vous rencontrez la possibilité de poser sur la gamme mineure 5 accords parfaits majeurs sur la médiante, la sous-dominante, la dominante, la sus-dominante mineure, et sur la sensible, lorsque cette sensible est baissée d'un demi-ton chromatique, comme dans la gamme mineure descendante selon la 2de manière.

Vous rencontrez quatre accords parfaits mineurs, qui peuvent se poser sur la tonique, la sus-tonique, la sous-dominante, et la dominante.

Vous trouvez aussi trois accords de 5te diminuée dans la gamme mineure qui peuvent se placer sur la sus-tonique, la sous-dominante, et la sensible. Exemple de cette singularité.

en Ut mineur Ce dernier accord pouvant se poser sur la sensible du mode majeur, il en résulte qu'avec un accord de 5te diminuée on peut être en trois tons mineurs et un majeur ce qui donne quatre possibilités.

Donc avec on peut être en La majeur et La mineur comme note sensible; en Fa mineur comme sus-tonique et en Si mineur comme sus-dominante majeure.

La gamme mineure est d'une richesse inouïe. Je viens de vous faire voir ci-dessus qu'avec l'accord:b on pourrait être en Ut mineur, cela paraît incroyable, et cependant cela est palpable, puisqu'en descendant de la 2de manière le Si peut être bémol. Ne vous préoccupez pas de tous ces secrets de la gamme mineure; car je craindrais que cela ne fût point encourageant. Plus tard vous l'apprendrez.

Cet accord s'écrit mieux à 3 parties qu'à quatre.

Lorsque nous saurons l'accord de 7ᵐᵉ de dominante, nous n'aurons plus ces difficultés, par ce que nous l'employerons de préférence et notre harmonie y gagnera du tout au tout.

Cet accord est le plus pauvre de toute l'harmonie, le plus difficile à employer et le moins harmonieux.

DE L'ACCORD DE QUINTE-AUGMENTÉE.

Cet accord ressemble aussi à l'accord parfait surtout à l'accord parfait majeur; la différence est que la quinte est augmentée.

Il se compose donc de 3ᶜᵉ majeure et 5ᵗᵉ augmentée; il se pose sur la médiante du mode mineur, et se chiffre par ×5, ou +5; la croix ou le ♯ indique l'augmentation de la 5ᵗᵉ; on peut aussi le 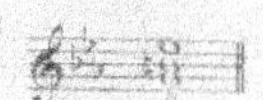 placer sur d'autres notes d'une gamme; mais alors il n'est pas tonal, et il est considéré comme altération ou comme note chromatique; son emploi est fort rare; cependant il faut le connaître pour pouvoir l'analyser et même l'employer au besoin.

La 5ᵗᵉ augmentée ou Sol ♯ doit monter au La.

Son 1ᵉʳ renversement se compose de 3ᶜᵉ majeure et 6ᵗᵉ mineure; on le chiffre par ♯6, pour faire voir que la 3ᶜᵉ est majeure, le Sol ♯ doit aussi monter au La. 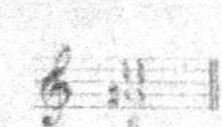

Cependant on peut mettre un ♮ sous le 6 en place de ♯ selon le cas, surtout si la 3ᶜᵉ bien que majeure n'est pas diésée.

Voyez par exemple en Ut mineur; si l'on posait cet accord sur le Sol, vous comprendrez que l'on mettrait ♯6, on peut aussi le chiffrer ainsi ♮6.

Alors dans ce cas le ♯ serait trompeur, le ♮ est bien mieux; car il indique bien la 3ᶜᵉ majeure.

Le second renversement se compose de 4ᵗᵉ diminuée et 6ᵗᵉ mineure; on le chiffre par ⁶⁄₄ la barre indique que la 4ᵗᵉ est diminuée.

Le Sol ♯ qui est ici à la basse doit aussi monter au la.

Il faut dans cet accord éviter de doubler le Sol ♯ car cette note est forcée, par une attraction naturelle à monter au La, et si vous le doubliez vous tomberiez dans la faute de 2 8ᵛᵉˢ de suite. Voyez l'article des 5ᵗᵉˢ et des 8ᵛᵉˢ de suite.

Cet accord s'emploie plus ordinairement comme altération et aussi, mais très rarement avec la 3ᶜᵉ mineure; ut, mib, sol ♯.

Il peut aussi se présenter avec la 3ᶜᵉ augmentée par une double ou triple altération ut, mi ♯, sol ♯, et ut ♯ à l'8ᵛᵉ.

TABLEAU DE L'ACCORD PARFAIT MAJEUR ET SES DEUX RENVERSEMENTS

SUR LA MÊME NOTE ET SUR TOUTES LES NOTES DE LA GAMME CHROMATIQUE.

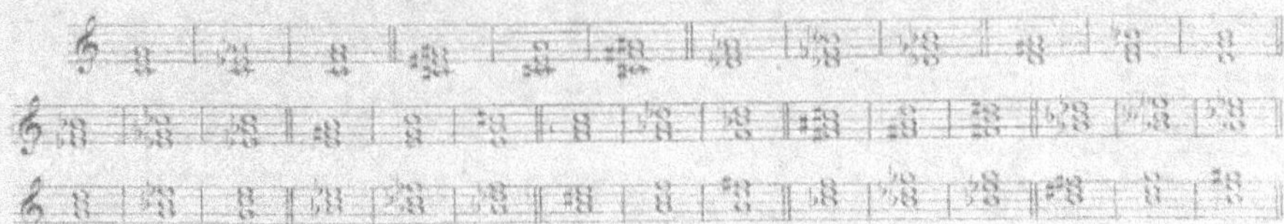

Faites bien comprendre et bien étudier à l'élève ce tableau, de manière qu'après l'avoir compris et copié, il puisse le composer sans le modèle.

TABLEAU DE L'ACCORD PARFAIT MINEUR ET SES DEUX RENVERSEMENTS

SUR LA MÊME NOTE ET SUR TOUTES LES NOTES DE LA GAMME CHROMATIQUE.

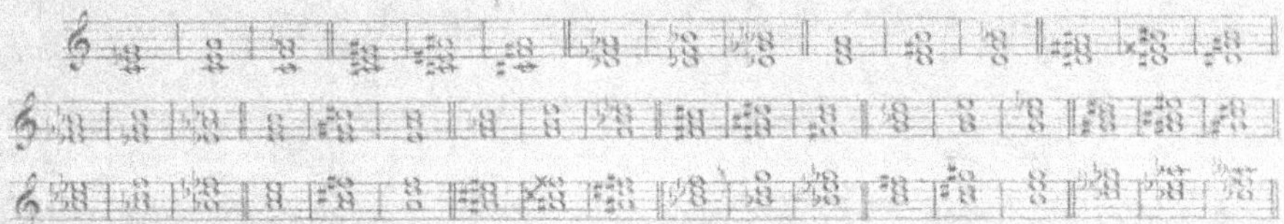

Faites de même étudier ce tableau et qu'il soit bien compris. Ensuite vous passerez à ceux de 5e diminuée et de 5e augmentée.

Faisons un tableau de l'accord de 5e diminuée sur toutes les notes de la gamme chromatique.

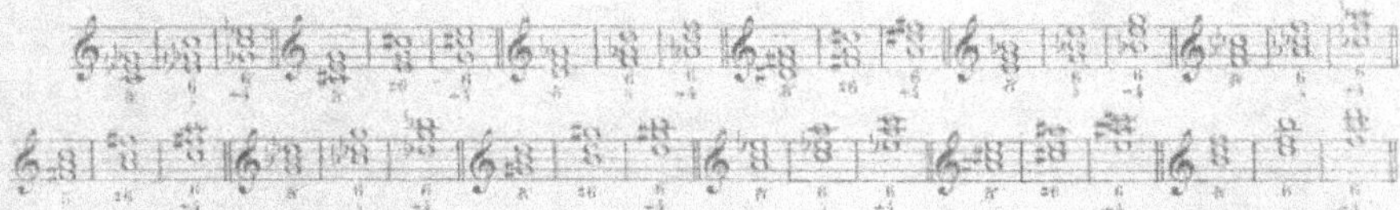

Faisons un semblable tableau pour l'accord de 5e augmentée.

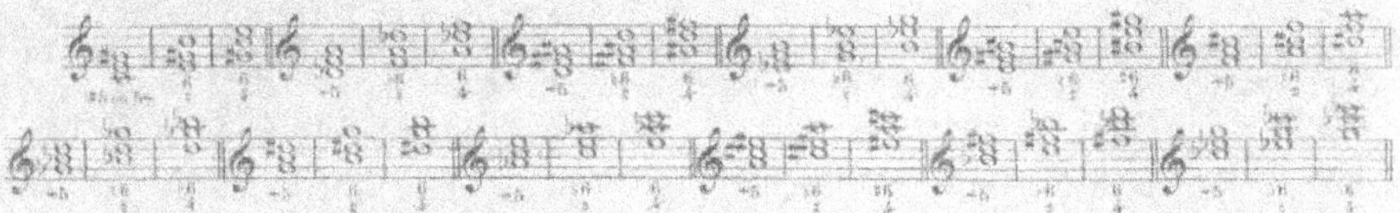

Cet accord, sur lequel il ne faut pas trop s'appesantir au commencement de l'étude, car on doit le considérer comme un accord dissonant, s'emploie ordinairement comme accord transitoire, parceque la 5e augmentée de cet accord est considérée comme note de passage, ou comme altération.

* Le *Sol* ♯ formant la 5e augmentée doit être considéré comme note de passage pour monter au *La*. Cette 5e augmentée doit toujours monter d'un degré.

Plusieurs théoriciens ne classent pas cet accord parmi les accords parfaits, et n'en parlent qu'à l'article des altérations.

Bien que cet accord ne puisse se considérer comme accord consonnant, je vais donner un tableau général de la réunion de l'accord parfait majeur, de l'accord parfait mineur, des accords de 5te diminuée, de 5te augmentée et de leurs renversements sur la même note.

Je tiens beaucoup à ce que l'élève le sache par cœur, afin qu'il puisse sur toutes les notes possibles former tous ces accords qui sont au nombre de douze puisqu'il y a 4 espèces d'accords avec 3 renversements.

Lorsque l'élève aura compris et appris parfaitement ce tableau, il devra le copier avec raisonnement, puis le composer de tête, bien entendu sans consulter le modèle.

Mais, avant de le composer, je l'engage à lire et bien étudier l'exemple suivant et surtout le moyen mnémonique que j'y donne pour bien composer les accords et les renversements de la 5te diminuée et de la 5te augmentée.

RÉUNION DES QUATRE TABLEAUX PRÉCÉDENTS   (Page 32)
MAIS FAITS SUR LA MÊME NOTE.

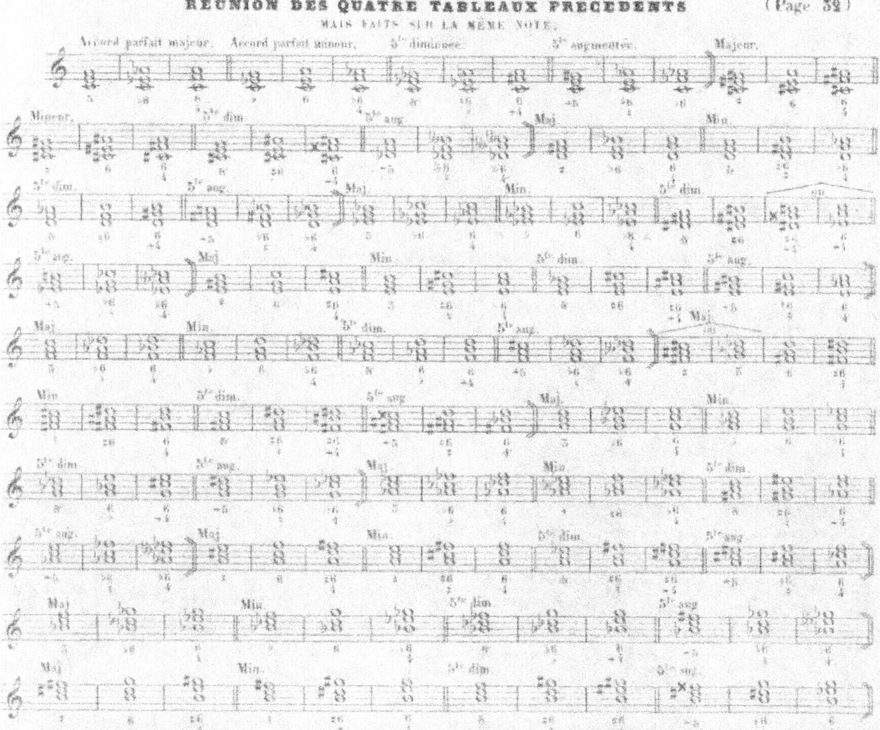

Ce tableau est complet. Le professeur doit faire remarquer à l'élève et lui bien faire comprendre, que c'est pour éviter l'emploi des doubles dièses et des doubles bémols que je me suis quelquefois servi des notes enharmoniques.

Lorsque l'élève aura bien étudié ce tableau, faites lui écrire ce travail et de tête, sur les notes les plus naturelles, telles que sur l'ut, le sol, le fa, le ré et le mi; plus tard vous l'exercerez sur les notes dièsées et sur les notes bémolisées. Il faut pour qu'il le fasse avec fruit qu'il sache très bien de quoi se compose chacun de ces accords. Il est donc indispensable que son tableau des intervalles soit su d'une manière imperturbable. Songez ce savoir, c'est la clé de la science harmonique.

Avant d'étudier un principe, lisez-le bien en entier.

Lorsque l'élève aura commencé par bien savoir l'accord parfait majeur et l'accord parfait mineur, ainsi que leurs renversements, le plus difficile sera d'apprendre l'accord de 5te diminuée et l'accord de 5te augmentée. Je vais lui offrir un moyen mnémonique pour l'aider à faire ce travail avec facilité sur la même note.

Commençons par l'accord de 5te diminuée.

Supposons en haussant la 5te diminuée à la 1re partie d'une 2de augmentée, cela donnera une 6te majeure, et ainsi sans déranger les 2 autres notes vous aurez le premier renversement

de la 5te diminuée sur le Si, car vous aurez alors 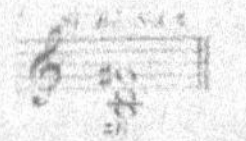

Pour le 2e renversement le Ré à la 2de partie formant 3ce mineure de Si, haussez-le également d'une 2de aug-

mentée, cela vous donnera le 2d renversement de la 5te diminuée, et vous trouverez 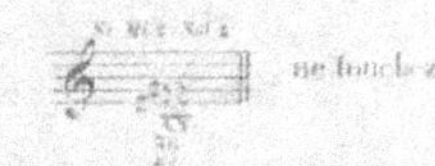 ne touchez

pas dans ce cas à la basse ni à la 1re partie.

Faites de même pour trouver les renversements de cet accord, sur toutes les autres notes. Ce moyen entièrement neuf m'a toujours servi avec succès.

Je vais vous donner un pareil moyen pour la formation de l'accord de 5te augmentée qui à première vue pa-raît très difficile, même aux harmonistes consommés.

Pour trouver avec facilité les renversements de l'accord de 5te augmentée sur la même note, supposons

Vous n'avez qu'à enharmoniser la 5te augmentée en 6te mineure, le Sol # deviendra La b, et vous aurez Do

Mi La b, ce qui donne l'accord 1er renversement de l'accord de 5te augmentée.

Pour le 2e renversement, enharmonisez la 3ce majeure en 4te diminuée, vous aurez 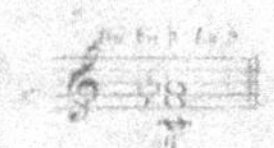

2e renversement de l'accord de 5te augmentée.

Ainsi vous voyez qu'en enharmonisant l'une après l'autre la 5te augmentée et la 3ce majeure, l'opération des deux renversements se fait avec facilité.

Essayez ce travail sur plusieurs notes pour vous convaincre de la règle générale sans aucune exception. Quel-quefois il vous sera plus facile de poser l'accord sur la note diésée que sur la note bémolisée, vous le ferez à votre choix. Cependant, bien que difficile, résolvez le problème sur la note posée. Je reconnais que ce tra-vail n'est pas facile, mais je promets un grand bénéfice à l'élève laborieux qui s'y livrera courageu-sement. Si vous avez bien compris mes moyens mnémoniques vous pouvez seul, faire ce tableau.

Une leçon qui ne contient que des accords parfaits est peut être ce qu'il y a de plus difficile à faire correc-tement dans l'étude de l'harmonie, surtout lorsqu'il faut l'écrire à quatre parties.

Je vais vous offrir quelques règles.

Premièrement il faut bien connaître les trois mouvements qui sont le mouvement droit, le mouvement oblique et le mouvement contraire. Il faut savoir éviter les 5tes et les 8ves de suite.

Lorsque deux accords parfaits s'écrivent avec les trois mouvements réunis, l'harmonie est toujours bonne.

Ici vous voyez les trois mouvements ensemble.

Comprenez bien le mouvement ou la succession par degrés conjoints et le mouvement ou la succession par degrés disjoints.

Le mouvement conjoint se fait diatoniquement: c'est celui dans lequel les notes se succèdent à des intervalles qui ne sont pas plus grands que l'intervalle de 2de majeure ou augmentée.

Le disjoint est celui qui se fait par intervalle plus grand que l'intervalle de 2de.

On se sert vulgairement du mot mouvement, au lieu du mot succession, et l'on dit mouvement conjoint, mouvement disjoint.

Le mouvement conjoint à la basse, est celui qui offre tous les dangers, car deux accords parfaits marchant par mouvement conjoint n'offrent pas la possibilité de donner le mouvement oblique, puisque vous ne trouvez pas de notes semblables dans les deux accords.

Vous êtes donc réduit aux deux autres mouvements qui sont le droit et le contraire.

Le droit, vous ne pouvez pas en faire usage, car vous auriez deux 5tes et même deux 8ves indubitablement à craindre. (Je prie le professeur de s'appliquer à bien faire comprendre cette leçon) alors il ne vous reste que le mouvement contraire, en voici la difficulté, aubien que dans les mouvements disjoints de basse, toutes ces difficultés n'existent pas.

Voyez les exemples des mouvements disjoints.

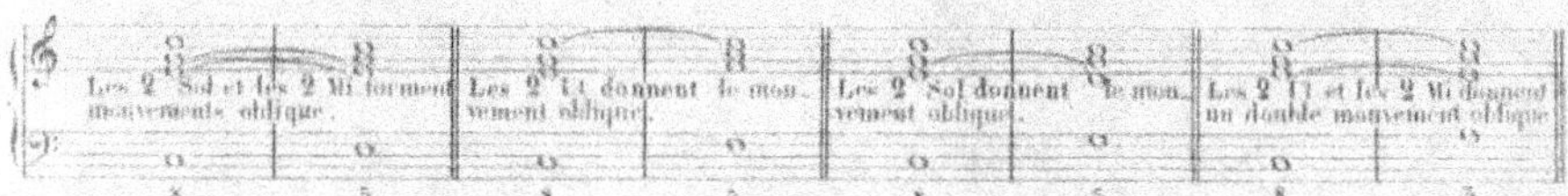

Ce mouvement de 7me est bien un mouvement disjoint, mais en le renversant il donne une 2de descendante, ce qui le rend conjoint; cependant ces deux 8ves et ces deux 5tes par mouvement contraire sont tolérées.

Il n'y a rien de plus difficile à écrire que la gamme, lorsqu'on veut ne se servir que des accords parfaits; on est obligé pour éviter ces fautes de 5tes et d'8ves d'employer le mouvement contraire avec la basse.

Moderato.

Exécutez cette harmonie et vous verrez combien peu elle est agréable à l'oreille.

On peut aussi écrire cette gamme en accords parfaits à 3 parties.

Vous voyez que vous êtes obligé d'écrire cette succession d'accords parfaits par le seul mouvement contraire, ce qui donne une grande extension aux parties.

MARCHES D'HARMONIE

EN ACCORDS PARFAITS AUX TROIS POSITIONS

MARCHE DE MOUVEMENT DE 2de

À 4 PARTIES.

3.e P.

2.e P.

1.re P.

Basse

À 3 PARTIES

autre manière

À 4 PARTIES.

À 3 PARTIES

autre manière

MARCHE MONTANT DE 3.ce ET DESCENDANT DE 2de

À 4 PARTIES

La même à 3 Parties

Une Marche d'harmonie est un mouvement régulier à la basse et qui doit donner des mouvements réguliers aussi aux parties; on voit que dans ces deux marches la basse est régulière, mais que les parties ne
le sont pas; cela dépend des mouvements de 2.de ascendante ou descendante qui obligent à prendre le seul mouvement contraire pour éviter les fautes de 5.te et d'8.ve mais dans les marches suivantes on y remarquera la régularité
Toutes ces Marches d'harmonie doivent être exécutées d'un mouvement modéré.

On voit dans cette marche que tous les mouvements des quatre parties sont parfaitement réguliers; moins le dernier accord puisque la basse descend de 5.te au lieu de descendre de 2.de, le mouvement de basse n'étant plus lui même régulier les parties cessent de l'être.

MARCHE MONTANT DE 4.te ET DESCENDANT DE 3.^{ce}

La même à 3 Parties.

MARCHE DESCENDANT DE 4.te ET MONTANT DE 3.^{ce}

La même à 3 parties aux deux positions.

Marche montant de 5.te et descendant de 4.te

La même à 3 Parties.

MARCHE DESCENDANT DE 5te ET MONTANT DE 4te

A 4 PARTIES.

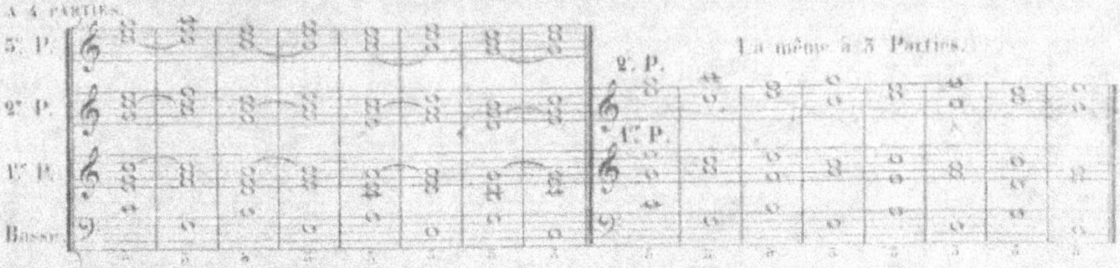

5e P.   2e P.   1re P.   Basse

La même à 3 Parties.

2e P.   1re P.

MARCHE DESCENDANT DE 3ce ET MONTANT DE 2de

A 4 PARTIES.

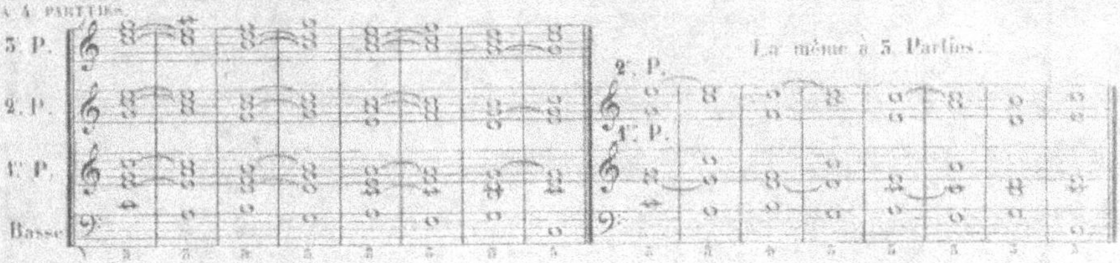

La même à 3 Parties.

2e P.   1re P.

Vous devez observer toutes les régularités dans les parties, c'est ce qui constitue une marche bien écrite.

Je pense que ces quelques exemples peuvent suffire à l'élève pour bien comprendre ce que c'est qu'une marche d'harmonie.

QUELQUES LEÇONS POUR EMPLOYER L'ACCORD PARFAIT MAJEUR ET MINEUR

SANS SORTIR DU TON D'UT MAJEUR

1re LEÇON.

Moderato.

N° 1.

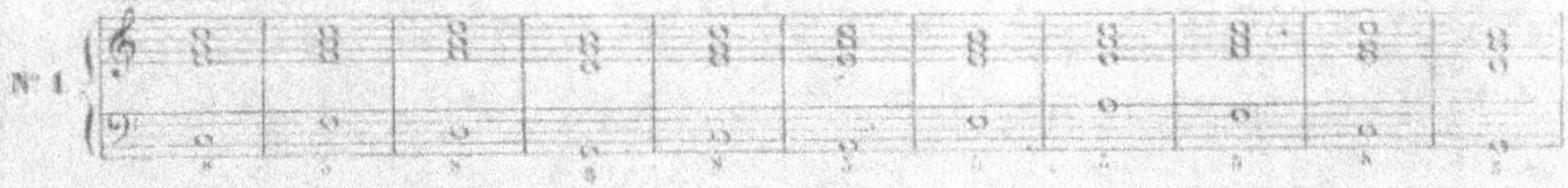

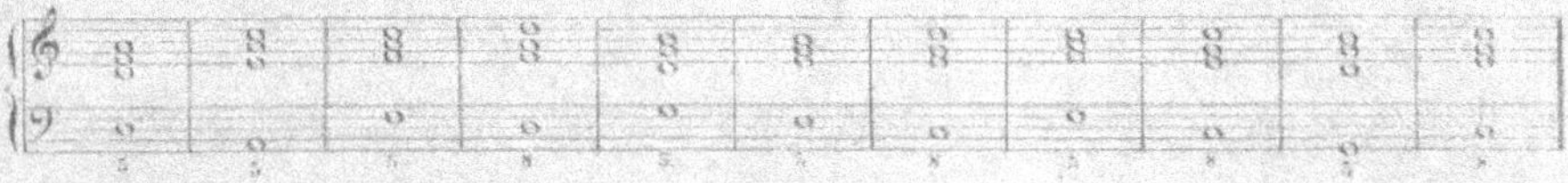

2e LEÇON.

Moderato.

N° 2.

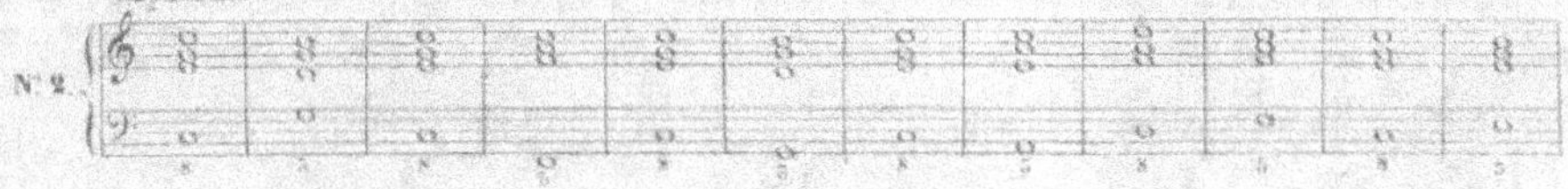

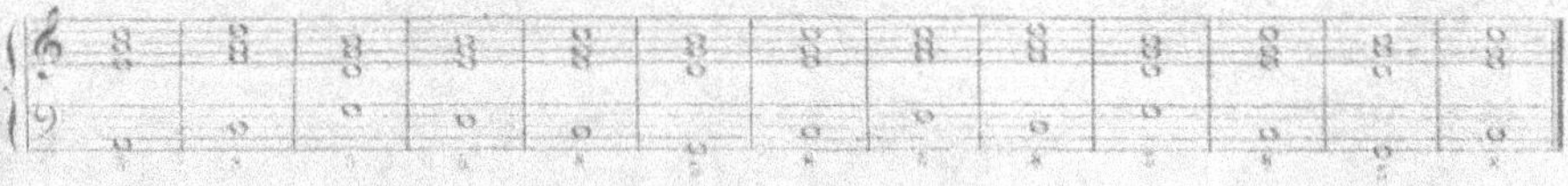

Dans toutes ces leçons je vais chiffrer 3, 5, ou 8 selon le cas; cela facilitera l'élève, seulement la 5te diminuée est toujours chiffrée 5, le 3 dans ce cas n'indique pas la position; mais l'accord précédent et suivant doivent l'indiquer.

1.re Leçon dans la quelle on introduit l'accord de 5.te diminuée.

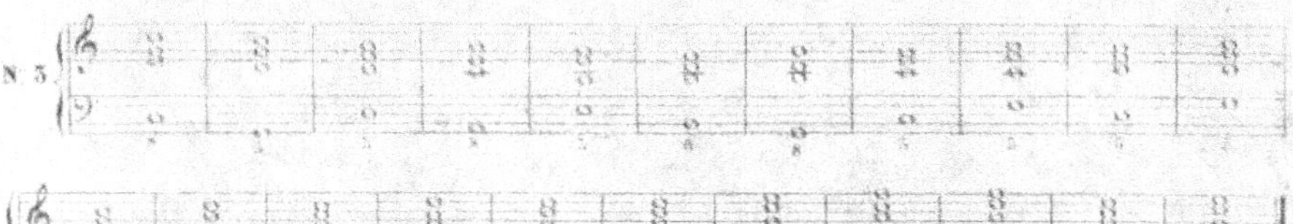

2.e Leçon dans la quelle on introduit l'accord de 5.te diminuée.

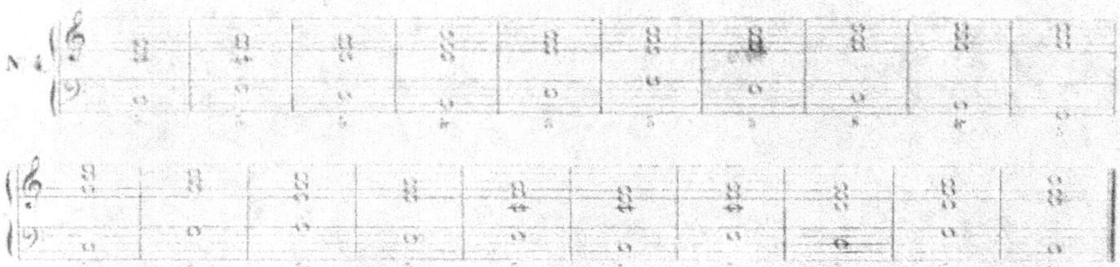

Leçon dans la quelle nous allons employer en plus, l'accord de 5.te augmentée et par conséquent plusieurs accidents.

Leçon dans la quelle on commence à moduler.

Les 25 ou 4.5 indiquent l'accord de 5.te augmentée mais ne donne pas la position. il en est de même pour cet accord que pour l'accord de 5.te diminuée. Exécutez toutes ces leçons lentement et piano.

1. à 3 parties. **2.**

Ces 2 marches ne peuvent point se faire en changeant de position car cela
3. donnerait partout des 5tes de suite entre les parties.

mauvais. mauvais.

4. **5.**

6. **7.** à 4 parties. **8.**

Généralement les
marches de sixte s'é-
crivent moins bien à
4 parties qu'à 3.

9. **10.**

Voyez que ces marches de
6tes sont difficiles à écrire à 4 parties et combien
cette 4me partie s'écrit péni-
blement.

11. **12.** La même à 3 parties.

Celle-ci s'é-
crit mieux
à 4 parties
qu'à 3.

Voyez que pour compléter
l'accord, cette 2de partie est
obligée de sauter de 4te
et de 5te.

13. à 3 parties. **14.** à 3 parties. **15.** à 4 parties.

16. La même à 3 parties. **17.** à 4 parties. **18.** La même à 3 parties.

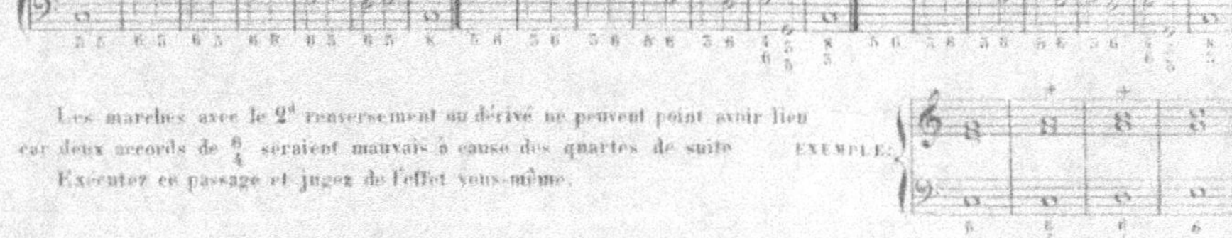

Les marches avec le 2d renversement ou dérivé ne peuvent point avoir lieu
car deux accords de $\frac{6}{4}$ seraient mauvais à cause des quartes de suite   EXEMPLE.
Exécutez ce passage et jugez de l'effet vous-même.

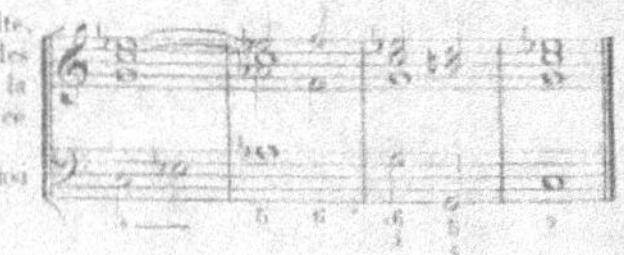

Ut mineur.

Cependant il y a
un cas possible le
voici, c'est en mode
mineur.

Voyez les deux $\frac{6}{4}$ de suite,
celles-ci sont supportables
la 4te augmentée adoucit la
dureté, mais en majeur ce
serait très mauvais.
Je le préférerais ainsi
avec l'accord de 6te.

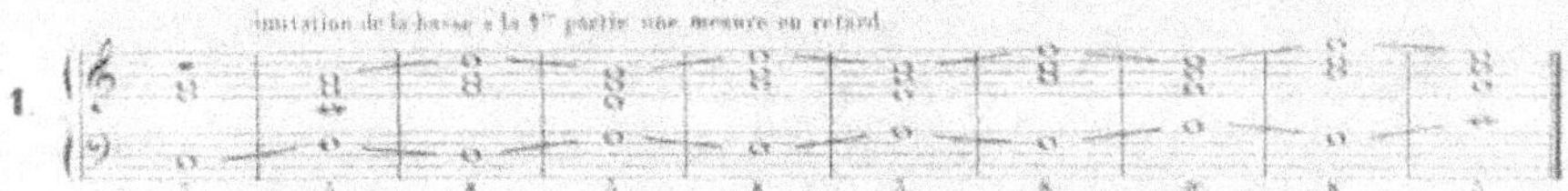

Faire une imitation est répéter un trait de la basse à une autre partie ou d'une partie à la basse; faire des notes de passage, c'est faire entendre des notes qui ne sont point intégrantes dans l'accord. Voyez l'exemple suivant:

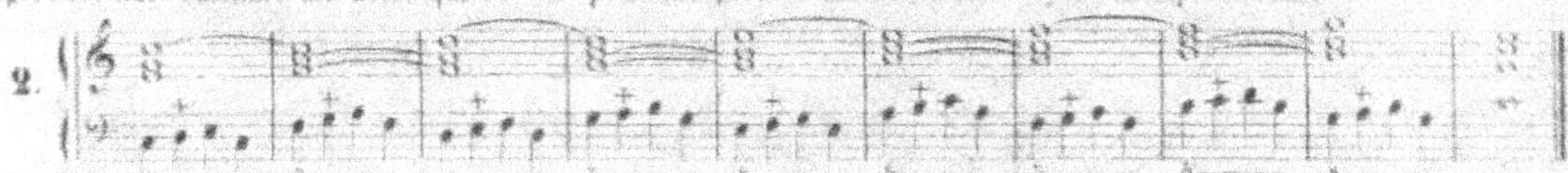

Voyez cette basse, la 2de note des mesures n'est pas dans l'accord, ces notes se nomment notes de passage.

Avec le secours de cet artifice vous pouvez avoir de jolies imitations.

MARCHES D'HARMONIE EN IMITATIONS

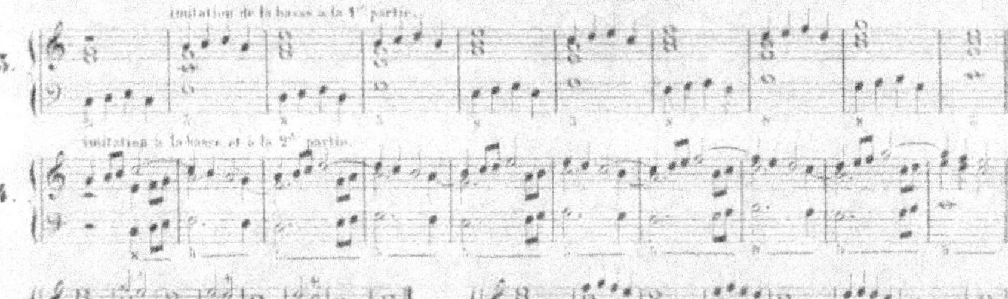

Dans cette marche les notes qui ont des croix ne sont point intégrantes dans l'accord, observez aussi l'imitation de la 1re partie avec la basse.

Même système de notes de passage et d'imitation.

J'engage le professeur à faire étudier ces artifices d'imitations avec plusieurs autres exemples. La liste des marches de Cherubini est un recueil parfait. Consultez-le, il est précieux.

DES 5tes ET DES 8ves CACHÉES

Les 5tes et les 8ves cachées sont défendues entre les parties surtout entre les deux parties extrêmes cette faute existe lorsque par mouvement droit vous terminez sur une 5te ou sur une 8ve.

Cependant en harmonie elles sont tolérées, c'est dans le contrepoint rigoureux qu'elles sont défendues sans exception.

L'habitude d'écrire des leçons d'harmonie et une bonne lecture musicale ainsi que les conseils d'un maître vous feront comprendre les choses permises et les choses défendues, c'est plutôt la pratique que la théorie qu'il faut en ce cas.

DES 5tes DE SUITE

Les théoriciens font un grand crime aux harmonistes des fautes de 5tes de suite.

Je partage leur opinion cependant je dois avouer qu'il y en a qui font un bel effet, celles surtout du délire de Berton sont admirables. Des auteurs d'un grand génie ont négligé ces principes je n'ose les nommer. Il est malheureusement vrai que ces fautes ne sont point sensibles aux oreilles d'un bon amateur exercé et souvent certains théoriciens ne les découvrent qu'à la lecture.

Au piano je me fais quelquefois un plaisir de faire ainsi ce passage.

Je ne trouve pas dures ces deux 5tes aux deux parties inférieures, elles ne blessent pas mon oreille et cette qualité complète les deux accords à 4 parties. Cependant je ne le donne pas pour modèle.

(1) Outre que ce passage donne deux 5tes le fa doit être considéré comme dissonant et il monte en 8ve.

Leçons pour employer les accords parfaits majeurs et mineurs et leurs renversements.

Moderato.

1ᵉ Leçon.

N° 1.

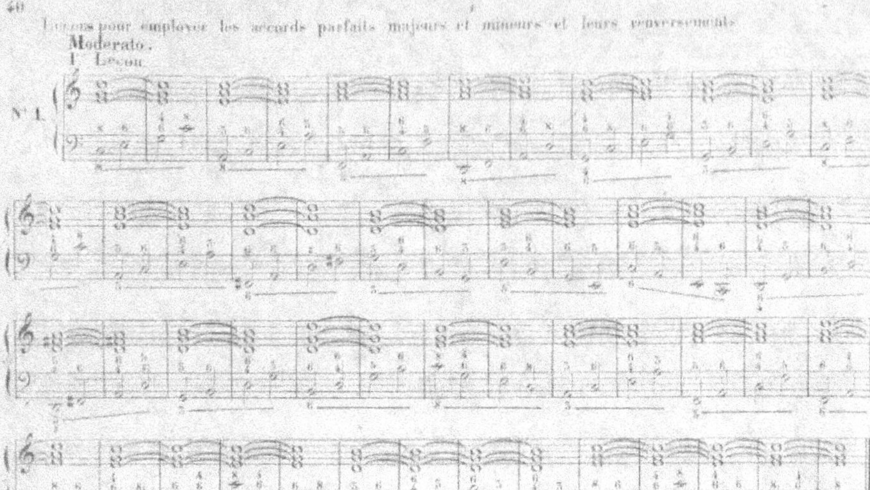

Faites bien comprendre à l'élève que cette double manière de chiffrer est bonne, mais que les chiffres de dessous sont préférables, c'est l'abréviation de l'autre.

Je chiffrerai cette leçon avec la manière la plus brève, qui est la plus usitée.

2ᵉ Leçon.

N° 2.

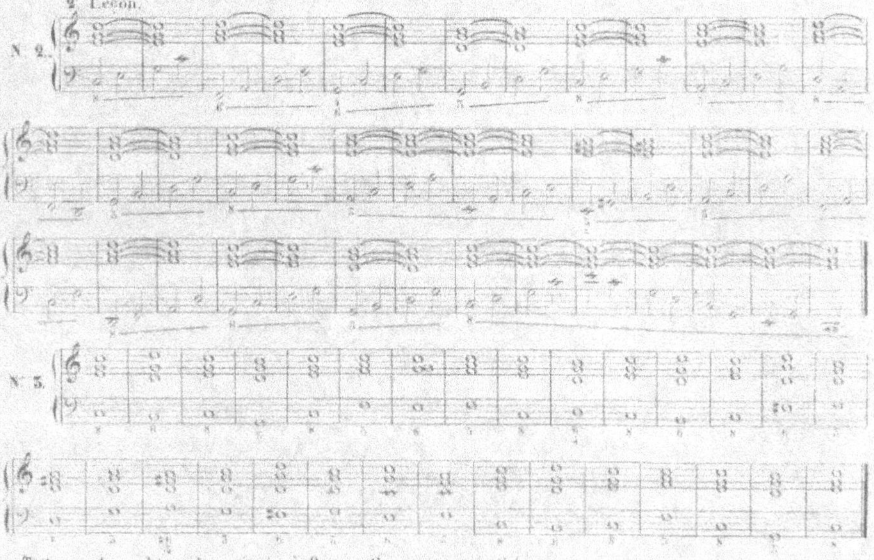

N° 5.

Toutes ces leçons, doivent être exécutées à 2 temps d'un mouvement modéré.

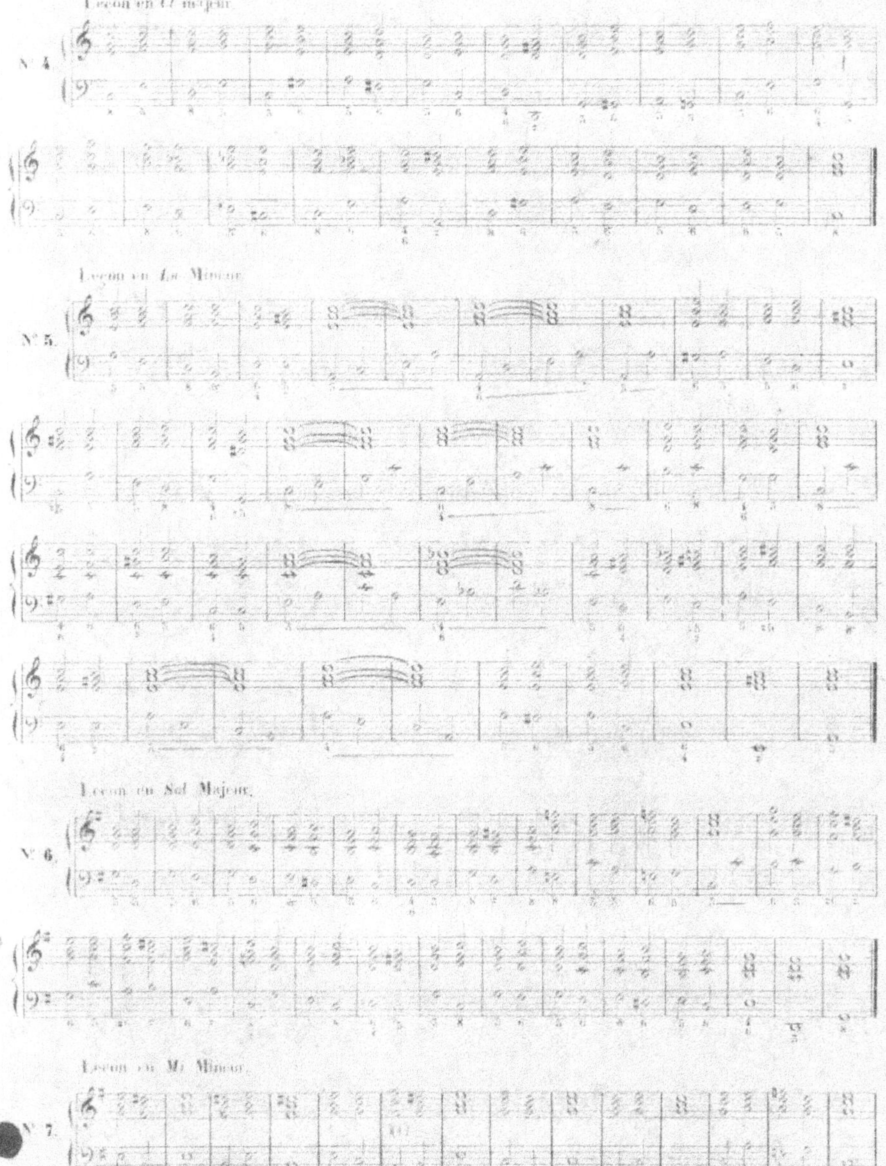

(1). On pourrait se dispenser de mettre le ♮ ou ♭ le Fa ♯ étant à la clé

42
Leçon en Fa Majeur.
N° 8.
Leçon en Ré Mineur.
N° 9.

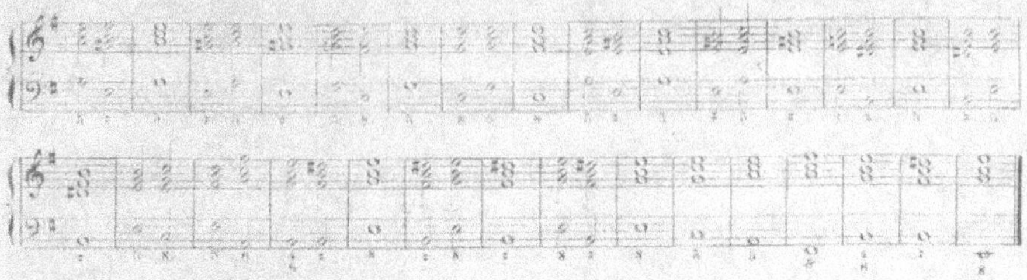

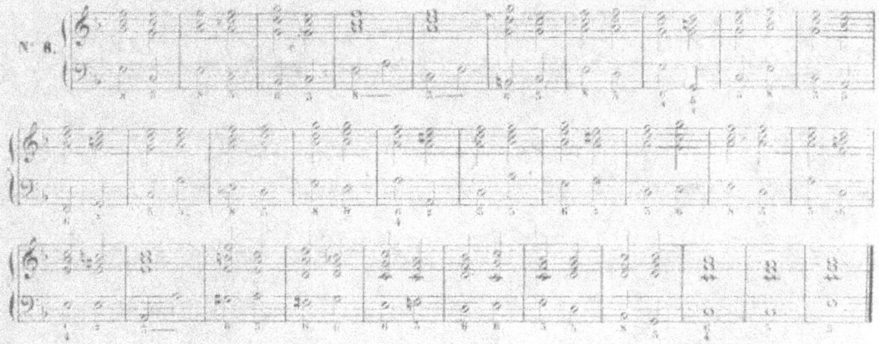

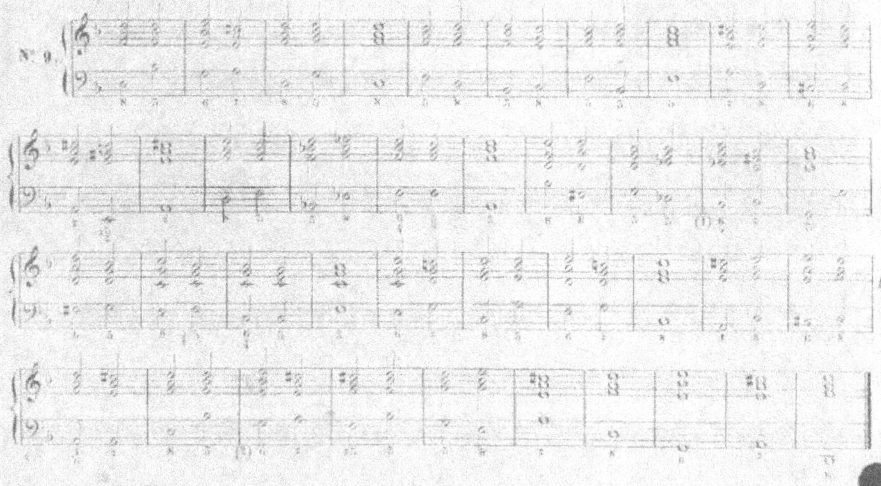

DE L'ACCORD DE 7ᵐᵉ DE DOMINANTE.

Cet accord est le plus riche et le plus facile à employer. Tout en ne se servant que de cet accord et de l'accord parfait on peut trouver les mélodies les plus délicieuses et les plus suaves. C'est lui qui a déterminé la tonalité moderne et qui nous a sorti de cette musique sans charme qui reposait sur les tons du Plain-chant et qui donnait une indécision tonale. Fétis dit que c'est Monteverde qui le premier a osé l'employer sans préparation si c'est lui, nous lui en devons une grande reconnaissance car cela a été la découverte d'une nouvelle musique.

L'accord de 7ᵐᵉ de dominante se pose sur la dominante des deux modes. On peut considérer cet accord comme neutre, car quoiqu'il établisse bien le ton il n'établit pas le mode.

Il se compose de 3ᵉ majeure, 5ᵉ juste, et 7ᵉ mineure on le chiffre par 7 ou 7 ou 7 ou 7 selon le cas.

Comme on le sait, la croix signifie l'augmentation ou la note sensible, en ce cas la croix est mise pour indiquer la sensible.

Cet accord est dissonant, c'est la 7ᵉ qui est dissonante. Le *Fa* est dissonant contre le *Sol* de la basse. Ôtez de cet accord le *Fa* vous trouvez *Sol Si Ré* accord parfait, cet accord dissonant est si doux que la dissonance peut se passer de préparation.

Préparer une dissonance c'est la faire entendre dans l'accord précédent. Pour bien écrire cette dissonance il faut la préparer à la même partie.

Toute dissonance a besoin d'être résolue, résoudre une dissonance c'est faire descendre d'un degré la note dissonante. Ainsi le *Fa* de cet accord doit descendre au *Mi*, si le *Mi* est naturel vous serez en *Ut* majeur et si le *Mi* est bémol vous serez en *Ut* mineur.

EX. Résolution en Ut majeur. Résolution en Ut mineur.

Son premier renversement se pose sur la sensible il se compose de 3ᵉ mineure 5ᵉ diminuée et 6ᵉ mineure. On le nomme accord de sixte et quinte diminuée.

On le chiffre par 6/5 la dissonance est la 5ᵉ ou le *Fa* il faut aussi la résoudre, ce *Fa* doit de même descendre au *Mi*.

Son 2ᵉ renversement se pose sur la sustonique, il se compose de 3ᵉ mineure, 4ᵉ juste et 6ᵉ majeure.

On le nomme accord de sixte sensible il est nommé ainsi parceque la 6ᵉ de l'accord est la sensible du ton soit majeur soit mineur. La 3ᵉ est dissonante, et c'est la 4ᵉ qui la rend dissonante on le chiffre +6, ou 6 ou 6. J'ai adopté +6 comme plus usité. (1)

Son 3ᵐᵉ renversement se pose sur la sous-dominante il se compose de 3ᵉ majeure, 4ᵉ augmentée et de 6ᵉ majeure, on le nomme accord de triton, on le chiffre par +4. La dissonance est à la basse et c'est la 2ᵉ qui la rend dissonante quelques auteurs le chiffrent 2.

EXEMPLE DE L'ACCORD DE 7ᵐᵉ DOMINANTE ET DE SES TROIS RENVERSEMENS OU DÉRIVÉS

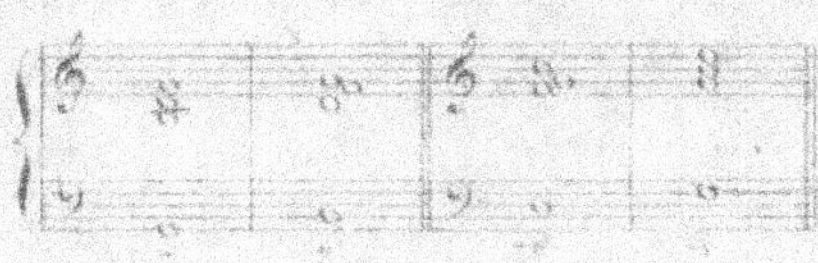

___
(1) Quelques anciens professeurs nomment cet accord petite sixte, ils ont tort puisque la sixte est majeure.

Dans le cours de mon ouvrage pour indiquer la bonne position à l'élève j'ai posé la croix au dessus du 7 (7/x) pour faire comprendre que je désire la sensible à la partie supérieure.

Lorsque la 5te ou l'8ve doivent se trouver à la 1re partie, le chiffre précédent ou suivant indique la position.

Ainsi si la 5te est de la 1re partie le 8 qui suit doit l'indiquer; et si l'8ve se trouve à la 1re partie le 5 qui suit l'indique.

Voyez le tableau suivant.

Je fais de même pour le 1er renversement 6/x.

Lorsque je le chiffre 6/8/x c'est que je désire la 5te à la 1re partie et 6/8/x la 6te à la 1re partie et lorsque la position demande la 3ce à la partie supérieure, je chiffre 6/x mais l'accord précédent chiffré 8 l'indique. Voyez encore le tableau suivant.

DES DIVERSES MANIÈRES D'ÉCRIRE L'ACCORD DE 7ᵐᵉ DOMINANTE.

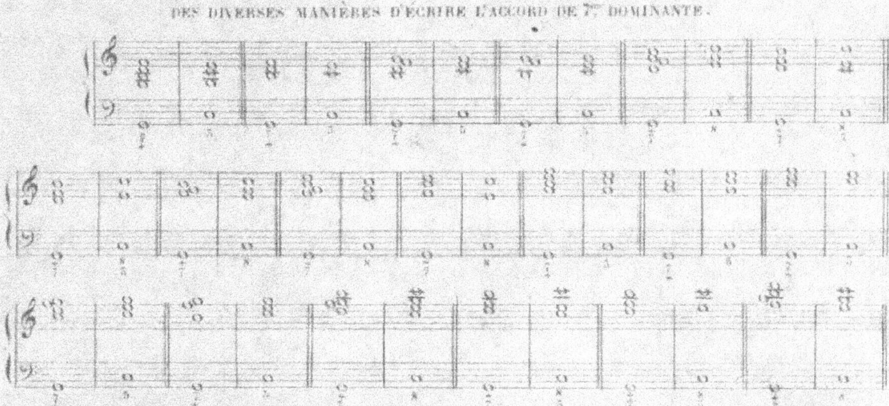

Toutes ces diverses manières sont bonnes, vous voyez que l'on peut retrancher la 5te de l'accord de 7e dominante. Il ne faut pas doubler la note sensible ainsi que la dissonance d'un accord afin d'éviter deux 8ves de suite.

Diverses manières d'écrire le 1er renversement

Diverses manières d'écrire le 2e renversement.

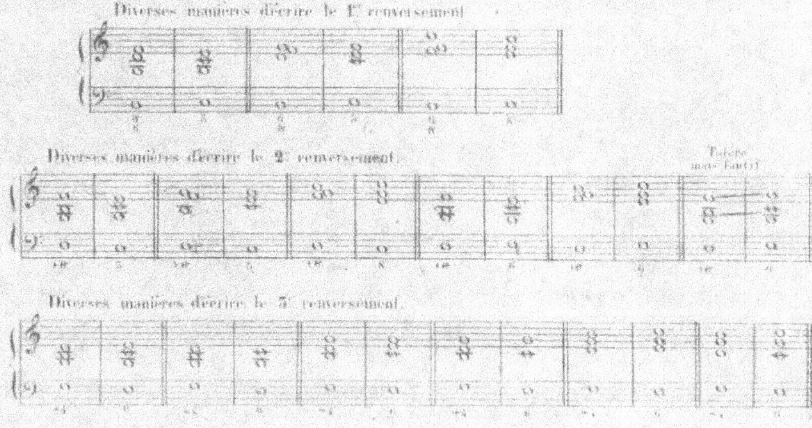

Diverses manières d'écrire le 3e renversement.

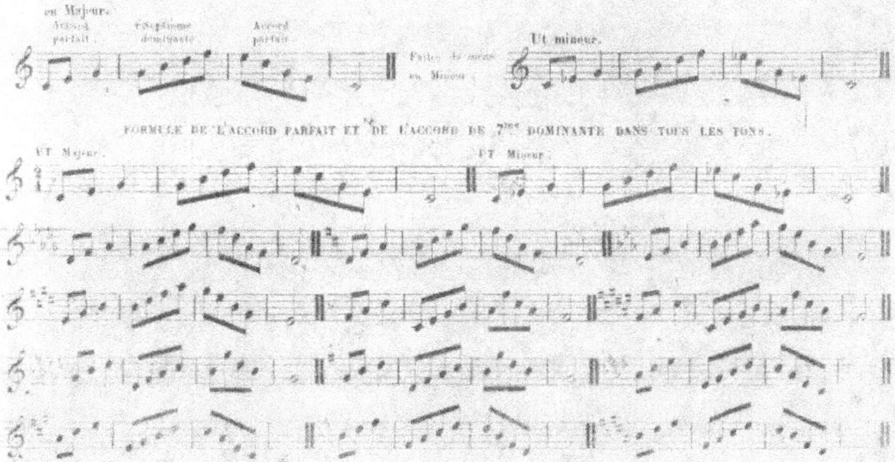

Après avoir étudié l'accord parfait majeur, l'accord parfait mineur, et l'accord de 7.ᵉ dominante et avoir bien compris la théorie de ces accords, l'élève doit s'exercer à les mettre en pratique sur un instrument, et même avec la voix. Faites exécuter ainsi par exemple ce passage dans tous les tons et dans les deux modes.

DE LA MANIÈRE D'ÉCRIRE ET D'EMPLOYER L'ACCORD DE 7ᵐᵉ DE DOMINANTE

AUX TROIS POSITIONS AVEC LES TROIS RENVERSEMENTS

TABLEAU DANS LES 15 TONS MAJEURS

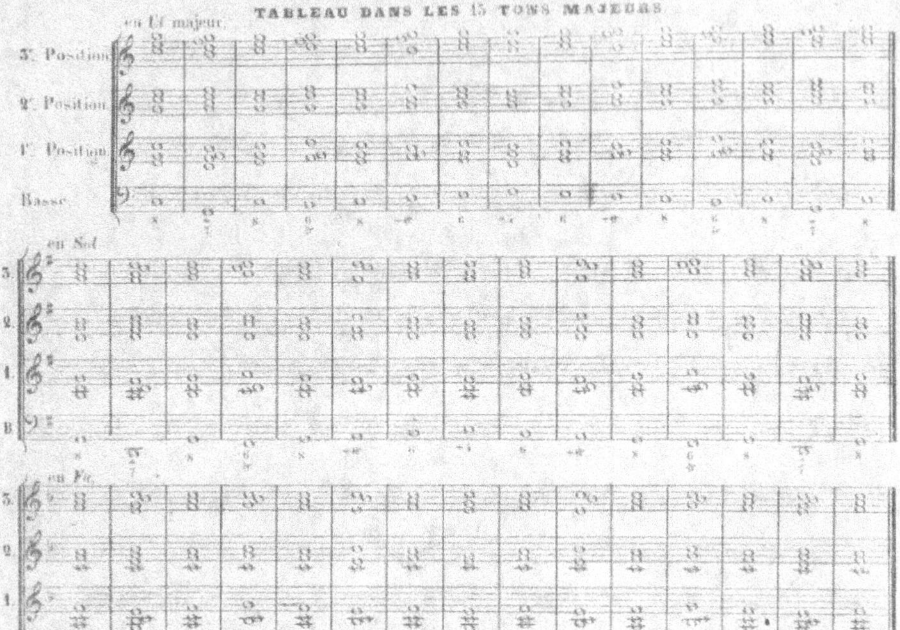

en Ut majeur.

3ᵉ Position

2ᵉ Position

1ʳᵉ Position

Basse

en Sol

en Fa

en Ré

en Si♭

Dans ces exemples je chiffre la 1ʳᵉ position.

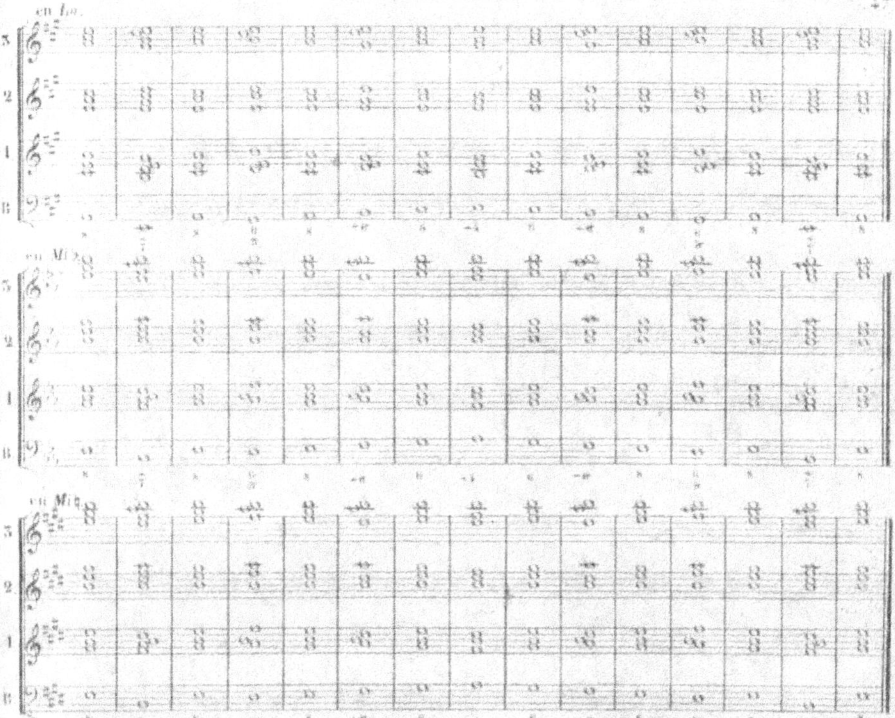

en La.
en Mi♭.
en Mi♮.
en La♭.
en Si.

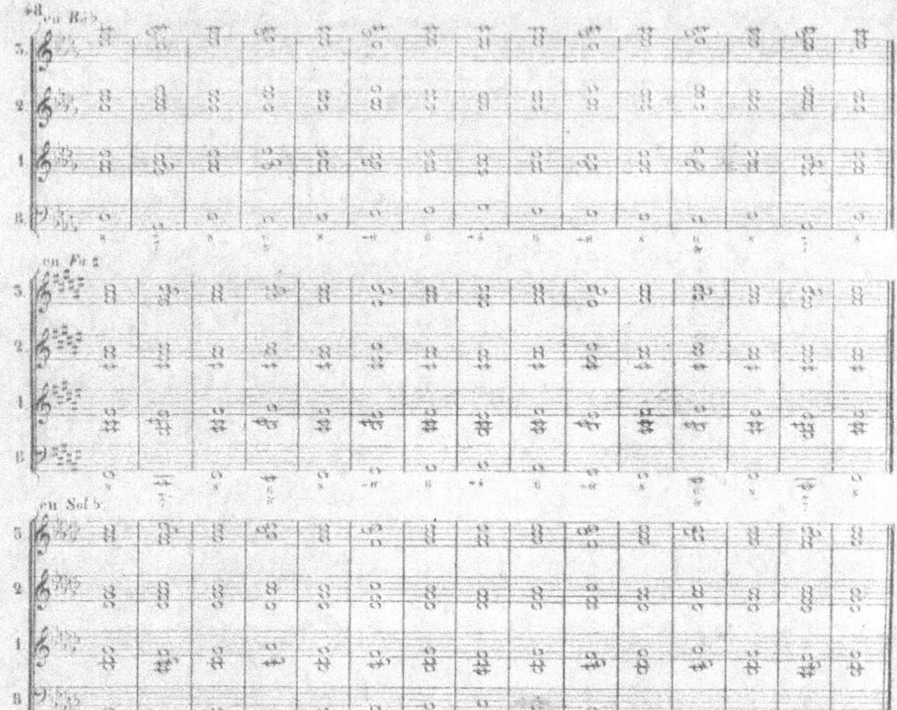

48. en Ré♭
en Fa♯
en Sol♭
en Ut♯
en Ut♭

DE LA 7.ᵉ DOMINANTE AVEC SA RÉSOLUTION DANS LE MODE MINEUR.

En La mineur.

3.ᵉ Position	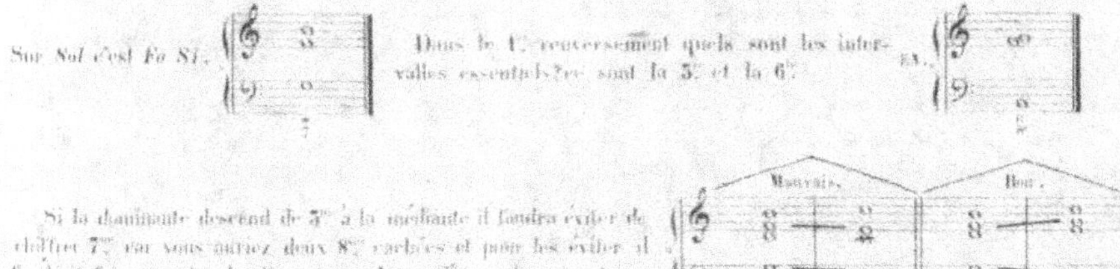
2.ᵉ Position	
1ᵉ Position	
Basse	

en Mi mineur.

3.ᵉ Position	
2.ᵉ Position	
1ᵉ Position	
Basse	

en Ré mineur.

3.ᵉ Position	
2.ᵉ Position	
1ᵉ Position	
Basse	

Voici le cas où il faut chiffrer l'accord de 7.ᵉ dominante par 7, pour faire comprendre que la tierce de cet accord qui est la sensible doit être dièsée.

Dans le mode mineur vous pouvez aussi vous priver de la 5.ᵉ comme dans le majeur.

Je pense que l'on peut se dispenser d'écrire ce tableau dans les mineurs; cependant j'engagerai l'élève à l'exécuter dans tous les tons. N'oublions pas que c'est au cours pratique que nous faisons; la théorie ne suffit pas.

La chiffré de même la 1ᵉ position.

Dans l'accord de 7.ᵉ dominante quels sont ces intervalles essentiels? ce sont la 7.ᵉ et la 3.ᵉ

Sur *Sol* c'est *Fa Si*. Dans le 1ᵉʳ renversement quels sont les intervalles essentiels? ce sont la 3.ᵉ et la 6.ᵉ

Si la dominante descend de 5.ᵗ à la médiante il faudra éviter de chiffrer 7.ᵐᵉ car vous auriez deux 8.ᵉˢ cachées et pour les éviter il faudrait faire monter la dissonance. Voyez l'exemple suivant.

50

Dans le 2ᵉ renversement quels sont les intervalles essentiels? Ce sont la 3ᵉ et la 4ᵉ.

ex. 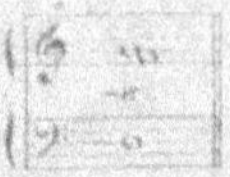   Cependant la 8ᵉ est presque indispensable.

Dans ce cas si l'on doit écrire à trois parties seulement, je sacrifierais la 4ᵉ alors je n'aurais que

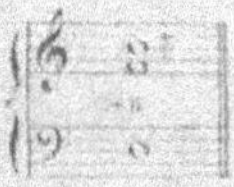

Vous voyez que ce n'est plus l'accord venant de la 7ᵉ dominante car c'est le 1ᵉʳ dérivé de l'accord de 5ᵉ diminuée; dans ce cas à 3 parties il faut opter entre la   ou

Cette observation vous fait voir que de chiffrer cet accord par un 6 est vicieux, si j'ai adopté cette manière c'est parceque presque tous les théoriciens le chiffrent ainsi +6. J'aurais préféré que l'on chiffrât par $\frac{4}{3}$ quitte à mettre une croix au-dessus du 4. $\frac{4}{3}$ pour faire voir que cette croix indique la sensible.

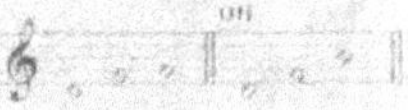

En principe, la manière de chiffrer la meilleure, la seule vraie, est celle dans laquelle on n'emploie que les chiffres qui indiquent les intervalles indispensables, essentiels d'un accord. Ainsi, dans l'accord de 7ᵉ dominante l'intervalle indispensable est celui qui forme septième avec la basse, c'est la dissonance; il faut chiffrer par un 7, ou ajoute une croix au-dessus (ou au-dessous), cette croix indiquant ici la note sensible. 3ᵉ de l'accord note également essentielle.

Dans les renversements on doit de même indiquer par les chiffres l'intervalle dissonant et l'intervalle qui produit cette dissonance. C'est ce qui a lieu pour l'accord de $\frac{6}{5}$ (sixte et quinte) dans si ré fa sol, c'est le fa qui est dissonant et le sol qui le rend dissonant; ces deux notes sont donc en même temps les notes indispensables de cet accord.

Par la même raison, au 2ᵉ renversement qui est l'accord de sixte sensible, sur le ré, il faudra chiffrer $\frac{4}{3}$ pour indiquer fa sol, le fa étant la note dissonante, et le sol la rendant dissonante; quitte à ajouter une croix au dessus $\frac{4}{3}$ pour indiquer la sensible du ton note si essentielle. ✠

Enfin le troisième renversement, accord de triton devrait se chiffrer 2, le fa étant à la basse le 2 indique le sol, la note qui produit avec le fa l'intervalle dissonant; et la croix indique la sensible du ton, laquelle fait avec la basse l'intervalle de triton; ce sont précisément les trois notes essentielles de cet accord.

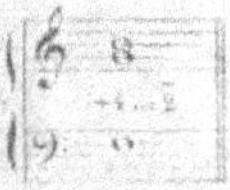

Je ne donne pas ce système comme de mon invention, il est de Berton. A ce sujet il y eut entre ce professeur et Catel une petite guerre d'école au Conservatoire, vers 1810 ou 1812. Malgré tout le respect que je dois au savant Catel, je crois que Berton avait raison. Mais le traité de Catel ayant été plus généralement adopté que celui de Berton, il y a eu plus d'élèves d'après la méthode d'enseignement du premier que d'après celle du second; c'est à cause de cela seulement, sans doute, que la manière de chiffrer de Catel a prévalu et moi-même, pour ne pas aller contre l'usage qui l'a emporté, j'ai continué à chiffrer d'après Catel tout en étant de la classe de Berton.

Cependant une chose vient à l'appui du système de celui-ci, c'est comme vous le verrez plus tard que tous les autres accords de septièmes se chiffrent par 7 $\frac{6}{5}$ $\frac{5}{3}$ et 2 sauf les accidents à ajouter aux chiffres selon les cas.

Quant à la manière de chiffrer le troisième renversement de l'accord de 7ᵉ dominante par +4, elle peut se justifier jusqu'à un certain point par la raison que ce renversement est appelé accord de triton.

Le triton n'est autre chose que l'intervalle de quarte augmentée, composé de trois tons, et que le chiffre 4 avec la croix indique précisément cet intervalle au-dessus de la basse; c'est pourquoi au lieu de 2 qui me paraît plus rationnel on peut adopter +4. Ici la croix en indiquant l'augmentation indique aussi la note sensible.

Après avoir fait mon cours d'harmonie en 1808 et 1809 le célèbre Catel a bien voulu me donner des leçons d'harmonie pratique. Alors à notre Conservatoire cette intéressante classe n'existait pas, c'est chez lui que gratuitement il voulait bien me faire travailler. Toute ma vie je lui en serai reconnaissant. Non seulement il me fit travailler la basse chiffrée, mais bien aussi l'art si difficile d'accompagner la partition.

✠ Il n'est donc pas illogique de le chiffrer par un 6 puisqu'on le nomme sixte sensible.

TABLEAU DE L'ACCORD DE LA 7e DOMINANTE SUR TOUTES LES NOTES DE LA GAMME
AVEC LES TROIS RENVERSEMENTS DE DÉRIVÉS

Étudiez bien ce tableau et rendez vous bien compte dans quels tons sont tous ces accords.

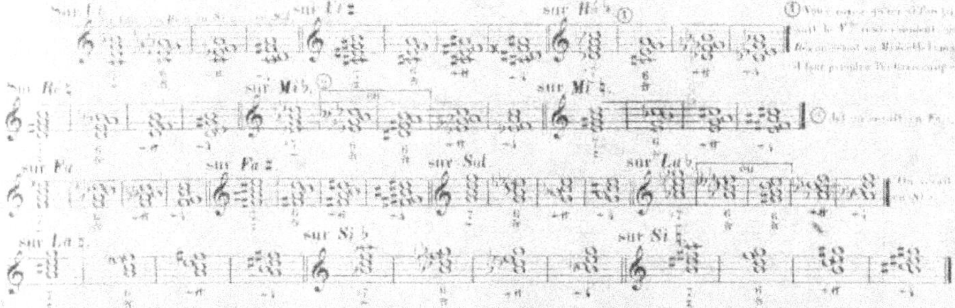

J'engage l'élève à bien méditer ce tableau, à le lire attentivement, et à l'apprendre par cœur afin qu'il puisse le faire de tête dans ses méditations et même dans ses promenades. Si toutes les notes lui offrent des difficultés qu'il commence l'étude sur les notes qui lui paraîtront faciles, et qu'ensuite il parvienne à les écrire sur toutes les notes, qu'il fasse cette étude comme il a dû faire celle des accords parfaits.

Quand vous copierez ce tableau, mettez au dessus des accords le nom du ton à tous les renversements.

Moderato. **PLUSIEURS LEÇONS SUR LA 7e DE DOMINANTE ET SES 5 RENVERSEMENTS.**

Leçon en Ut majeur.

1.

2. Moderato.

3. Moderato.

Donnez à votre élève toutes ces basses avec les chiffres, et faites faire les leçons.

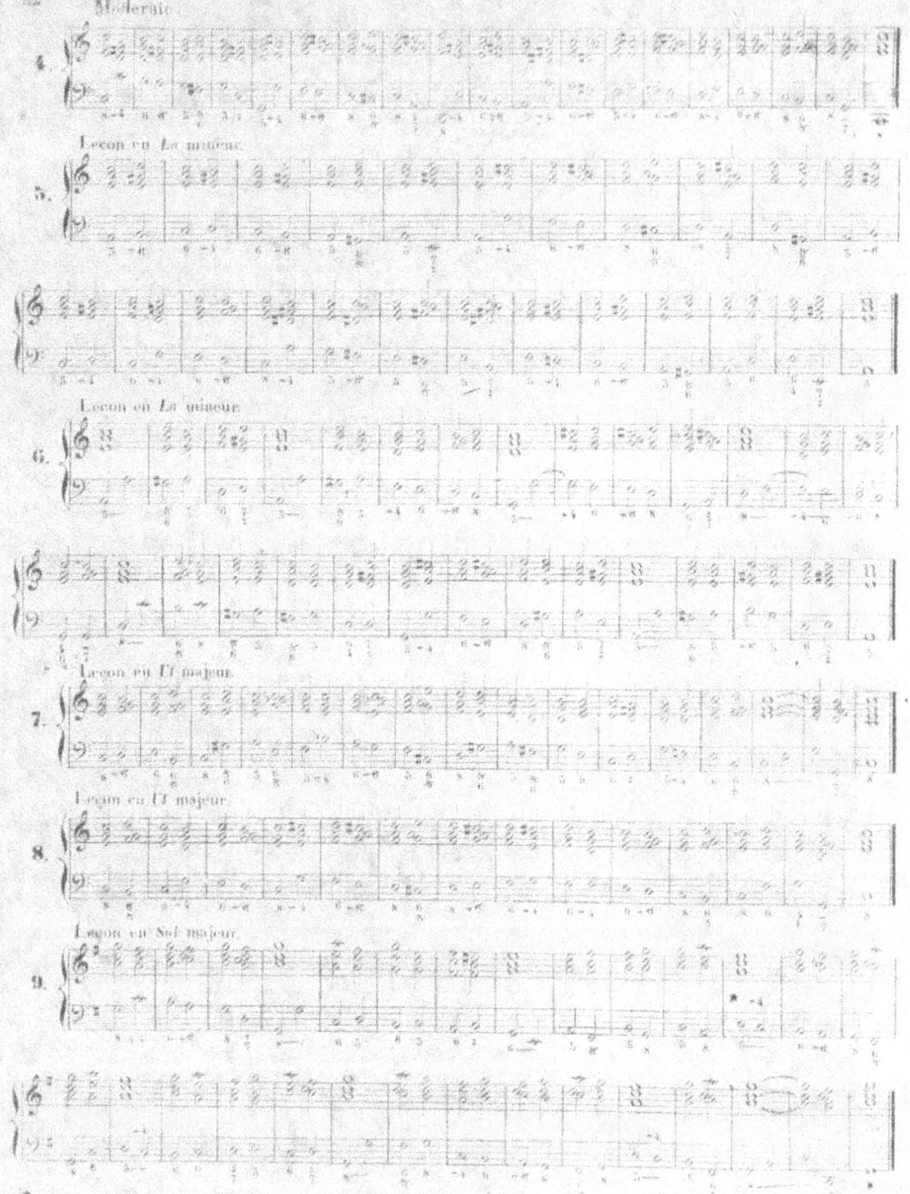

* Observez cette manière de chiffrer la barre qui suit le 5, est l'abréviation du triton.

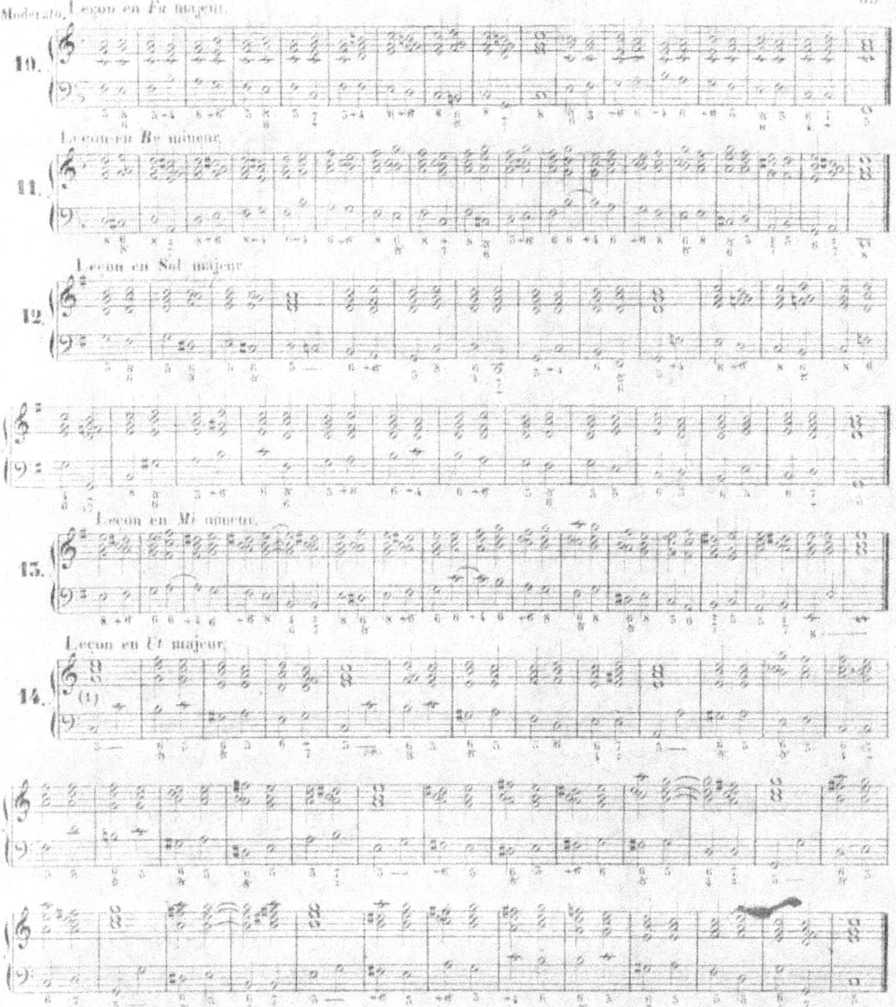

(1) Cette leçon n'est pas chiffrée selon mon système.

Vous devez observer que les positions ne sont point indiquées, c'est ainsi que généralement beaucoup d'autres harmonistes chiffrent, il faut donc le savoir lorsque vous écrirez et exécuterez des leçons d'autres maîtres. Quand à la croix ou 7 pour la 7.e dominante indistinctement ils la mettent dessous, il en est de même pour le $\frac{6}{5}$ du 1.er renversement et pour l'accord parfait, les uns adoptent le 3 les autres le 5 et pour le 2.e renversement de l'accord parfait les uns mettent toujours $\frac{6}{4}$ et les autres $\frac{4}{6}$. Je pense que mon système offre une grande clarté outre qu'il est sans inconvénient.

Accompagnez toujours pizzo.

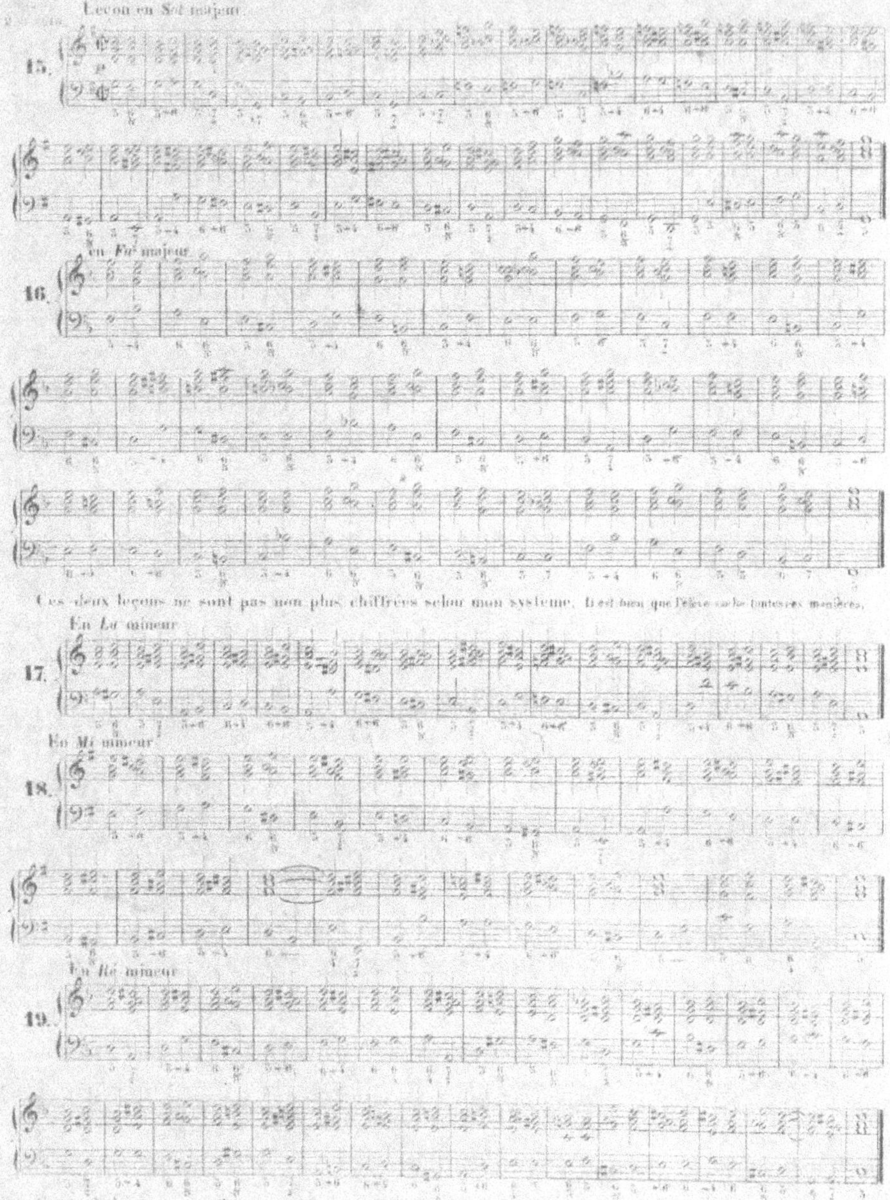

Leçon en Sol majeur.
15.
en Fa majeur
16.
Ces deux leçons ne sont pas non plus chiffrées selon mon système, il est bon que l'élève sache toutes ces manières.
En La mineur
17.
En Mi mineur
18.
En Ré mineur
19.
Ces trois leçons en mode mineur ne sont pas non plus chiffrées selon mes règles.

Toutes les leçons de 7.e dominante qui suivent sont chiffrées d'après mes règles.

Moderato. Leçon en Ré majeur.

20.

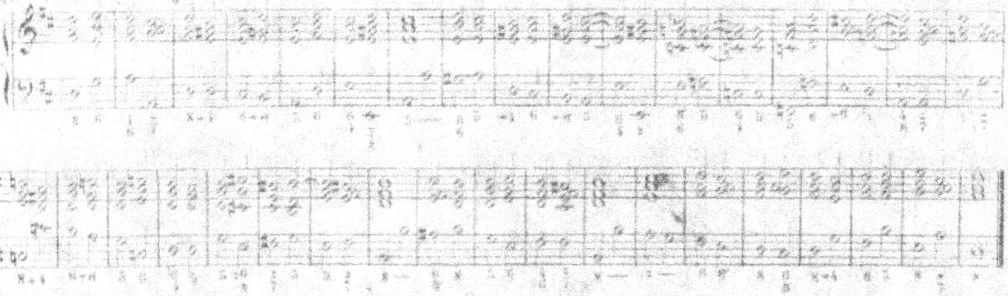

21.

Leçon en Si mineur.

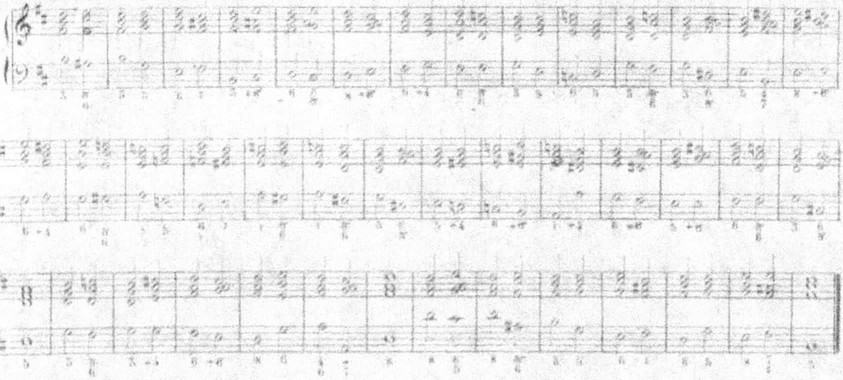

Leçon en Si♭ majeur.

22.

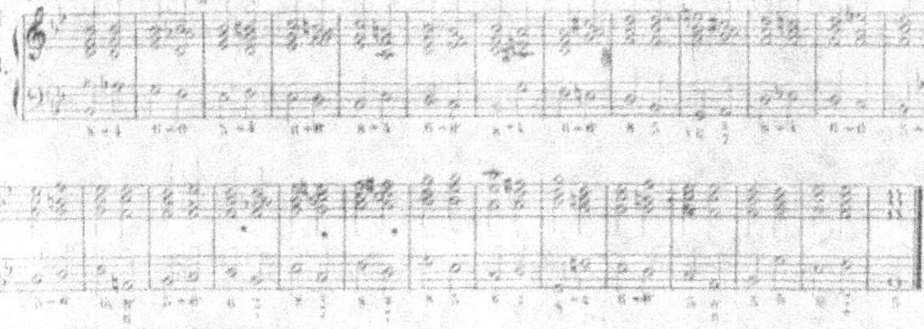

23.

Leçon en Sol mineur.

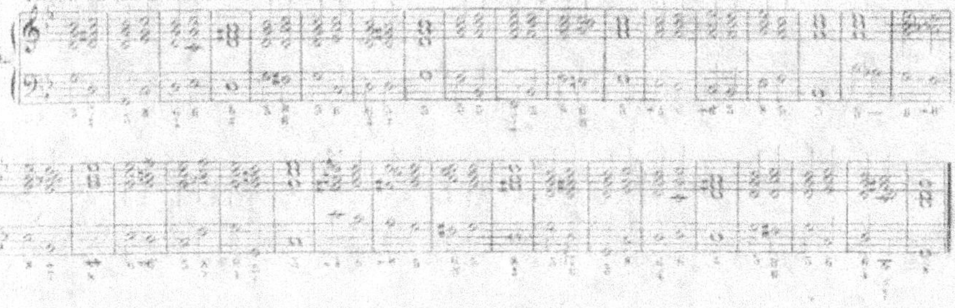

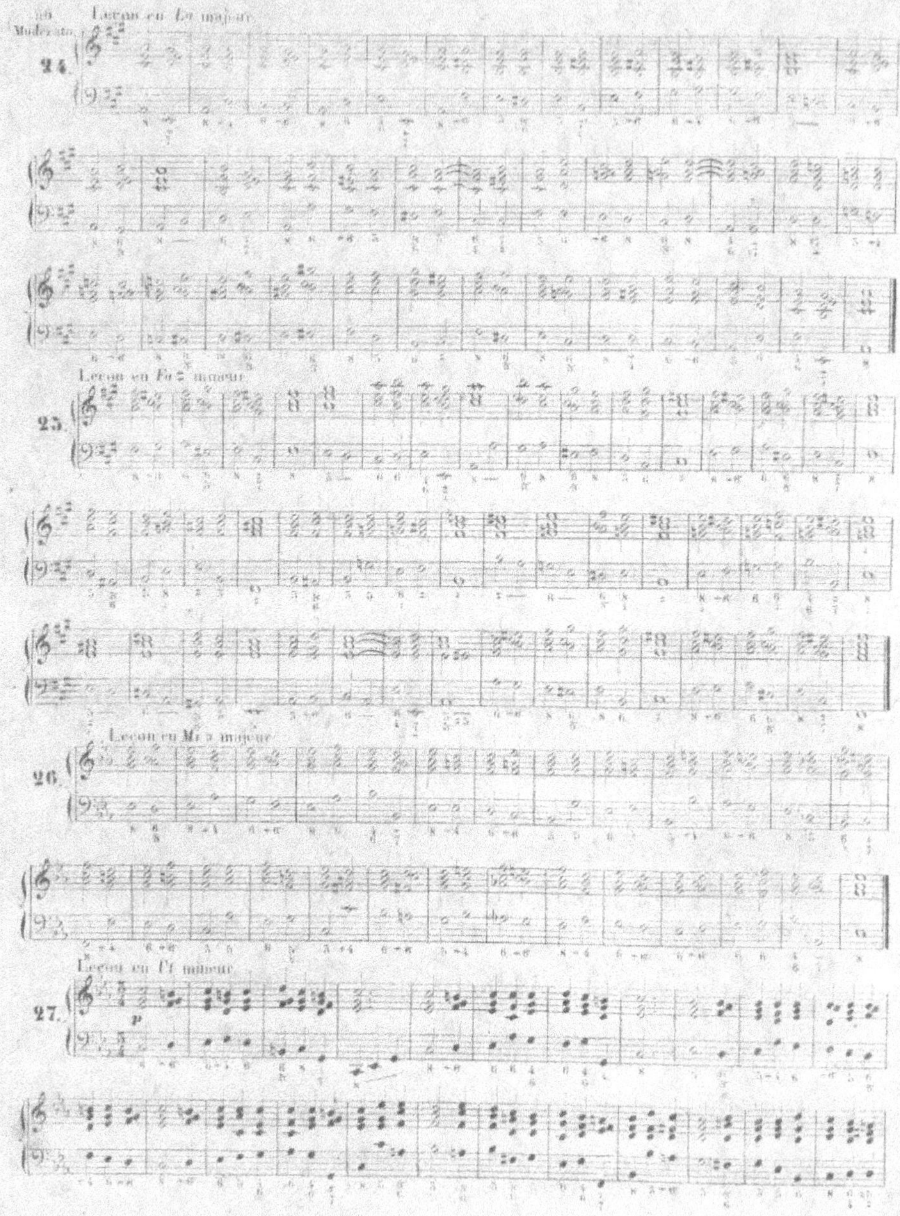

Moderato
Leçon en La majeur
24.
Leçon en Fa ♯ mineur
25.
Leçon en Mi ♭ majeur
26.
Leçon en Ut mineur
27.
p

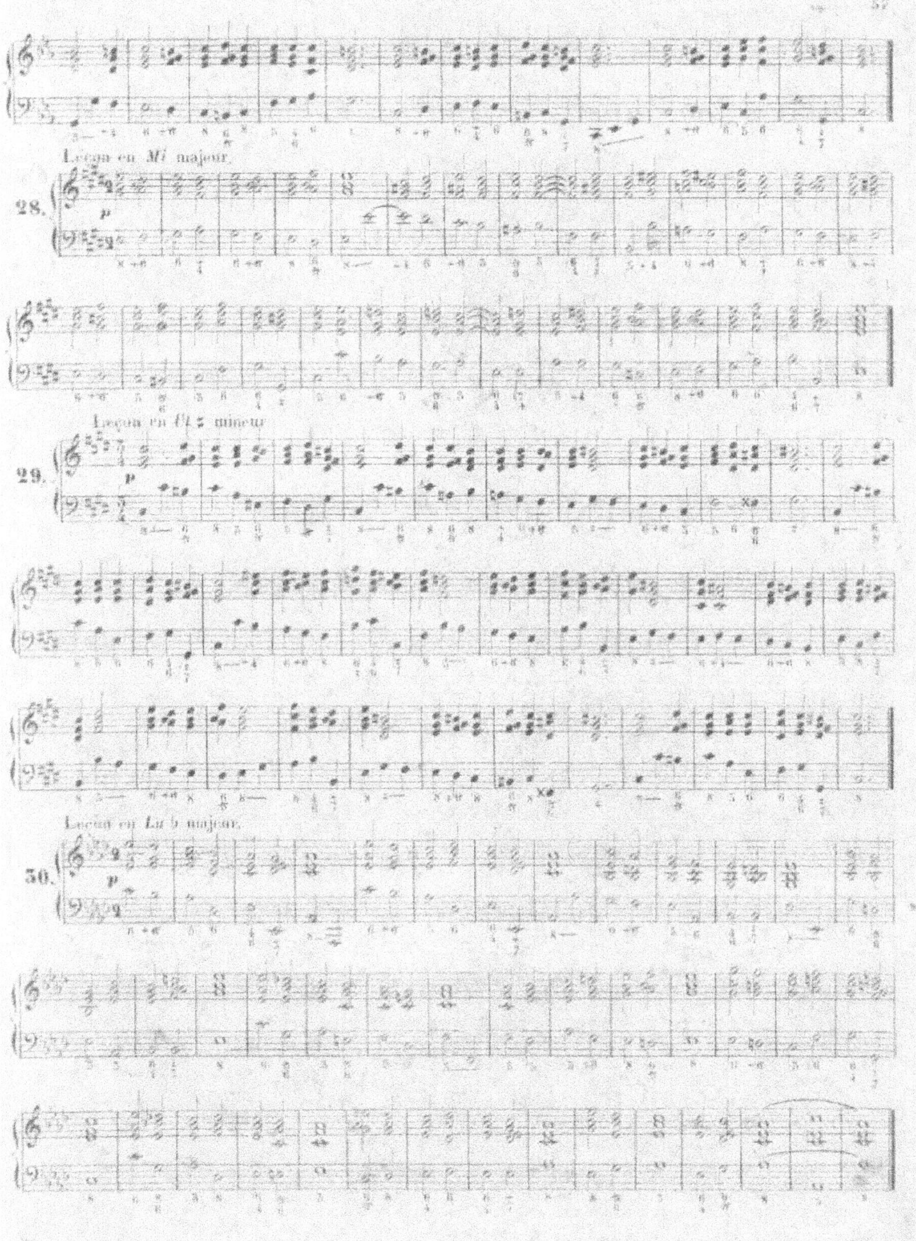
Leçon en Mi majeur
28.
p
Leçon en Ut♯ mineur
29.
p
Leçon en La♭ majeur
30.
p

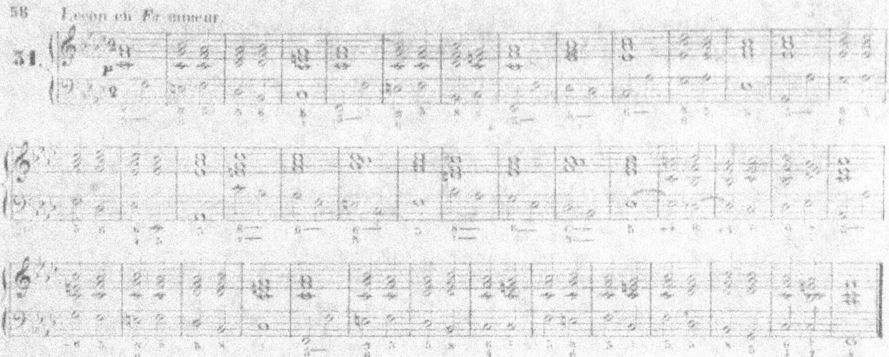

Ces dernières leçons peuvent prouver qu'avec les ressources de l'accord de 7.e diminuée et des accords parfaits on peut déjà harmoniser des mélodies.

On peut se permettre de changer de position après un repos ou une cadence parfaite; il faut éviter d'en changer au milieu d'une phrase harmonique.

Si toute fois ces leçons ne suffisent pas pour bien apprendre à écrire correctement l'accord de 7.e diminuée avec ses renversements, le professeur pourra en faire faire davantage; il serait peut être alors utile de les composer dans des tons plus accidentés pour donner l'habitude du clavier et la pratique de tous les tons majeurs et mineurs.

Leçon en *Ut ♯* mineur.

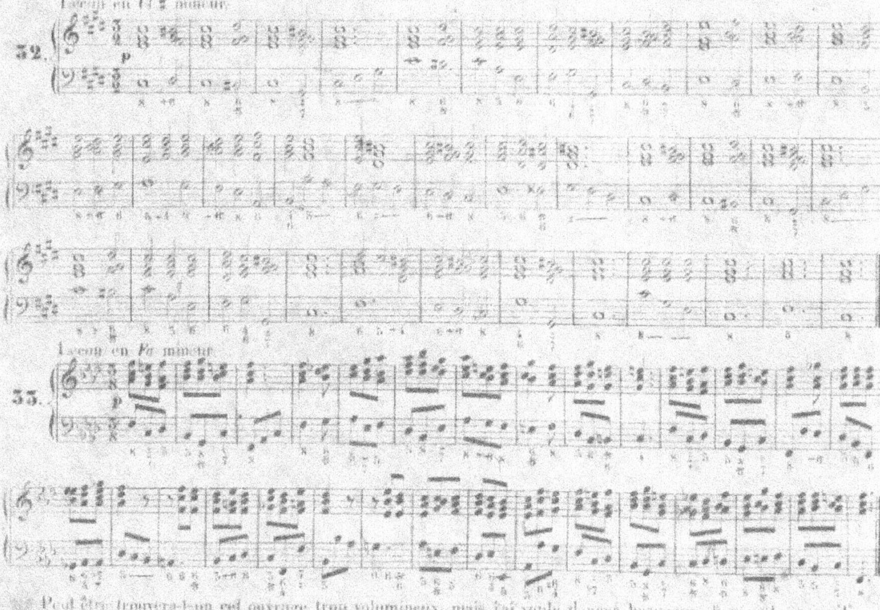

Leçon en *Fa* mineur.

Peut être trouvera-t-on cet ouvrage trop volumineux; mais j'ai voulu donner beaucoup d'exemples aux élèves et beaucoup de leçons à faire et à lire. Un grand reproche que j'adresse en général aux ouvrages sur l'harmonie c'est qu'ils manquent d'exemples et que les élèves doivent avoir recours à un maître pour faire des leçons d'harmonie.

DE L'ACCORD DE 6ᵉ AUGMENTÉE ET DE SES RENVERSEMENTS

ET DE SES RENVERSEMENTS.

L'accord de 6ᵉ augmentée se pose sur la 6ᵉ note mineure de la gamme mineure et peut se poser également dans le mode majeur. 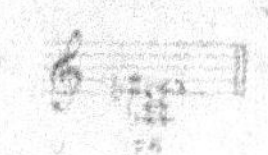

Il se compose de 3ᶜᵉ majeure, 5ᵗᵉ juste et 6ᵗᵉ augmentée.

On le chiffre par ♯6 ou ♯6. La croix indique ici l'augmentation.

Son 1ᵉʳ renversement se compose de 3ᶜᵉ mineure, 4ᵗᵉ augmentée et 6ᵗᵉ mineure; on le chiffre par 6/4, on le pose sur la tonique. 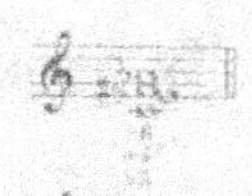

Son 2ᵉ renversement se pose sur la 3ᶜᵉ mineure, on le chiffre par 6/4; il se compose de 2ᵈᵉ augmentée, 4ᵗᵉ juste et 6ᵗᵉ majeure. 

Son 3ᵉ renversement se pose sur la 4ᵗᵉ augmentée; il se compose de 3ᶜᵉ diminuée, 5ᵗᵉ diminuée et 7ᵐᵉ diminuée; voici comment on le chiffre. 7/5/3

Je recommande particulièrement à mes élèves l'étude approfondie de cet accord, parcequ'il nous servira souvent dans les modulations, c'est un des moteurs de l'art de moduler, on le verra par la suite.

Les anciens théoriciens niaient la possibilité de le renverser, ils étaient dans l'erreur, il est vrai que les renversements sont durs et difficiles à employer. Gluck est le premier qui ait risqué un renversement, c'est le 3ᵐᵉ. Il en a tiré un magnifique effet. Depuis lui tout le monde en fait usage et même avec abus. Rossini a employé le 1ᵉʳ renversement dans la romance de Guillaume Tell d'une manière ravissante, le 2ᵉ renversement n'est point encore employé, du moins je ne connais aucune musique gravée qui nous présente ce renversement. J'ai essayé de le produire dans une de mes vocalises encore à l'état de manuscrit, et je n'ai point trouvé le moyen de le rendre bien agréable; ce renversement est possible, mais il ne fait pas d'effet. Je crois qu'il faut le génie de Rossini ou de Gluck pour employer ces accords excentriques. Je ne fais aucun doute que ce soit par l'inspiration que Rossini l'ait trouvé. Ceux qui voudront les employer, par cela seul que la théorie les rend possibles, n'obtiendront probablement aucun effet. C'est ce qui m'est arrivé.

Les anciens nommaient cet accord l'accord de 6ᵉ superflue (voyez Rousseau).

Cet accord peut se présenter de deux autres manières.

Si j'enseigne sitôt cet accord c'est que je désire conduire mes élèves pianistes le plus vite possible aux modulations.

LEÇON pour employer l'accord de 6ᵉ augmentée avec les 3 renversements.

Ces signes ⊕ indiquent à cette leçon l'accord de 6ᵉ augmentée et ses renversements.

Cet accord peut aussi faire sa résolution sur l'accord parfait de la dominante, cela donne deux 5tes de suite, mais elles sont tolérées parcequ'elles sont chromatiques.

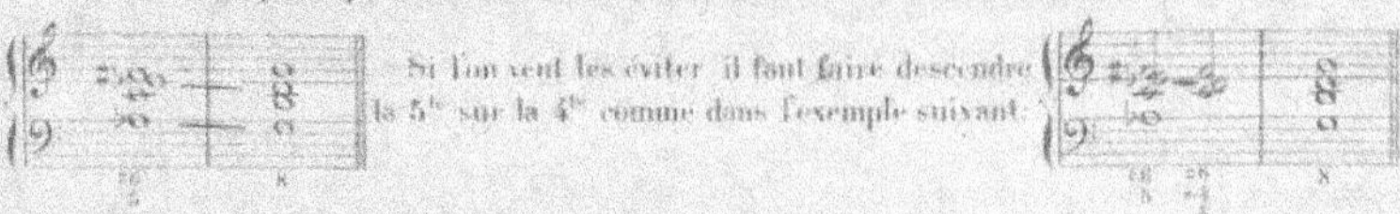

Si l'on veut les éviter il faut faire descendre la 5te sur la 4te comme dans l'exemple suivant.

D'après ce dernier exemple vous voyez qu'on peut retrancher la 5te, ou pour mieux dire qu'on peut la remplacer par la 4te augmentée; de cette façon, à la résolution de l'accord, on évite les 2 5tes de suite.

Pour faire mieux comprendre à l'élève l'accord de 6te augmentée peut-être est-il bon de lui faire comparer cet accord à celui de 7e dominante en lui expliquant que l'un est en quelque sorte la même chose que l'autre, avec la différence d'une note enharmonique (sol ♭ devenant fa ♯) et cette autre différence que celui-ci se pose sur la dominante tandis que celui-là se pose sur la 6e note mineure des deux modes. On peut essayer de ce moyen qui souvent m'a réussi. J'avoue pourtant que je le considère comme une espèce d'enfantillage.

Dans l'accord de 6te augmentée, il est souvent très élégant d'enharmoniser la 5te en 4te plus-qu'augmentée; ainsi au lieu d'écrire la 6te augmentée avec la 5te vous pouvez l'écrire de la manière suivante.

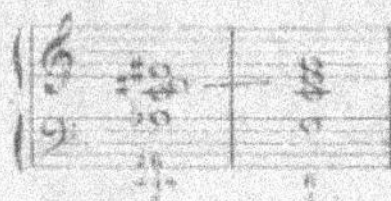

Vous voyez que le ré ♯ forme 4te plus-qu'augmentée avec le la ♭. Il est plus naturel de faire monter le ré ♯ d'un demi-ton diatonique que de faire monter le mi ♭ d'un demi-ton chromatique.

Je l'écris souvent de la sorte et dans ce cas je le chiffre par ♯♯6/3. Le double croix fera reconnaître la 4te plusqu'augmentée d'un demi-ton chromatique.

Souvenez-vous de ce que j'ai dit au sujet de cet intervalle et que plusieurs grands maîtres l'emploient. Voir page (11)

DE L'ACCORD DE 6te AUGMENTÉE SANS LA 5te

Cet accord se pose aussi sur la 6e note mineure de la gamme mineure; il peut également s'employer dans le mode majeur. 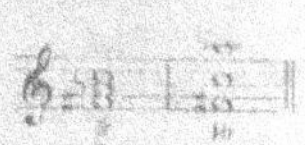

Il se compose de 3^{ce} majeure et 6te augmentée, on le chiffre par ♯6 ou +6 selon les cas.

Son 1er renversement se pose sur la tonique; on le chiffre par 6/4; il se compose de 4te augmentée et 6te mineure; il est d'un effet moins dur lorsqu'il est écrit de la manière suivante. L'intervalle de 6te augmentée étant moins dur que celui de 5te diminuée.

Son 2e renversement se pose sur la 4te augmentée; il se compose de 3^{ce} diminuée et 5te diminuée.

On le chiffre par 5/3. Il vaut mieux éloigner l'intervalle de 3^{ce} diminuée et l'écrire à la distance de dixième diminuée, cela rend l'accord plus doux. Cet accord s'écrit comme celui de sixte augmentée avec la 5te seulement on supprime celle-ci, et il n'y a que deux renversements, puisqu'il n'est composé que de trois notes.

Voyez la 3e manière d'employer ou d'écrire l'accord de 6te augmentée, à l'article suivant.

DE L'ACCORD DE 6te AUGMENTÉE AVEC LA 4te AUGMENTÉE.

Cet accord se pose comme les deux précédents sur la 6e note mineure des deux modes; il est un peu plus dur à l'oreille; je crois que cela tient à la 2de qui se trouve au milieu de l'accord ut et ré.

Cependant habilement employé, il est d'un riche effet.

Il se compose de 3[ce] majeure, 4te augmentée et 6te augmentée; on le chiffre par $\frac{6}{4}$ ou $\frac{6}{5}$ selon le cas.

Son 1er renversement se pose sur la tonique; il se compose de 2de majeure, 4te augmentée et 6te mineure.

Voici comment on le chiffre $\frac{6}{4}$

Son 2e renversement se pose sur la sus-tonique; il se compose de 3[ce] majeure, 5te diminuée et 7me mineure, on le chiffre par $\frac{7}{5}$

Son 3e renversement se pose sur la 4te augmentée, il se compose de 3[ce] diminuée, 5te diminuée et 6te mineure.

Voici comment on le chiffre $\frac{6}{3}$

Il est mieux aussi d'écrire la 3[ce] diminuée à la distance de 10e diminuée. En général, partout où vous rencontrez la 3[ce] diminuée faites-en une dixième, vous adoucirez l'intervalle; à moins que vous n'ayez besoin d'un effet dur, alors laissez-le à la distance de 3[ce] diminuée.

Plusieurs didacticiens font voir cet accord de la 7me dominante en altérant la 5te et la rendant diminuée; alors ils obtiennent 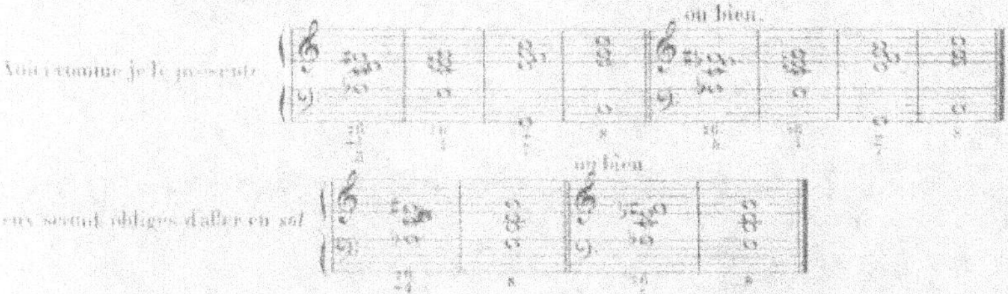 au lieu de admettons-en la possibilité; mais alors en quel ton sont-ils? vous voyez qu'ils seraient en *sol*, et certes avec le *la*♭ cela est impossible, comparez la tonalité selon moi et selon eux.

Voici comme je le présente :

eux seront obligés d'aller en *sol* :

Sont-ils en *sol* avec ce *la* bémol? non, ils sont sur la dominante du ton d'*ut*. Je ne suis point de leur avis, j'aime mieux poser l'accord de 6te augmentée sur la 6e note mineure du mode mineur. Dans ce mode la 6te est mineure. Selon eux il faudrait donc poser cet accord sur la 2de note mineure d'un mode; or, dans quel mode la 2de peut-elle être mineure? je n'en connais pas, je le laisse à juger aux bons harmonistes.

Les renversements de ces trois accords de 6te augmentée s'emploient fort rarement, évitez-les, ils vous donneraient trop de difficultés et vous n'arriveriez pas à un bon effet. Employez l'accord fondamental à votre volonté sous les trois faces.

LEÇON spéciale pour employer l'accord de Sixte augmentée des trois manières.   (5)

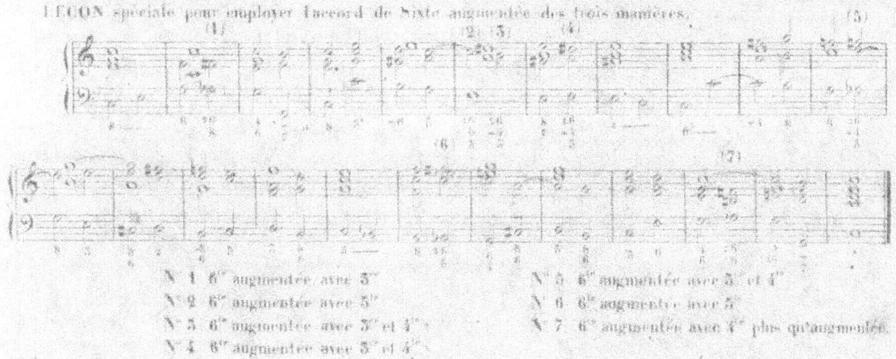

N° 1   6te augmentée avec 3[ce]

N° 2   6te augmentée avec 5te

N° 3   6te augmentée avec 3[ce] et 4te

N° 4   6te augmentée avec 3[ce] et 4te

N° 5   6te augmentée avec 3[ce] et 4te

N° 6   6te augmentée avec 5te

N° 7   6te augmentée avec 4te plus qu'augmentée.

DE L'ACCORD DE SEPTIÈME DE SECONDE
EN MODE MAJEUR.

L'accord de 7me de 2de est un accord qui se pose sur la 2e note ou sus-tonique, il se compose d'une 3^{ce} mineure, d'une 5te juste et d'une 7me mineure.

On le chiffre par un 7. La 7me est dissonante, elle doit être préparée et résolue. C'est la basse qui la rend dissonante.

Quelquefois ce chiffre subit quelques altérations selon les modulations. Sous le 7 on met quelquefois soit un ♮ soit un ♭ et même devant le 7 il peut y avoir un ♭ ou un ♮ toujours selon les modulations et ce qu'il y a à la clé dans le ton primitif.

Son 1er renversement se pose sur la sous-dominante ou la 4e note du ton et se compose d'une 3^{ce} majeure, d'une 5te juste et d'une 6te majeure.

La 5te est dissonante et c'est la 6te qui la rend dissonante. Il faudra donc préparer la 5te et la résoudre. On le nomme accord de 5te et 6te.

Son 2^d renversement se pose sur la sus-dominante, il se compose de 3^{ce} mineure 4te juste et 6te majeure.

On le chiffre par $\frac{3}{4}$, la 3^{ce} est dissonante et c'est la 4te qui la rend dissonante. Il faudra donc préparer et résoudre la 3^{ce}. On le nomme accord de 3^{ce} et 4te.

Son 3e renversement se pose sur la tonique, il se compose de 2de majeure 4te juste et 6te majeure.

La dissonance est à la basse, il faudra donc que la basse prépare et résolve la dissonance. Ce renversement prend le nom d'accord de 2de et on le chiffre par un 2, quelques harmonistes le chiffrent par $\frac{4}{2}$ c'est la 2de de l'accord qui rend la basse dissonante.

Exemple de l'accord de 7me de 2de en mode majeur et de ses trois renversements.

Cette 7me est une dissonance pure et doit être traitée comme telle, c'est à dire qu'elle a besoin d'être préparée pour acquérir de la douceur.

Cependant de hardis harmonistes l'ont quelquefois employée sans préparation. Mozart nous en a donné plusieurs fois l'exemple mais tant que nous serons dans les classes, préparons cette dissonance; plus tard nous verrons.

Le moins agréable de ces renversements est sans contredit le 2e renversement la $\frac{3}{4}$

Évitez d'employer le 3e exemple, qui donne la 4te et la 5te à l'état de 2de aux parties supérieures, le plus doux est le N° 2 parcequ'il donne la 5te qui est la dissonance à la 1re partie et la note qui la rend dissonante est en 7me en dessous cela l'adoucit; le N° 1 est bon aussi mais je préfère le N° 2.

Lorsqu'on emploiera l'accord de 7me de 2de on fera bien d'éviter de le faire venir après l'accord parfait sur la tonique pour éviter les 2 5tes qui se trouveraient inévitablement en écrivant à 4 parties.

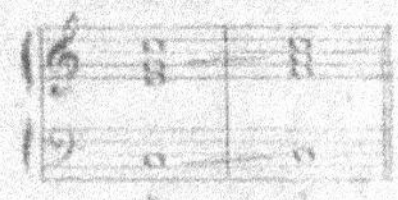

(1) Préparer une dissonance est faire entendre la note dissonante dans l'accord précédent et à la même partie, la résoudre c'est la faire descendre d'un degré.

Dans ce cas il faudrait
ne l'écrire qu'à 3 parties.

Il vaut mieux le
faire venir de ces
différentes manières.

Manière d'employer l'accord de 7.e de 2.e et ses trois renversements en mode majeur.

Cet accord peut aussi se résoudre de diverses manières. En voici des exemples.

Ces cas sont plus
rares; ils s'emploient
sur la Pédale. Plus
tard nous en parlerons.

Dans ce cas la dissonance se sauve sur elle-même.

A la 3.e position il y a aussi danger de faire deux 8.ves de suite. Voyez
la position dans la préparation.

Vous voyez les 2 8.ves il faut les
éviter dans ce cas il faut changer de position.

Nous allons écrire une leçon spéciale sur l'accord de 7.e de 2.e avec ses trois renversements aux trois positions. N.o 1.

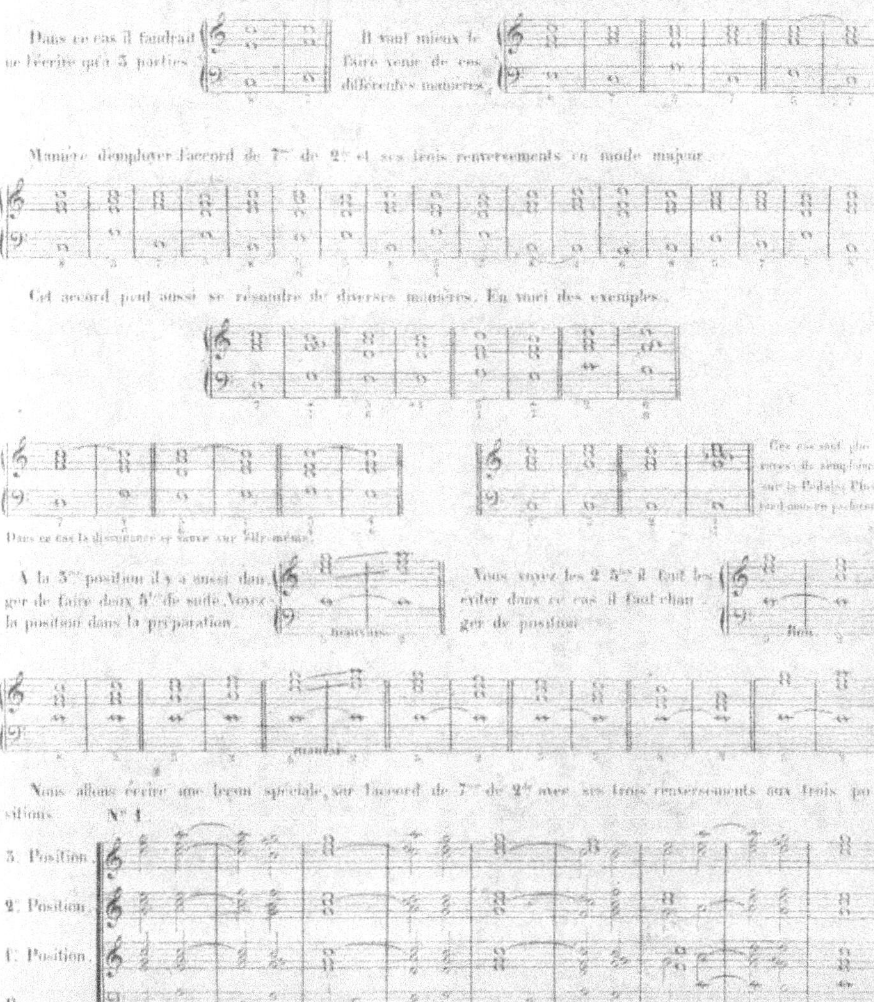

Observez combien la 3.e position offre les moins bonnes notes à la partie supérieure, il faudra donc autant que cela se pourra l'éviter.

Je conseille à l'élève studieux, de refaire cet exemple aux trois positions dans plusieurs tons, pour obtenir de la facilité dans la pratique.

Le professeur fera bien de tenir la main.

Plus tard je vous ferai voir que l'accord de 7.e de 2.e en mode majeur peut se poser sur la médiante
et sur la sus-dominante et que ces deux accords se composent parfaitement de même. Voyez page (75) et (82)

LEÇON POUR EMPLOYER L'ACCORD DE 7me DE 2de EN MODE MAJEUR
ET SES RENVERSEMENTS AVEC LES DEUX RÉSOLUTIONS.

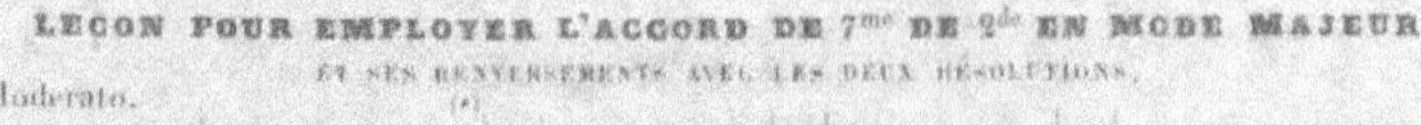

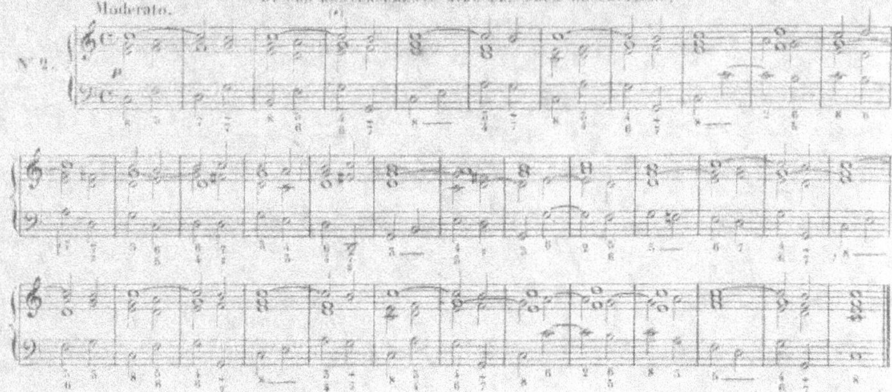

(*) A propos de cette seconde manière de résoudre l'accord de $\frac{6}{5}$ lorsque la 5te reste sur la 4e de l'accord de $\frac{6}{4}$ suivant. EXEMPLE: 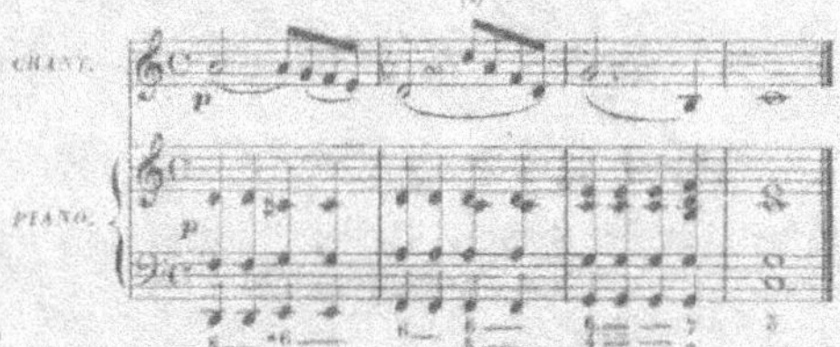 Rameau fut embarrassé pour en expliquer la résolution.

Il publia de 1722 à 1760 trois ou quatre volumes sur l'harmonie et la basse fondamentale; dans ces ouvrages voici à peu près ce qu'il dit au sujet de l'accord de la sixte ajoutée; cet accord n'est autre que l'accord parfait majeur posé sur la sous-dominante, sur lequel on ajoute la 6te majeure qui au lieu d'être (fa la do,) donné (fa la do ré) la 5te n'est donc pas dissonante mais bien la sixte alors cette sixte ré doit monter au mi

de l'accord de 6te et 4te (sol do mi) Il en fit même un accord fondamental qu'il désigne Voyez l'exemple suivant: sous le nom de accord de sixte ajoutée.

Il est vrai de dire qu'il y a des cas où cet accord se fait sans préparer la 5te surtout dans le système mélodique. Je vais vous en offrir un exemple:

Vous voyez dans ce passage que l'ut(1) 5te de l'accord de $\frac{6}{5}$ n'est pas préparé et que cependant il est doux à l'oreille; selon l'école ce serait défendu puisque tous les nouveaux théoriciens depuis Catel font venir cet accord de celui de 7me de 2de du mode majeur; cependant je le trouve très bon et je l'explique comme Rameau par l'accord de sixte ajoutée ainsi dans ce cas la 5te n'est pas dissonante. Je demanderai aux théoriciens nouveaux qui ont détruit le système de Rameau et qui considèrent cet accord comme 1er renversement de la 7me de 2de en mode majeur comment l'ut en question peut se trouver dans cet accord sans être préparé? les plus indulgents seront obligés de dire aux élèves: il y a des cas où par licence on peut se dispenser de préparer cette dissonance. Je répondrai qu'une licence n'est point une règle.

À l'époque où Rameau fit paraître son système de la basse fondamentale, et surtout quand il parla de l'accord de sixte ajoutée, les théoriciens et les savants eurent de grandes discussions à ce sujet, et cela suscita une longue polémique particulièrement entre Dalembert, le P. Castel, Grimm et autres. C'est ce qui donna une grande réputation à son traité et jusqu'en 1800 son système prévalut, ce n'est que le 5 juin 1801 que notre célèbre maître du conservatoire, Catel fit adopter son traité d'harmonie non sans peine, car alors l'école Rameau avait encore dans le comité du conservatoire de fervens défenseurs.

Les principes de Catel une fois adoptés l'ancien système fut abandonné et depuis ce tems il n'en fut plus question. Je n'ai pas l'intention de rallumer ici cette querelle quand il est certain que plusieurs de mes confrères ne partagent pas mes opinions; cependant le fait est là et prouve que Rameau n'était pas tout-à-fait dans le faux

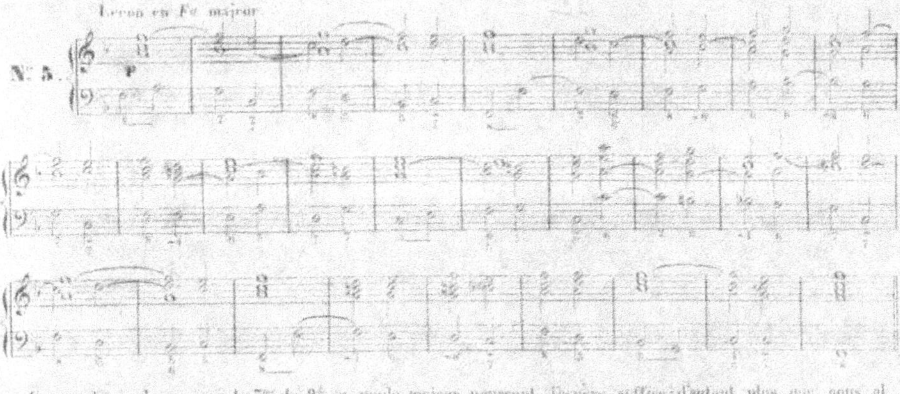

Ces quelques leçons sur la 7.me de 2.de en mode majeur pourront j'espère suffire d'autant plus que nous allons étudier de suite l'accord de 7.me de 2.de en mode mineur, qui à l'exception du mode, est le même.

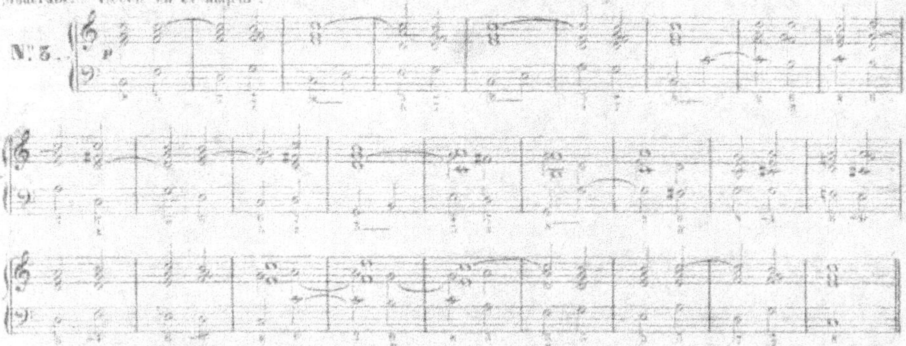

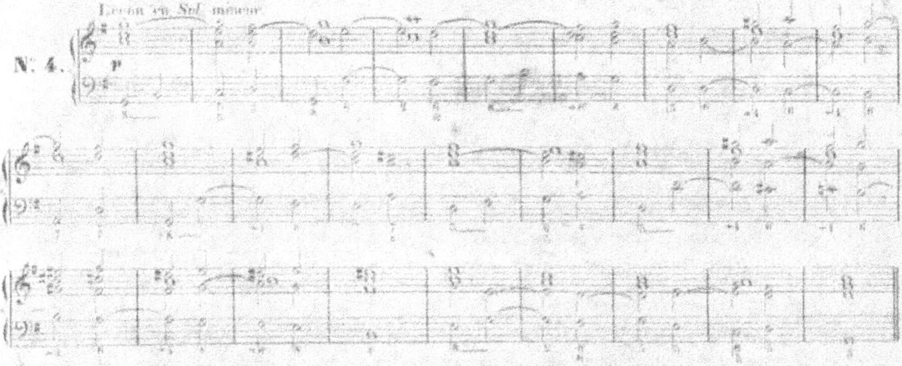

Vous allez comprendre quel rapport il existe entre cet accord et le précédent; il se pose de même sur la 2ᵉ note de la gamme; il se compose de la même manière, avec la différence que la 5ᵗᵉ ici est diminuée tandis que dans la 7ᵐᵉ de 2ᵈᵉ en mode majeur, la 5ᵗᵉ est juste.

Comparez la différence des deux accords.

Vous voyez qu'il n'y a que le *La* qui diffère: dans l'un il est naturel, formant 5ᵗᵉ juste et dans l'autre le *La* est bémol et forme la 5ᵗᵉ diminuée.

Les trois renversements du dernier accord présentent la même analogie avec les trois renversements du premier; l'emploi en est le même; ils ne se distinguent que par le mode. Nous allons étudier ce nouvel accord dans le ton de *La* mineur, ce ton étant le moins accidenté.

L'accord de 7ᵐᵉ de 2ᵈᵉ en mode mineur se pose sur la 2ᵉ note ou sus-tonique de la gamme de ce mode; il se compose de 3ᵗᵉ mineure, 5ᵗᵉ diminuée et 7ᵐᵉ mineure; on le chiffre par $\frac{7}{5}$ le cinq barré indique que la 5ᵗᵉ est diminuée. Dans cet accord, il faut comme dans l'accord de 7ᵐᵉ de 2ᵈᵉ en mode majeur, préparer et résoudre la dissonance; dans *Si Ré Fa La*, la note dissonante est le *La*, et c'est le *Si* qui est à la basse, qui le rend dissonant. La 5ᵗᵉ diminuée de cet accord doit aussi descendre ordinairement.

Son 1ᵉʳ renversement se pose sur la sous-dominante et se compose de 3ᵗᵉ mineure, 5ᵗᵉ juste et 6ᵗᵉ majeure. On le nomme accord de 5ᵗᵉ et 6ᵗᵉ; on le chiffre par $\frac{6}{5}$ ou $\frac{5}{6}$; souvent on met un accident au dessous du 6 pour indiquer la 3ᵗᵉ mineure; ainsi vous le trouverez quelquefois chiffré de cette manière $\frac{6}{5}$ ou $\frac{6}{5}$ selon le cas. C'est toujours le *La* qui est dissonant.

Son 2ᵉ renversement se pose sur la sous-dominante mineure du mode mineur; il se compose de 3ᵗᵉ majeure, 4ᵗᵉ augmentée et 6ᵗᵉ majeure; on le chiffre $^+\!\frac{4}{3}$: la croix indique que la 4ᵗᵉ est augmentée, on le nomme accord de triton et 3ᵗᵉ majeure; c'est de même le *La* qui est dissonant, bien qu'il soit à la 3ᵗᵉ; c'est ce qui fait que ce renversement se fait souvent sans préparer la dissonance, surtout si la 3ᵗᵉ de cet accord est à la 1ʳᵉ partie.

Son 3ᵐᵉ renversement se pose sur la tonique du mode mineur; il se compose de 2ᵈᵉ majeure, 4ᵗᵉ juste et de 6ᵗᵉ mineure, on le chiffre par un 2 quelques harmonistes le chiffrent par $\frac{4}{2}$ on le nomme accord de 2ᵈᵉ.

On peut aussi dans certains cas l'attaquer sans préparation comme le 2ᵉ renversement.

Comme dans les accords précédents, c'est toujours le *La* qui est la dissonance et c'est le *Si* qui le rend dissonant. Remarquez que la dissonance ici est à la basse.

Les préparations et les résolutions se font exactement de même que dans l'accord de 7ᵐᵉ de 2ᵈᵉ en mode majeur.

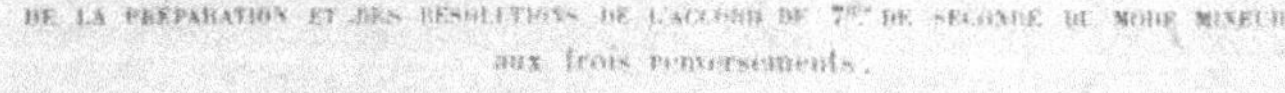

DE LA PRÉPARATION ET DES RÉSOLUTIONS DE L'ACCORD DE 7ᵐᵉ DE SECONDE DU MODE MINEUR
aux trois renversements.

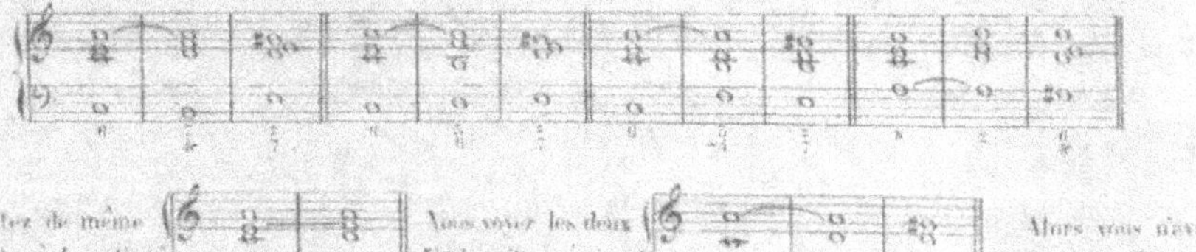

Évitez de même de mettre à 4 parties.

Vous voyez les deux 5ᵗᵉˢ de suite; écrivez les à 3 parties.

Alors vous n'avez pas la 5ᵗᵉ dans l'accord, dans ce cas vous pourrez le chiffrer ainsi 7 sans le 5̸.

Cependant ces 2 5ᵗᵉˢ peuvent être tolérées la 2ᵈᵉ étant diminuée.

EMPLOI DE LA 7.me DE 2.te EN MODE MINEUR AVEC SES TROIS RENVERSEMENTS

N.º 1. 1.re Leçon pour employer l'accord de 7.me de 2.te en mode mineur.

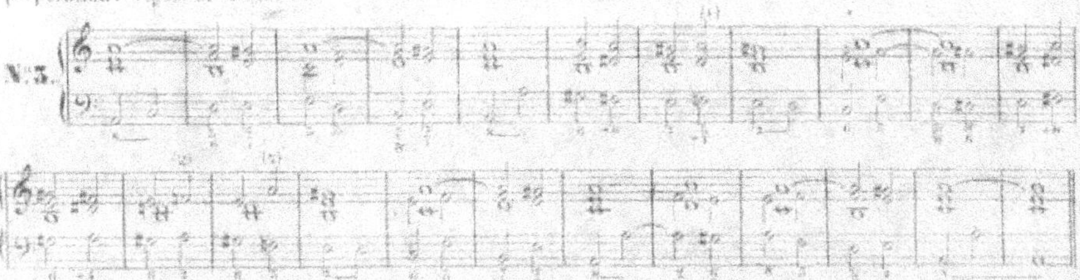

3.e Position

2.e Position

1.re Position

Basse

Remarquez que la 3.me position est toujours la moins favorable et la moins agréable des trois ; il faut donc l'éviter autant que possible.

Ainsi que je l'ai fait précédemment, j'engage encore ici l'élève à écrire ce tableau dans presque tous les tons, car la théorie ne suffit pas pour improviser, ni même pour moduler.

Moderato. LEÇON SPÉCIALE À L'ACCORD DE 7.me DE 2.te EN MODE MINEUR AVEC SES TROIS RENVERSEMENTS

N.º 2.

Je ne donne pas d'autre leçon spéciale sur cet accord, mais j'engage très fort l'élève à écrire celle-ci dans plusieurs tons mineurs. Nous allons d'ailleurs étudier maintenant les deux accords de 7.me de 2.te, celui du mode majeur et celui du mode mineur dans des leçons, où les deux accords se trouveront également employés.

Les deux derniers renversements de cet accord peuvent s'employer sans préparation, comme je l'ai dit plus haut. Les voici.

2.e renversement sans préparation.

3.me renversement sans préparation.

Je vais encore ici donner une leçon dans laquelle j'emploierai les renversements avec et sans préparation. Voyez ci-dessous.

N.º 3.

(1) Voyez le 2.e renversement, le 7.è n'est pas préparé. (2) Le 3.e renversement, le 7.è à la basse n'est pas préparé. (3) De même que le N.º 1 point de préparation. Comme en majeur, la dissonance peut aussi se résoudre sur elle-même.

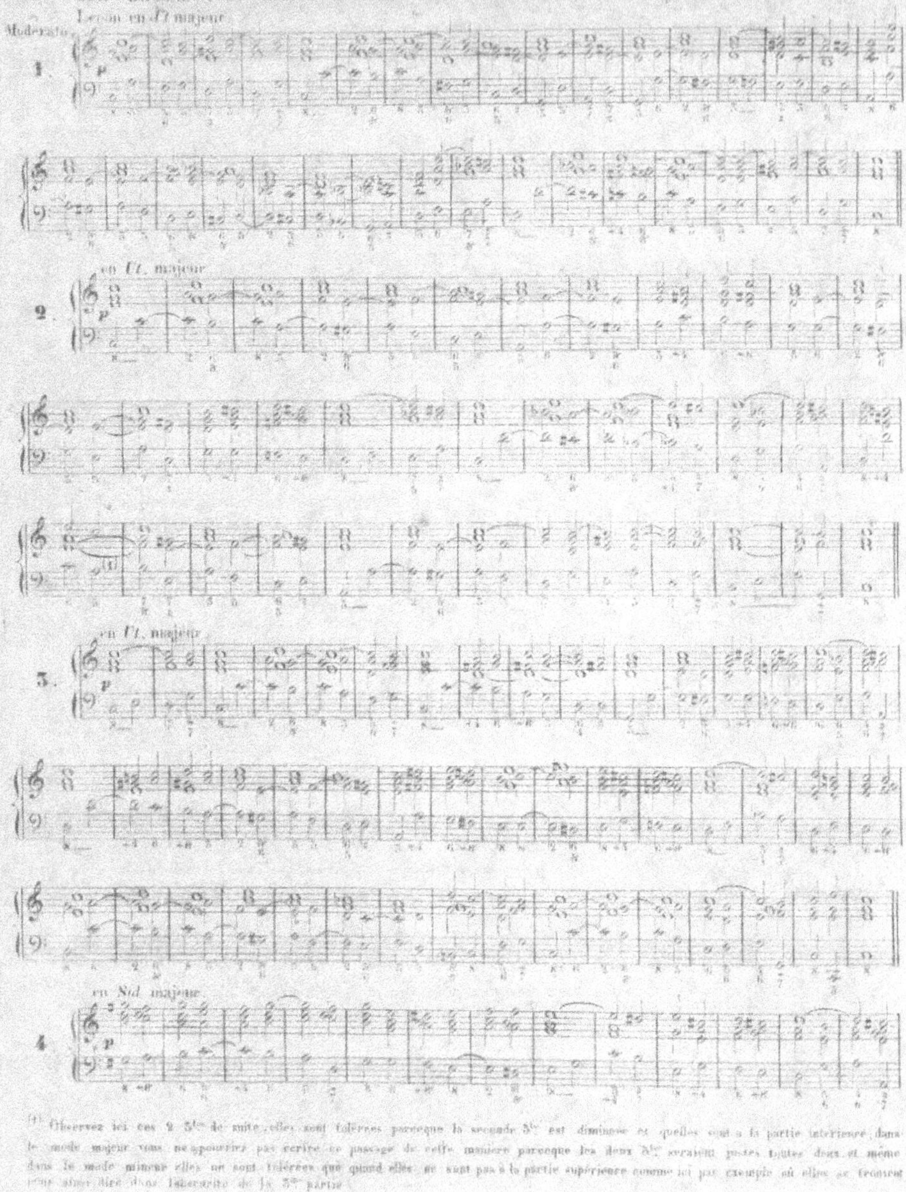

 HUIT LEÇONS POUR EMPLOYER L'ACCORD DE 7me DE 2e DANS LES DEUX MODES.

Moderato

1. Leçon en Ut majeur

2. en Ut majeur

3. en Ut majeur

4. en Sid majeur

(1) Observez ici ces 2 5tes de suite, elles sont tolérées parceque la seconde 5te est diminuée et qu'elles sont à la partie intérieure, dans le mode majeur vous ne pourriez pas écrire ce passage de cette manière parceque les deux 5tes seraient justes toutes deux et même dans le mode mineur elles ne sont tolérées que quand elles ne sont pas à la partie supérieure comme ici par exemple où elles se trouvent pour ainsi dire dans l'intérieur de la 5me partie.

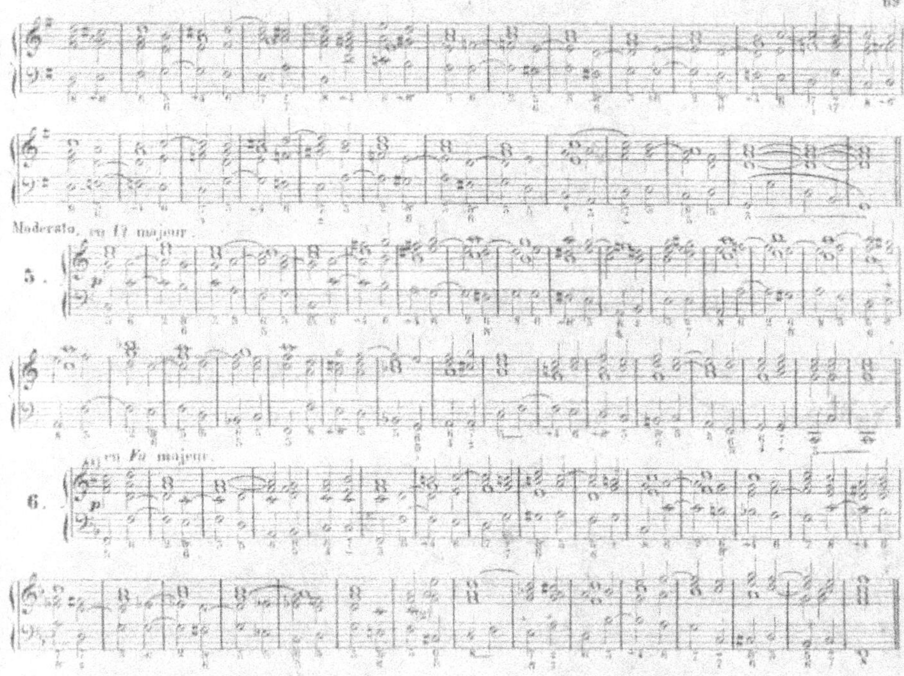

(1) Voyez pourquoi cette fois je commence par la 5.te de l'accord parfait à la 1.re partie; c'est qu'aux mesures suivantes j'ai une bonne position. A force d'écrire de ces leçons et en observant attentivement celles que je donne pour exemples, vous apprendrez à choisir les positions vous-même.

(2) Voyez encore pourquoi je change de position; si j'étais resté à celle où j'étais, j'aurais eu la 5.te constamment sur l'accord parfait mineur de Ré qui suit et les mauvaises notes de l'accord de 7.me de 9.e sur le Mi.

Un bon harmoniste doit savoir accompagner aux trois positions, car dans la lecture à première vue souvent il n'a pas eu le temps de prévoir ce qui va venir et il doit alors continuer dans la position où il est. C'est à ces prévoyances que l'on reconnaît l'habileté de l'accompagnateur.

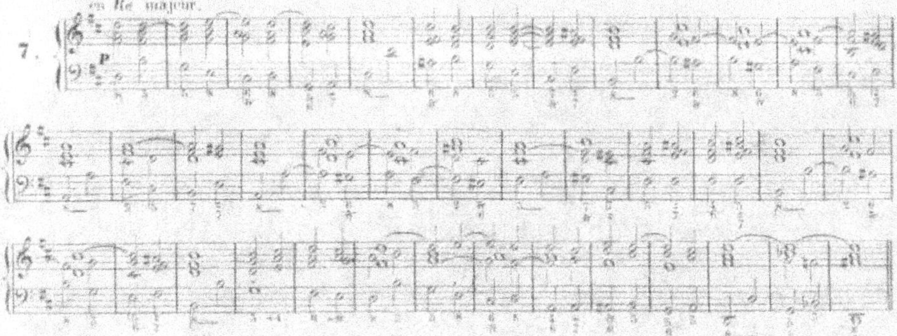

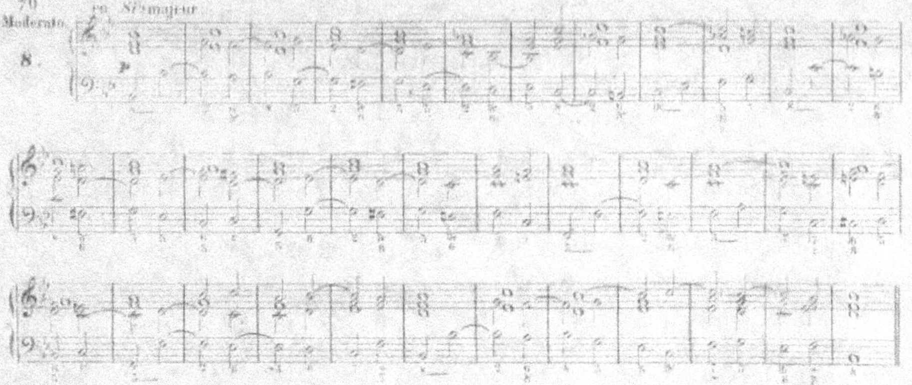

Ces quelques leçons j'espère, suffiront pour apprendre l'emploi des 2 7mes de 2e dans les deux modes, d'ail-leurs nous allons étudier la 7me de sensible qui a encore une grande ressemblance avec la 7me de 2e en mode mineur, et son étude nous fortifiera dans la connaissance de l'accord précédent. (1)

DE L'ACCORD DE 7.e SENSIBLE ET SES RENVERSEMENTS.

Cet accord se pose sur la sensible ou 7me note du mode majeur, il se compose de 3.e mineure, 5.e diminuée et 7.me mineure il se chiffre par $\frac{7}{5}$ ou barre le 5 pour prévenir que la 5.e est diminuée.

Son 1er renversement se pose sur le 2.e degré de la gamme il se compose de 3.e mineure 5.e juste et 6.e majeure, il se chiffre par $\frac{6}{5}$.

On le nomme accord de quinte et sixte ou 1er renversement de l'accord de 7me sensible.

Son 2.e renversement se pose sur la sous-dominante il se compose de 3.e majeure, 4.e augmentée, et 6.e majeure on le chiffre par $\frac{3}{+4}$.

On le nomme accord de triton et 3.e majeure ou deuxième renversement de l'accord de 7.e sensible.

Son 3.e renversement se pose sur la sus-dominante il se compose de 2.de majeure 4.te juste et 6.te mineure, on le chiffre par un 2, on le nomme accord de 2.de ou 3.e renversement de la 7me sensible.

Cet accord bien que dissonant peut s'attaquer sans préparation, mais il doit être résolu, il en est de même pour les renversements.

Voyez combien cet accord ressemble à l'accord de 7me de 2e en mode mineur.

Résolution de cet accord et de ses renversements.

(1) Arrivé à ce point de la méthode l'élève pourra étudier avec fruit la 2de partie de cet ouvrage pour commencer l'art de moduler.

Il est plus doux de donner les dissonances à la 1.re partie.

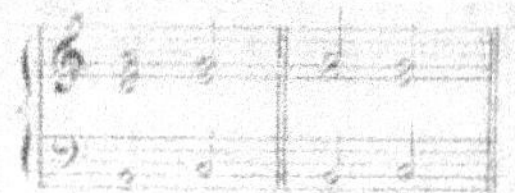

Dans ce cas l'employer de ces deux manières.

On peut résoudre l'accord de 7.e sur le 1.er renversement de l'accord de 7.e dominante, ce qui donne une grande douceur à la résolution.

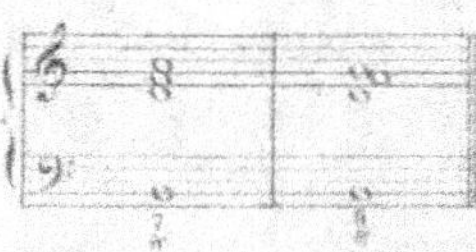

De même et sur tous les renversemens.

Voyez l'exemple suivant.

Cette manière de résoudre cet accord donne une grande douceur à cette harmonie.

LEÇON POUR EMPLOYER L'ACCORD DE 7.e SENSIBLE
AVEC SES DIVERSES POSITIONS.

En Ut maj.

3. Position,
2. Position,
1.re Position,
Basse.

Je conseille aux élèves de copier cette leçon dans plusieurs tons, avec un ou deux accidents à la clé, et de l'exécuter au piano aux 3 positions.

Dans l'accord de 7.me sensible on peut considérer la 5.te comme une 2.e dissonance; il faut donc faire descendre la 5.te Cependant dans le 3.e renversement on peut la faire monter, surtout lorsqu'elle est à la partie inférieure; voyez la 8.e mesure de l'exemple ci dessus.

Cet accord offre de grandes difficultés à être bien écrit. Il expose à faire souvent deux quintes de suite; pour les éviter il ne faut pas employer le 1.er renversement, lorsqu'il vient de la tonique portant accord parfait.

EX.

Et si sa résolution se fait sur la tonique portant accord parfait également.

Dans ce cas au lieu d'employer le 1.er renversement de la 7.e sensible on met le 2.e renversement de la 7.me dominante.

Bien que cet accord puisse se faire sans préparation on fera bien de ne pas employer le 3.e renversement sans préparer la basse où se trouve la dissonance; sans préparation cet accord est très dur.

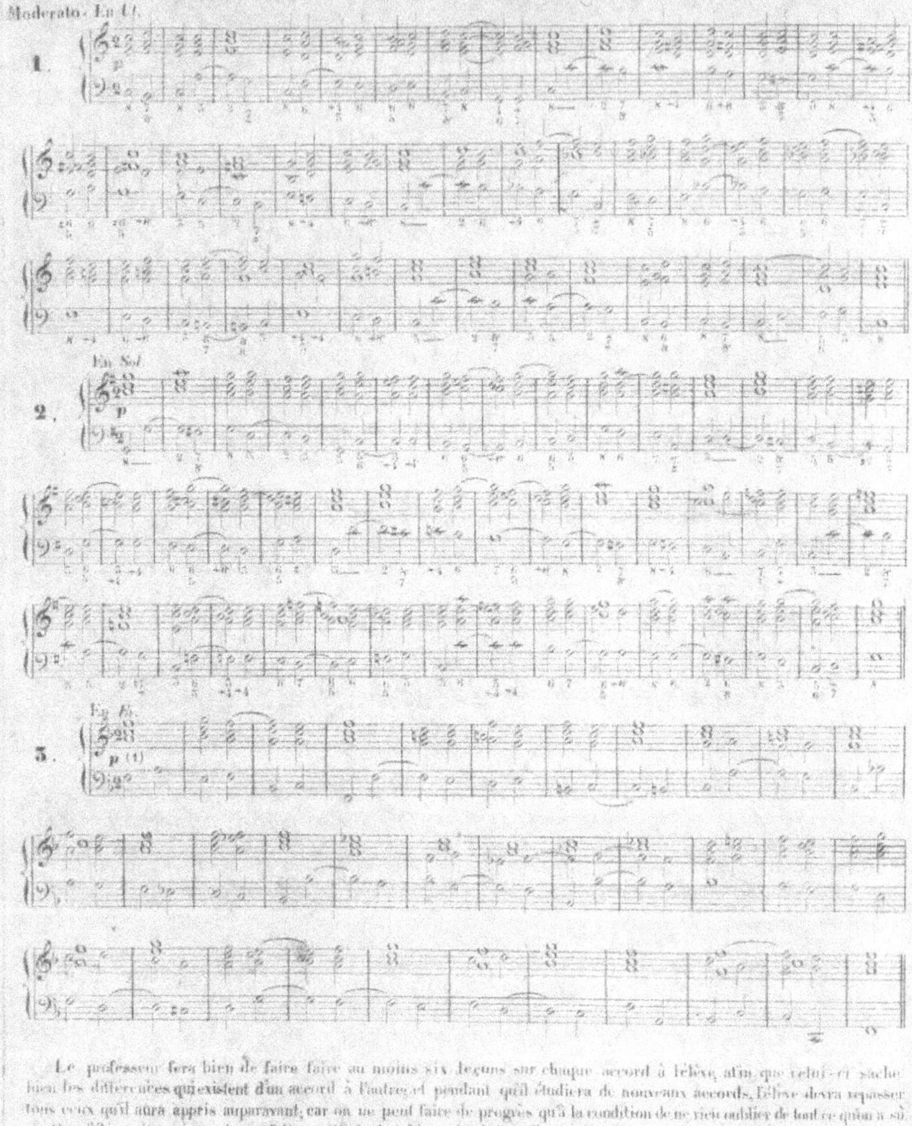

LEÇONS POUR EMPLOYER L'ACCORD DE 7ᵐᵉ SENSIBLE ET SES RENVERSEMENTS.

Moderato. En Ut.

1.

2. En Sol

3. En Ré

Le professeur fera bien de faire faire au moins six leçons sur chaque accord à l'élève, afin que celui-ci sache bien les différences qui existent d'un accord à l'autre, et pendant qu'il étudiera de nouveaux accords, l'élève devra repasser tous ceux qu'il aura appris auparavant, car on ne peut faire de progrès qu'à la condition de ne rien oublier de tout ce qu'on a su.

Que l'élève ait toujours la parfaite certitude du tableau des intervalles, qu'il retienne bien le nom des divers accords, et surtout sûr quelle note de la gamme les divers accords se posent, afin qu'il puisse bien reconnaître les modulations.

(1) Je n'ai point chiffré cette leçon exprès; je prie le professeur de la lui faire chiffrer d'après son système.

COMPARAISON DE L'ACCORD DE 7ᵐᵉ DE 2ᵉ EN MODE MINEUR

AVEC L'ACCORD DE 7ᵐᵉ SENSIBLE, AINSI QU'AVEC L'ACCORD DE 7ᵐᵉ DE 2ᵉ EN MODE MAJEUR.

L'accord de 7ᵉ de 2ᵉ en mode mineur, ressemble totalement à l'accord de 7ᵐᵉ sensible du mode majeur; il se compose de même et se chiffre pareillement; mais il ne se pose pas sur les mêmes notes de la gamme; il appartient spécialement au mode mineur, tandis que l'autre appartient au mode majeur.

Vous voyez que c'est le même accord que celui de 7ᵐᵉ sensible en mode majeur. Il y a pourtant quelques différences. Elles sont d'abord dans la préparation.

La dissonance de l'accord de 7ᵐᵉ sensible n'a pas besoin d'être préparée, tandis que dans l'accord de 7ᵉ de 2ᵉ en mode mineur, il faut qu'elle le soit. Quelques compositeurs se dispensent de cette préparation; je crois qu'ils ont tort.

Je trouve bien, que l'on nomme cet accord, l'accord de 7ᵐᵉ mixte; il est vraiment mixte puisqu'il s'emploie dans les deux modes; mais du moment que l'on connaît sa résolution il n'est plus mixte, car il est l'un ou l'autre.

Si (exemple musical) se résout sur (exemple musical) c'est l'accord de 7ᵐᵉ sensible; et Si (exemple musical) se résout sur l'accord de (exemple musical) ou (exemple musical) on voit que l'on n'est plus en Ut, mais bien en La mineur, alors c'est l'accord de 7ᵉ de 2ᵉ en mode mineur. Une autre différence est dans la résolution.

Exemple en La mineur.

(exemple musical)

On peut aussi faire la résolution sur l'accord de 7ᵉ dominante.

(exemple musical)

Plus tard, lorsque vous connaîtrez l'accord de 7ᵐᵉ diminuée, vous pourrez aussi le résoudre sur cet accord. Je vais préalablement vous en donner l'exemple.

(exemple musical)

Lorsque vous serez à l'étude de la 7ᵐᵉ diminuée revenez étudier ce paragraphe.

Cet accord a causé de grandes discussions parmi les théoriciens. Ainsi, que l'on vous pose cette question: Qu'est-ce que l'accord de (exemple musical) vous devez répondre, c'est l'accord de 7ᵐᵉ mixte. Si avec cet accord vous allez en

Ut majeur ce sera l'accord de 7ᵐᵉ sensible et si vous allez en La mineur ce sera l'accord de 7ᵐᵉ de 2ᵉ en mode mineur. C'est de même pour les renversements.

L'accord de 7e de 2e en mode mineur a aussi une ressemblance avec l'accord de 7e de 2e en mode majeur, il s'emploie de même; mais la 5e est diminuée; vous devez la considérer comme une 2e dissonance.

Tandis que dans la 7e de 2e en mode majeur, la 5e est juste.

Cette 5e diminuée doit naturellement apporter des modifications dans les divers renversements. Voyez dans le 1er de l'accord de 7e de 2e en mode mineur la $\frac{6}{5}$, la 3e est mineure tandis que dans le 1er de la 7e de 2e en mode majeur, la 3e est majeure.

Dans le 2e renversement de l'accord de 7e de 2e en mode mineur $+\frac{4}{3}$ la 3e est majeure la 4e est augmentée et la 6e est majeure, lorsque dans le 2e renversement de l'accord de 7e de 2e en mode majeur $\frac{4}{3}$ la 3e est mineure la 4e est juste et la 6e est mineure. Dans le 3e renversement de la 7e de 2e en mode mineur $\frac{4}{2}$ la 6e est mineure.

Tandis que dans le 3e renversement de l'accord de 2e en mode majeur la 4e est majeure.

Voyez les exemples suivants vous démontreront les différences.

Composez-les en La mineur et La majeur, en Ut mineur et Ut majeur.

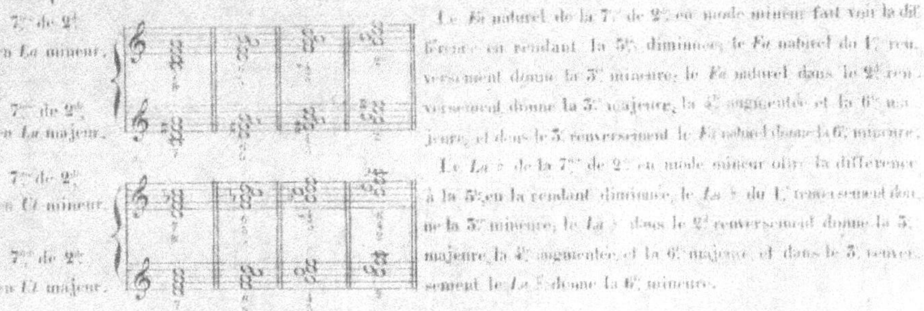

Le Fa naturel de la 7e de 2e en mode mineur fait voir la différence en rendant la 5e diminuée, le Fa naturel du 1er renversement donne la 3e mineure; le Fa naturel dans le 2e renversement donne la 3e majeure, la 4e augmentée et la 6e majeure, et dans le 3e renversement le Fa naturel donne la 6e mineure.

Le La ♭ de la 7e de 2e en mode mineur offre la différence à la 5e en la rendant diminuée, le La ♭ du 1er renversement donne la 3e mineure; le La ♭ dans le 2e renversement donne la 3e majeure, la 4e augmentée, et la 6e majeure, et dans le 3e renversement le La ♭ donne la 6e mineure.

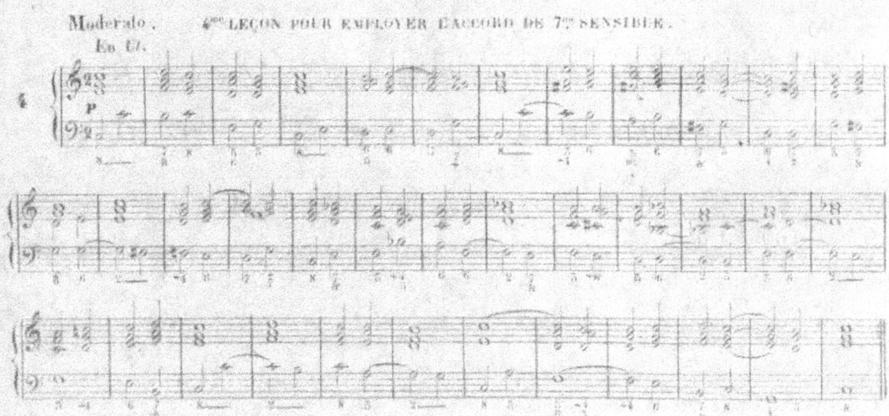

À présent, après avoir bien analysé cet accord ainsi que ses 3 renversements, nous allons écrire quelques leçons dans lesquelles nous emploierons l'accord de 7e de 2e en mode majeur, en mode mineur et l'accord de 7e sensible avec les trois renversements de chacun de ces accords.

N'oubliez pas de mettre une syncope au dessus de la dissonance préparée.

Moderato. en *Ut* majeur.

1.

[music]

*Ici je me permets de faire monter le *Fa* dissonant au *Sol*, c'est une grande licence, ce n'est pas de la plus grande pureté; plusieurs écrivains distingués le permettent; le mouvement contraire de la basse peut peut-être l'excuser.

en *Fa* majeur.

2.

[music]

Vous devez remarquer que cet accord a presque même douceur que les autres, il est en effet moins usité que les accords précédents, cependant il est dans la nature de la gamme majeure; il faut donc le connaître et savoir l'employer.

Voici je pense le moment de vous parler de nouveau de l'accord de 7me de 2de en mode majeur. Cet accord de 7me se présente formé des mêmes intervalles (3ce mineure, 5te juste et 7me mineure) sur trois degrés de la même gamme, qui sont: La sustonique, la médiante et la sus-dominante. Je vous ai promis page 59 de vous en parler et de vous donner une leçon particulière.

7me de 2de en Ut majeur 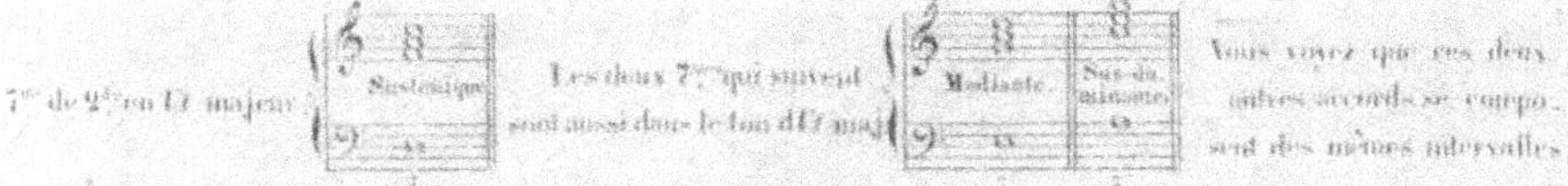

Les deux 7mes qui suivent sont aussi dans le ton d'Ut maj. — Vous voyez que ces deux autres accords se composent des mêmes intervalles.

Ainsi cet accord est neutre, puisqu'il peut se poser sur trois notes de la gamme majeure.

Avec Ré, Fa, La, Ut [music] vous pouvez être en Ut majeur, en Si ♭ majeur et en Fa majeur.

Ceci donne une grande diversité à l'harmonie, mais en même temps cela augmente la difficulté.

Voici une leçon spéciale dans laquelle vous trouverez l'accord de 7e de 2e en mode majeur employé sur les trois notes de la gamme, qui comme vous le savez sont la Sustonique, la Médiante et la Susdominante.

Moderato.

(¹) Partout où vous voyez des croix ce sont les trois accords en question, ou leurs renversements.

J'ai indiqué les modulations dans cette leçon afin que l'élève voie l'emploi de ces trois accords dans diverses tons, et puisse se convaincre non seulement de leur possibilité, mais encore de leur existence réelle sur les différents degrés de la même gamme.

Je recommande bien au professeur de faire analyser toutes les leçons que l'élève fera de s'exercer à bien connaître les accords et parconséquent les tons dans lesquels on module. Repassez bien tous vos accords, sachez bien sur quelle note de la gamme on les pose et comment on les chiffre.

Il faut pouvoir causer harmonie, comme on cause littérature, et analyser une leçon d'harmonie ou un morceau quelconque comme on analyse un discours.

DE L'ACCORD DE 7e DIMINUÉE.

L'accord de 7e diminuée se pose sur la sensible du mode mineur; il se compose d'une 3e mineure, d'une 5e diminuée et d'une 7e diminuée; il se chiffre par un 7 barré pour indiquer que la 7e est diminuée; ordinairement il est employé dans le mode mineur, bien que ce ne soit point une règle sans exception. La 7e est dissonante, et même il faut considérer la 5e comme dissonante. Son premier renversement se pose sur la Sustonique toujours du même mode, et se compose d'une 3e mineure, d'une 5e diminuée et d'une 6e majeure; on le chiffre par +6/5 ou ♯6/5 selon le cas; si la sixte est diésée on met un ♯ au 6; mais si la sixte est naturelle il faut y mettre une croix ou un bécarre; on le nomme accord de sixte majeure et quinte diminuée. C'est la 5e diminuée qui est dissonante.

Son 2e renversement se pose sur la sous-dominante et se compose de 3e mineure, quarte augmentée et 6e majeure; on le chiffre par 6/3/4 ou 6/3/4 selon le cas; le 3 doit avoir un bémol si la 3e est bémolisée, ou un ♮ si la 3e selon le ton est naturel.

On le nomme accord de triton et tierce mineure; c'est la 3e qui est dissonante.

Son 3e renversement se pose sur la sixième note mineure du mode mineur; il se compose de 2e augmentée, de 4e augmentée et de 6e majeure; il se chiffre par +4; on le nomme accord de 2e augmentée. Sa dissonance est à la basse.

EXEMPLE DE LA 7e DIMINUÉE ET DE SES RENVERSEMENTS.

Bien que cet accord soit dissonant, il s'emploie sans préparation.

Accord.	1er Renv.	2me Renv.	3me Renv.

Cet accord qui s'emploie ordinairement dans le mode mineur est un assemblage de trois tierces mineures superposées; bien que dissonant il s'emploie sans préparation, on doit considérer la 5e diminuée comme une 2e dis- sonance elle doit descendre ainsi que la 7e, ce qui la rend plus difficile à employer.

C'est sans contredit l'accord qui aide le plus pour moduler. Toutes ses notes peuvent être prises pour sensible d'un ton, c'est celui dont les harmonistes se servent le plus pour faire des modulations et il offre la plus grande richesse. Bien que la 5e de cet accord doive être considérée comme dissonante on peut dans beau- coup de cas la faire monter.

EXEMPLE POUR RÉSOUDRE L'ACCORD DE 7me DIMINUÉE

ET SES RENVERSEMENTS AUX TROIS POSITIONS.

3e Position.

2e Position.

1re Position.

Basse.

Cet accord peut aussi se résoudre sur les renversements de l'accord de 7me dominante.

3e Position.

2e Position.

1re Position.

Basse.

EXERCICE DE LA 7me DIMINUÉE ET DE SES 3 RENVERSEMENTS SUR LA MÊME NOTE.

N'oubliez pas que la 7me diminuée se pose sur la sensible du mode mineur; son 1er renversement sur la sustout, que le 2e sur la sous-dominante et le 3e sur la sus-dominante mineure.

Pour éviter d'aller dans des tons impraticables à cause de la quantité d'accidents vous verrez que l'on est obligé de prendre l'enharmonie.

Faites copier ou bien analyser ce tableau à votre élève de manière que selon votre commandement il puisse bien savoir et bien com- prendre dans quel ton l'on est alors qu'il se sert de ces accords, cette analyse est très utile.

Ce tableau non seulement enseigne bien les accords de 7me diminuée, mais encore il fait comprendre les résolutions. Attachez vous à ce que l'élève sache bien non seulement la composition des accords et renversements, mais aussi leur position, car lorsque l'on sait où les accords se posent on sait parfaitement le ton dans lequel on est. Faites lui bien apprécier les enharmoniques forcées.

LEÇON POUR EMPLOYER L'ACCORD DE 7.me DIMINUÉE ET SES TROIS RENVERSEMENTS.

N.1. en Ut mineur.

3.me Position. — 2.me Position. — 1.re Position. — Basse.

Bien que j'aie dit que la 5.te diminuée de cet accord soit considérée comme une dissonance, il existe des cas où on peut la faire monter, (voyez la 8.me mesure de cet exemple) surtout en mettant le *Fa* dans la partie inférieure. Il serait plus élégant de l'écrire ainsi.

J'engage le professeur à faire faire beaucoup de leçons à son élève sur cet accord, jusqu'à ce qu'il sache bien l'écrire et l'accompagner avec facilité; le choix des positions est très difficile.

L'élève, après avoir étudié tous ces exemples en *Ut* mineur, devra, pour les bien apprendre, les copier en *La* mineur; de cette façon il s'en rendra bien compte.

Moderato. LEÇONS POUR ÉTUDIER L'ACCORD DE 7.me DIMINUÉE ET SES RENVERSEMENTS.

Leçon en *La* mineur.

N.2.

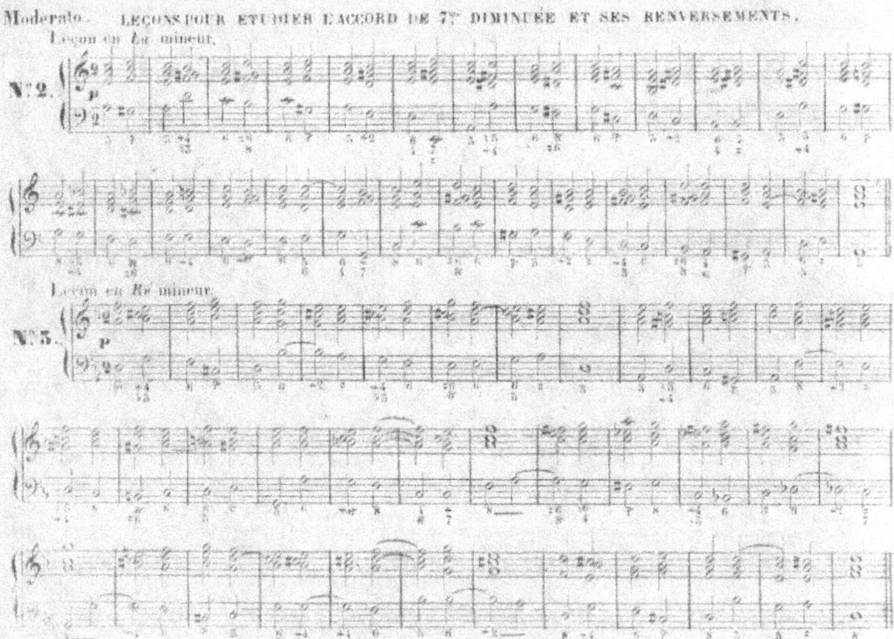

Leçon en *Ré* mineur.

N.3.

* Observez que la barre qui suit le 2 est l'abréviation de la 7me dominante étudiez et rendez vous compte de cette manière de chiffrer.

Transposez plusieurs de ces leçons en **Mi** mineur, **Si** mineur et *Fa ♯* mineur. Pour vous donner l'habitude et la pratique au piano, jouez beaucoup de vos leçons même celles que vous savez. L'habitude et la pratique sont déjà du talent.

RESSOURCES ADMIRABLES QUI PROUVENT LA RICHESSE DE L'ACCORD DE 7me DIMINUÉE.

Avec cet accord vous pouvez être dans quatre tons principaux, car chaque note de cet accord peut être prise pour note sensible de la gamme mineure et en y mettant la 7me diminuée vous obtenez un changement de ton. Voyez le tableau ci-dessous.

EXEMPLES

Observez bien ce tableau, il en serait de même sur toutes les notes chromatiques de la gamme, mais lorsque vous l'avez fait seulement sur trois notes, meublant toutes les trois d'un demi-ton, le calcul est terminé, car en allant à une 4e note supérieure on retrouve les mêmes modulations.

La preuve en est dans l'exemple suivant. ....

* Vous voyez que nous revenons au N.° 1.

À présent que nous avons fait ce travail sur la note fondamentale de l'accord, faisons-le sur ses renversements sans changer la position, seulement en enharmonisant les notes obligées, et vous verrez que les modulations sont les mêmes, mais au lieu de tomber sur l'accord parfait de la tonique, on se trouvera sur un des renversements, le changement de ton n'en existera pas moins. Nous allons faire le tableau synoptique.

(1) 4 correspond à 1.

TABLEAU SYNOPTIQUE SUR TOUTES LES NOTES CHROMATIQUES.

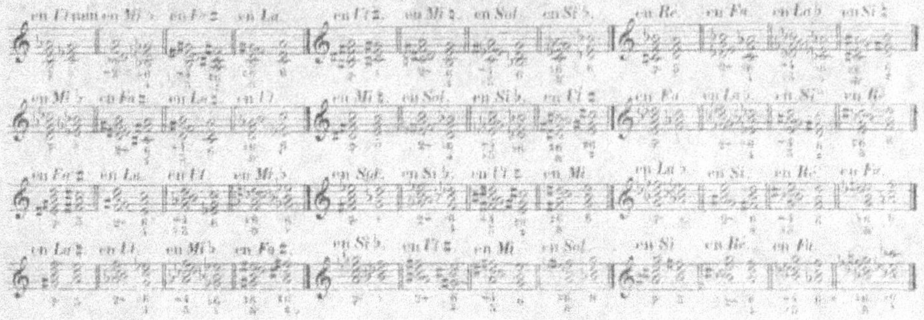

Fin du tableau synoptique.   Tous ces tons sont du mode mineur.

Voyez quelle richesse donne cet accord.

Pour le bien apprécier, étudiez-le au piano, après vous en être bien rendu compte, et exécutez-le de cette manière.

Mettez la note grave de cet accord à la basse, et écoutez-le bien.

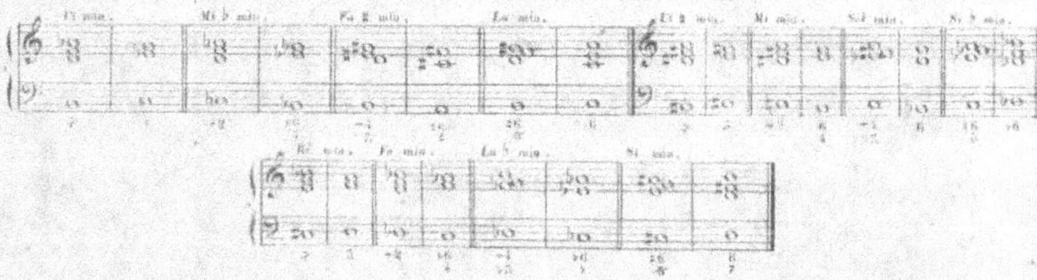

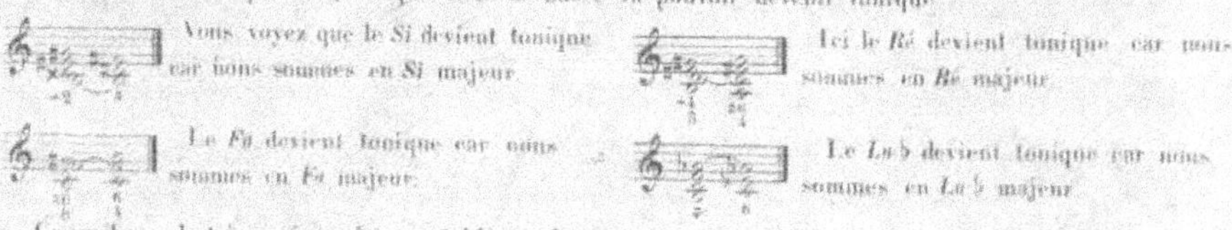

Observez qu'en faisant un demi-ton de plus, vous retombez dans les mêmes modulations, bien que vous n'ayez plus les mêmes renversements; mais les tons sont les mêmes. Étudiez bien ce tableau; il est très intéressant.

Quoique ces modulations soient meilleures en mode mineur, on peut les résoudre en mode majeur; cela est moins usité, mais cela est possible et n'est pas mauvais.

TABLEAU DE MODULATIONS EXCENTRIQUES PAR LA 7me DIMINUÉE.

Dans le tableau qui suit, chaque note de basse va pouvoir devenir tonique.

Ce qu'il y a de très curieux dans ce tableau, c'est que vous pouvez faire la résolution en mode mineur. Je vais vous en donner la preuve par le tableau suivant.

À présent, je vais vous l'écrire à 2 parties au piano, et cela sera bien plus doux à votre oreille.

TABLEAU DE CES NOUVELLES MODULATIONS

APPLIQUÉES AU PIANO EN MODE MAJEUR ET EN MODE MINEUR

En mode majeur.   En mode majeur.

Vous pouvez encore le faire de cette double manière.

En mode majeur.   En mode mineur.

Nous allons faire un tableau pareil sur deux autres notes; cela est indispensable. Les élèves studieux feront bien de le faire sur toutes les notes.

Il est impossible, que rien que par le didactique et par la compréhension, toutes ces ressources immenses se gravent dans la tête; cela serait, que cela ne suffirait pas. Il faut surtout que le résultat soit sous les doigts de l'élève et que tout cela puisse venir comme naturellement, quand on improvise.

Vous voyez donc combien il faut étudier. Les diverses transformations de l'accord de **7me** diminuée donnent des combinaisons incalculables.

L'accord de **7me** diminuée est véritablement la Californie harmonique. Permettez-moi cette figure qui rend bien ma pensée.

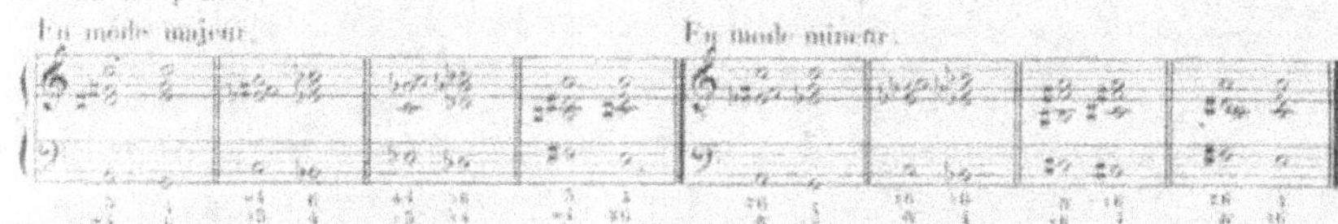

En mode majeur.   En mode mineur.

Vous voyez que vous pouvez le faire de cette double manière.

En mode majeur.   En mode mineur.

Faisons le 3e modèle en demi-ton au dessus.

En mode majeur.   En mode mineur.

On peut comme vous le voyez le faire de cette double manière.

En mode majeur.   En mode mineur.

L'accord de 7ᵐᵉ majeure se pose sur la tonique et sur la sous-dominante; il se compose de 3ᵉ majeure, 5ᵉ juste et 7ᵐᵉ majeure; on le chiffre par ou 7. Il est dans toute la pureté de la dissonance, ce qui veut dire qu'il faut qu'il soit préparé et sauvé. Cet accord et ses renversements s'emploient le plus ordinairement dans des successions ou dans les marches d'harmonie.

Son 1ᵉʳ renversement se compose de 3ᵉ mineure, 5ᵉ juste et 6ᵉ mineure; on le pose sur la médiante et sur la sus-dominante; on le chiffre par 6/5, on le nomme 6ᵉ et 5ᵉ. La 5ᵉ est dissonante, et c'est la 6ᵉ qui la rend dissonante.

Son 2ᵉ renversement se pose sur la dominante et sur la tonique; il se compose de 3ᵉ majeure, 4ᵉ juste et 6ᵉ majeure; on le nomme accord de 3ᵉ et 4ᵉ. La 5ᵉ est dissonante et c'est la 4ᵉ qui la rend dissonante.

Son 3ᵉ renversement se pose sur la sensible et sur la médiante; on le chiffre par 2, on le nomme accord de 2ᵈᵉ. La dissonance est à la basse, et c'est la 2ᵈᵉ qui la rend dissonante.

Ainsi les accords de 7ᵐᵉ, posés sur la tonique et sur la sous-dominante, sont donc pareils.

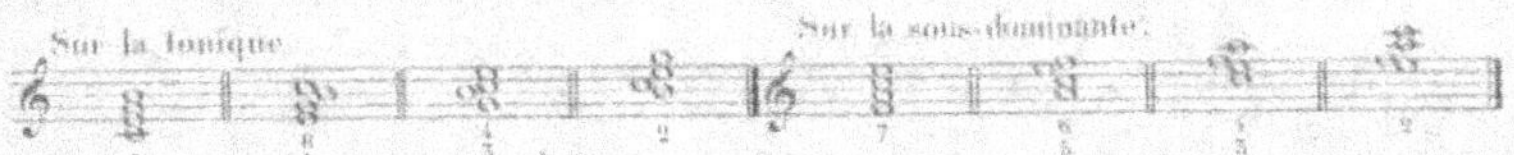

Vous voyez que ces deux accords de 7ᵐᵉ sont semblables, ils se chiffrent et se composent de même; nous les emploierons de la même manière l'un et l'autre.

Voici le moment de faire voir à notre élève que l'accord de 7ᵐᵉ peut se poser sur tous les degrés de la gamme, il pourra maintenant en reconnaître les diverses espèces car à présent nous les avons toutes étudiées.

EXEMPLES de toutes les 7ᵐᵉˢ sur tous les degrés de la gamme majeure.

Vous reconnaissez votre 7ᵐᵉ tonique N° 1 pareille à celle de sous-dominante. Votre 7ᵐᵉ de 2ᵈᵉ sur le 2ᵉ degré, 3ᵉ degré et 6ᵉ degré.

Votre 7ᵐᵉ dominante seule et unique le N° 3.

Votre 7ᵐᵉ sensible le N° 4 seule dans la gamme majeure.

DEUX LEÇONS pour employer l'accord de 7ᵐᵉ majeure et ses trois renversements.

1ʳᵉ Leçon.

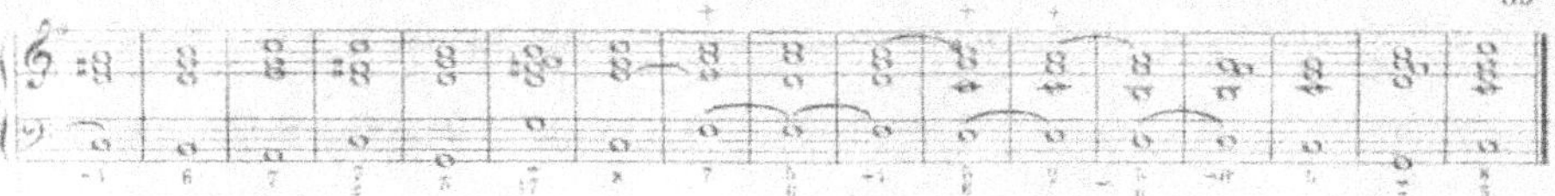

Les croix indiquent les accords ou les renversements des deux 7mes majeures sur la tonique et sur la sous-dominante.

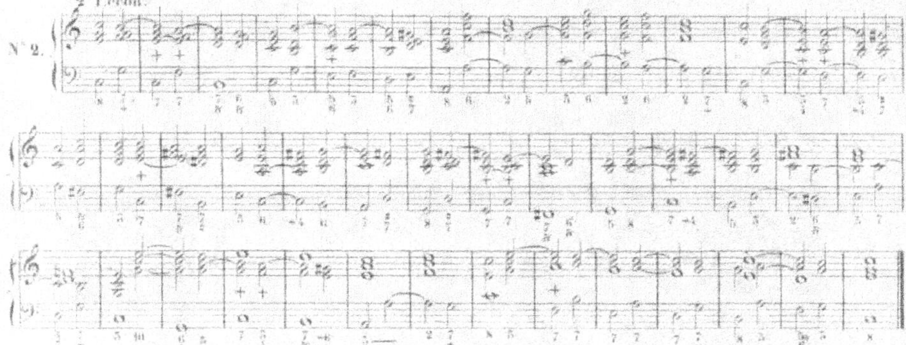

Les croix sur les accords indiquent dans cette leçon, les 7mes majeures ou leurs renversements.

Cet accord peut s'employer selon les lois harmoniques, mais il est presque toujours très dur. Il faut savoir l'analyser et même l'employer, mais avec ménagement.

Je doute qu'il soit agréable dans une mélodie douce et naturelle.

Après avoir étudié ces deux leçons sur l'accord de 7me majeure qui se pose sur la tonique et la sous-dominante de la gamme majeure, nous allons étudier toutes les espèces de 7mes que l'on peut rencontrer dans la gamme mineure.

EXEMPLES de toutes les 7mes possibles sur la gamme mineure

N'oubliez pas les deux manières de monter la gamme mineure et les deux manières de la descendre.

Ne vous préoccupez pas de toutes ces différences de 7me, pensez seulement à les préparer et les sauver, et votre harmonie sera bonne.

Cependant si vous apercevez des altérations, voyez si ces altérations sont en augmentation ou en diminution, si elles sont en augmentation, résolvez l'altération en la faisant monter d'un demi-ton diatonique, et si l'altération est en diminution, faites descendre l'intervalle diminué d'un demi-ton diatonique.

Exemple de l'altération augmentée et de l'altération diminuée.

Pour les altérations voyez les tableaux (Pages 102 et 103)

Ainsi il est bien convenu que pour toutes les 7mes qui ne seront pas celles que nous avons étudiées spécialement dans nos leçons précédentes, il suffira de les préparer et de les sauver pour que leur emploi soit possible.

Toutefois, en observant de faire monter d'un demi-ton diatonique l'altération augmentée et de faire descendre d'un demi-ton diatonique l'altération diminuée.

Lisez beaucoup de bonnes leçons d'harmonie et même des partitions; analysez bien les bons auteurs et je doute que vous rencontriez rien qui se trouve en contradiction avec ces principes. Il ne pourrait y avoir que quelques exceptions et encore je les crois très rares.

Revenons à l'accord de 7me majeure et essayons de donner encore quelques exemples de son emploi et de ses renversements.

Voici une marche d'harmonie qui vous donnera l'emploi de toutes les 7mes de la gamme majeure dans toutes ses positions.

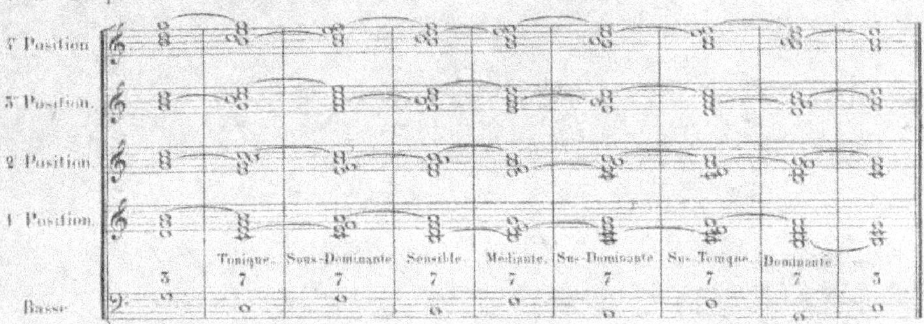

Dans ce cas, toutes les 7mes se chiffrent simplement par un 7.

Les meilleures positions seront celles qui donneront la 7me à la partie supérieure; vous devez donc choisir soit la 1re position ou la 5e; observez que dans les deux autres, les dissonances se trouvent dans les parties intermédiaires.

Nous allons faire quelques marches d'harmonie pour employer les renversements.

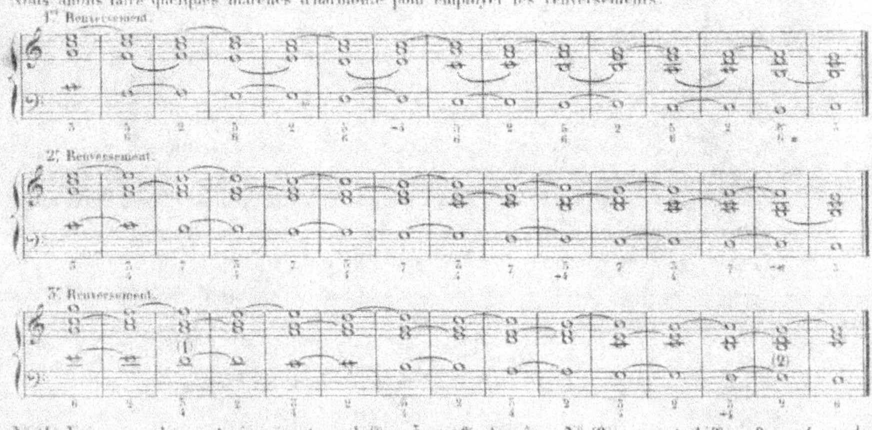

N° (1) Voyez que la sus-tonique peut se chiffrer 5/3 ou +6; de même N° (2) on peut chiffrer 2 ou +4 sur la sous-dominante.

Toutes ces marches en mode mineur seraient extrêmement dures; elles donneraient toutes ces 7mes bizarres avec les augmentations et toutes les diminutions, d'où il résulterait de fausses relations; on les évite donc

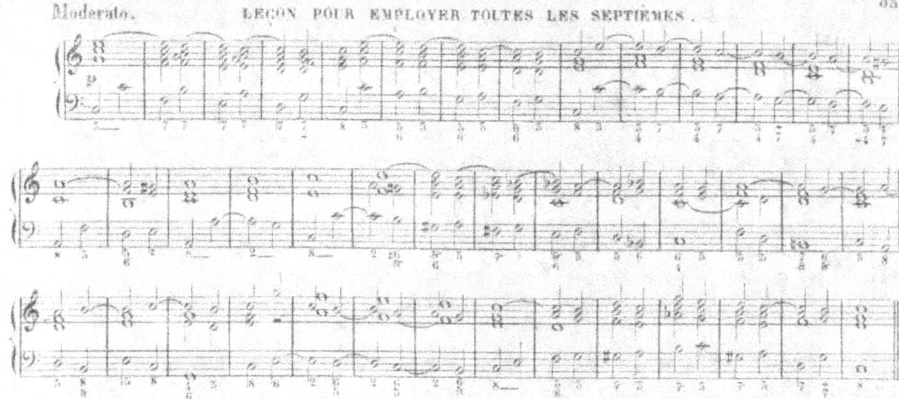

Les suites de 7mes peuvent s'écrire à cinq parties, comme vous le voyez dans les précédents exemples. La meilleure manière de les écrire est à 3 parties ; alors vous en retranchez la 5te.

MANIÈRES D'ÉCRIRE LES 7mes.

EXEMPLE.
à trois parties.

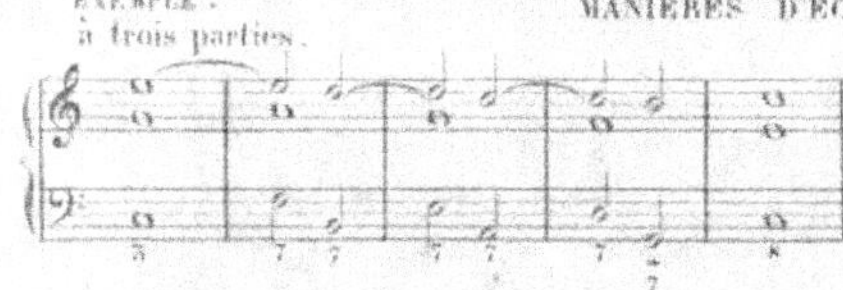

Vous voyez ici, que les 5tes des accords de 7mes sont retranchées.

Cette succession de 7mes d'un emploi très fréquent est un modèle de pureté, c'est en quelque sorte le type des marches harmoniques de ce genre.

N'oubliez pas que la moins bonne note des accords parfaits et des 7mes c'est la 5te.

à quatre parties.

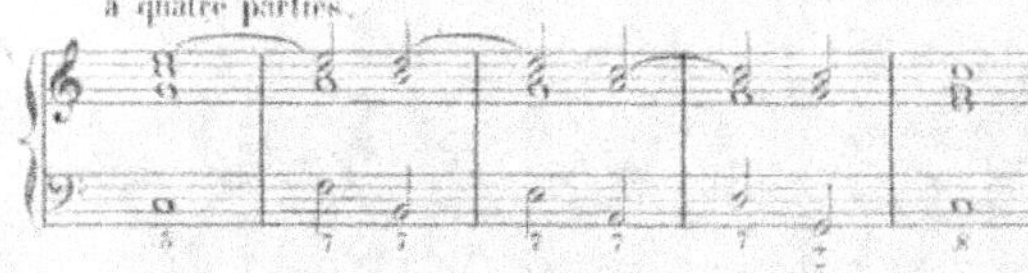

Dans cet exemple, il manque toutes les deux 7mes une 5te à un des accords.

Ces trois manières sont très bonnes.

Il existe une 7me qui n'est autre que le retard de la 6te ; cette espèce de 7me s'écrit mieux à trois parties qu'à quatre ; elle se compose de 3^{ce} et 7me et se pose partout où l'on peut mettre l'accord de 6te toute fois en préparant la 7me et en la sauvant.

marche de 6tes en consonnances.   Retard de la 6te par la 7me ✚

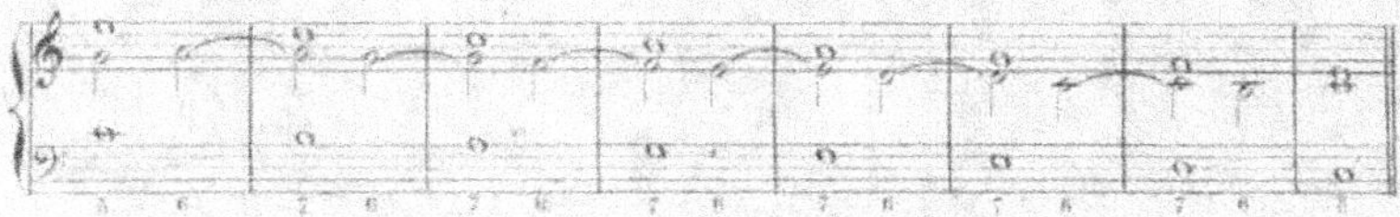

Cette marche d'harmonie peut s'écrire dans la 2de position.

✚ Voyez les retards page suivante.

Si l'on ôtait les dissonances l'on ne pourrait pas l'écrire à cette position; car il en résulterait une succession de 5tes de suite. Voyez l'exemple suivant.

5tes de suite partout

Vous devez vous souvenir de cette position; il en à été question lorsque vous avez étudié le 1er renversement de l'accord parfait (page 38) au sujet des marches des 6tes.

Après la connaissance de toutes ces diverses 7mes nous allons étudier les retards. Ce travail, comme didactique, est peu de chose; seulement l'emploi offre quelques difficultés.

DES RETARDS
DE L'ACCORD DE QUARTE ET QUINTE.

Cet accord n'est autre qu'un accord parfait majeur ou mineur dans le quel on retarde la 5te par la 4te. 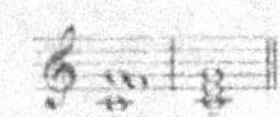

Ainsi le *Mi* de l'accord parfait est retardé par le *Fa* et au lieu d'avoir un accord de 3ce et 5te vous avez un accord de 4te et 5te.

Le *Fa* ou la 4te est dissonante et pour l'employer il faut le préparer et le sauver. On le chiffre par $\frac{5}{4}$ ou $\frac{4}{5}$ selon la position.

Son 1er renversement se compose de 2de et 5te et la dissonance est à la basse; c'est le retard de l'accord de 6te il se nomme accord de 2de et 5te et se chiffre par $\frac{5}{2}$ ou $\frac{2}{5}$ selon la position.

Son 2d renversement se compose de 4te et 7me il n'est autre que le retard de la 6te par la 7me dans l'accord de $\frac{6}{4}$; on le nomme accord de 4te et 7me on le chiffre par $\frac{7}{4}$ ou $\frac{4}{7}$ selon la position; moyennant la préparation et la résolution de la dissonance de cet accord on peut le poser sur toutes les notes de la gamme majeure ou mineure; même sur les accords de 5te diminuée et de 5te augmentée.

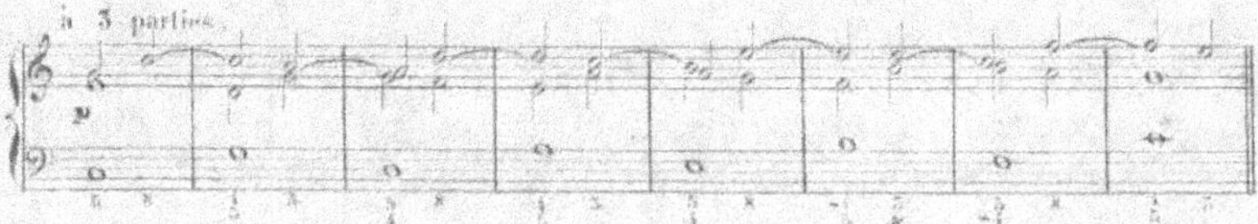

Cet accord offre des difficultés quand on veut l'écrire à 4 parties; aussi est il plus facile, et en même tems plus élégant de l'écrire à trois. Tous les harmonistes le chiffrent indistinctement $\frac{5}{4}$ ou $\frac{4}{5}$, $\frac{5}{2}$ ou $\frac{2}{5}$, $\frac{7}{4}$ ou $\frac{4}{7}$; moi, j'ai adopté une distinction. Lorsque je mets $\frac{5}{4}$ c'est que je veux la 5te à la partie supérieure; et lorsque je mets $\frac{4}{5}$ c'est la 4te que je veux mettre à la partie supérieure; cela indique la position. Il en est de même pour les renversements.

MARCHES D'HARMONIE À 3 ET 4 PARTIES.

la même à 4 parties.

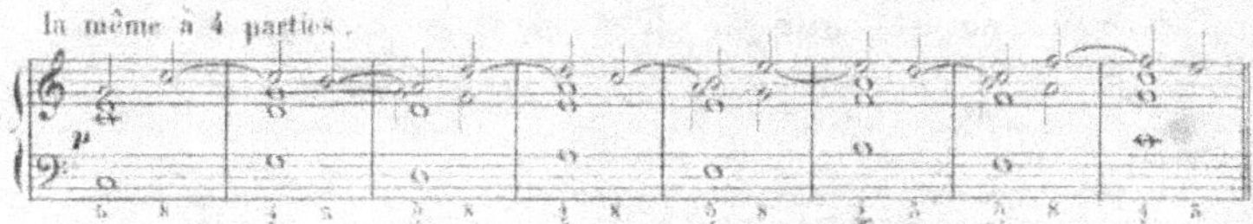

Vous savez que dans les accords dissonants il ne faut jamais doubler la dissonnance à cause des 8^ves on peut à 4 parties doubler la 5te ou l'8^ve cependant cette dernière est préférable.

Cet accord n'est point un accord primitif; Pourtant il est fondamental de même que l'accord parfait; il se renverse comme lui.

Il y a des Théoriciens qui ne le considèrent pas comme fondamental, c'est jouer sur le mot.

Emploi du 1er renversement.

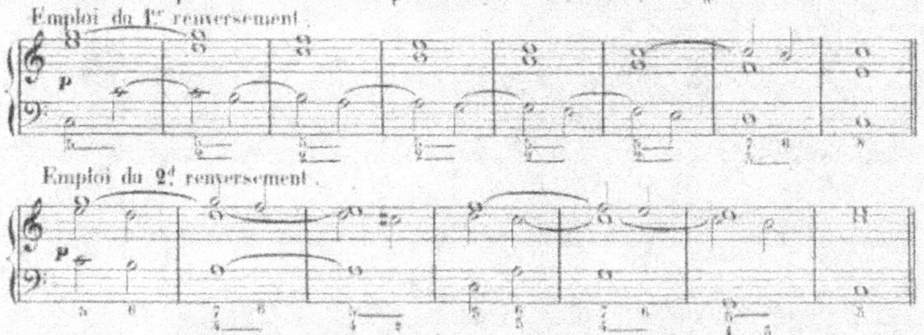

Emploi du 2^d renversement.

De même que les suites du 2^d renversement de l'accord parfait les $\frac{6}{4}$ ne peuvent se faire par succession, les suites de 4tes et 7mes ne peuvent pas non plus s'employer.

Moderato. 1re LEÇON POUR EMPLOYER L'ACCORD DE $\frac{5}{4}$ ET SES 2 RENVERSEMENTS.
à 3 parties.

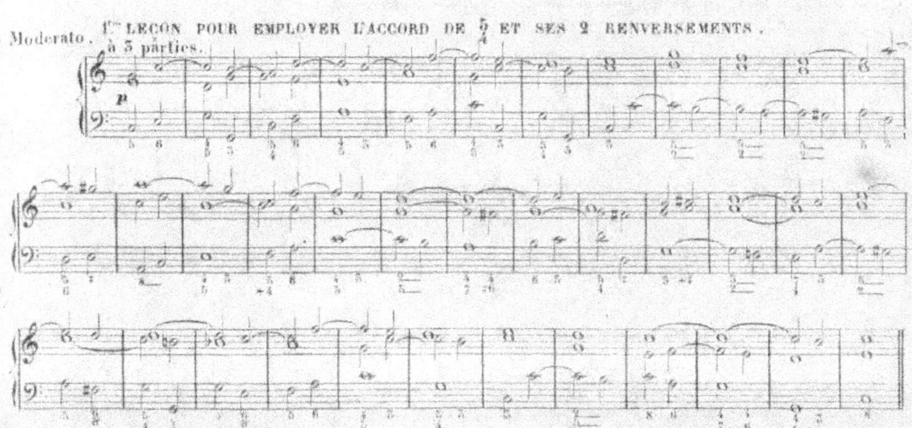

Vous voyez l'accord de $\frac{5}{4}$ ou $\frac{9}{5}$ souvent se chiffre ainsi $\frac{5}{9}$ — les deux barres sont l'abréviation du chiffre, ou de l'accord de 6te analysez-les.

Nous allons ensuite étudier l'accord de 9me considéré comme retard de l'8^ve dans l'accord parfait.

Vous observerez qu'il existe de la ressemblance entre cet accord et l'accord de 5te et 4te mais la différence est qu'ici la 9me retarde l'8^ve de l'accord parfait, tandis que dans le précédent c'est la 4te qui retarde la 5te du même accord.

Observez bien ma manière de chiffrer, vous lui trouverez de l'exactitude je ne doute pas qu'après avoir étudié avec ce système, vous compreniez facilement les bonnes positions. Lorsque l'on veut indiquer la 4te ainsi que la 5te juste bien que la note qui forme cet intervalle soit accidentée on ne l'indique pas aux chiffres.

Moderato. Leçon à 3 parties.

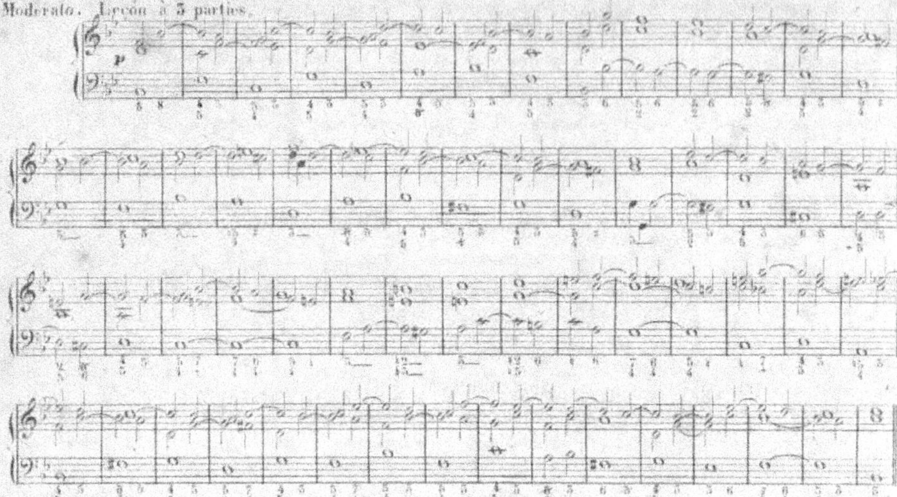

L'accord de 5.te et 4.te s'écrit avec plus de facilité et d'élégance à 3 parties qu'à 4, cependant écrire à *trois* parties demande une certaine habitude et ne permet pas d'imperfection.

Le 2.^d renversement est moins agréable que le 1.er et s'emploie moins fréquemment.

Plus tard lorsque l'on possédera la connaissance de l'accord de 9.me on verra la richesse de l'ensemble de ces deux accords; c'est cet accord que nous allons étudier à présent.

Il offre quelques parités avec l'accord de $\frac{5}{4}$, la 9.me retarde l'8.^{ve} de l'accord parfait, comme la 4.te en retarde la tierce.

DE L'ACCORD DE 9.me

CONSIDÉRÉ COMME RETARD DE L'8.^{ve} DANS L'ACCORD PARFAIT.

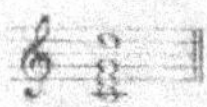

Cet accord n'est autre que l'accord parfait dont l'8.^{ve} est retardée par la 9.me il se compose donc de 3.^{ce} 5.te et 9.me

La 9.me est dissonante et doit être préparée et sauvée comme on fait pour la dissonance de 4.te dans l'accord de 4.te et 5.te il peut se poser sur toutes les notes de la gamme, et même sur la sensible; mais dans ce cas il faut le chiffrer ainsi $\frac{9}{5}$ pour faire voir que la 5.te est diminuée.

Les anciens Théoriciens ne permettaient pas les renversements de cet accord; cependant Vallotti et Mattei, (le célèbre maître de G. Rossini) l'employaient dans leurs théories.

On peut aussi accompagner cet accord de 5.te et 6.te   ex.

Les renversements de cet accord peuvent s'employer, mais leur emploi est difficile en ce que pour qu'ils ne soient pas trop durs il faut toujours tenir la dissonance à distance de 9me ce qui dans le style vocal donne une grande difficulté d'écriture, vu le diapason des voix qui est fort restreint.

VOICI L'ACCORD DE 9me ET SES RENVERSEMENTS.

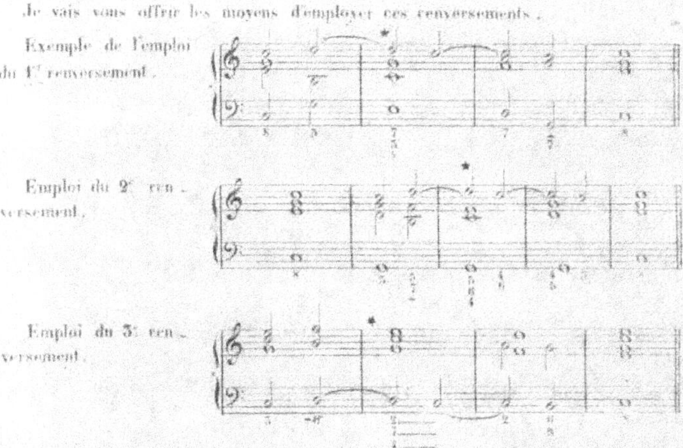

Vous devez remarquer que le 3e renversement s'écrit avec la plus grande difficulté; d'une part vous trouvez un intervalle de 7me entre le *Ré* de la basse et l'*Ut* de la 2e partie, d'autre part un intervalle de 9me entre ce même *Ré* et le *Mi* de la 1re partie; or c'est la note de la basse qui est dissonante et qui par conséquent doit descendre. Cette *résolution du Ré* se conçoit par rapport au *Mi* mais non par rapport à l'*Ut*, puisque toutes les fois que nous avons rencontré un intervalle de 7me c'est la note supérieure de cet intervalle que nous avons vue descendre et non pas la note inférieure ainsi qu'il arrive ici. De là vient l'embarras où l'on est quand on se sert de ce renversement; il vaut mieux ne pas l'employer du tout car de quelque manière qu'on s'y prenne, on tombera toujours avec lui dans un vrai gâchis harmonique. Cependant Beethoven s'en est quelquefois servi dans ses symphonies, lorsqu'il a donné une mélodie à la basse ou à la contrebasse.

Je vais vous offrir les moyens d'employer ces renversements.

Exemple de l'emploi du 1er renversement.

Emploi du 2e renversement.

Emploi du 3e renversement.

Le signe * fait connaître l'endroit où les renversements sont employés; vous trouvez bien rarement l'emploi de ces renversements. Ne vous en servez qu'avec discernement; vous ferez bien de l'éviter surtout dans le style vocal.

Plusieurs Théoriciens ne considèrent cet accord ainsi que celui de quarte et quinte, que comme retard; je ne vois pas pourquoi ils ne seraient pas tous deux classés au rang des accords; car, comme eux ils ont leurs renversements.

Je trouve ces trois renversements très bons; même le dernier bien qu'il soit le moins doux.

MANIÈRE D'EMPLOYER L'ACCORD DE 9me

Il faut éviter la position qui donne la 5te à la 1re partie, cette note étant moins bonne. Les 2 bonnes notes de cet accord sont la 9me et la 3ce.

Pour deux raisons, la position suivante est mauvaise.

La 1.° parceque la 9.me se trouve à distance de 2.de et la 2.me parceque la 5.te est à la partie supérieure.

Vous devez remarquer qu'en écrivant ainsi cette harmonie, le *Ré* de la basse, à la 2.de mesure, se trouvant à la distance de 2.de ce serait la basse qui serait dissonante.

Cette position est très bonne et même c'est la meilleure parcequ'elle donne la 9.° et la 3.^{ce} aux deux parties supérieures et la 5.te qui est la moins bonne note à la 3.me partie.

DIVERSES MANIERES DE PREPARER LES 9.mes ET DE LES SAUVER.

deux 8.^{ves} cachées.

mauvais.

Cette manière est mauvaise, mais voyez que cela forme le retard de deux 8.^{ves}

Vous devez éviter de sauver la 9.° sur la 5.te par mouvement semblable.

Cette résolution par mouvement contraire est très bonne.

Moderato. LEÇON POUR EMPLOYER L'ACCORD DE 9.me ET SES RENVERSEMENTS.

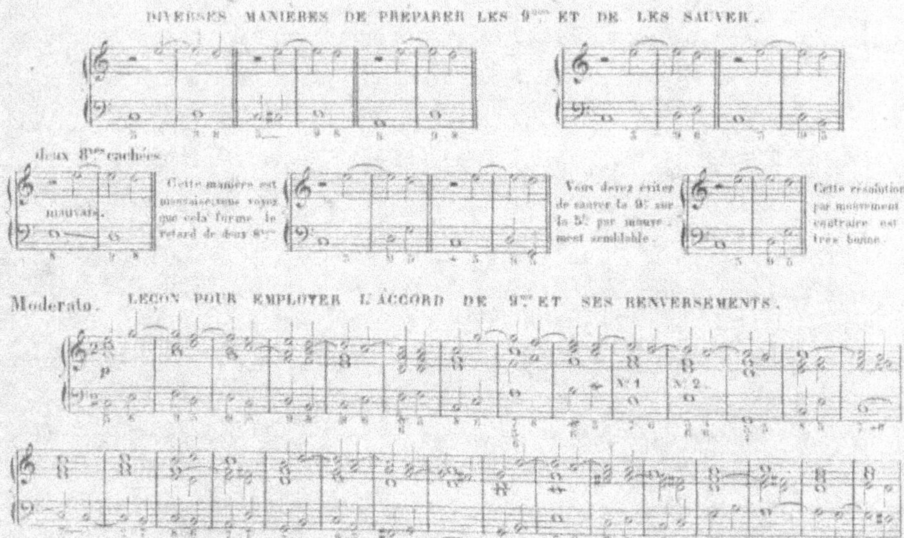

N.° 1. Cette 7.me est le retard de la 6.te

N.° 2. Cet accord est le 2.^d renversement de l'accord de 9.me dont la note fondamentale est retranchée. On peut aussi le considérer comme le retard de la 4.° dans l'accord de 4.° et 6.te 2.^d renversement de l'accord parfait.

LEÇON A 3 PARTIES
Pour employer l'accord de 5 et de 9me

Moderato.

N.º 1.

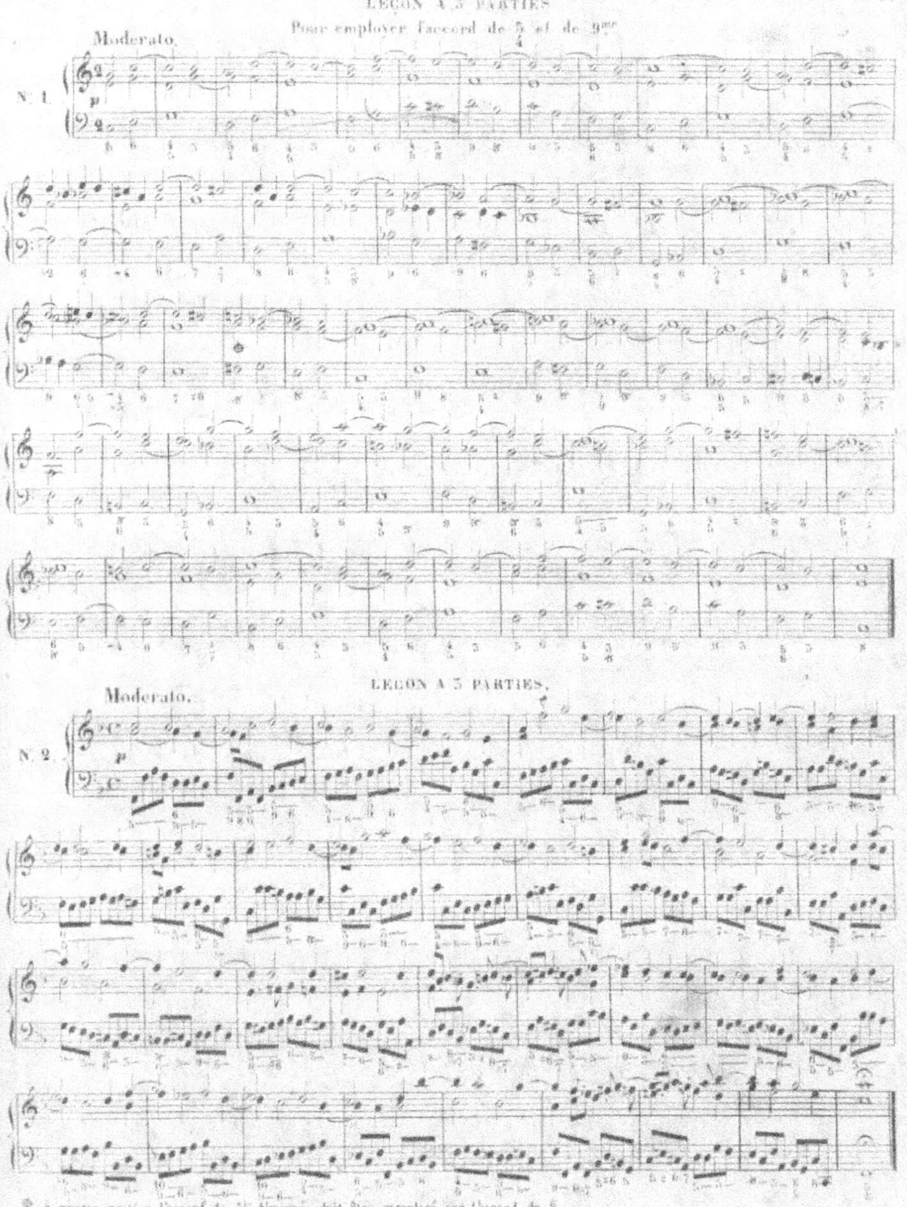

LEÇON A 3 PARTIES.

Moderato.

N.º 2.

* a quatre parties l'accord de 5.te diminuée doit être remplacé par l'accord de $\frac{6}{5}$

N° 3

Moderato.

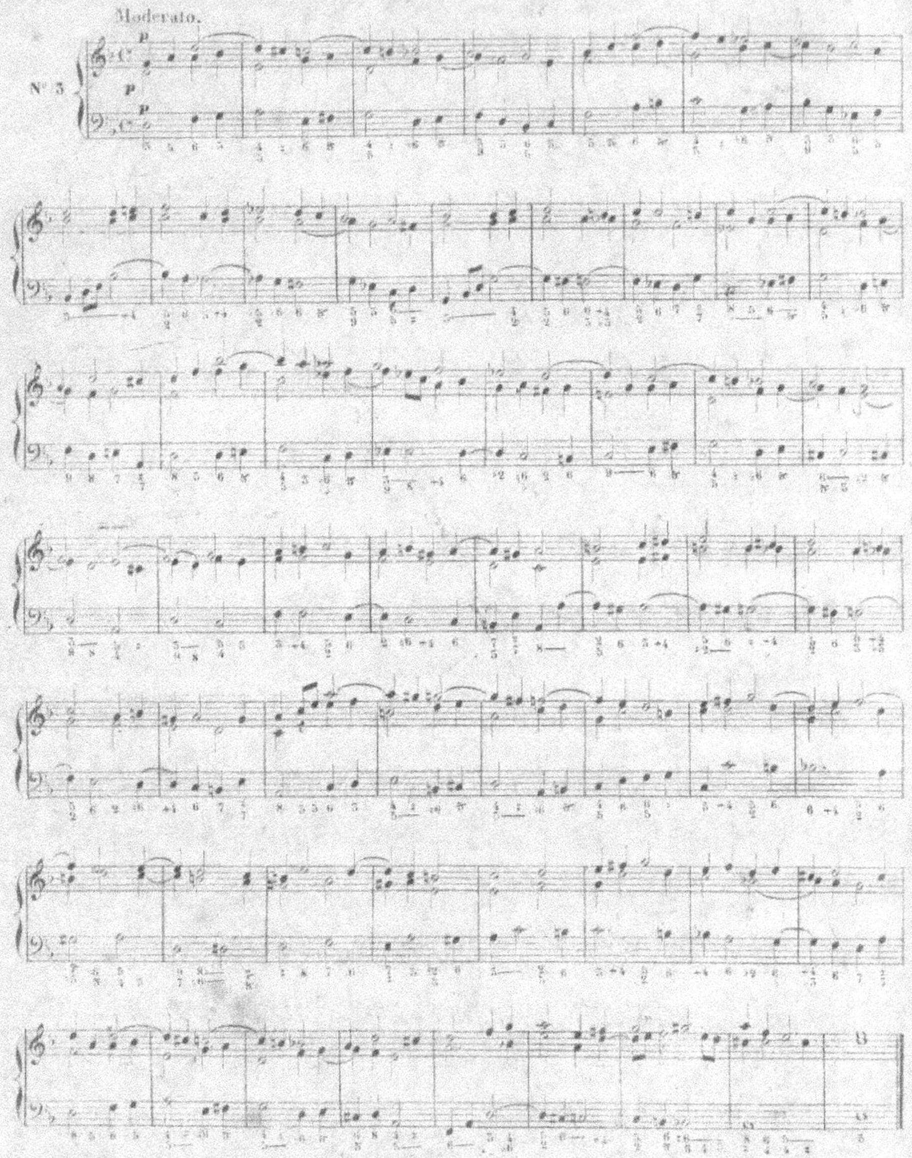

après avoir étudié et écrit ces trois leçons à 3 parties vous ferez bien de l'écrire à quatre.

LEÇON A 3 PARTIES

Moderato.

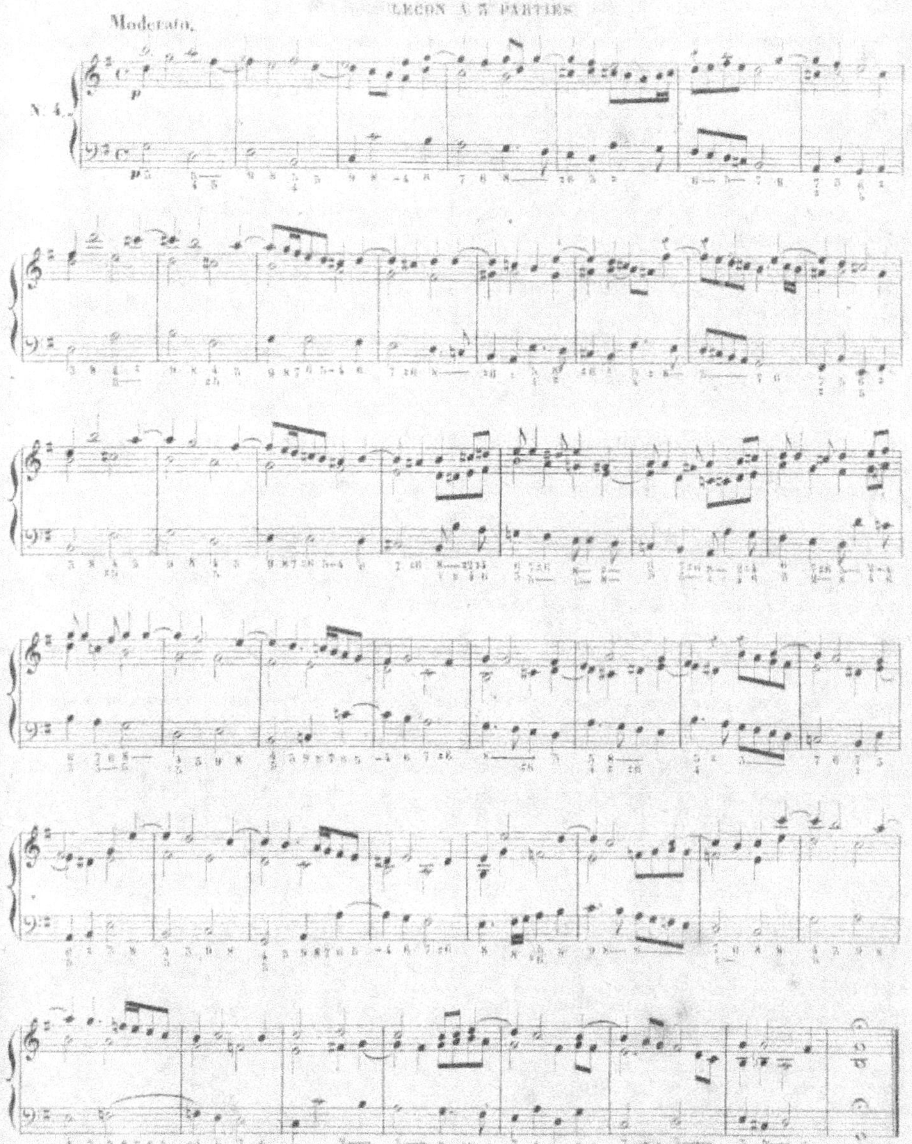

DE LA DOUBLE DISSONANCE.

On obtient une double dissonance, en retardant une des notes d'un accord dissonant. Ainsi dans l'accord de 7me si l'on retarde la 3ce par la 4te on a outre la dissonance de 7me un autre dissonance de 4te.

Étudiez cet effet de double dissonance sur l'accord de 7me dominante; il peut en être de même sur tous les renversements, Voyez la suite. Ainsi cette double dissonance est un retard.

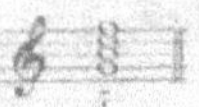

L'on peut retarder la 3ce par la 4te; voici alors comment il faut le chiffrer, la 4te est un retard, il faut donc le préparer et la sauver.

On peut retarder la 5te par la 6te; voici comment il faut la chiffrer; alors la 6te est un retard, préparez-la et sauvez-la.

Si vous retardiez la 7me cela deviendrait accord parfait.

Si vous retardiez la basse cela deviendrait un accord de 2de venant de la 7me sensible.

Le premier accord de 7/5/4 est très souvent employé, et il a ses trois renversements.

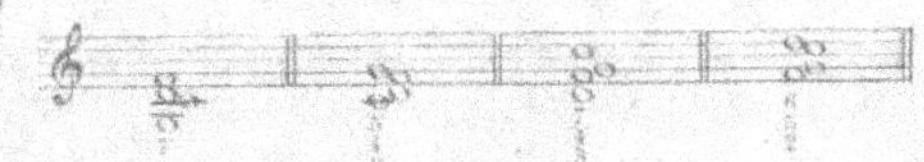

Préparez le retard et sauvez-le, votre harmonie sera bonne.
Vous pouvez faire de même avec toutes les 7mes.
Préparez et sauvez toujours les dissonances produites par le retard.

LEÇON POUR EMPLOYER LE RETARD DE LA 3ce DANS L'ACCORD DE 7me ET DANS SES RENVERSEMENTS.
Moderato.

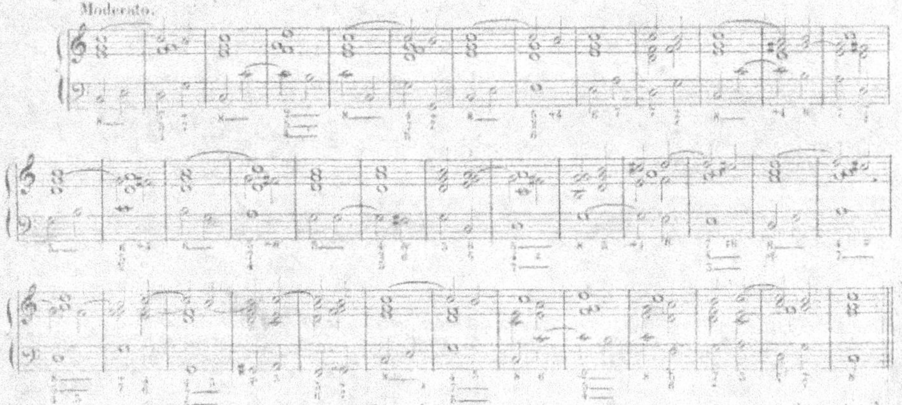

Ces retards se font plus ordinairement sur l'accord de 7me de dominante, et comme vous le voyez; ils sont très doux et faciles à écrire. Cependant vous pouvez aussi faire ce retard dans les autres septièmes, mais il faut néanmoins prendre la précaution de la préparation et de la résolution.

Après avoir compris le retard de la 3.^{ce} dans l'accord de 7.me de dominante, nous allons étudier celui de la 5.te par la 6.te dans le même accord.

Voyez les exemples suivants.

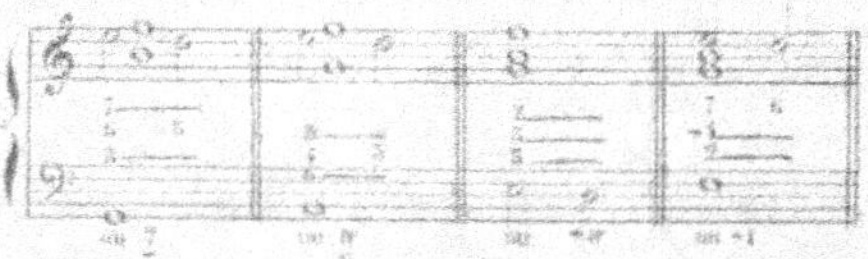

Il est évident qu'il faut, et dans l'accord et dans les renversements, préparer le Mi.

Vous pouvez non seulement retarder la 5.te comme vous avez retardé la 3.^{ce} dans l'accord précédent. Mais vous pouvez le faire de même dans tous les accords de 7.me

LEÇON POUR EMPLOYER CET ACCORD AVEC LE RETARD DE LA 5.te PAR LA 6.te DANS TOUS SES RENVERSEMENTS.

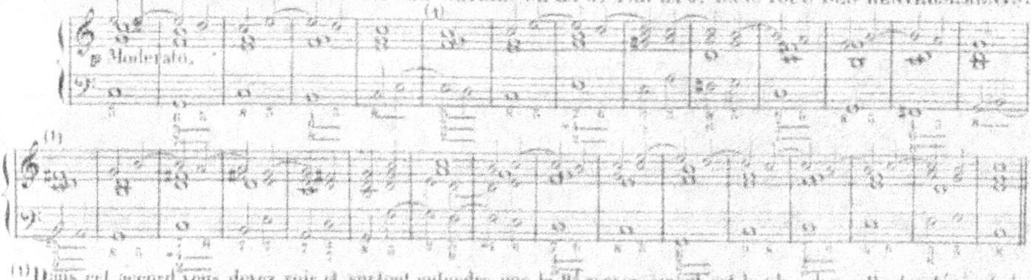

(1) Dans cet accord vous devez voir et surtout entendre que le 2.^d renversement est le plus dur, cette dureté vient de la rencontre des trois notes qui se trouvent Mi, Fa, Sol, il faut éviter ce renversement.

Généralement ces dissonances s'emploient comme appoggiature de la partie vocale.

Après avoir étudié ces deux retards de la 3.^{ce} et de la 5.te, nous allons étudier le 3.e retard qui est celui de la 7.me par l'8.^{ve}, vous comprendrez facilement que celui-ci est très doux, car c'est une consonnance qui vient retarder la dissonance.

Voyez les Exemples suivants

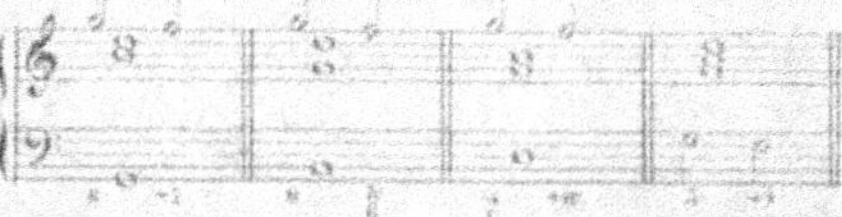

Cet accord est si facile à employer que je regarde comme inutile de vous donner une leçon spéciale. Ce retard se faisant par une note consonnante vous pouvez vous dispenser de faire la préparation.

Non seulement tous ces accords se font sur la 7.me dominante, mais sur les autres 7.es vous le pouvez même pour les 7.mes sensibles et diminuées.

EXEMPLE SUR CES DEUX 7.mes

Retard de la 3.^{ce} dans la 7.me sensible et ses renversements.

Retard de la 5.te par la 6.te dans la 7.me sensible et ses renversements.

Retard de la 7.me par l'8.^{ve} dans la 7.me sensible et ses renversements.

Retard de la 3.^{ce} par la 4.te dans la 7.me diminuée et ses renversements.

Retard de la 5.te par la 6.te dans la 7.me diminuée et ses renversements.

Retard de la 7.me par l'8.^{ve} dans la 7.me diminuée et ses renversements.

Cet accord est bien dur, évitez le.

DE LA NEUVIÈME DOMINANTE EN MODE MAJEUR.

Cet accord n'est autre que l'accord de 7me dominante dont une 3ce majeure est superposée au dessus de la 7me. Ainsi en Ut majeur cela donne ... cette neuvième est bien distincte de l'accord de 9me retardant l'8ve. Celle-ci comme vous le voyez se compose de 3ce majeure 5te juste, 7me mineure et 9me majeure, la 9me est dissonante ainsi que la 7me. Elle peut se faire sans préparation mais non sans résolution. Elle ne se pose que sur la dominante du mode majeur. On la chiffre par 9, ou $\frac{9}{7}$. Lorsque vous l'écrivez à 4 parties c'est la 5te qu'il faut retrancher de préférence, cependant on pourrait retrancher la 7me.

Les anciens théoriciens n'employaient jamais les renversements; ils ne l'osaient pas et même ils les prohibaient. Aujourd'hui on les admet, mais ils sont difficiles à écrire.

EXEMPLE DE LA 9me DOMINANTE EN MODE MAJEUR ET SES RENVERSEMENTS.

Résolution sur l'accord parfait majeur de la tonique.

Ordinairement c'est ainsi que cet accord fait sa résolution, on peut anticiper sa résolution sur l'8ve en faisant suivre cet accord de celui de 7me de dominante. Voyez l'exemple suivant.

Résolution de la 7me dominante.

Tous ces renversements sont durs particuliérement le 4me, la raison en est simple, la 9me renversée ainsi, devient 7me. Il semblerait que c'est la 7me qu'il faudrait résoudre, tandis que c'est la basse qui doit descendre.

DE L'ACCORD DE 9me DOMINANTE EN MODE MINEUR.

On pourrait se dispenser de donner un tableau de cet accord, car il est pareil au précédent si ce n'est qu'il s'emploie dans le mode mineur la 9me étant mineure. Cependant je crois qu'il faut le voir et l'éxercer. Voyez l'exemple suivant ... vous remarquez qu'il doit se composer de même qu'en majeur moins la 9me qui est mineure.

Les chiffres du renversement sont les mêmes moins la modification du La ♭, formant 9me mineure.

Résolution de l'accord parfait.

Cet accord fait aussi sa résolution sur l'accord parfait mineur de la tonique, mais on peut aussi la résoudre sur la 7me dominante comme vous l'avez vu dans l'accord précédent.

Résolution sur la 7me dominante.

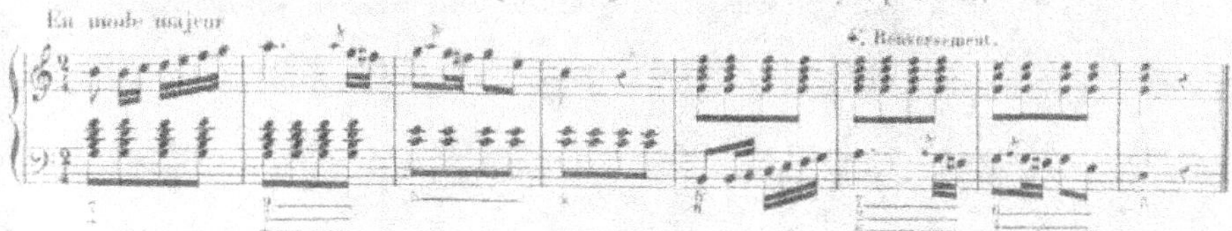

Le plus dur de ces renversements est sans contredit le 4me ainsi que dans le 4me renversement du majeur, la 9me renversée ainsi, devient 7me. Ici, elle est d'autant plus dure que la 7me est majeure et que cet intervalle est plus discordant que la 7me mineure.

Cependant, malgré cette dureté, il est des cas où l'on peut l'employer.

Je vais essayer de vous en donner un exemple en majeur et en mineur. Voyez plus loin.

En mode majeur.

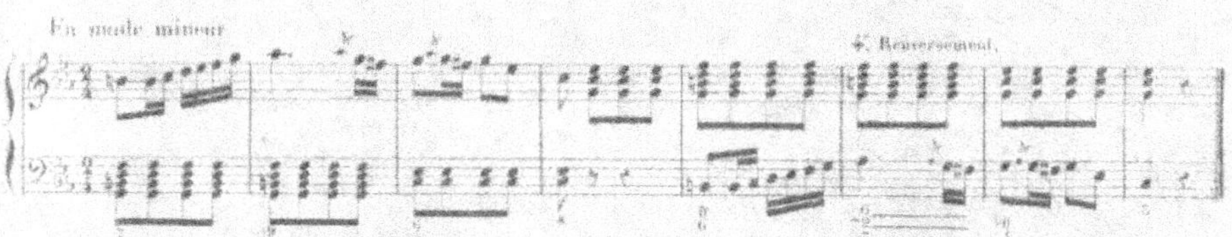

Je dois avouer que dans ce passage renversé, j'ai mis la note fondamentale dans une partie inférieure.

En mode mineur.

C'est avec de telles licences que l'on peut obtenir de grands effets, certes si Beethoven s'était tenu à l'harmonie comme du 18e siècle, il n'aurait pas fait ses immortelles symphonies.

Je crains que les règles abstraites et rétrécies de l'art du contrepoint double n'enchaînent l'essor du génie.

O Cherubini! ô Palestrina! ô Padre Martini! peut être en ce moment vos ombres se lèvent-elles pour crier au sacrilège et jeter l'anathème sur mes paroles.

DE L'ACCORD DE 7me DOMINANTE PASSANT SUR LA TONIQUE.

Vers la fin d'un morceau ou d'une phrase, souvent on retarde l'accord de 7me de dominante en le passant sur la tonique.

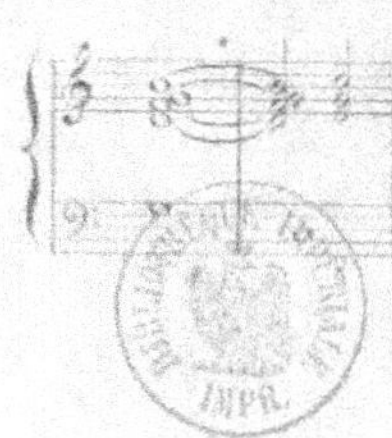

* Observez-le, voici le cas; vous devez vous souvenir d'avoir entendu ou exécuté cet accord. Les anciens l'appelaient 7me superflue. Vous trouverez ce mot dans le dictionnaire de Rousseau, et chez la plupart des théoriciens jusqu'à Catel.

Aujourd'hui les uns le nomment 7me dominante passant sur la tonique et les autres onzième tonique.

Voici comment ceux-ci l'analysent

Vous voyez que le *Fa* forme la onzième d'Ut à la basse. Cette manière de l'envisager est acceptable, mais c'est un accord qui ne peut être renversé, seulement on en change les positions. Avec les progrès que fait l'harmonie, ou pour mieux dire, avec toutes les licences que les praticiens se permettent, je ne vois pas pourquoi l'on n'arriverait pas, au moins dans une pédale supérieure, à renverser cet accord.

Voici les changements de positions

Je le chiffre ordinairement par un +7, la croix devant indique que la 7me est la sensible de la gamme, cette manière de le chiffrer est aussi simple que claire. Cependant je me sers aussi de l'autre manière, mais alors je retourne $\frac{11}{9}{}_{7}{}_{5}$ selon que je veux la position.

Lorsque je mets le +7, je laisse la position au choix de l'élève, lorsque je mets l'autre manière c'est que je veux absolument la position.

Quelquefois le 11 se traduit par un 4, le 9 par un 2.

Exemple pour employer cet accord aux diverses positions.

4e Position

3e Position

2e Position

1re Position

Basse

Vous pouvez faire cet accord sans préparation, mais la onzième doit descendre comme dans la 7me dominante.

Vous voyez que cet accord n'est autre que la 7me dominante passant sur la tonique.

Les anciens auteurs nommaient aussi l'accord de sixte augmentée sixte superflue, je pense que l'on a bien fait d'abandonner cette dénomination. Les mêmes théoriciens nommaient l'intervalle et l'accord de 5e diminuée intervalle et accord de fausse quinte. Cette locution a été aussi abandonnée et remplacée par celle d'intervalle et accord de quinte diminuée, qui je crois vaut mieux.

DE L'ACCORD DE 7me SENSIBLE PASSANT SUR LA TONIQUE.

De même que l'accord de 7me dominante, l'accord de 7me sensible peut passer sur la tonique.

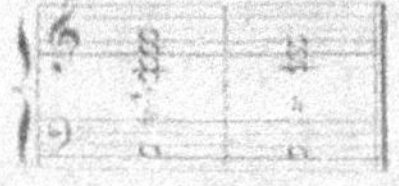

Alors on le nomme accord de 13me majeure et il s'emploie comme l'accord de 7me sensible sans préparation mais avec résolution.

En le chiffrant par un 15 on n'indique pas la position, pour l'indiquer il faut mettre tous les chiffres.

Quelquefois on remplace les chiffres qui désignent les sons au-delà de l'intervalle d'8ᵛᵉ, par leurs équivalents indiquant l'8ᵛᵉ inférieure du son voulu, comme 4 au lieu de 11, et 6 au lieu de 15.

La plus agréable de ces positions est celle qui donne la 15ᵐᵉ à la partie supérieure; les autres sont très dures.

Manière de l'employer.

4ᵉ Position.

3ᵉ Position.

2ᵉ Position.

1ʳᵉ Position.

Basse.

DE L'ACCORD DE 7ᵐᵉ DIMINUÉE PASSANT SUR LA TONIQUE.

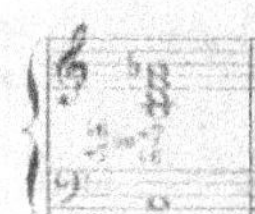

Voici comment je chiffre cet accord que les nouveaux théoriciens nomment accord de 15ᵐᵉ mineure.

Ils le chiffrent par 15; cette manière de chiffrer n'indique pas la position. Vous devez savoir que peu d'harmonistes l'indiquent; c'est à l'accompagnateur à la choisir; dans cet accord, pour bien l'indiquer, il faut chiffrer tous les intervalles et les placer les uns sous les autres de cette manière.

De même les chiffres de la double 8ᵛᵉ se traduisent par ceux de la simple 8ᵛᵉ. Le plus ordinairement cet accord s'emploie dans le mode mineur, mais vous pouvez l'employer en majeur, comme vous le faites avec la 7ᵐᵉ diminuée.

4ᵉ Position.

3ᵉ Position.

2ᵉ Position.

1ʳᵉ Position.

Basse.

Cet accord est bien plus usité que le précédent; il est très doux, et toutes les positions sont bonnes.

Dans le 7, la croix devant le 7 indique la sensible de la gamme, et le ♭ devant le 6 indique la 6ᵗᵉ mineure ou la 13ᵐᵉ mineure à l'8ᵛᵉ supérieure.

DE LA PÉDALE. (1)

La Pédale, ou le *Tasto solo* en italien, ce qui veut dire *touche seule*, se peut faire de trois manières, supérieure, intérieure ou inférieure; c'est cette dernière qui est la plus riche et la plus usitée en ce qu'elle offre plus de ressources comme variété d'effets harmoniques. Il est d'usage de ne l'employer que sur deux degrés de la gamme, la Tonique et la Dominante. Si dans un morceau on la fait sur ces deux degrés on doit procéder d'abord par celle de la dominante et finir par celle de la tonique.

Toutes les harmonies peuvent s'employer sur la pédale; mais, bien qu'on puisse moduler sans changer la basse, les modulations ne doivent être que passagères, sans jamais arrêter le ton par une cadence parfaite. On doit toujours commencer la pédale par un accord consonnant et finir de même, à moins que la dernière note de la pédale ne soit considérée comme une dissonance et alors se résolve régulièrement. Tout ce qui est dit ici pour la pédale s'applique à celle de tonique comme à celle de dominante. Les harmonies les plus employées sont celles des marches harmoniques. C'est aussi une grande difficulté pour la manière de chiffrer. Les uns considèrent la partie au dessus de la pédale comme basse et alors chiffrent cette 3ème partie; les autres considèrent la pédale comme vraie basse et sont obligés de chiffrer toutes les notes formant l'harmonie, alors cela devient peut-être confus; cependant c'est le meilleur moyen de chiffrer, surtout si l'on veut parfaitement indiquer la position à l'accompagnateur, mais comme ordinairement ce sont des marches d'harmonie qui se font sur cette pédale, le chiffre de la partie supérieure peut suffire. Les pédales intérieures et supérieures s'expliquent d'elles-mêmes je pense, cependant je vais en donner quelques exemples.

Voici la manière de chiffrer avec tous les chiffres, on pourrait ne se servir que du chiffre supérieur.

Mozart, Beethoven et Cherubini ont employé avec un rare succès ces ressources harmoniques.

Vous voyez que la 2ème partie se soutient jusqu'à l'avant dernier accord.

Le professeur fera bien de donner plusieurs exemples des différentes pédales, de les faire étudier longtemps et de faire analyser les belles pédales qui existent dans les chefs-d'œuvre de nos grands maîtres.

LEÇON POUR EMPLOYER LES DIFFÉRENTES PÉDALES.

Moderato.

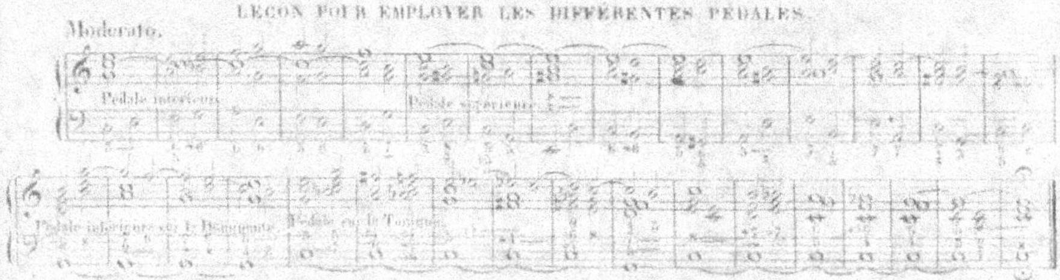

J'inviterai le professeur à consulter toutes les méthodes d'harmonie, et à faire faire à son élève toutes les leçons de pédale qu'il trouvera dans ces ouvrages. La pédale est un point qui a souvent arrêté les élèves. Consultez-en beaucoup, ils vous avoueront que cette portion de l'éducation les a souvent arrêtés, que c'est avec une grande peine qu'ils ont passé ce point très difficultueux, et qu'ils ont rencontré peu de professeurs qui leur expliquassent d'une manière claire cette difficulté.

(1) Ce mot est emprunté au vocabulaire des organistes.

Les deux exemples suivants sont tirés de la méthode d'harmonie de M. Berton.

PÉDALE INTÉRIEURE DE LA DOMINANTE.

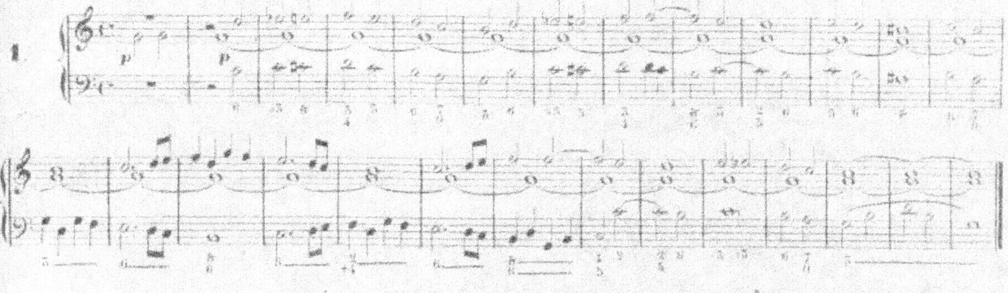

PÉDALE INTÉRIEURE DE LA TONIQUE.

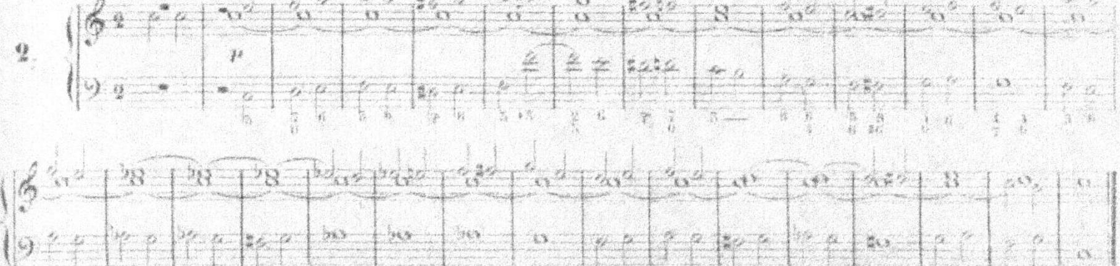

J'ai conservé les chiffres de l'auteur dans ces deux exemples de même que dans le courant de mon ouvrage pour faire apprécier aux élèves les différentes manières de chiffrer de tous les harmonistes et faire voir que la mienne est je crois plus logique, puis qu'elle indique en même tems les positions. Mais il faut que les élèves connaissent toutes les diverses manières de chiffrer pour pouvoir traduire au piano tous les auteurs.

Quelquefois les pédales toniques et dominantes se réunissent. Voyez l'exemple suivant.

On peut aussi mettre la pédale dominante à la partie supérieure, la doubler à une partie inférieure et mettre en même tems la pédale tonique à la basse.

Généralement ces pédales se font à la fin d'un morceau.

On peut aussi sur d'autres notes de la gamme faire des pédales mais elles n'offrent pas le même intérêt parce qu'elles ne sont pas d'un bon effet; cependant elles ne sont pas prohibées. Pourtant j'engage l'élève à s'en dispenser. Peut-être qu'un jour un homme de génie trouvera le moyen de les employer avec succès.

Un des beaux effets de la pédale est celui du commencement du final du Freyschütz de Weber qui est formant pédale intérieure pendant plus de 25 mesures.

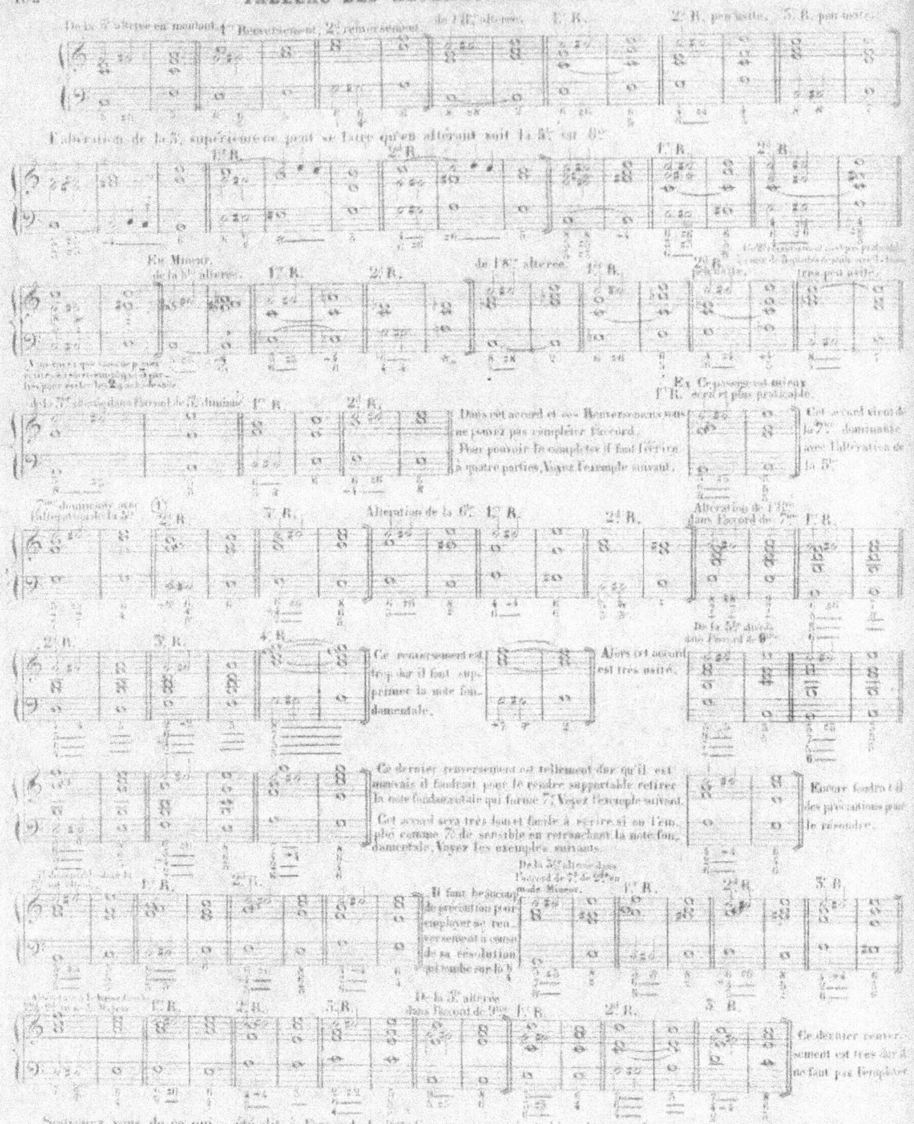

Souvenez vous de ce qui a été dit à l'accord de 9., les anciens avaient bien leurs raisons pour ne pas employer ces renversements, surtout le dernier qui est toujours très dur. Évitons-le.

Comme devront les altérations supérieures se font par le demi-ton chromatique et se résolvent par le demi-ton supérieur diatonique.

(1) Le 1. Renversement de cet accord a été omis, composez-le.

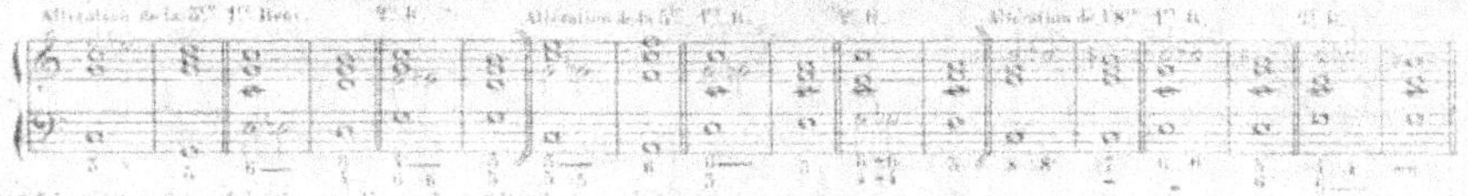

*On peut faire cette même altération sur l'accord parfait mineur.

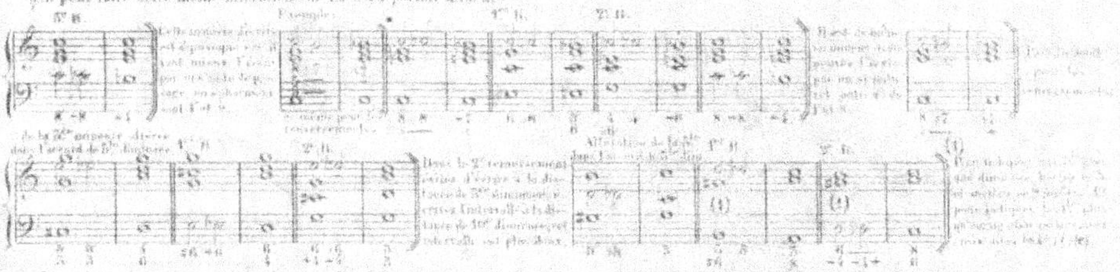

Vous devez éviter cette altération car elle est trop dure.

A moins qu'elle ne se fasse en glissant légèrement et dans la vitesse, cela est moins défectueux dans l'instrumentation, éviter le surtout vocal.

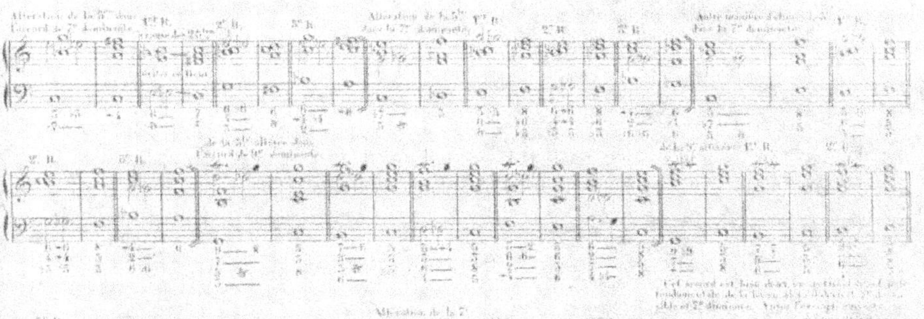

DES CADENCES HARMONIQUES.

IL EXISTE SIX ESPÈCES DE CADENCES.

N° 1 La cadence parfaite.	N° 4 La cadence interrompue.
N° 2 La cadence imparfaite ou demi-cadence.	N° 5 La cadence rompue.
N° 3 La cadence évitée.	N° 6 La cadence plagale.

DE LA CADENCE PARFAITE.

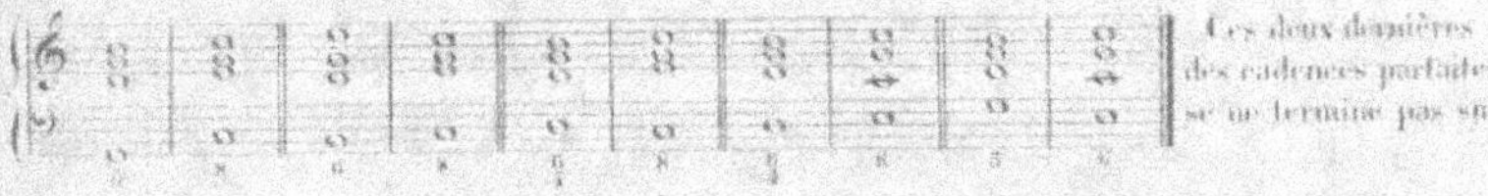

Dans l'harmonie consonnante on emploie le N° 1 en majeur et en mineur, et dans l'harmonie dissonante on emploie le N° 2 celui-ci est même plus concluant. Cette cadence parfaite est la meilleure.

On peut également se servir des renversements et de l'accord parfait et de l'accord de 7me dominante, mais ces renversements ne terminent pas une phrase aussi bien que lorsque la basse procède par l'accord fondamental.

Cadences parfaites par l'accord parfait et ses renversements.

Ces deux dernières ne sont déjà plus des cadences parfaites, puisque la basse ne termine pas sur la tonique.

Cadences parfaites par l'accord de 7me dominante et ses renversements.

Ces trois dernières ne sont plus des cadences parfaites par la même raison, la basse ne tombant pas sur la tonique. *En ce cas, la basse descendant de 3ce, il faut faire monter la dissonance pour éviter les 2 8ves cachées.

DIVERS EXEMPLES DE CADENCES PARFAITES.

Il existe encore plusieurs formules de cadences parfaites mais je pense que celles-ci peuvent suffire ; exécutez-les dans tous les tons pour que vos doigts obtiennent de la pratique. Vous pouvez les formuler toutes en mode mineur comme en majeur. Voyez les pages (174) (187) (188) de la 2de partie.

DE LA CADENCE IMPARFAITE OU DEMI-CADENCE.

Cette cadence est celle qui fait son repos sur la dominante.

De même on peut formuler plusieurs autres cadences imparfaites.
En mode mineur il faut toujours que le repos à la dominante soit sur l'accord parfait majeur.

J'ai trouvé dans presque tous les théoriciens de la confusion dans la différence de la cadence évitée et la cadence interrompue; on comprendra facilement qu'évitée et interrompue soit toujours une cadence qui ne fait pas de suite son repos final; ainsi cadence évitée et interrompue peuvent être prises comme synonymes. Donc pour moi toute cadence évitée ou interrompue est même chose. Je fais distinction avec les autres cadences.

Voici quelques exemples de ces deux cadences que je considère n'en faire qu'une. Cependant je consentirais volontiers à appeler cadences interrompues celles qui ne sortiraient pas des notes naturelles de la gamme et du mode et à nommer toutes les autres cadences évitées. Ainsi nous pourrions appeler les 7 premières ci-dessous cadences interrompues et toutes les autres cadences évitées.

Cadences interrompues.   1   2   3   4   5   6   7   Cadences évitées.

On pourrait encore trouver d'autres formules évitant la cadence parfaite; mais je pense que toutes celles-ci suffisent.

DE LA CADENCE ROMPUE.

Sur celle-ci tout le monde est d'accord, c'est la dominante à la basse étant suivie de la sous-dominante.

Vous pouvez faire cette cadence rompue en mineur comme en majeur.

Cette cadence est difficile à bien écrire pour éviter les fautes de 5tes et d'8ves de suite. Voyez les difficultés.

Mauvais.   Mauvais.   Mauvais.   Bon.   Bon.   Bon.   Bon.   Bon.   Bon.

Vous ne devez pas en ce cas doubler la basse, et il faut vous servir du mouvement contraire, car c'est le mouvement droit qui vous fait faire des fautes; quand au mouvement oblique vous devez observer qu'il n'est pas possible.

Voyez la différence des exemples mauvais aux exemples bons.

Ainsi lorsque vous aurez à faire la cadence rompue, défiez-vous et souvenez-vous de vos règles.

Les cadences évitées ou interrompues et rompues vous offrent une richesse incalculable pour moduler; c'est avec cette science et avec un peu d'imagination que l'on devient improvisateur; mais pour cela il faut beaucoup de pratique de son instrument.

La cadence plagale est celle qui procède de la sous-dominante à la tonique.

Voyez les exemples suivants.

Cadences plagales.

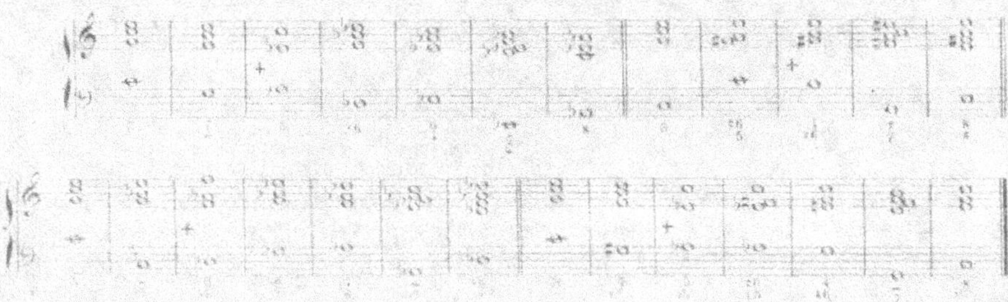

Ces cadences plagales peuvent se faire en mineur comme en majeur.

* Cette cadence en mode mineur terminant par la 3ᵉ majeure sur la tonique est connue sous le nom de cadence plagale avec la 3ᵉ picarde.

Je crois que c'est en Picardie que l'on a hasardé pour la première fois cette terminaison majeure dans le plain-chant en mode mineur, cette 3ᵉ majeure inattendue produit un très bel effet. Blondeau dit dans son traité d'harmonie page 123 que c'est un maître de chapelle nommé Picard qui le premier trouva cet effet. Cependant Blondeau ne l'affirme pas et j'en doute aussi d'autant plus que dans la biographie de Fétis en 9 volumes il n'est nullement question de Picard maître de chapelle ou musicien.

On ne se sert de la cadence plagale que dans un morceau magistral ou religieux surtout dans des messes ou des motets.

C'est avec le secours des diverses cadences que l'on ponctue les phrases musicales. On peut donc comparer les cadences à la ponctuation de la littérature.

Évidemment la cadence parfaite répond au point, la cadence évitée à la virgule, la cadence imparfaite ou l'adhérence sur la dominante au point et virgule, et la cadence rompue au point d'exclamation.

Un de nos grands maîtres possédait au suprême degré cet art de la ponctuation musicale, c'était Grétry, ce talent n'a pas peu contribué à rendre sa déclamation si admirable.

DE LA TRANSITION.

La Transition est une espèce de cadence évitée ou rompue qui conduit brusquement dans un ton éloigné du ton principal.

En voici quelques exemples.

Les exemples doivent suffire pour vous faire comprendre la transition, je pourrais vous en offrir un plus grand nombre, mais je m'en abstiens. Observez-les vous mêmes dans vos lectures musicales.

Voyez mes tableaux de modulations dans la 2ᵉ partie de ce traité, presque toutes se font par des transitions.

DE LA RÈGLE D'8ve OU DE LA GAMME HARMONIQUE AUX TROIS POSITIONS.

En ut majeur.

3e Position.
2e Position.
1re Position.
Basse.

Les deux premières positions sont très bonnes, la 1re est plus mélodieuse la 3e est moins bonne tâchez de l'éviter.

3e Position.
2e Position.
1re Position.
Basse. 1re manière.
Basse. 2e manière.

Étudiez ces gammes harmoniques dans tous les tons majeurs et mineurs et aux trois positions. Voyez la 2e partie de cet ouvrage page (133, 134 et 135.)

Autre manière de faire la règle d'8ve ou gamme harmonique.

3e P.
2e P.
1re P.
B.

Plusieurs théoriciens accompagnent la règle d'8ve de cette manière je préfère la mienne parce que dans celle-ci vous avez pour notes comme fondamentales deux accords parfaits conjoints qui sont celui de la 5e mode à la 6e. Les deux fondamentales de ces deux accords sont: J'aime donc mieux à voir pour fondamentale

car vous savez qu'il faut éviter deux accords parfaits de suite montant ou descendant de 2e.

D'autres théoriciens pour éviter d'écrire — Dans le but d'éviter les deux 5e à l'œil écrivent ainsi la gamme.

Certes cette écriture est bonne et correcte, mais vous voyez que cette gamme change de position, il en est de même alors qu'on veut l'écrire aux deux autres positions. Je ne suppose pas que l'on veuille reprocher les espèces de 5e car à ce scrupule je dirai que les 4 parties s'écrivent ainsi:

Vous voyez bien que de cette manière les 2 5e n'existent pas.

DIVERGES CADENCES PARFAITES

EN MODE MAJEUR ET MODE MINEUR.

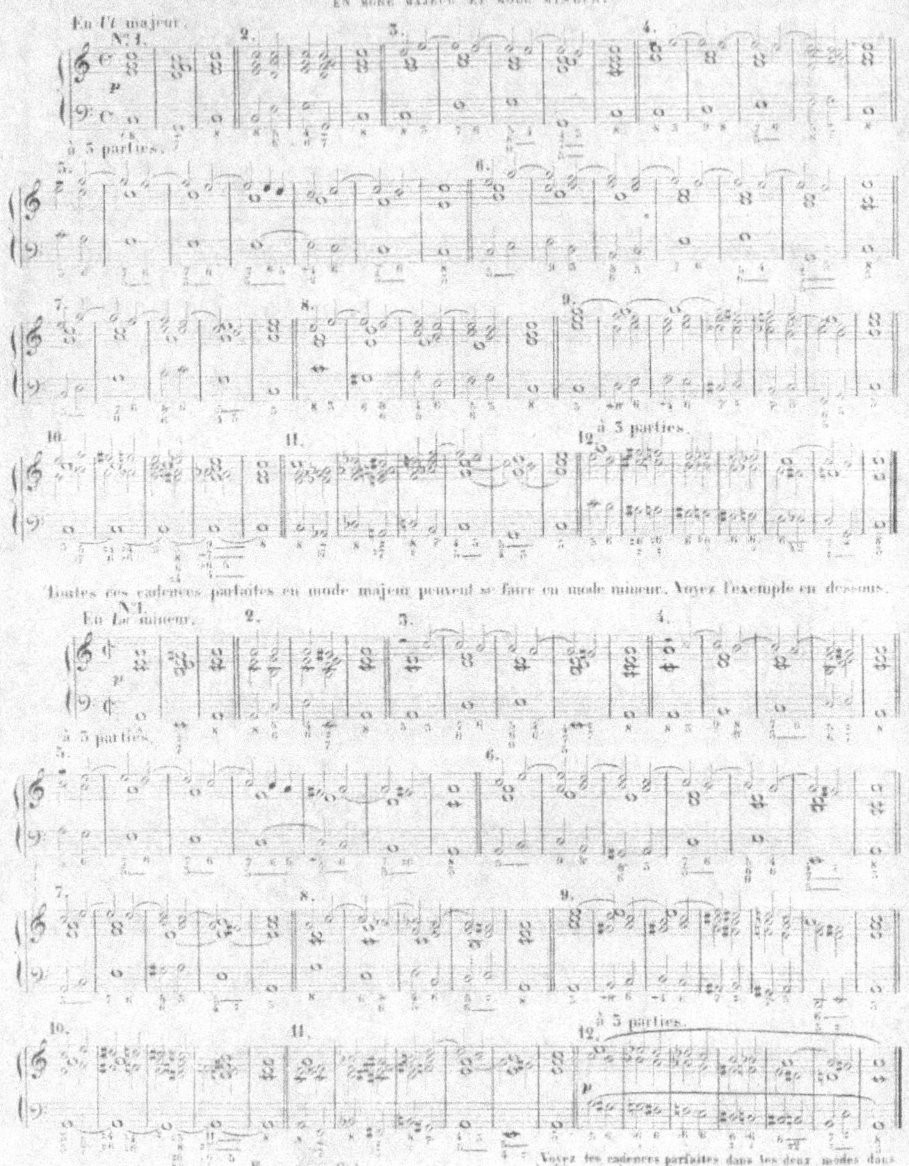

DIVERSES HARMONIES SUR LA GAMME MAJEURE ASCENDANTE

AVEC DES NOTES DE PASSAGE ET DES IMITATIONS.

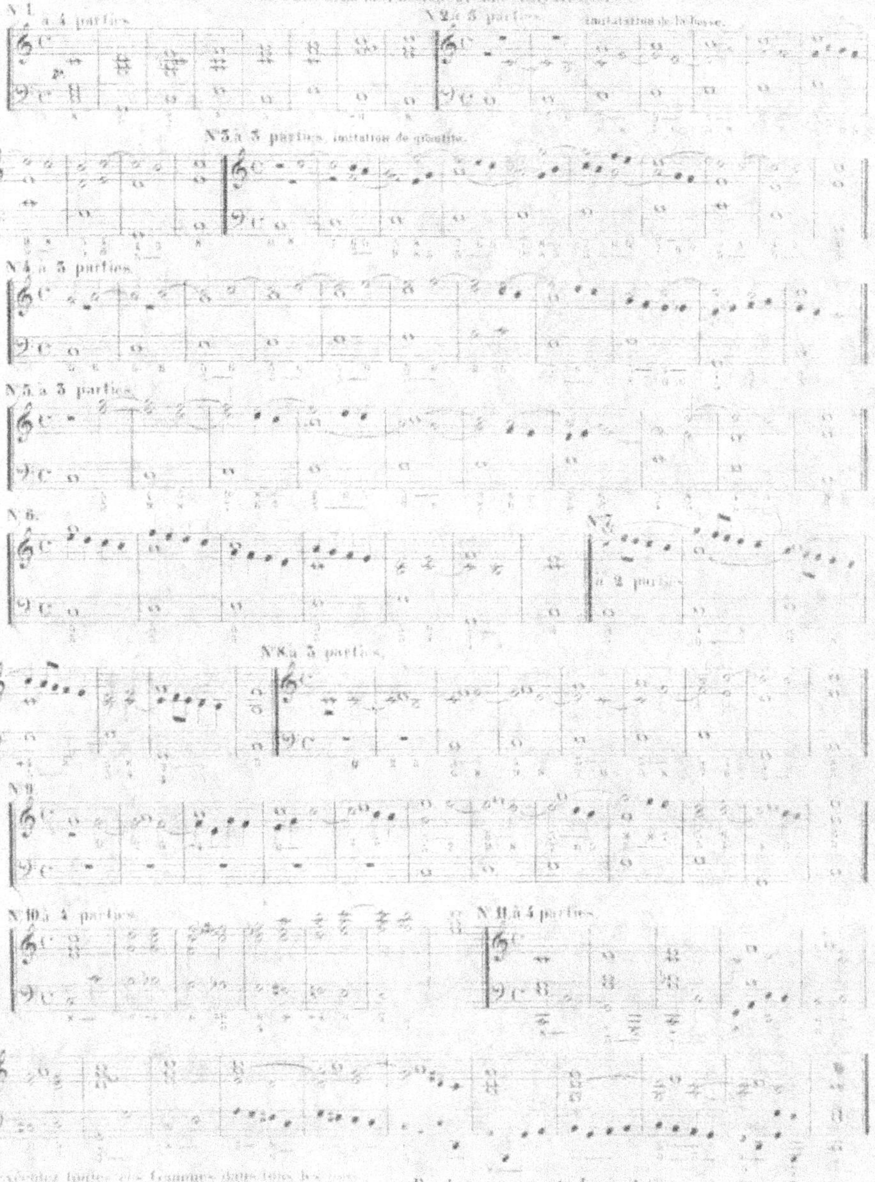

N° 1. à 4 parties.

N° 2. à 3 parties. imitation de la basse.

N° 3. à 3 parties, imitation de quinte.

N° 4. à 3 parties.

N° 5. à 3 parties.

N° 6.

N° 7. à 2 parties.

N° 8. à 3 parties.

N° 9.

N° 10. à 4 parties.

N° 11. à 4 parties.

Exécutez toutes ces gammes dans tous les tons.

Rendez-vous compte des imitations.

DIVERSES HARMONIES SUR LA GAMME MAJEURE DESCENDANTE.

EN MODE MAJEUR.

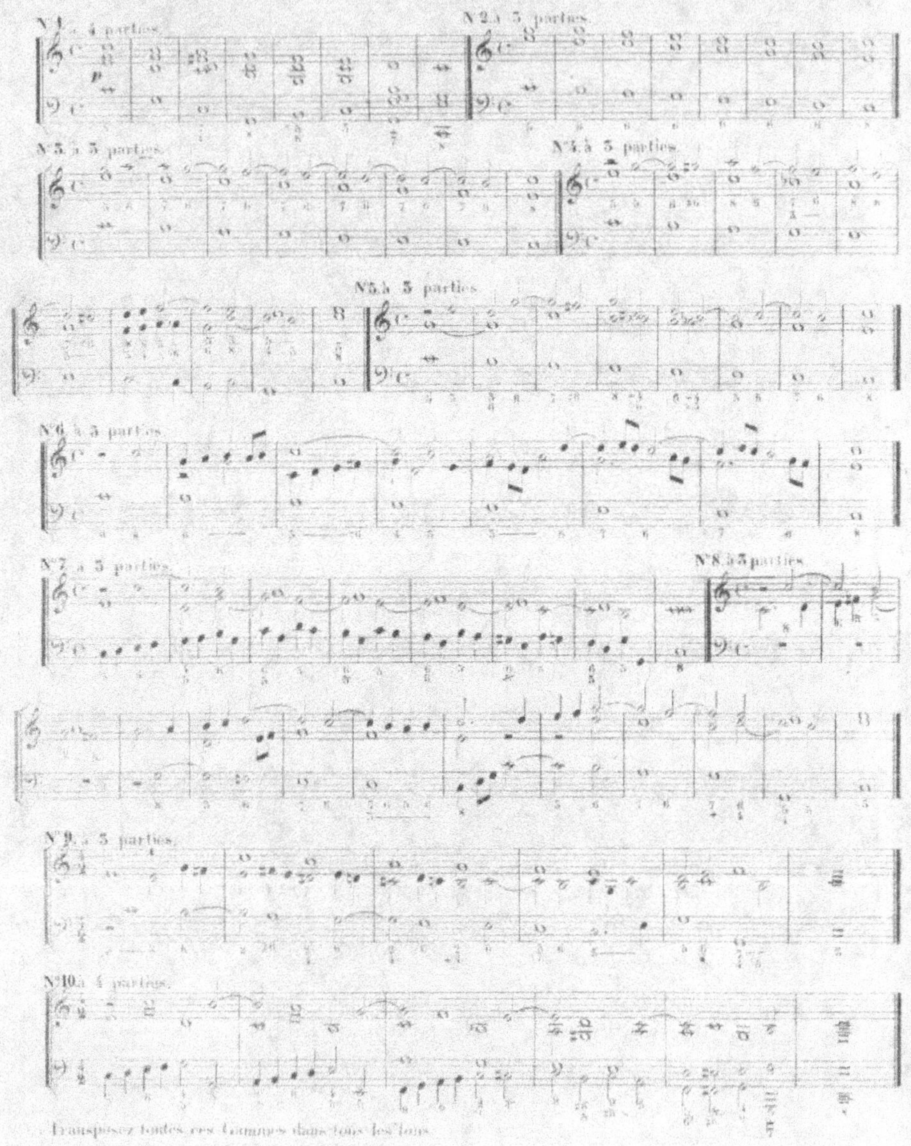

DIVERSES HARMONIES SUR LA GAMME MINEURE ASCENDANTE.

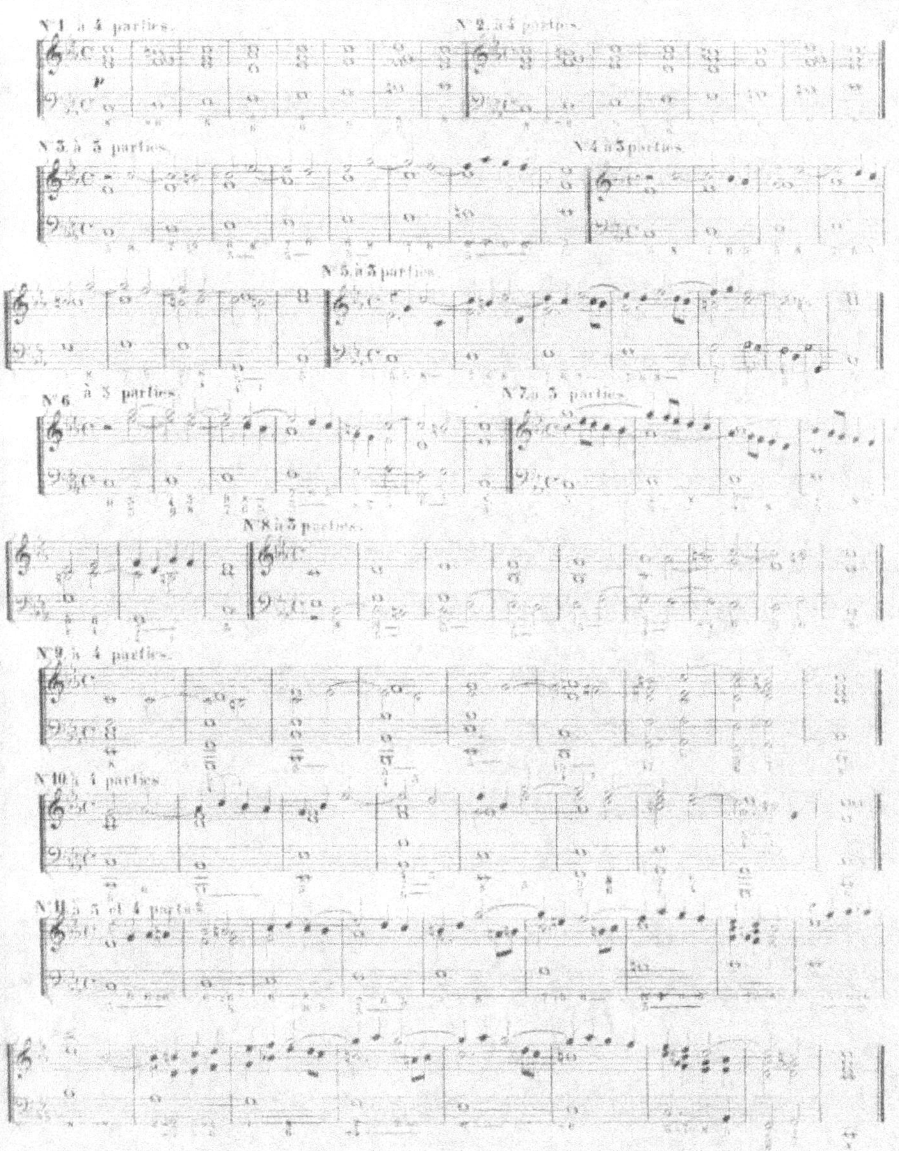

Transposez toutes ces harmonies dans tous les tons mineurs. Accompagnez toutes ces gammes piano.

DIVERSES HARMONIES SUR LA GAMME MINEURE DESCENDANTE.

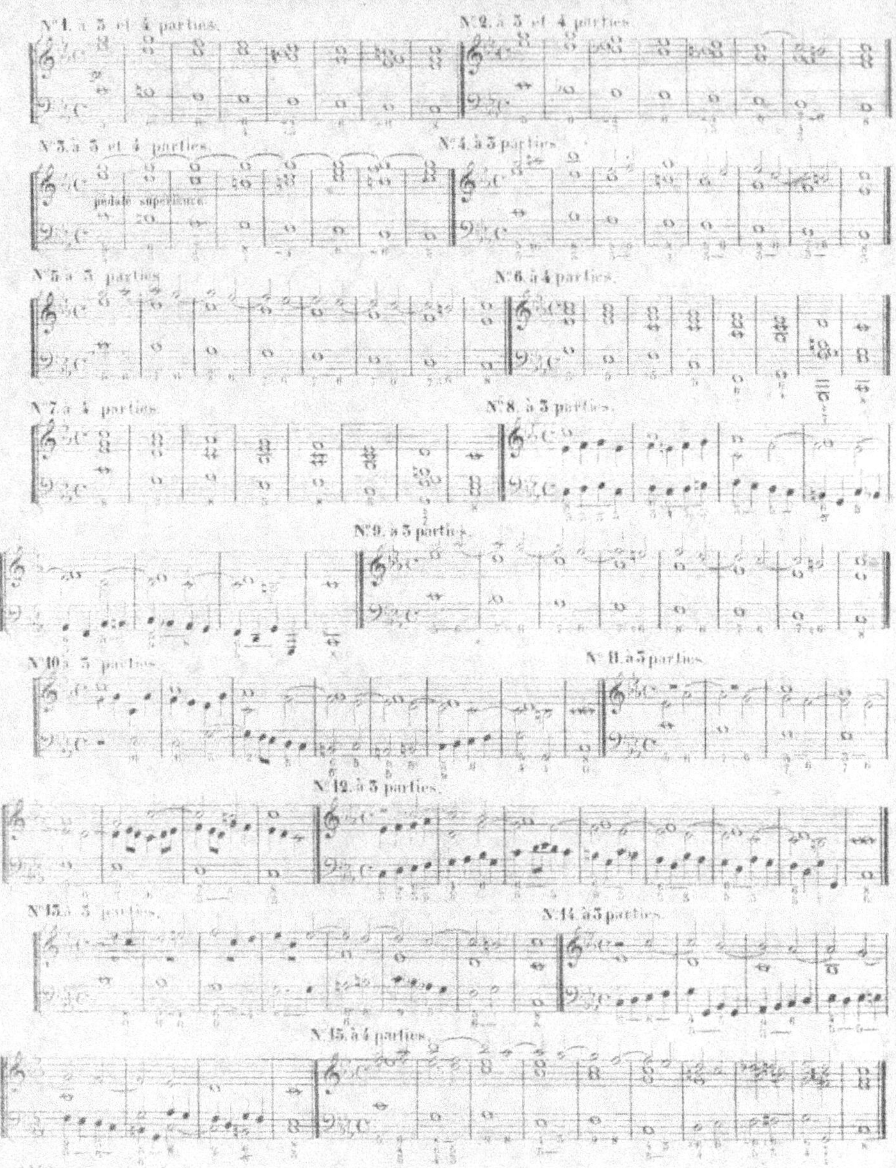

L'élève fera bien d'exécuter toutes ces harmonies des gammes mineures dans tous les tons.

DIVERSES HARMONIES SUR LA GAMME CHROMATIQUE

ASCENDANTE ET DESCENDANTE.

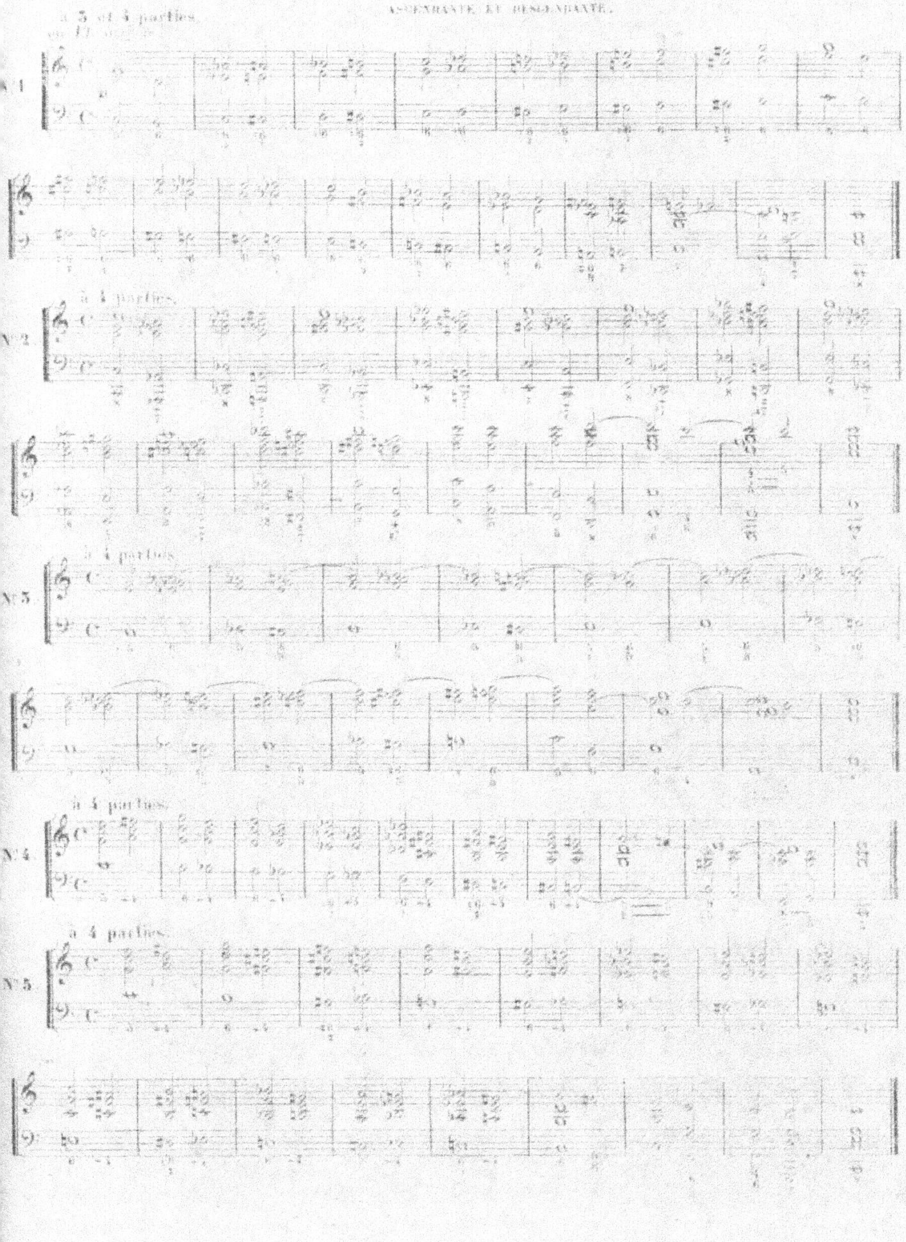

à 3 et 4 parties.

N° 1

à 4 parties.

N° 2

à 4 parties.

N° 3

à 4 parties.

N° 4

à 4 parties.

N° 5

Dans le système chromatique, les quintes de suite sont tolérées surtout dans les parties intermédiaires. On pourrait très bien les éviter en chiffrant sur le *Ré* à la basse triton au lieu de $\frac{+4}{3}$ et sur le *Sol* ♮ chiffrant $\frac{+6}{+5}$, au lieu de $\frac{\sharp 6}{5}$, vous voyez que par cette harmonie on éviterait les deux 5.^es^

Sachez ces harmonies chromatiques dans tous les tons, et observez la richesse de ces accords. Vous pouvez avec ces harmonies moduler autant que vous pouvez le désirer, car chaque accord vous peut conduire dans des tons très éloignés. N'oubliez pas que pour bien moduler il faut souvent se reposer par une cadence parfaite.

GAMME ASCENDANTE ET DESCENDANTE L'UNE SUR L'AUTRE MAIS N'ÉTANT FORMÉE QUE DE TONS.

Ces deux gammes sont formées d'harmonie consonnante.

Cette harmonie est possible, mais elle est extrêmement dure sachez-la mais évitez-la.

GAMME CHROMATIQUE DESCENDANTE A LA PARTIE SUPÉRIEURE ET BASSE ASCENDANTE PROCÉDANT PAR TONS.

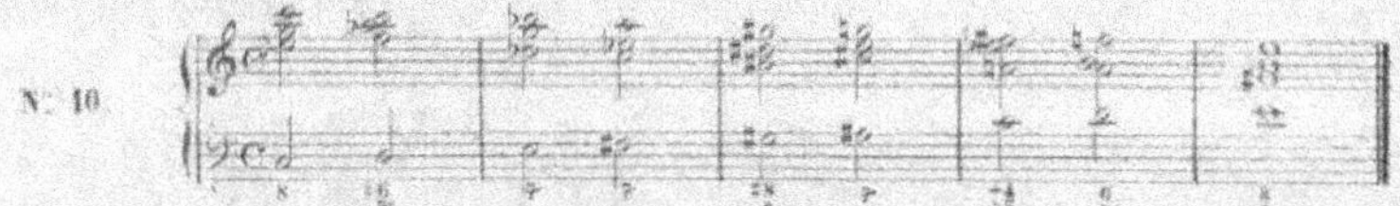

GAMME CHROMATIQUE ASCENDANTE A LA PARTIE SUPÉRIEURE ET BASSE DESCENDANTE PROCÉDANT PAR TONS.

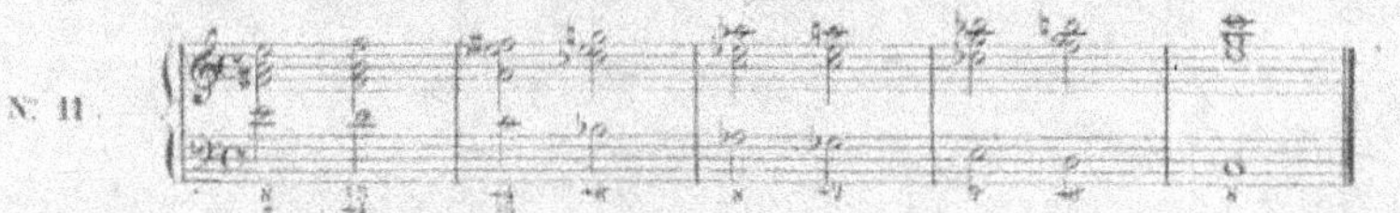

AUTRE GAMME CHROMATIQUE ASCENDANTE A LA PARTIE SUPÉRIEURE AVEC BASSE DESCENDANTE PROCÉDANT PAR TONS.

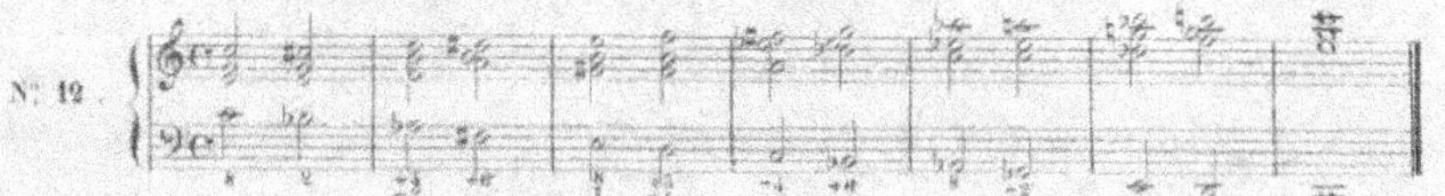

Je ne donne pas ces exercices harmoniques chromatiques comme des modèles de douceur, mais bien que ces harmonies soient très dures elles sont possibles. Elles sont toutes formées par le mouvement contraire.

Étudiez la fin du final de Moïse et désirez l'effet produit par les gammes diatoniques ascendantes à la basse avec les gammes chromatiques descendantes à la partie supérieure.

Votre gamme chromatique descendante à la partie supérieure avec basse ascendante procédant par tons.

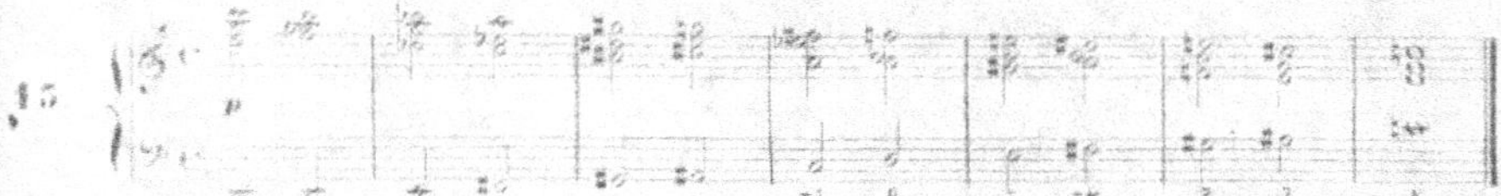

Fractions de gammes chromatiques par mouvement contraire.

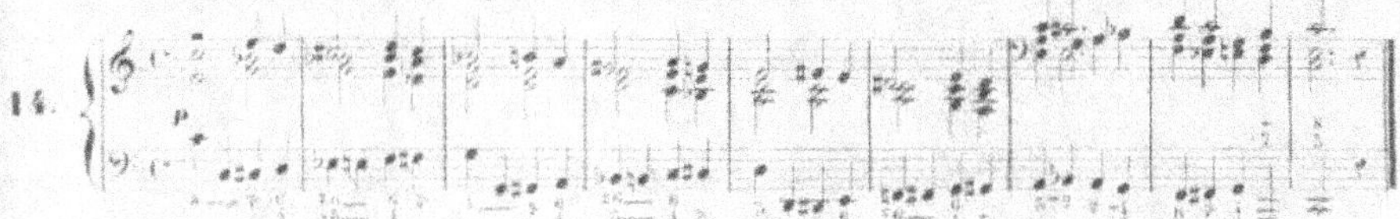

Les deux dernières gammes chromatiques N° 15, et N° 16, compris celle N° 14, sont bien différentes des précédentes, car elles sont d'une bonne harmonie, et peuvent très bien être employées surtout dans les préludes ; voyez la richesse des accords, on pourrait après chacun s'arrêter par une cadence parfaite et par conséquent faire une foule de modulations excellentes.

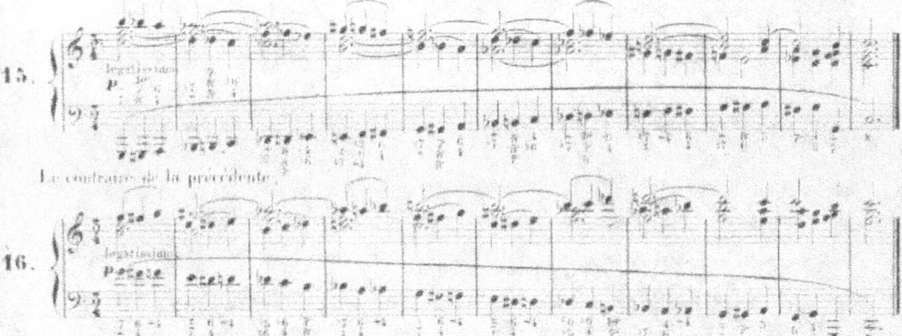

Le contraire de la précédente.

Observez dans ces deux derniers N° 15, et 16, les imitations aux trois parties supérieures.
Voici la fin du final du 3e acte de Moïse de Rossini

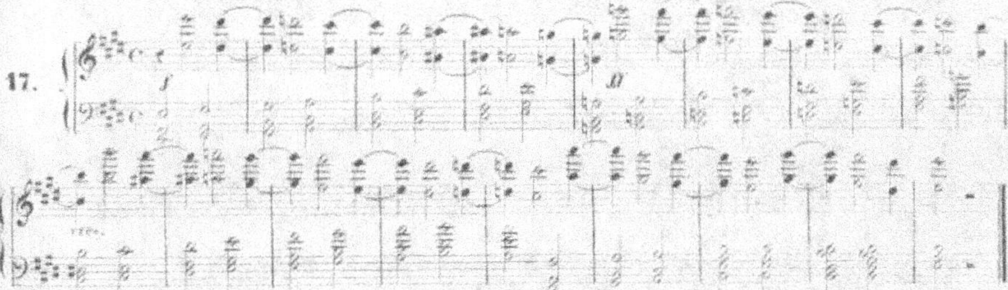

Admirez cette belle et franche harmonie, sur ces successions de gammes diatoniques ascendantes à la basse, sous une gamme seul chromatique, à la partie supérieure en syncopes et par mouvement contraire, l'instrumentation de ce passage est d'un effet colossal qui tient à la présence de ces tons artificés réunis. Ces syncopes à la 1re partie, donnent une belle harmonie, par anticipation à la basse.

Autre exemple.

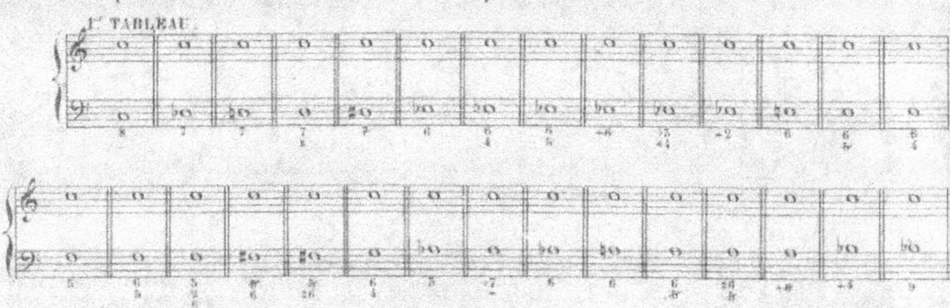

Autre exemple.

Cherchez vous même d'autres motifs.

Je vais vous donner le moyen d'en trouver. Voyez ces deux tableaux suivants et continuez la phrase commencée par les Ut ci-après mettez sur le 5.ᵐᵉ tems un des accords du tableau suivant et s'il est dissonant sauvez la dissonance et vous pourrez continuer la phrase; si l'accord est consonnant ce sera plus facile.

1.ᵉʳ TABLEAU.

Faites de même à la basse. Vous verrez la quantité innombrable que cela vous offrira.

2.ᵈ TABLEAU.

Étudiez et réfléchissez bien ces tableaux ils sont immenses de ressources.

Voyez ce que l'on peut faire avec une seule note, soit au chant, soit à la basse.

Voyez le commencement du final de l'Éclair d'Halévy, le moment du sommeil, avec quelle obstination le se présente et sous combien de formes harmoniques. Observez toutes les diverses cadences vous devez vous rendre compte que ce n'est pas par la puissance mélodique que ce morceau brille mais bien par la diversité harmonique. (étudiez ce morceau)

Andante.

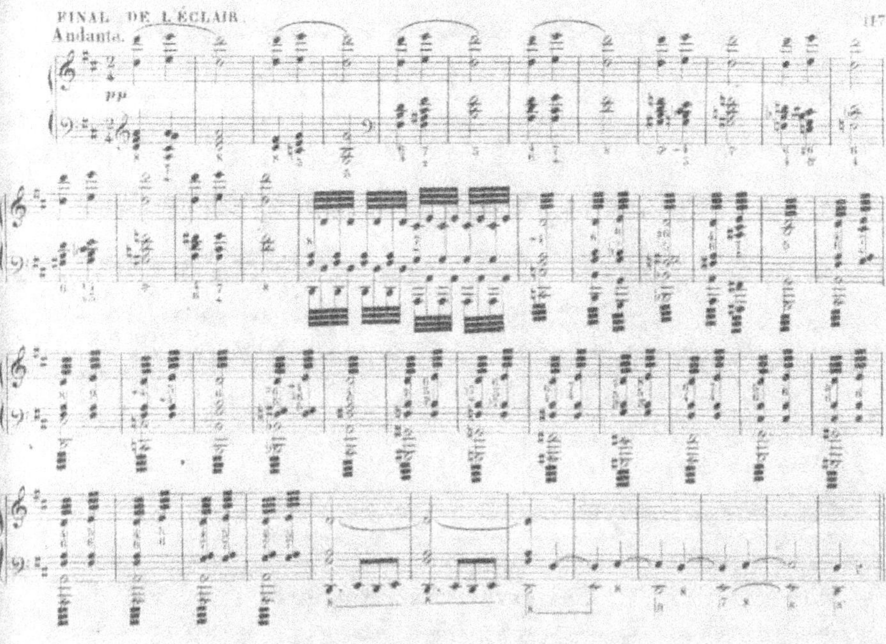

DES MODULATIONS PAR L'ENHARMONIE.

Voyez quelle bonne modulation vous obtenez par l'enharmonie d'une note qui en changeant l'accord vous conduit alors dans un autre ton.

Enharmonisez le *Fa* de la 7.me dominante en *Mi* ♯ qui vous donnera la 6.te augmentée vous serez en *Si* majeur ou mineur.

Il en sera de même avec la 7.me diminuée en enharmonisant une de ces quatre notes.

Voyez la puissance de l'enharmonie quelles modulations par transition et quelles ressources elle offre à l'harmoniste.

Fétis nomme ces procédés pluritoniques, j'aime assez ce nouveau mot qui rend bien la pensée de pouvoir avec un seul accord faire plusieurs modulations par le secours de l'enharmonie.

Consultez son article dans sa méthode d'harmonie il est très intéressant On peut même faire de belles transitions, sans changer la note, cependant si vous voulez continuer une marche d'harmonie qui fasse faire ce que nous appelons le tour du clavier vous êtes obligé d'opérer dans le courant de la marche une enharmonie. Voyez les deux derniers exemples au bas de la page suivante N.º 1 et 2.

DE LA DISSONANCE NON PRÉPARÉE A LA MÊME PARTIE.

Il arrive souvent dans l'accompagnement pratique par conséquent au piano qu'une dissonance n'a pas l'air d'être préparée à la même partie; cela est spécieux; elle l'est de fait, et à l'œil elle ne l'est pas.

Voyez l'exemple suivant:

Je vais vous prouver que ceci est très bon et que ces quatre dissonances sont préparées aux mêmes parties. Pour cela je vais les écrire à quatre parties distinctes et vous verrez qu'elles se trouvent préparées selon la règle, seulement quelquefois la 2.e partie monte sur la 1.re et par conséquent la 1.re partie se trouve en dessous de la 2.e mais dans ce cas vous devez vous arranger pour terminer la marche ou le passage de manière à ce que les parties reprennent leur ordre de 1.re et 2.e.

Le professeur fera bien d'offrir à l'élève plusieurs autres exemples.

Vous voyez que le Mi de la 2.e partie à la 3.e mesure est écrit au dessus du Ré dissonant à la 1.re partie. Il en est de même pour les autres dissonances qui suivent.

DU REPOS A LA DOMINANTE.

Le repos à la dominante est une espèce de demi cadence qui se fait sur la dominante et ordinairement pour reprendre le motif d'un morceau sur la tonique.

Exemples de quelques repos à la dominante.

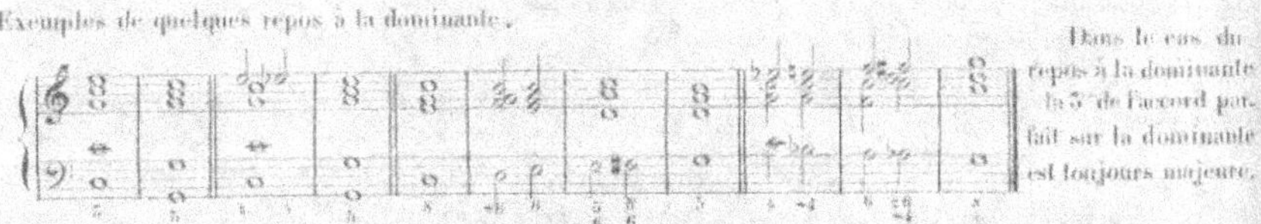

Dans le cas du repos à la dominante la 3.e de l'accord parfait sur la dominante est toujours majeure.

De la transition par note syncopée ou par une note prolongée qui conduit naturellement dans un autre ton.

En mode majeur.

en harmonie.

N.º 1.

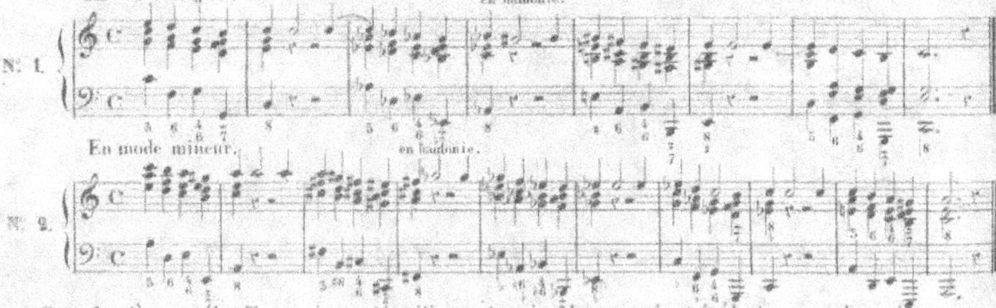

En mode mineur.

en harmonie.

N.º 2.

Cette dernière marche d'harmonie par transitions est moins douce que la précédente en mode majeur, cependant elle est bonne.

DES TEMS FORTS ET DES TEMS FAIBLES DANS LES DIVERSES MESURES.

Dans toutes les mesures le premier tems est fort.

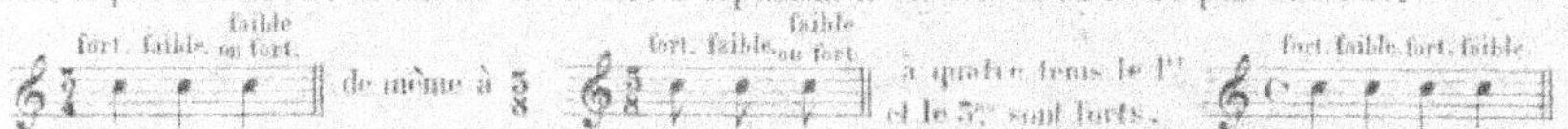

à 3 tems le premier est fort et les 2 autres faibles cependant il est des cas ou le 3.me peut être fort.

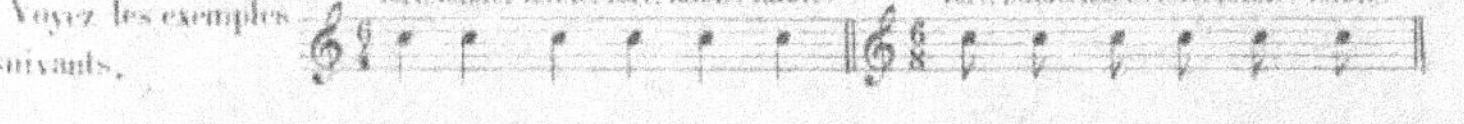

Dans les mesures composées, la 1.re note des tems sont ordinairement forts et les autres notes faibles.

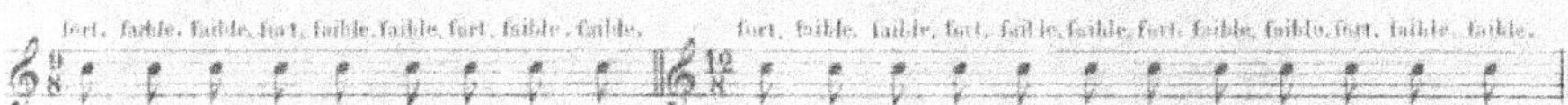

Il en serait de même pour toutes les autres mesures; cependant ces règles ne sont pas sans exceptions, il arrive souvent que des Rhythmes originaux les renversent. Les bons auteurs et les compositeurs qui observent bien les règles de la prosodie doivent être étudiés par les élèves.

L'observation et l'érudition feront plus que la théorie.

DE L'ACCORD DE 6.e MAJEURE ET 5.te DIMINUÉE ET DE L'ACCORD DE TRITON ET 3.ce MINEURE.

Voici deux accords que beaucoup d'harmonistes ont de la peine à analyser pour savoir en quel ton l'on est.

Vous devez remarquer qu'en ce cas les renversements de la 7.me diminuée ne se résolvent pas par la route ordinaire, c'est ce qui en fait la difficulté.

Si l'on prend ces accords comme venant de la 7.me diminuée on ne sait pas en quel ton l'on est; car le N.o 1. serait en *Mi* mineur, avec le N.o 2. on serait de même en *Mi* mineur et cependant vous voyez que la résolution est en *Ut* majeur ou en *Ut* mineur.

Voici l'analyse que je trouve et qui me paraît logique.

Cet accord de n'est autre que le 1.er renversement de l'accord de 7.me de 2.e en mode majeur qui a subi deux altérations.

Ainsi l'étymologie ou la racine est, 1.re altération *Fa* ♯. 2.e altération *Ré* ♯.

Alors vous êtes effectivement en *Ut*.

Il en sera de même pour faites venir cet accord de, 2.e renversement de la même 7.me de 2.e

1.re altération au *Fa* ♯. et 2.e altération au *Ré* ♯. Vous voyez par ce moyen que vous êtes véritablement en *Ut* majeur ou mineur.

Je vais vous donner cet accord aux quatre possibilités avec les deux altérations.

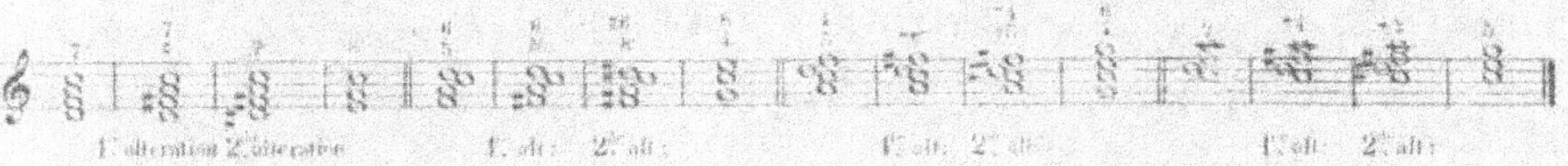

Les deux altérations arrivent successivement je recommande aux élèves cette analyse.

Ces deux accords s'écrivent aussi de la manière suivante.

Au lieu de 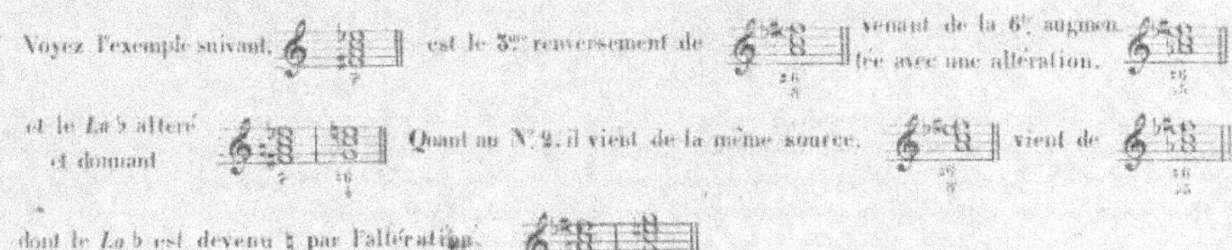 on écrit   de même pour le 2. on écrit

La racine est différente; il ne faut pas non plus considérer ces accords comme venant de la 7.me diminuée bien qu'ils en aient l'air par la manière de les chiffrer; vous devez observer, comme dans l'explication précédente qu'ils n'en ont point la résolution, car avec le N.º 1. comme avec le N.º 2. on serait en Sol mineur; tandis que tous deux ils se résolvent en Ut majeur ou mineur, voici comment il faut les analyser, de même que le précédent vient de la 7.me de 2.de avec deux altérations celui-ci vient de la 6.te augmentée avec une altération supérieure.

Voyez l'exemple suivant, est le 3.me renversement de   venant de la 6.te augmentée avec une altération.

et le La ♭ altéré et donnant   Quant au N.º 2. il vient de la même source, vient de

dont le La ♭ est devenu ♮ par l'altération.

Voici le tableau des quatre possibilités avec l'altération.

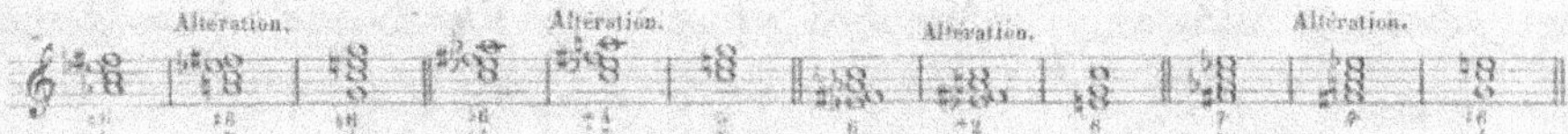

Vous savez que l'accord de sixte augmentée se pose sur la sixième note mineure du ton soit majeur soit mineur ainsi on est en Ut dans les deux modes.

DES DISSONANCES SANS PRÉPARATION.

Quelques harmonistes se dispensent de préparer la 9.me dans cet accord ainsi que la 4.te dans celui de quinte et quarte. Alors ces dissonances doivent être considérées comme appogiatures voyez l'exemple ci-dessous.

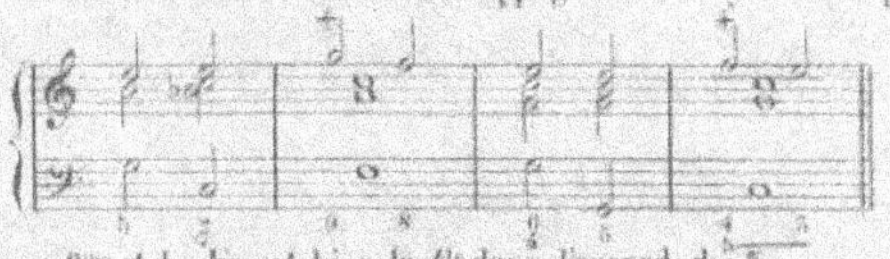

Voyez le Sol est bien une 9.me et le Fa est bien la 4.te dans l'accord de $\frac{5}{4}$

DE L'ANTICIPATION.

L'anticipation, est faire entendre des notes d'un accord qui va exister et qui n'est pas encore.

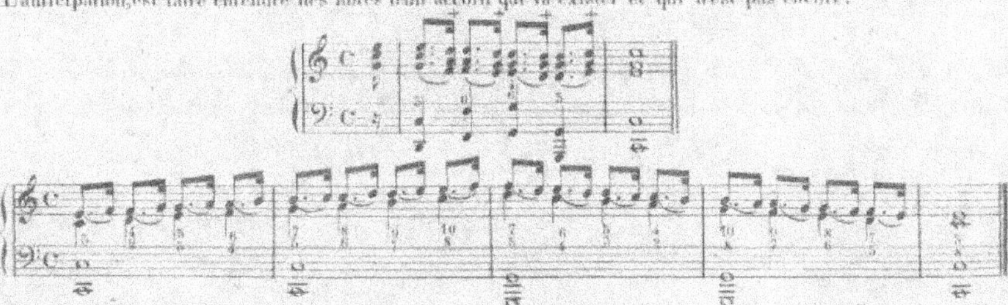

Vous devez observer que toutes ces doubles croches ne sont pas intégrantes à l'accord précédent, mais elles anticipent sur l'accord suivant. Voyez page (254) dans la leçon de Daussoigne Méhul vous trouverez cet exemple ainsi que dans le 1.er motif du final d'Otello de Rossini, et dans bien d'autres morceaux.

DES NOTES DE PASSAGE.

Les notes de passage sous des notes formant une sorte de variation sur un thème simple et procédant conjointement le plus ordinairement, je vais vous en offrir quelques exemples.

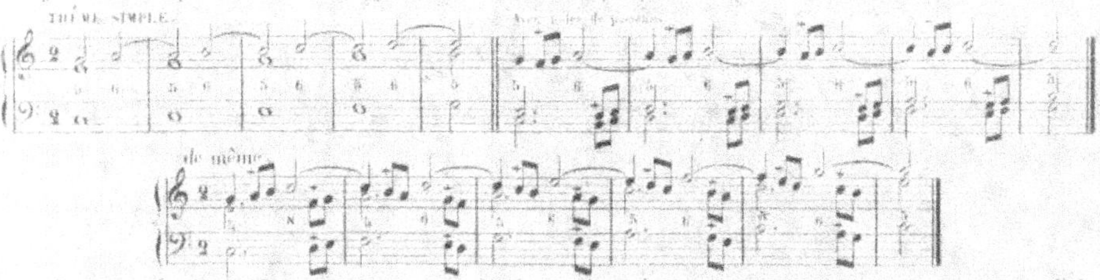

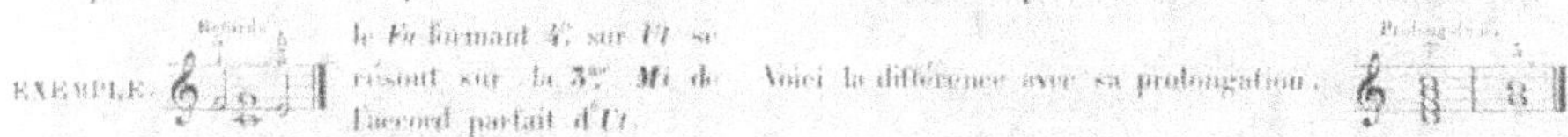

C'est avec l'artifice des notes de passage que l'on parvient à faire les imitations; style qui donne l'élégance à l'harmonie écrite. L'élève pourra étudier ce style dans la 3me partie de mon ouvrage; j'engagerai le professeur à s'appesantir sur cet article, à faire faire quelques leçons spéciales à son élève.

Les notes de passage, quoiqu'étrangères aux accords, sont aussi soumises à la loi des fautes de 5tes et d'8ves; ensuite ce ne serait que comme licence que l'on pourrait se les permettre.

DE LA PROLONGATION.

La prolongation est une espèce de retard; seulement elle ne se résout pas comme lui sur le même accord.

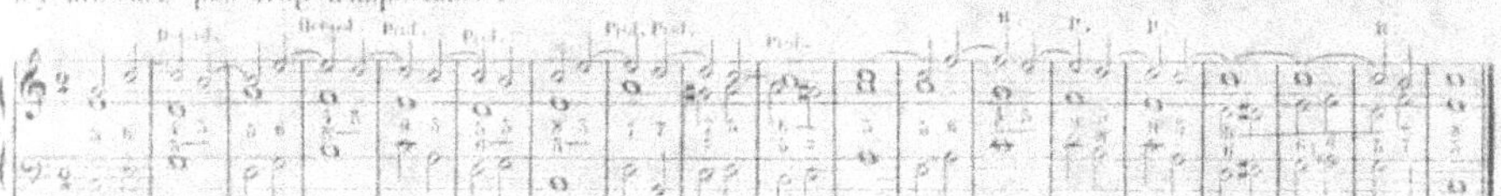

le Fa formant 4te sur Ut se résout sur le 3me Mi de l'accord parfait d'Ut. Voici la différence avec sa prolongation.

L'Ut de l'accord de 7me sur Ré, se résout sur le Si de l'accord de Sol.

Je considère cette distinction comme puérile, car vous allez voir ce que cela donne dans de certaines dissonances.

Cette dissonance est un retard et la suivante est une prolongation. Vous devez observer que la différence est bien peu de chose.

Je dis à mes élèves; lorsque vous avez une dissonance, soit un retard, soit une prolongation, préparez-la et sauvez-la, votre harmonie sera bonne; sachez cependant distinguer ces deux dissonances; mais n'y attachez pas trop d'importance.

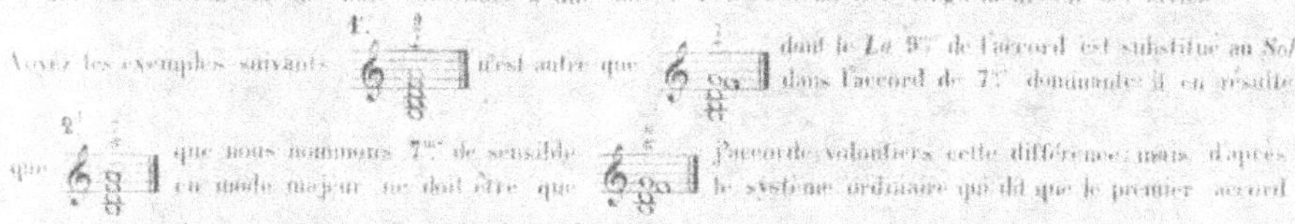

Préparez la prolongation d'une valeur au moins égale à la dissonance.

Distinguez cependant la prolongation avec le retard; sachez que retard et suspension sont synonymes.

DE LA SUBSTITUTION.

La substitution est une note substituée à une autre. Fétis s'étend très longuement sur cet article.

Voyez les exemples suivants n'est autre que dont le La 9me de l'accord est substitué au Sol dans l'accord de 7me dominante; il en résulte que nous nommons 7me de sensible en mode majeur ne doit être que j'accorde volontiers cette différence; mais d'après le système ordinaire qui dit que le premier accord est la 9me dominante avec 7me et que le 2d est l'accord de 7me sensible, vous pouvez apprendre de même cet accord avec toutes ses conditions; cependant je vous engage à lire l'article de Fétis dans son traité complet de la théorie et de la pratique page 47 et suivantes.

DES FAUSSES RELATIONS

On considère comme fausses, relations dans l'harmonie les intervalles qui n'ont point de rapport entr'eux dans le même mode, et comme le dit J.J. Rousseau dans son dictionnaire de musique imprimé à Genève en 1767 la 5ᵗᵉ diminuée, augmentée 4ᵗᵉ diminuée, 4ᵗᵉ augmentée 5ᵗᵉ diminuée, 5ᵗᵉ augmentée et surtout les 8ᵉˢ diminuée et augmentée sont des fausses relations en harmonie, particulièrement lorsque ces intervalles procèdent d'une partie à une autre.

Du tems de J.J. ces fautes étaient rares car ces intervalles étaient bannis, aujourd'hui que l'on se permet tout, ces fautes sont plus fréquentes. Il faudrait donc bien indiquer aux élèves tout ce qu'ils doivent éviter; je vais l'essayer.

Au siècle passé on se servait déjà du genre chromatique; mais avec ménagement et quant au genre enharmonique il était presque exclu. On l'avait en horreur à tel point que du moment qu'on l'apercevait, on s'écriait au Scandtisme; aujourd'hui sans être très commun il est devenu très usité. J'engagerai cependant les élèves à n'en pas abuser et s'ils s'en servent au moins qu'ils en connaissent le danger.

Exemple de quelques fausses relations qu'il faut éviter.

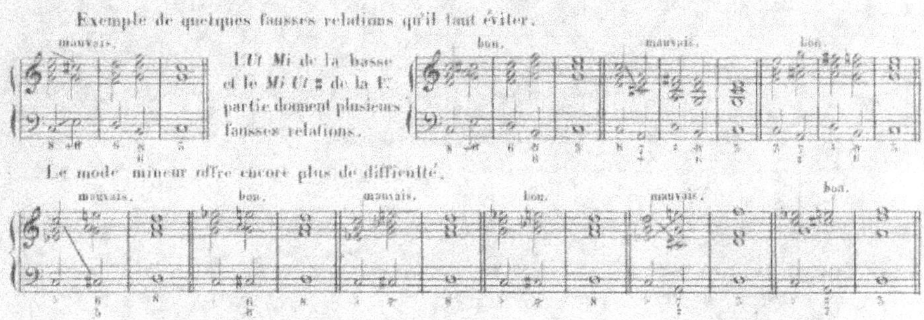

L'Ut Mi de la basse et le Mi Ut ♯ de la 1ᵉ partie donnent plusieurs fausses relations.

Le mode mineur offre encore plus de difficulté.

DES NOTES PORTANT À FAUX DANS LES ACCOMPAGNEMENTS SURTOUT DANS LES ARPEGIOS

Il se rencontre souvent des rhythmes d'arpégios dans les plus simples accompagnements au piano sous des mélodies dont quelques notes viennent porter à faux, et donnent un choc désagréable à l'oreille; peu de compositeurs y font attention; il en est un cependant dont l'oreille délicate sait parfaitement éviter ces rencontres incohérantes; c'est M. Auber le fin et piquant harmoniste. Observez ces partitions et voyez avec quel soin il écrit les 2ᵈˢ Violons accompagnant ces mélodies.

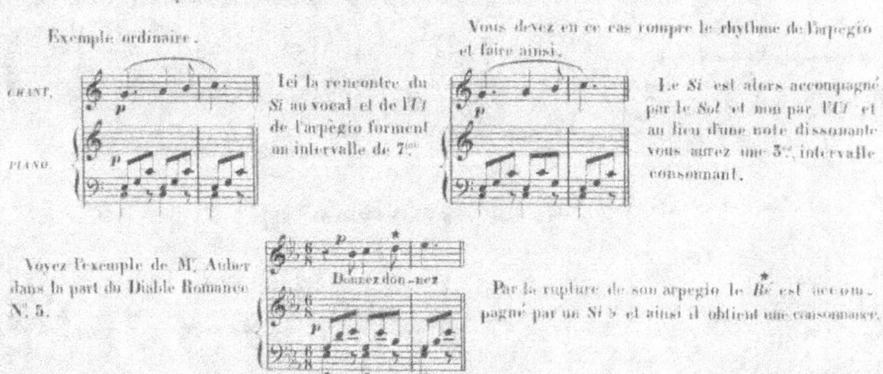

Exemple ordinaire.

Ici la rencontre du Si au vocal et de l'Ut de l'arpègio forment un intervalle de 7ᵐᵉ.

Vous devez en ce cas rompre le rhythme de l'arpegio et faire ainsi.

Le Si est alors accompagné par le Sol et non par l'Ut et au lieu d'une note dissonante vous aurez une 3ᵐᵉ, intervalle consonnant.

Voyez l'exemple de M. Auber dans la part du Diable Romance Nᵒ 5.

Par la rupture de son arpegio le Ré est accompagné par un Si ♭ et ainsi il obtient une consonnance.

Je vous recommande la lecture des partitions de cet auteur, tant par sa fraîche imagination, son esprit, ses harmonies neuves, piquantes, élégantes, souvent inattendues et toujours pures.

Quant à l'art de moduler, voyez la 2ᵈᵉ partie de cet ouvrage.

DES DIFFÉRENTES HARMONIES
SUR TOUS LES MOUVEMENTS ASCENDANTS À LA BASSE.

Diverses harmonies sur le mouvement de l'unisson ou la syncope à la basse.

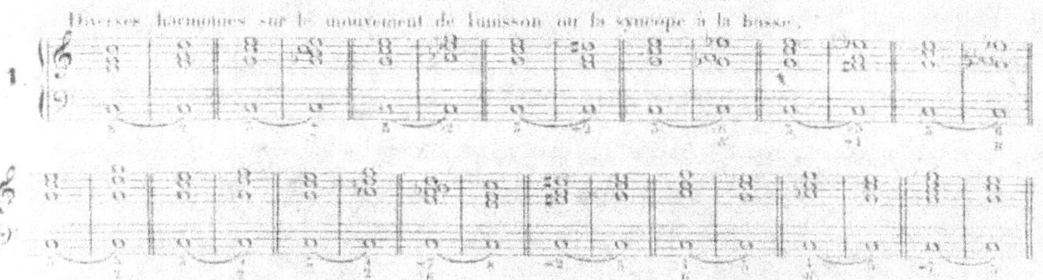

Je conseille aux élèves de bien savoir ces tableaux, de les analyser, de les apprendre par cœur; de les écrire après dans tous les tons. Cette étude doit apprendre à moduler avec grande facilité.

Sur le mouvement du demi-ton chromatique à la basse.

Sur le mouvement du demi-ton diatonique ou de la 2de mineure à la basse.

Sur le mouvement d'un ton ou de 2de majeure à la basse.

Ces deux derniers exemples doivent être considérés comme des appoggiatures en dessous; aussi voyez-vous montez le Mi au Fa.

124
Sur le mouvement de 2.e augmentée à la basse.
Sur le mouvement de 3.e mineure à la basse.
Sur le mouvement de la 3.e majeure à la basse.
Sur le mouvement de la 4.e juste à la basse.
Sur le mouvement de la 4.e augmentée à la basse.
Sur le mouvement de la 5.te diminuée à la basse.

Sur le mouvement de 5.te juste à la basse.

11.

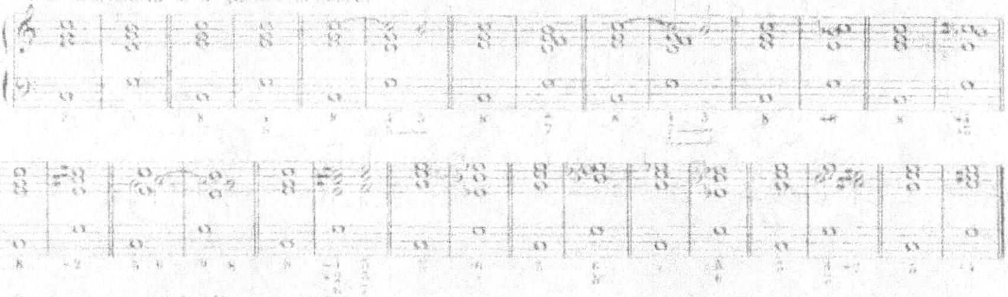

Sur le mouvement de 5.te augmentée à la basse.

12.

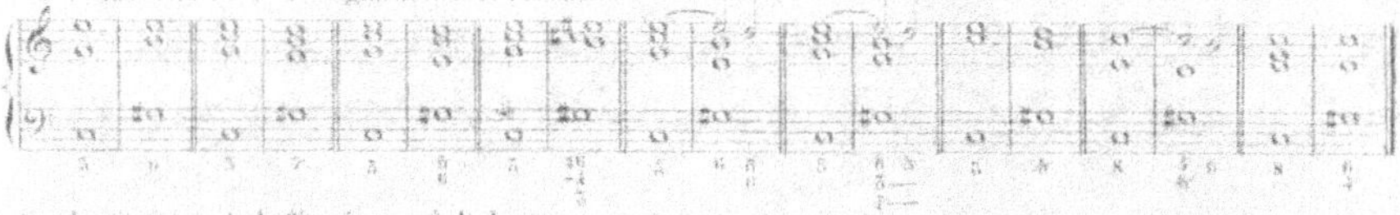

Sur le mouvement de 6.te mineure à la basse.

13.

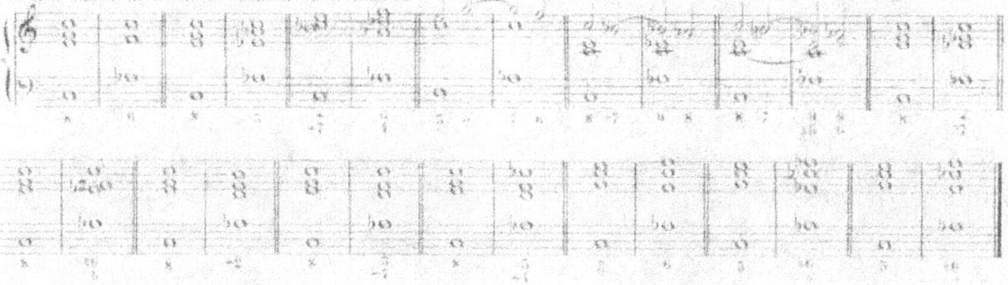

Sur le mouvement de 6.te majeure à la basse.

14.

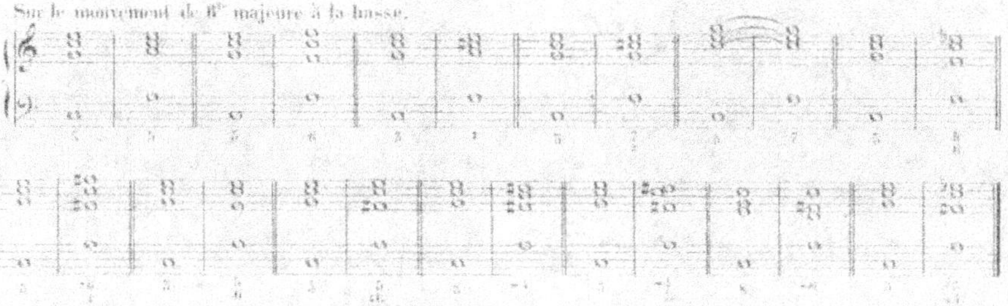

Sur le mouvement de 6.te augmentée à la basse.

15.

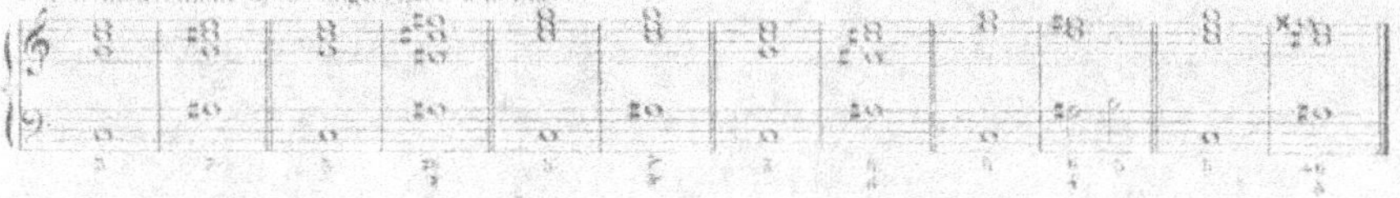

Sur le mouvement de 7.me mineure à la basse.

16.

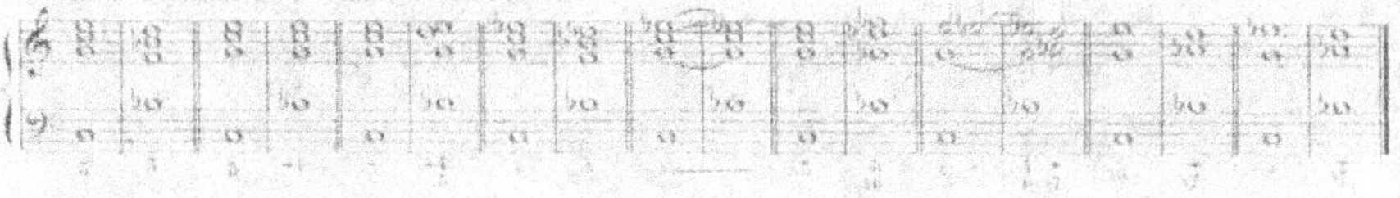

17.

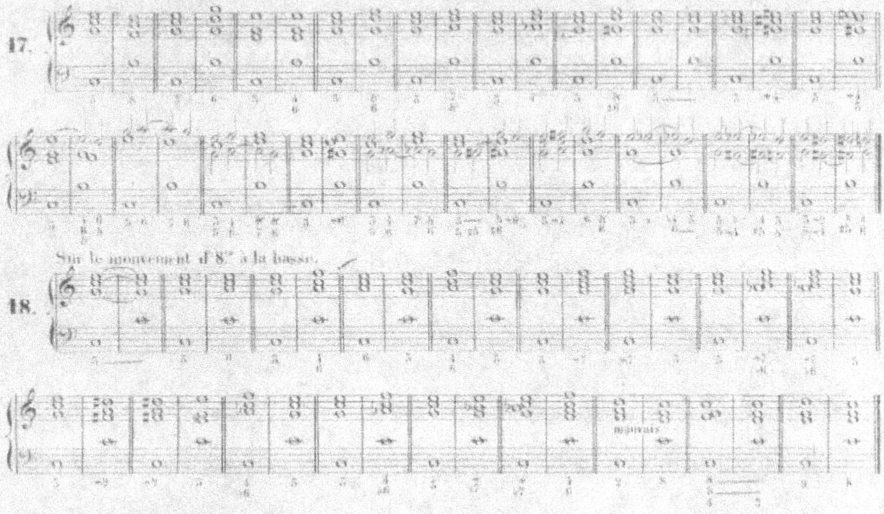

18.

En faisant ces harmonies sur tous les degrés de la gamme ascendante, c'est la même chose qu'en les faisant sur les degrés de la gamme descendante. Monter de 2.e, c'est comme si l'on descendait de 7.me, et monter de 7.me c'est comme si l'on descendait de 2.e etc.

DES DIFFÉRENTES HARMONIES

SUR LE DEMI-TON DIATONIQUE DESCENDANT, À LA PARTIE SUPÉRIEURE.

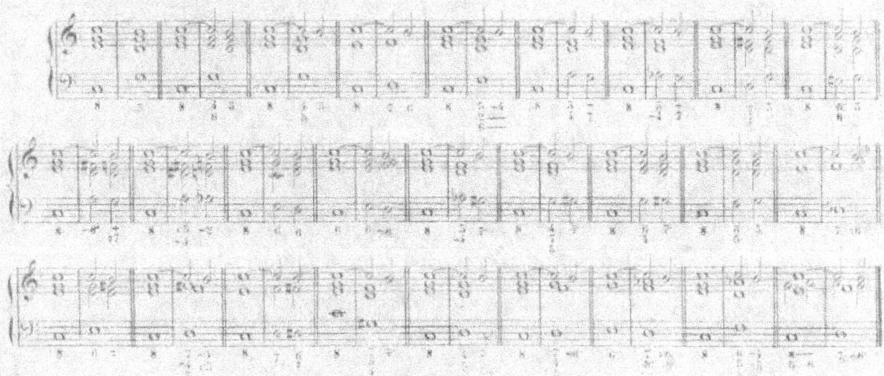

DES DIFFÉRENTES HARMONIES

SUR UN TON DESCENDANT, À LA PARTIE SUPÉRIEURE.

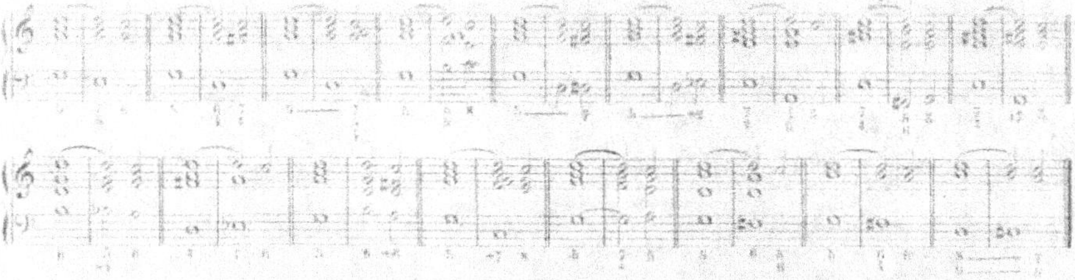

DES DIFFÉRENTES HARMONIES SUR **MI RÉ** A LA PARTIE SUPÉRIEURE.

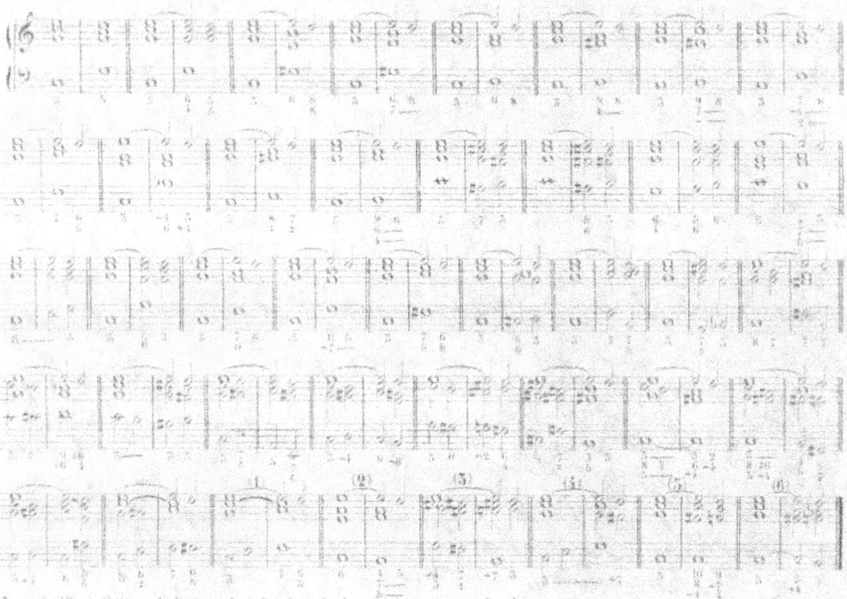

Je conseille à l'élève d'ajouter de lui-même à chacun de ces exemples harmoniques quelques mesures et de terminer ces espèces de phrases par une cadence parfaite qui ne soit pas toujours la même, mais qui établisse bien le ton dans lequel il a passé. Considérez ces cinq dernières pages comme un dictionnaire des possibilités harmoniques. Voici les exemples suivants.

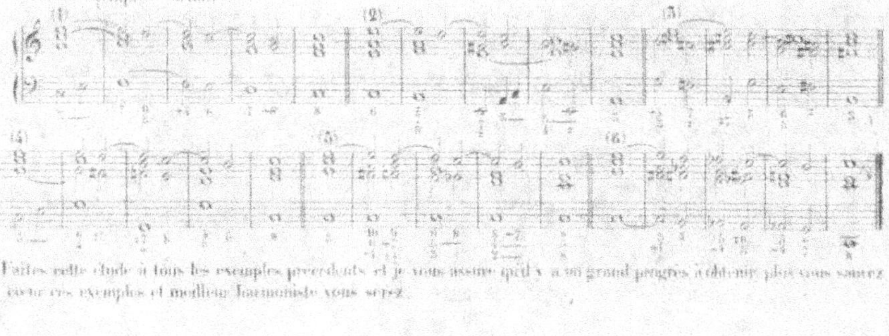

Faites cette étude à tous les exemples précédents et je vous assure qu'il y a un grand progrès à obtenir plus vous saurez par cœur ces exemples et meilleur harmoniste vous serez.

MANIÈRE DE CHIFFRER

Je vais vous donner d'abord celle de Catel

Je vous indiquerai après les modifications que j'y ai apportées, afin de faciliter le choix des positions à l'accompagnateur qui doit exécuter une leçon d'harmonie à vue et qui parconséquent n'a pas le tems de la réflexion comme lorsque l'on écrit une leçon

Voici ce que dit Catel

Les chiffres se posent sur les notes de la basse pour représenter l'harmonie. Un chiffre ne présente pas seulement l'intervalle qu'il indique, mais il sous-entend toujours un ou plusieurs autres.

Par exemple un 2 sous-entend $\begin{smallmatrix}4\\2\end{smallmatrix}$ et quelques fois $\begin{smallmatrix}6\\4\\2\end{smallmatrix}$.

Un 3 sous-entend $\begin{smallmatrix}5\\3\end{smallmatrix}$ ou $\begin{smallmatrix}8\\5\\3\end{smallmatrix}$. L'accord parfait se chiffre par un 3.

Lorque la résolution d'une dissonance se fait sur la 3te.

Cependant quand on chiffre plusieurs 3tes de suite, il ne faut pas d'autre note d'accompagnement.

Un 4 sous-entend $\begin{smallmatrix}5\\4\end{smallmatrix}$ mais le 4 précédé d'une croix +4 indique l'accord de triton qui s'accompagne de 2de et 6te

Un 5 sous-entend $\begin{smallmatrix}5\\3\end{smallmatrix}$. Un 6 sous-entend $\begin{smallmatrix}6\\3\end{smallmatrix}$.

Un 7 sous-entend $\begin{smallmatrix}7\\3\end{smallmatrix}$ et quelques fois $\begin{smallmatrix}7\\5\\3\end{smallmatrix}$; mais le 7 précédé d'une +7 indique la 7me dominante sur la tonique.

Alors le +7 sous-entend $\begin{smallmatrix}+7\\5\\4\end{smallmatrix}$. Un 8 sous-entend $\begin{smallmatrix}8\\5\\3\end{smallmatrix}$.

L'accord parfait se chiffre par un 8 quand la résolution d'une dissonance se fait sur l'8ve. Un 9 sous-entend $\begin{smallmatrix}9\\5\\3\end{smallmatrix}$.

Quand il y a plusieurs 8 de suite ils n'indiquent que des unissons.

Quelques fois deux chiffres en sous-entendent un ou plusieurs autres.

Par exemple $\begin{smallmatrix}4\\3\end{smallmatrix}$ sous-entendent $\begin{smallmatrix}6\\4\\3\end{smallmatrix}$; $\begin{smallmatrix}6\\5\end{smallmatrix}$ sous-entendent quelques fois $\begin{smallmatrix}6\\5\\3\end{smallmatrix}$. $\begin{smallmatrix}4\\2\end{smallmatrix}$ sous-entendent quelques fois $\begin{smallmatrix}6\\4\\2\end{smallmatrix}$. $\begin{smallmatrix}9\\7\end{smallmatrix}$ sous-entendent $\begin{smallmatrix}9\\7\\3\end{smallmatrix}$ et quelques fois $\begin{smallmatrix}9\\7\\5\\3\end{smallmatrix}$.

Pour éviter la difficulté de savoir si on doit ajouter un ou plusieurs chiffres indiqués, il ne faut accompagner qu'à trois parties en ajoutant l'intervalle le plus essentiel à chaque chiffre seul, et n'ajoutant rien lorsqu'il y a 2 chiffres; par ce moyen on sera sur de ne jamais faire de faute car il vaut mieux retrancher une note peu essentielle à un accord, que d'en ajouter une qu'il ne comporte pas.

Ainsi on accompagnera un 2 par $\begin{smallmatrix}4\\2\end{smallmatrix}$; un 3 par $\begin{smallmatrix}8\\3\end{smallmatrix}$ ou $\begin{smallmatrix}5\\3\end{smallmatrix}$; un 4 par $\begin{smallmatrix}5\\4\end{smallmatrix}$; un +4 par $\begin{smallmatrix}+4\\2\end{smallmatrix}$; un 5 par $\begin{smallmatrix}5\\3\end{smallmatrix}$; un 6 par $\begin{smallmatrix}6\\3\end{smallmatrix}$; un 7 par $\begin{smallmatrix}7\\3\end{smallmatrix}$; un +7 par $\begin{smallmatrix}+7\\2\end{smallmatrix}$; un 8 par $\begin{smallmatrix}8\\3\end{smallmatrix}$; un 9 par $\begin{smallmatrix}9\\3\end{smallmatrix}$; et tous les doubles chiffres tels qu'ils seront sans y rien ajouter.

Ce moyen ne peut jamais induire en erreur car l'harmonie la plus pure est à 3 parties.

On ajoute soit devant, dessus ou dessous les chiffres, des signes qui altèrent certains intervalles indiqués ou sous-entendus par les chiffres.

Ces signes sont: le dièse ♯, le bémol ♭, le bécarre ♮, la croix + et la barre qui traverse le chiffre. la croix est un signe d'augmentation qui indique une note sensible ou un intervalle augmenté. La barre est un signe de dimiaution qui indique un intervalle diminué.

Lorsqu'un de ces signes se trouve sans chiffre, il représente une 3ce qui subit l'altération indiquée par le signe.

Lorsque ce signe est sous un chiffre quelconque il représente la 3ce à la quelle il fait subir l'altération qu'il indique.

Lorsqu'il est devant le chiffre il altère l'intervalle que représente le chiffre.

Lorsqu'il est au dessus il désigne l'intervalle sous-entendu au dessus du chiffre.

Au dessus du 2 il désigne la 4te au dessus du $\begin{smallmatrix}4\\3\end{smallmatrix}$ il désigne la 6te.

Le chiffre barré indique que l'intervalle est diminué.

Quand après un chiffre on tire une barre, l'accord doit être prolongé jusqu'au chiffre suivant.

Si l'accord reçoit plusieurs chiffres, et que la basse ne soit placée qu'après un seul, il ne faut prolonger que le son indiqué.

Les mots *Tasto Solo* qui se placent ordinairement sur une pédale, indiquent qu'il ne faut pas faire d'accord de la main droite.

Quand on veut chiffrer la pédale, il faut placer les chiffres suivant l'ordre qu'on donne aux parties dans l'harmonie.

Au lieu de barres, on peut répéter les chiffres.

J'ai voulu dans mon traité donner la manière de chiffrer de Catel parceque c'est avec son ouvrage que nous avons tous fait notre éducation harmonique et que c'est avec peu de différence que nous chiffrons. D'après lui seulement sa manière n'indique pas à l'accompagnateur les positions dont le choix est si difficile surtout à vue; il est bien différent d'accompagner une leçon à vue ou de l'écrire; l'instantanéité de l'accompagnement en lisant et exécutant la mesure est bien autre que lorsque vous écrivez car dans ce dernier cas vous avez tout le tems de la réflexion c'est pour cela que je me suis appliqué à chercher quelques signes qui puissent aider l'accompagnateur.

Déjà j'avais remarqué que Fenaroli et Cherubini, au commencement de chaque phrase indiquaient la position de l'accord parfait par un 3 un 5 ou un 8, pour indiquer la 3.°, la 5.° et l'8.° à la partie supérieure. J'ai trouvé ce moyen ingénieux et excellent; j'y ai adjoint encore quelques signes qui sont le $\frac{3}{5}$ ou $\frac{6}{5}$ qu'ils mettent indistinctement; mais moi lorsque je mets $\frac{3}{5}$ je veux la 5.° à la 1.re partie et $\frac{6}{5}$ je veux la 6.° à la partie supérieure il en est de même pour $\frac{6}{4}$ ou $\frac{4}{6}$ (1) toujours, dans mon système, le chiffre le plus haut indique la 1.re partie et même lorsque je chiffre la 7.me (dominante) 7 la croix posée dessus ou dessous indique la place et de la sensible et de la 7.me ces précautions doivent aider l'accompagnateur.

Il serait tems que le conservatoire de musique avec le concours de la classe des beaux arts fit un congrès harmonique et prit l'initiative pour n'avoir qu'une seule manière de chiffrer l'harmonie afin de ne pas laisser les élèves dans le doute; il est vrai de dire que les différences sont peu de chose, néanmoins il y a quelques dissidences entre les écoles italiennes, allemandes, et françaises. Nos écoles françaises ne sont même pas d'accord entr'elles. Je doute que les anciens théoriciens aient fait autant de philosophie harmonique que les nouveaux.

Quelques anciens maitres chiffraient la 5.° diminuée par ♭5 quelle que soit la note ou le ton, il me semble que la barre suffit 5̸.

Lorsque je mets un 5 ou un 4 et que ces deux intervalles sont justes je ne mets pas d'accidents quel que soit le ton ainsi le 5 et le 4 sans accidents représentent la 5.° juste et la 4.° juste.

Exemple: si je vais en *Mi*♭ étant en *Ut* je mettrai les $\frac{6}{5}$ sur la sous dominante *La*♭ cela donnera *Mi*♭ et *Fa* je ne mets pas de 5 au 5 il en est de même pour tous les intervalles représentant la 4.° et la 5.° juste. Je fais de même pour l'8.°; je mets un 8 ordinairement et 8 représente l'8.° naturelle. Si je voulais l'8.° augmentée surtout si elle est diésée j'y mettrois un ♯ et si cette 8.° était diminuée j'y mettrois un 5 ou une barre.

Lorsque la 3.° de la 7.me dominante est diésée à la place de la croix je mets un ♯ 7; lorsque la 3.° doit avoir un bécarre selon la modulation je mets 7 et lorsque la 3.° est naturelle dans le ton du morceau je mets la croix 7 de même si cette 3.° doit avoir un double ♯.

Je pense que cette précaution est utile et même indispensable, alors l'accompagnateur n'a pas à interpréter la qualité de l'intervalle il voit de suite comment se trouve la 3.° dans l'accord.

Si en modulant, la 7.me de l'accord de 7.me doit être bémolisée, je mets un 5 devant le 7. ♭7. Exemple: d'*Ut* je vais en *Fa*, sur la dominante *Ut* je mettrai ♭7.

---

(1) Il est vraiment fâcheux d'avoir pour système un seul et même chiffre. Je désapprouve que l'on indique toujours et dans tous les cas l'accord parfait soit par un 3, soit par un 5.

Fin de la 1.re Partie.

SECONDE PARTIE
TRAITÉ D'HARMONIE PRATIQUE

DE L'ART DE MODULER.

Il existe déjà plusieurs ouvrages sur l'art de moduler; ouvrages pleins de mérite; mais qui semblent faits plutôt pour ceux qui savent, que pour ceux qui veulent apprendre. On y dit bien la manière de moduler, mais seulement par des moyens harmoniques sans indiquer de règles générales, ce qui fait que les élèves ne retiennent rien. Ce sont ces règles, tout à fait nouvelles, que j'ai trouvées et que je veux indiquer dans ce traité.

Je ne prétends point enseigner toutes les modulations possibles, car elles sont incalculables; mais je donne des règles certaines pour pouvoir passer d'un ton dans un autre quel qu'il soit, soit en se livrant à son improvisation, soit en obéissant au commandement de quelqu'un, tout en conservant toujours la mesure, de manière à ce que l'on ait l'air de moduler sans réflexion.

Les préceptes que je donne sont tellement précis que mes élèves arrivent en très peu de tems à moduler comme moi, non seulement avec la même harmonie, mais encore presque toujours aux mêmes positions, car j'ai soin d'indiquer quelles sont, parmi celles-ci, les bonnes, les moins bonnes et les mauvaises.

Lorsque l'élève aura fini l'étude de ce traité des modulations, il saura parfaitement moduler dans tous les tons; en outre il pourra, s'il a de l'imagination harmonique, s'écarter de mes règles, moduler selon son inspiration et faire d'autres harmonies.

Quoique ce traité des modulations s'adresse particulièrement aux pianistes, pour les quels les règles qu'il contient sont je crois infaillibles, ces mêmes règles sont également applicables à tous les instruments; sur le violon, entr'autres, elles donnent des résultats aussi excellents que sur le piano, au moyen des arpéges.

L'étude de ce traité des modulations serait aussi d'une grande utilité pour les chanteurs, on peut l'exercer soit par le solfége, soit par la vocalisation.

Pour mettre à profit mes leçons sur les modulations, voici ce que l'élève harmoniste doit savoir:

1° Parfaitement le tableau des intervalles;

2° L'accord parfait majeur, l'accord parfait mineur, et leurs renversements;

3° L'accord de 7me dominante et ses renversements;

4° Le 1er renversement de la 7e de 2e dans les deux modes;

5° Le 1er renversement de la 7e diminuée;

6° L'accord de 6e augmentée composé de 3e majeure 5e juste et 6e augmentée, ainsi que celui avec 4e augmentée.

Avec ces seules connaissances, qu'on peut aisément acquérir en deux ou trois mois d'étude, on sera parfaitement en état de comprendre et d'étudier avec tout le fruit possible l'art de moduler. Un élève studieux saura faire toutes les modulations après douze leçons prises à la distance d'une semaine l'une de l'autre.

J'ai souvent fait cette expérience et elle m'a presque toujours réussi; plus ou moins selon l'intelligence de l'élève et de son travail.

Je propose les leçons à distance de huit jours parcequ'il y a beaucoup à retenir par cœur.

Dans l'étude de l'harmonie, de même que dans celle de la plupart des connaissances humaines, la mémoire joue un très grand rôle; sans une bonne mémoire, je crois utile de le dire, il n'est guère possible de devenir harmoniste; mais cette faculté se cultive et se développe comme toutes les facultés de l'homme.

CADENCE PARFAITE
aux trois positions
DANS LES QUINZE TONS MAJEURS

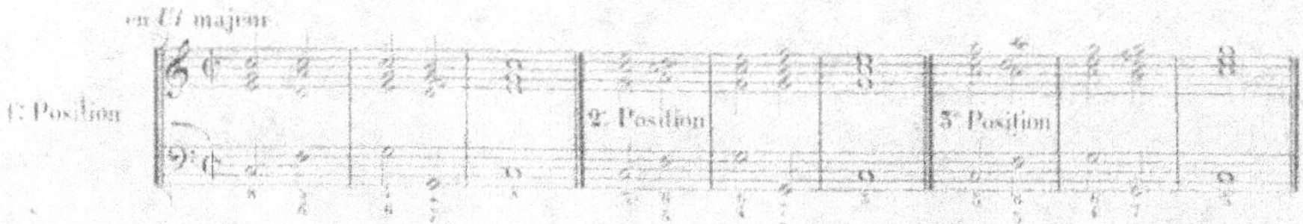

J'appelle toute l'attention de l'élève sur la manière dont la basse est chiffrée dans ces exemples. Je vais l'expliquer pour la réalisation à la 1re position: au premier accord, le 8 indique que l'8e de la note de la basse doit être mise à la 1re partie; au 2e accord chiffré $\frac{5}{6}$ le 5 indique que la première partie doit faire entendre la 5e de la note qui se trouve à la basse; à l'accord suivant chiffré $\frac{4}{6}$ c'est la 4e de la basse d'après l'indication du chiffre 4 qui doit être mise à la 1re partie; la croix placée au dessus du 7 à l'avant dernier accord, indique que la 1re partie doit faire entendre la 3e de l'accord de 7me dominante, ou note sensible de la gamme; enfin, au dernier accord, comme au premier, le 8 indique que l'8e de la basse doit être mise à la 1re partie.

Ainsi, d'après cette manière de chiffrer, il ne peut y avoir de doute sur la marche de la 1re partie; de plus ce *chiffrage* indique par lui même la position voulue. Lorsque l'emploi d'un seul chiffre suffit à désigner l'accord, ce chiffre fixe l'intervalle que la 1re partie doit former avec la basse; lorsque plusieurs chiffres sont nécessaires, l'intervalle entre les deux parties extrêmes est fixé par le chiffre supérieur; si le chiffre supérieur est remplacé par une croix ou par un accident quelconque, ce signe représentant la 3e de l'accord, note sensible de la gamme, fait connaître à l'élève que cette note doit être mise à la 1re partie.

Cette règle n'existe dans aucun ouvrage des autres Théoriciens. De là vient, sans doute, la difficulté qu'éprouvent les élèves à trouver une bonne 1re partie, mélodique et harmonieuse. Grâce à cette méthode de chiffrer, l'élève acquerra bientôt sans peine les connaissances indispensables pour accompagner, avec élégance, la basse chiffrée, et se rendre familier le choix des bonnes positions. C'est à ce choix, à cette élégance qu'on reconnaît les bons accompagnateurs. Quelques exercices répétés sur cet exemple suffiront à lever toute difficulté pour l'élève; celui-ci n'éprouvera plus ensuite d'embarras, quelle que soit la position des chiffres à la basse.

Dans ces derniers exemples et les suivants où les trois positions sont réalisées les unes au dessus des autres sur la même basse, je chiffre selon la méthode ordinaire, c'est à dire sans préciser la marche de la 1re partie par le rang donné au chiffre; mais je suppose que l'élève s'est tout à fait rendu familier, par l'étude des exemples précédents, le choix des bonnes notes.

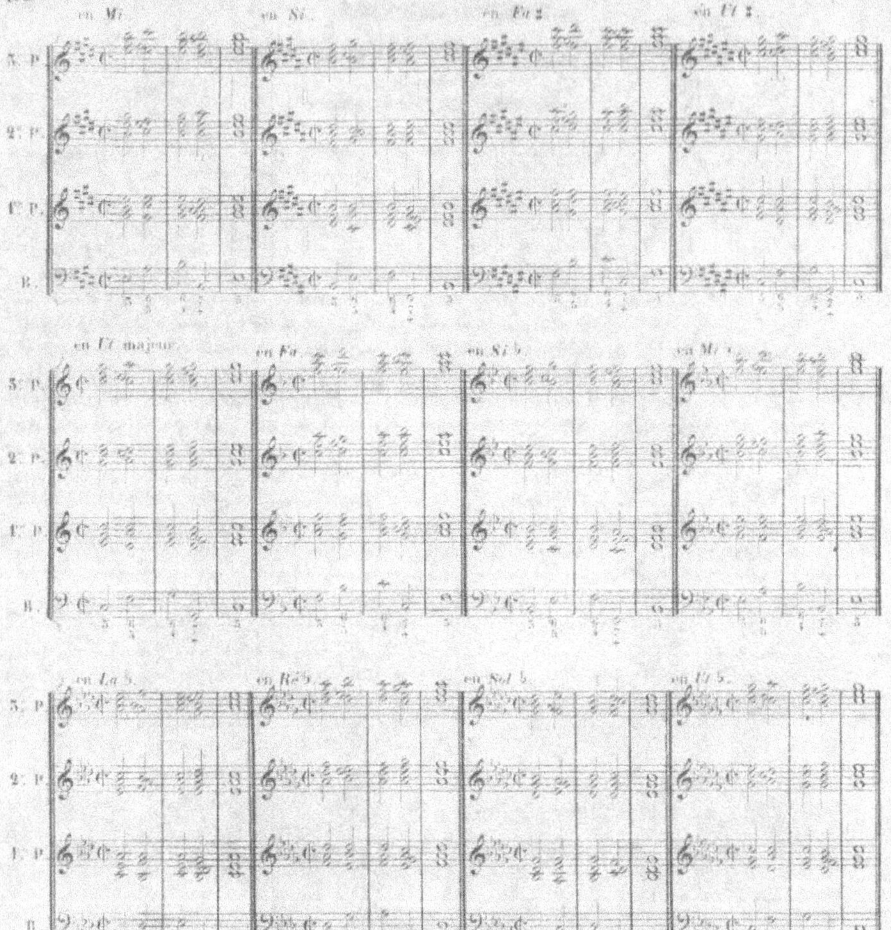

Il faut répéter cette cadence parfaite dans tous les tons, jusqu'à ce qu'elle soit parfaitement sue par cœur, afin d'acquérir toute la facilité possible d'exécution.

J'insiste sur la culture de la mémoire. Chez la plupart des jeunes musiciens cette faculté est très rebelle. En ce cas il ne faut pas qu'ils se lassent de répéter les mêmes exercices, pris en petit nombre à la fois. Le système Jacotot est parfait. Il n'existe pas d'assez mauvaise mémoire pour ne pas parvenir, par ce moyen, à retenir ces exercices par cœur. Une volonté ferme, une grande constance dans l'étude, et ce qui semble d'abord une insurmontable difficulté cessera de paraître tel.

RÈGLE D'8.e OU GAMME HARMONIQUE AUX TROIS POSITIONS
dans les 15 tons majeurs

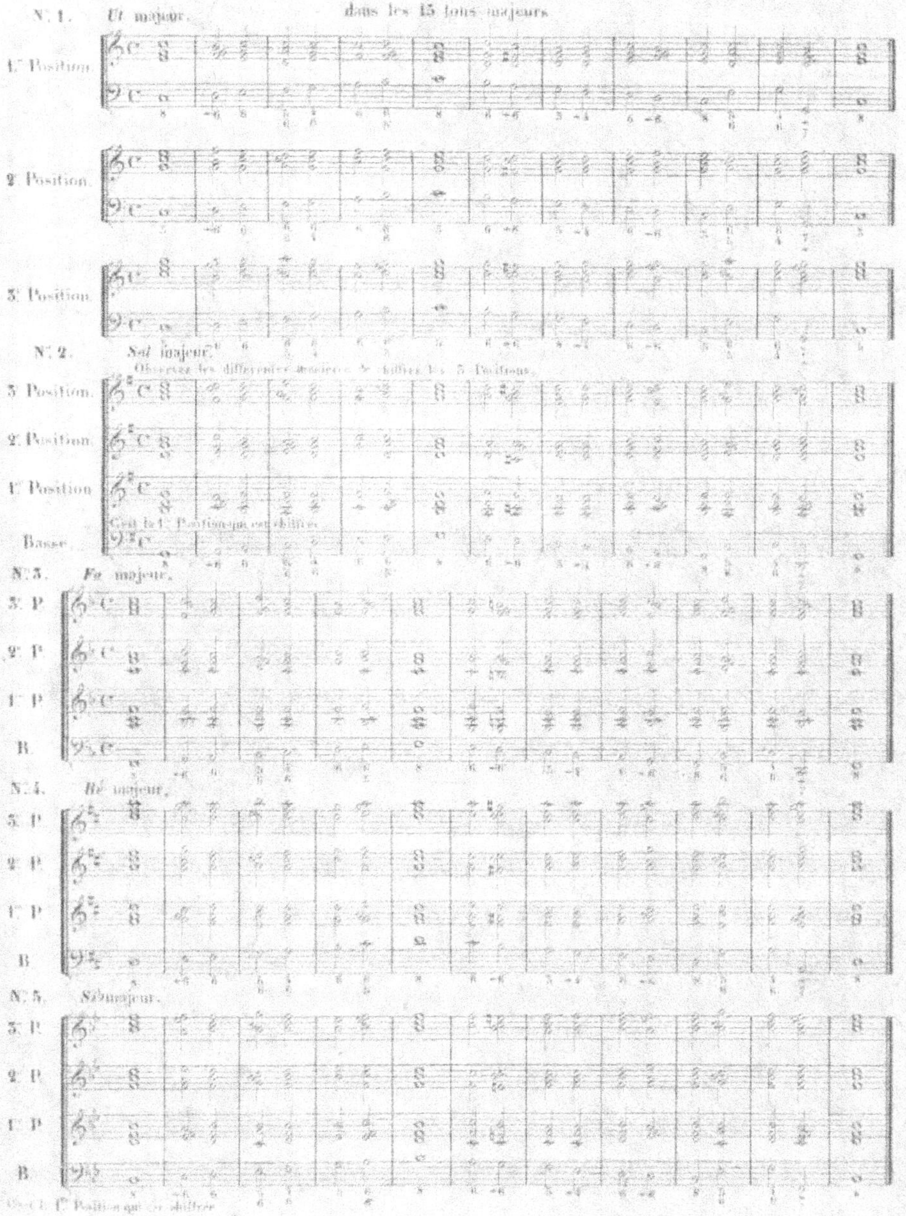

N.° 1. *Ut majeur.*

1.re Position

2.e Position

3.e Position

N.° 2. *Sol majeur.*

Observez les différentes manières de chiffrer les 3 Positions.

3.e Position

2.e Position

1.re Position

Basse. — C'est la 1.re Position qui est chiffrée.

N.° 3. *Fa majeur.*

3.e P.

2.e P.

1.re P.

B.

N.° 4. *Ré majeur.*

3.e P.

2.e P.

1.re P.

B.

N.° 5. *Si♭ majeur.*

3.e P.

2.e P.

1.re P.

B.

C'est la 1.re Position qui est chiffrée.

N.º 6. La majeur.
3. P
2. P
1. P
B.
N.º 7. Mi b majeur.
3. P
2. P
1. P
B.
N.º 8. Mi ♮ majeur.
3. P
2. P
1. P
B.
N.º 9. La b majeur.
3. P
2. P
1. P
B.
N.º 10. Si majeur.
3. P
2. P
1. P
B.

N° 11.   Ré ♭ majeur. 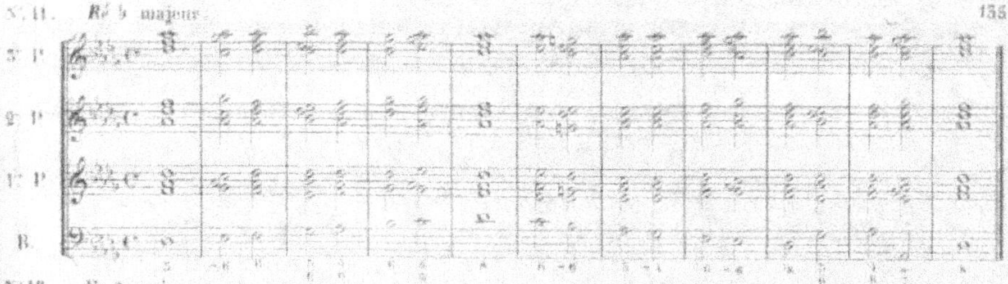
N° 12.   Fa ♯ majeur. 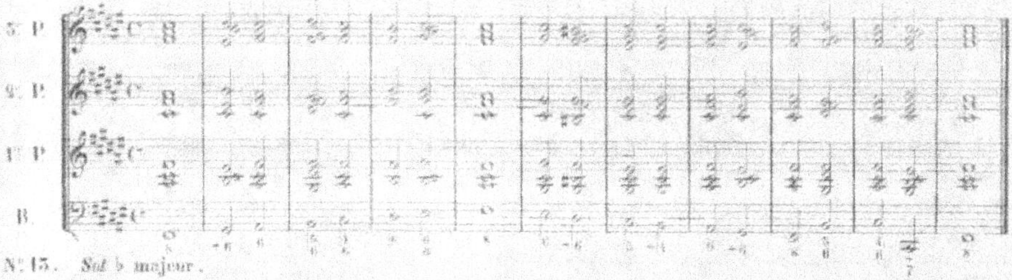
N° 13.   Sol ♭ majeur. 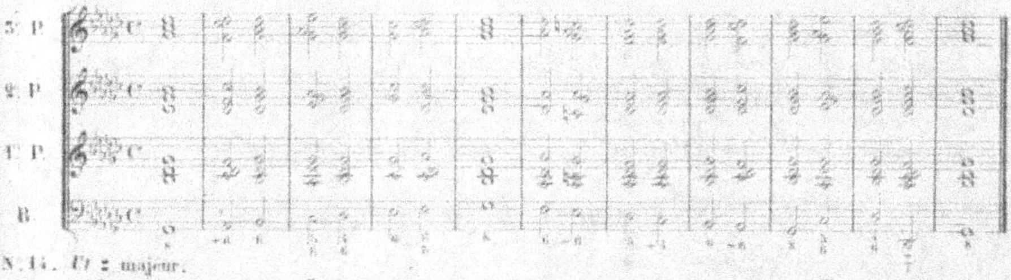
N° 14.   Ut ♯ majeur. 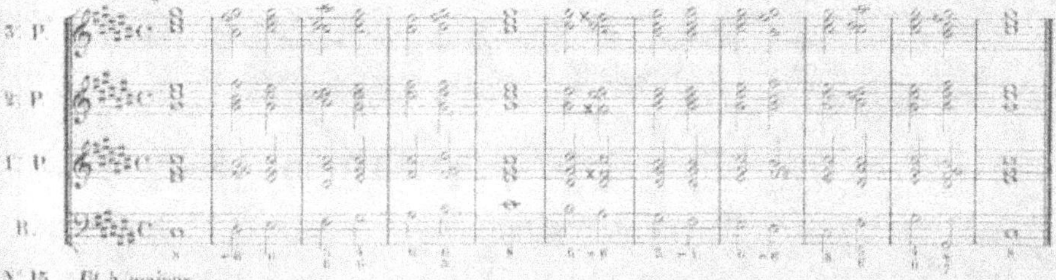
N° 15.   Ut ♭ majeur.

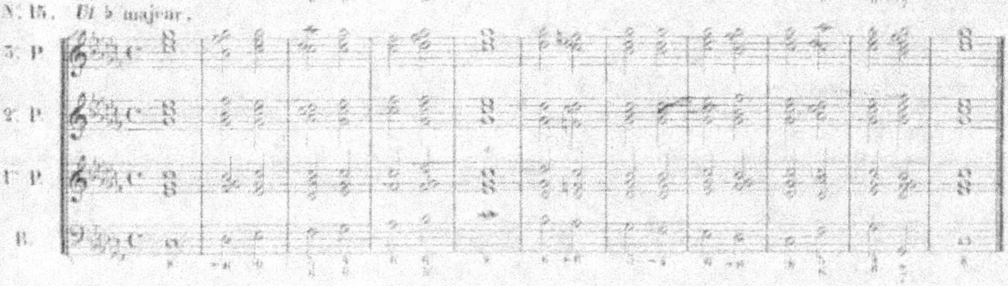

DE LA QUANTITÉ DES MODULATIONS POSSIBLES ENTRE LES DIVERS TONS MAJEURS

GAMME CHROMATIQUE.

La gamme chromatique se compose de douze notes; en prenant chacune de ces notes pour tonique d'un ton majeur, si nous voulons moduler, c'est-à-dire aller d'un de ces tons dans les autres, nous avons à apprendre onze modulations, car le ton, point de départ, ne compte pas. C'est à ce nombre de onze que se réduit en effet toute l'étude des modulations, lesquelles, de prime abord paraissent innombrables.

A la vérité, il restera ensuite à connaître les modulations des tons mineurs entre eux, celles des tons majeurs aux tons mineurs, celles enfin des tons mineurs aux tons majeurs; mais après l'étude des onze modulations entre les divers tons majeurs, le reste ne sera presque rien à étudier; en deux ou trois leçons on en comprendra le mécanisme.

On pourra objecter que la gamme diatonique comprenait sept notes, chacune des quelles pouvant être affectées de trois manières différentes par *Dièse*, par *Bémol*, et par *Bécarre*, il devrait y avoir vingt et une notes et par conséquent vingt et un tons. Mais par l'effet des notes enharmoniques le nombre de vingt-et-un se réduit à celui de douze que l'on trouve dans la gamme chromatique; aussi les méthodes de piano enseignent-elles toutes aux commençants douze gammes majeures et mineures.

Cependant dans l'étude de l'harmonie, il y a, en réalité, quinze gammes à apprendre, qui sont: la gamme d'*Ut* naturel majeur, les sept gammes avec *Dièses* et les sept gammes avec *Bémols*.

L'étude élémentaire du clavier a pour but l'agilité des doigts, or, le doigté de la gamme d'*Ut* # majeur étant le même sur le piano que celui de la gamme de *Ré* b majeur, celui de la gamme de *Si* naturel majeur est le même que celui de la gamme d'*Ut* b majeur, enfin celui de la gamme de *Fa* # majeur est le même que celui de la gamme de *Sol* b majeur; de ces six gammes les professeurs de piano n'en ont fait que trois; ce qui explique leur classification des tons en douze tons majeurs et douze mineurs. En harmonie, il ne s'agit pas seulement d'exercer les doigts, mais encore, et surtout, d'exercer la pensée.

Les doigts ne peuvent et ne doivent se mouvoir qu'en obéissant à la pensée dirigeante. Ainsi lorsqu'on pense en *Ut* b majeur, par exemple, on ne peut pas exécuter, c'est-à-dire exprimer sa pensée avec les notes du ton de *Si* naturel majeur.

Il en est de même pour les six tons que les pianistes confondent en trois seulement. Ce n'est que lorsqu'on module dans des tons qui ont plus de sept accidents à la clef qu'on se sert des enharmoniques, afin d'éviter la complication des *Dièses* ou des *Bémols*; ainsi au lieu d'aller en *Sol* # majeur qui aurait huit *Dièses* on ira en *La* b majeur qui n'a que quatre *Bémols*; au lieu d'aller en *Fa* b majeur qui aurait huit *Bémols*, on ira en *Mi* naturel majeur qui n'a que quatre *Dièses*, etc.

Les études d'harmonie doivent donc se faire dans quinze tons majeurs et quinze tons mineurs.

Étudions d'abord, et graduellement, les onze modulations que nous donnent les douze notes de la gamme chromatique, comme nous l'avons établi plus haut.

Nous allons procéder à cette étude par deux moyens très distincts. Le premier nous donnera six modulations par la règle d'octave et le second cinq par l'accord de sixte augmentée qui se pose sur la sixième note mineure du ton.

Avant, rendons nous compte de la manière de chiffrer la règle d'octave.

Il est indispensable que l'élève retienne bien dans sa mémoire quel accord on pose sur chacune des notes de la gamme. Il doit savoir, en outre, que l'accord de 7me *dominante* se pose toujours sur la dominante, c'est-à-dire sur le 5me degré de la gamme.

Avec ces connaissances l'élève comprendra facilement le mécanisme des six modulations faites au moyen de la règle d'octave, qui s'effectue, pour ainsi dire, par la puissance de la basse. On verra par l'exposition des faits, le sens que j'attache à ce mot.

Étudions ces modulations d'abord en partant toujours de la note Ut.

La première modulation qui se présente dans la gamme chromatique c'est celle du ton d'Ut majeur, au ton de Ré♭ majeur. La note Ut se trouve-t-elle dans la gamme de Ré♭ majeur? — Oui. — Quel degré occupe-t-elle dans cette gamme? — Le septième. — D'après la règle d'octave quel accord pose-t-on sur le septième degré, ou sur la note sensible du ton? — L'accord de $\frac{6}{5}$ Ut renversement de l'accord de septième.

Donc en faisant suivre l'accord parfait majeur d'Ut de l'accord $\frac{6}{5}$ sur la même note, on module subitement d'Ut majeur en Ré♭ majeur.

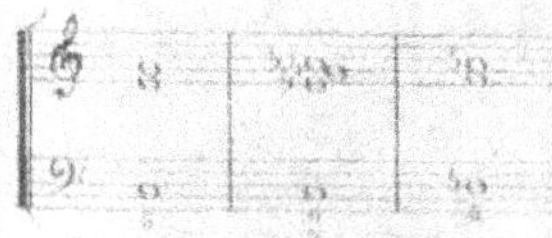

Cette modulation quoique offrant de la dureté est bonne. L'élève connaîtra plus tard le moyen de l'adoucir et de la rendre meilleure au moyen des liaisons d'accords. Bornons-nous pour le moment à l'étude du moyen le plus simple de moduler; nous verrons ensuite comment on distingue les harmonies dures des harmonies douces.

Établissons ce principe qu'on ne peut aller directement d'un ton dans un autre, à l'aide des accords contenus dans les règles d'octaves que lorsque la note dont l'on part se trouve dans la gamme où l'on veut passer. On voit d'après cela qu'on ne peut moduler par ce moyen d'Ut majeur, en Ré majeur dans cette dernière gamme l'Ut étant dièse. Cette modulation appartient à la catégorie des cinq modulations qui s'effectuent au moyen de l'accord de sixte augmentée dont nous ne nous occuperons qu'après avoir épuisé les six modulations praticables par les accords de la règle d'octave.

Modulons d'Ut majeur en Mi♭ majeur. — L'Ut se trouve-t-il dans la gamme de Mi♭ majeur? — Oui. — Quel degré occupe-t-il dans cette gamme? — Le sixième. — D'après la règle d'8ve quel accord pose-t-on sur ce degré? — L'accord de 6te. C'est renversement de l'accord parfait. Donc en faisant suivre l'accord parfait majeur d'Ut de l'accord de 6te, la modulation d'Ut majeur en Mi♭ majeur est effectuée ce qui devient évident en achevant la gamme diatonique ascendante.

Nous ferons les mêmes remarques au sujet de la dureté de cette modulation-ci, que nous avons faite au sujet de la modulation d'Ut majeur en Ré♭ majeur.

La modulation d'Ut majeur en Mi majeur ne peut se pratiquer à l'aide des accords contenus dans la règle d'8ve d'après le principe que nous avons établi plus haut qu'on ne peut aller directement d'un ton dans un autre lorsque la note d'où l'on part ne se trouve pas dans la gamme où l'on veut aller. Nous retrouverons cette modulation dans la catégorie de celles qui se font au moyen de l'accord de 6te augmentée.

Modulation d'Ut majeur en Fa majeur. En recommençant la même série de demandes et de réponses que nous avons faites précédemment, nous verrons que l'Ut devient le cinquième degré, ou la dominante de la gamme de Fa. Rappelons-nous ici que l'accord de 7e dominante se place toujours sur le cinquième degré de la gamme. Donc en faisant suivre l'accord parfait majeur d'Ut de l'accord de 7e dominante sur la même note, nous modulons subitement d'Ut majeur en Fa majeur et cette modulation a toute la douceur désirable, l'expérience le démontre.

La modulation d'Ut majeur en Fa♯ majeur ou en Sol♭ majeur appartient à la 2e catégorie.

Modulation d'Ut majeur en Sol majeur.— Suivant toujours notre principe, l'Ut étant le quatrième degré de la gamme de Sol, et d'après la règle d'8.ve le 4.me degré portant l'accord de 6/5 lorsque la gamme est ascendante, ou bien l'accord de triton lorsque la gamme est descendante, on peut en ce cas faire cette modulation de deux formes différentes. Disons pour le moment que l'accord de triton précisant plus nettement la tonalité, c'est en lui là que nous choisissons. Ainsi en faisant suivre l'accord parfait majeur d'Ut de l'accord de triton sur la même note, on module directement et avec douceur d'Ut en Sol. Cela devient évident en continuant la gamme diatonique descendante. L'élève verra au bas de la page pourquoi l'on doit donner la préférence à l'accord de triton sur l'accord de 6/5 pour pratiquer cette modulation. (1)

EX.

Modulation d'Ut majeur en La b majeur.— L'Ut est le 3.me degré de la gamme de La b, donc en faisant suivre l'accord parfait majeur d'Ut de l'accord 6/5 qui se place sur la médiante, on module directement d'Ut majeur en La b. En continuant la gamme descendante jusqu'à la tonique de ce nouveau ton d'après la règle d'8.ve, on comprend que la modulation est bonne quoiqu'elle ait de la dureté, de même que la 2.me et la 3.me modulations que nous avons effectuées à l'aide des accords contenus dans la règle d'8.ve.

EX.

La modulation d'Ut majeur en La majeur est la 4.me que nous rencontrons appartenant à la 2.me catégorie.

Modulation d'Ut majeur en Si b majeur. L'Ut devenant le 2.me degré de la gamme de Si b majeur et le 2.me degré de la gamme dans la règle d'8.ve portant l'accord de 6.te sensible (deuxième renversement de l'accord de 7.me dominante) en faisant suivre l'accord parfait majeur d'Ut de l'accord de + 6 sur la même note, on module directement d'Ut majeur en Si b majeur, ce qui devient évident en continuant la gamme diatonique descendante.

EX.

Cette modulation est naturellement assez dure; cependant on peut l'adoucir davantage ainsi que nous le verrons plus tard à l'aide des liaisons d'accords ou accords intermédiaires.

Il reste la modulation d'Ut majeur en Si majeur, laquelle, d'après ce que nous avons dit ne peut s'effectuer au moyen des accords contenus dans la règle d'8.ve et qui est le 5.me des modulations qui se pratiquent au moyen de l'accord de sixte augmentée.

Je vais essayer à présent de faire comprendre les duretés harmoniques.

EXEMPLE.

Cette harmonie, sans être mauvaise, est dure, parceque trois notes sur quatre du 2.me accord sont sans liaison ou sans syncope avec les trois notes du premier, et qu'il n'y a, entre ces deux accords, qu'une seule note commune, l'Ut tonique du ton d'Ut devenant sensible du ton de Ré b.

(1) L'accord de 6/5, 1.er renversement de l'accord 7.me de 2.te qui peut se poser sur le 2.me le 5.me et le 6.me degré de la gamme n'affirmant pas le ton comme l'accord de triton qui ne peut se poser que sur la sous dominante en descendant, voilà pourquoi cet accord est préférable. (Voyez page (25) 1.er ...

De plus, le premier et le 3.ᵉ accord n'ont aucune note commune, ce qui augmente la dureté de l'harmonie. La différence entre le ton d'Ut majeur auquel appartient le second est de cinq bémols; l'oreille éprouve une secousse trop vive en passant aussi subitement d'un ton dans un autre ton présentant un si grand changement d'accidents. Pour rendre la transition moins dure, il faut prendre la précaution de faire arriver les accidents nouveaux successivement et non d'une manière instantanée.

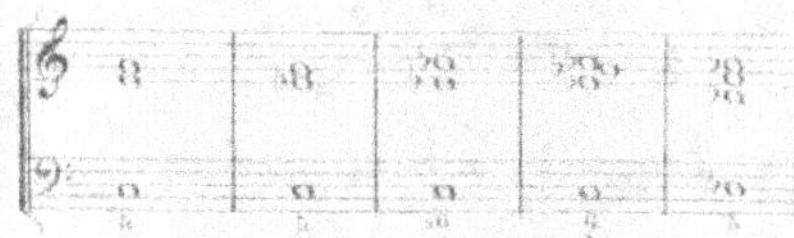

Dans cet exemple les trois notes étrangères au ton d'Ut arrivent l'une après l'autre. L'oreille s'habitue de la sorte, au fur et à mesure, aux accidents nouveaux qui, dans l'exemple précédent, l'avaient trop vivement surprise. C'est ainsi que la modulation acquiert de la douceur.

Ce qui constitue une modulation douce est donc la liaison d'un accord à un autre.

En liant de cette manière les accords on parvient à faire avec douceur les modulations les plus dures et les plus éloignées, c'est à dire celles entre deux tons différant par le plus grand nombre d'accidents qu'on puisse imaginer: par exemple d'Ut à Fa ♯, d'Ut à Ut ♯, quoique le ton de Fa ♯ ait six accidents de plus que le ton d'Ut naturel et que le ton d'Ut ♯ ait sept accidents de plus que le ton d'Ut naturel.

Dans le cas présent, le ton de Ré ♭ a cinq accidents de plus que le ton d'Ut; cependant, la modulation telle que nous l'avons écrite dans le dernier exemple en liant les accords successivement ne fait éprouver à l'oreille ni sensation vive, ni sensation désagréable, toute dureté en a disparu.

Par conséquent, moins la différence du nombre d'accidents est grande entre deux gammes, plus la modulation d'une de ces deux gammes à l'autre offre de douceur: comme d'Ut majeur en Sol majeur, ou d'Ut majeur en Fa majeur; la différence entre ces gammes étant d'un seul accident, un ♯ dans le ton de Sol majeur, un ♭ dans le ton de Fa majeur.

Cependant il est à ce principe quelques exceptions qui s'expliquent par les liaisons ou syncopes de l'accord parfait des deux toniques des deux tons. Si dans les deux accords parfaits des deux toniques, il n'y a pas de liaison la modulation sera dure et si il y a liaison ou syncope la modulation le sera moins. Exemple: il est moins dur de moduler d'Ut majeur en Mi majeur, bien qu'il y ait 4 ♯, que d'Ut majeur en Ré majeur qui n'a que 2 ♯; d'Ut en Mi le Mi de l'accord parfait reste il forme syncope dans l'accord de Mi.

Tandis qu'en Ré majeur.

Aucune des notes de ces deux accords n'offre ni liaison ni syncope.

Indépendamment de la question de différence du nombre d'accidents entre les deux tons dans une modulation, il y a la question de corrélation des deux gammes à la quelle j'attache la plus haute importance parmi les diverses causes de douceur. Il est essentiel de remarquer le rôle important que remplissent la 3.ᵉ et la sensible, celle-ci caractérisant la tonalité, celle-là la modalité.

Toutes les fois que la 3.ᵉ et la sensible du ton futur sont deux notes communes entre ce ton et le ton présent, la modulation est plus douce à opérer, la différence d'accidents entre les tons étant la même.

Ainsi, quoique les tons de Ré majeur et de Si ♭ différent d'une égale quantité d'accidents avec le ton d'Ut, le ton de Ré ayant deux dièses, celui de Si ♭ ayant deux ♭ et le ton d'Ut n'ayant aucun ♯ ni aucun ♭, on modulera avec plus de douceur d'Ut en Si ♭ que d'Ut en Ré, parceque la tierce et la sensible du ton de Si ♭ (Ré et La) se trouvent dans le ton d'Ut, tandis que la tierce et la sensible du ton de Ré (Fa ♯ et Ut ♯) ne s'y trouvent pas et que par conséquent ces deux dernières notes ne sont pas communes aux deux tons; que ces deux tons enfin ont moins de corrélation que ceux d'Ut et de Si ♭.

La corrélation est encore marquée entre les tons d'Ut et de Si ♭ par l'Ut tonique du ton présent devenant sus-tonique du ton futur; elle existe d'autant moins d'Ut en Ré que l'Ut tonique du ton présent est dièse dans le ton de Ré ce qui donne une fausse relation.

Prenons encore un autre exemple. Le ton de Ré♭ et le ton de Si♮ diffèrent du ton d'Ut naturel d'un nombre égal d'accidents; le ton de Ré♭ a cinq bémols à la clé, celui de Si♮ a cinq dièses. La modulation d'Ut en Ré♭ sera plus douce que celle d'Ut en Si♮ parceque la 3e et la sensible de ces gammes de Ré♭ (Fa et Ut) se trouvent dans la gamme d'Ut, tandis qu'on ne trouve pas dans cette gamme b Ré♯ et le La♯ 3e et sensible de la gamme de Si naturel; la corrélation est encore marquée entre le ton d'Ut et de Ré♭ par l'Ut tonique du ton présent devenant sensible du ton de Ré♭, tandis que l'Ut est dièse dans le ton de Si♮.

C'est pourquoi, disons-le encore, ni la modulation d'Ut en Ré♮ ni la modulation d'Ut en Si♮ ne peuvent s'effectuer au moyen des accords contenus dans la règle d'8e.

J'espère être parvenu avec ces quelques exemples à faire comprendre la différence qui existe entre une harmonie mauvaise, une harmonie dure et une harmonie douce.

Je vais à présent écrire les six modulations que nous venons d'analyser avec des accords intermédiaires, pour celles qui ont besoin d'être adoucies, et c'est ainsi qu'il faudra dorénavant les étudier.

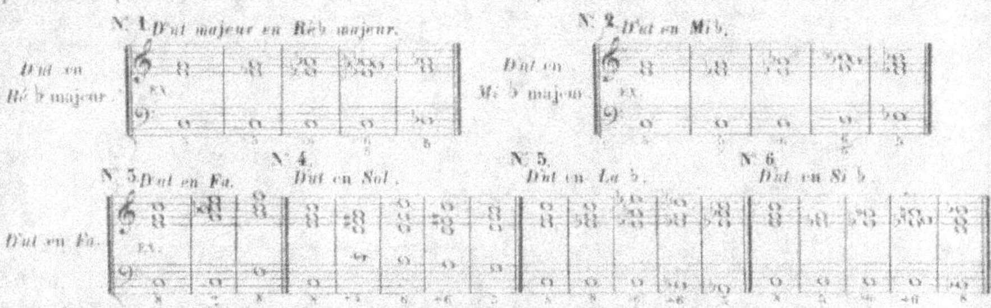

Maintenant que nous connaissons bien les six modulations que j'ai rangées dans la première catégorie, c'est à dire, celles que nous effectuons au moyen des accords contenus dans la règle d'8e, nous allons étudier les cinq de la seconde catégorie que nous pratiquerons au moyen de l'accord de 6e augmentée.

L'élève doit se rappeler exactement que cet accord se compose de 3e majeure 5e juste et 6e augmentée.

Cet accord est en quelque sorte, du genre neutre; il s'emploie également en majeur et en mineur, et dans les deux modes il se pose sur la sixième note mineure de leur gamme. En outre, il a l'avantage de pouvoir être attaqué sans préparation, et de faciliter ainsi l'opération de toutes ces modulations possibles, même les plus éloignées, car il suffit de prendre la sixième note mineure du ton dans lequel on veut aller, de poser sur cette note l'accord de 6e augmentée, et la modulation désirée est faite, ainsi qu'on le verra dans les exemples suivants.

Ces quelques exemples peuvent prouver la puissance harmonique de cet accord.

La première des cinq modulations de la 2.e catégorie, est la modulation d'Ut majeur en Ré majeur. — Quelle est la sixième note mineure de la gamme de Ré? C'est Si b. — en faisant suivre l'accord parfait majeur de 6.te augmentée, placé sur le Si b, sixième note mineure du ton de Ré, la modulation d'Ut en Ré est donc effectuée.

N.1.

Cette manière d'opérer la modulation est bonne, mais peut encore être adoucie par l'adjonction d'un accord intermédiaire, comme dans l'exemple suivant.

N.1. bis.   *

L'Accord de 6.te augmentée n'a pas besoin de préparation; mais afin de fixer de suite la tonalité de la nouvelle gamme je résous cet accord sur la dominante du nouveau ton chiffré $\frac{6}{4}$, en outre de l'accord de 6.te (Si Ré Sol) introduit ici comme liaison harmonique; dans cette position, la douceur de l'harmonie tient aussi à l'élégance que donne à la première partie la progression chromatique ascendante de celle-ci, laquelle progression est en mouvement contraire avec la basse.

On doit savoir que le mouvement contraire est le plus riche et le plus élégant.

La 2.e modulation de cette catégorie, celle d'Ut majeur en Mi majeur, s'effectue de la même manière, en faisant suivre l'accord parfait majeur d'Ut de l'accord de 6.te augmentée, placé sur la sixième note mineure de la gamme de Mi, c'est-à-dire sur Ut ♯.

N.2.

Cette modulation ainsi formulée est tellement douce qu'elle n'a pas besoin d'accord intermédiaire.

La suivante d'Ut en Fa ♯ est différente, elle est moins douce, et elle ne s'écrit pas aussi bien; et puis il y a six accidents de plus.

N.3.

Cette modulation d'Ut en Fa ♯ majeur, la troisième de cette catégorie, doit faire exception à ma règle, et voici pourquoi: en l'effectuant directement par l'accord de 6.te augmentée, placé sur le Ré ♯, sixième note mineure de la gamme de Fa ♯ majeur, il se rencontre dans la réalisation des consonnances deux 5.tes par mouvement direct, faute qu'il faut toujours éviter, parce qu'elle produit une des plus grandes duretés qu'on puisse entendre.

Voyez les deux 5.tes dans la 1.re mesure et la 2.e de l'exemple précédent (Ut Sol) (Ut ♯ La ♯).

Afin d'opérer cette modulation avec douceur, en évitant ces deux 5.tes de suite, il faudra se servir d'un autre moyen, plus long sans doute, mais préférable et d'une harmonie bien plus riche qui donnera de la diversité à nos modulations.

Effectuons d'abord la modulation d'*Ut* majeur en *Sol* ♭ majeur, afin de n'avoir pas recours à l'enharmonie.

N.° 3, bis.

* Cet accord ne doit pas être considéré comme un renversement de l'accord de 7.me diminuée; il faut le considérer comme étant le premier renversement de l'accord de 7.me de 2.te en mode majeur avec deux altérations; supposons l'exemple en *Ut*.

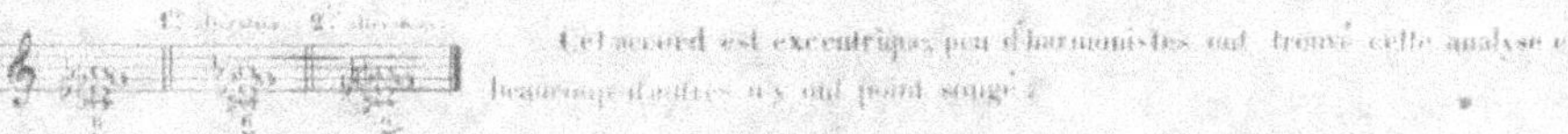

Vous voyez que cet accord considéré ainsi se pose sur la 4.me note augmentée de la gamme.

A présent que vous sortez de l'analyser en *Ut*, posons le dans le ton de *Sol* ♭, il se trouvera posé sur l'*Ut* ♮ et vous le trouvez dans la 4.me mesure de l'exemple précédent. S'il venait de la 7.me diminuée vous seriez en *Si* ♭ mineur puisque cet accord serait le 1.er renversement de la 7.me et que ce renversement se pose sur la sus-tonique; cette bonne raison vous prouve que cet accord vient de la 7.me de 2.te avec deux altérations.

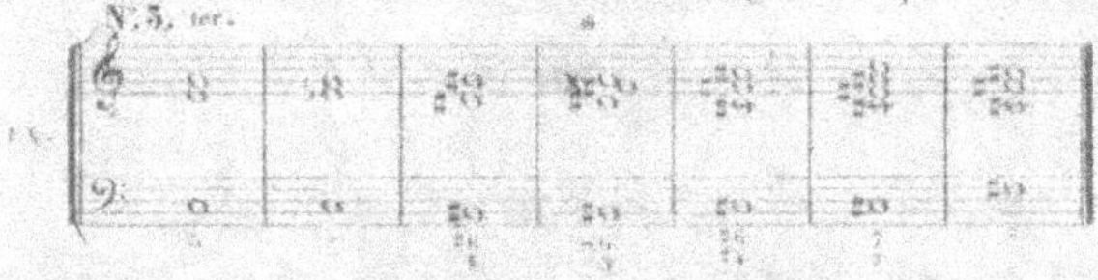

Cet accord est excentrique; peu d'harmonistes ont trouvé cette analyse et beaucoup d'autres n'y ont point songé.

Si vous voulez aller en *Fa* ♯ il faudra faire une enharmonie, voyez l'exemple suivant.

N.° 3, ter.

Il y a des harmonistes qui écrivent cet accord ainsi, voyez l'exemple suivant.

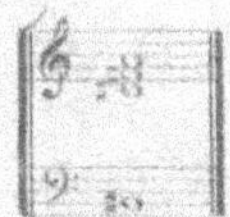

Il est bien préférable de l'écrire comme $\frac{6}{5}$ que comme 7.me diminuée.

Voyez avec cette 7.me diminuée on serait en *Fa* ♯ mineur, ces deux analyses sont défectueuses; la mienne est sans doute logique.

D'Excellents auteurs l'ayant écrit en 7.me diminuée et non en ♯6 je l'écrirai comme eux quelquefois dans le cours de ce traité, dans le but de familiariser l'élève à cette façon de l'écrire.

La quatrième modulation de la 2.e catégorie d'*Ut* majeur à *La* majeur s'effectue d'après la règle établie, en faisant suivre l'accord parfait majeur d'*Ut* de l'accord de 6.te augmentée placé sur *Fa*, sixième note mineure de la gamme de *La*.

N.° 4.

La modulation d'Ut majeur, en Si majeur, la cinquième et dernière de cette catégorie, s'effectue de même en faisant suivre l'accord parfait majeur d'Ut de l'accord de 6.° augmentée placé sur la sixième note mineure de la gamme de Si, c'est-à-dire sur Sol.

N.° 5.

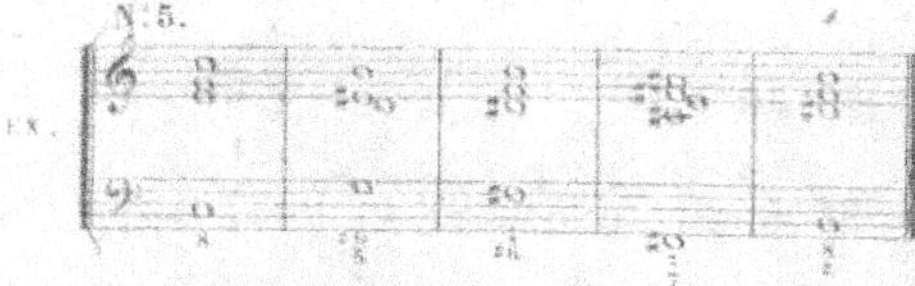

EX.

Bien que cette modulation soit très éloignée, et dans toutes les mauvaises conditions, puisque vous ne trouvez point de corrélation entre la 3.° majeure, la sensible et la tonique, elle offre par la puissance de l'accord de 6.° augmentée placé toujours sur la sixième note mineure du ton futur, un grand charme harmonique.

Après avoir étudié isolément les onze modulations de la gamme chromatique, comme nous venons de le faire, il faut les étudier réunies dans le tableau synoptique suivant. Je recommande expressément à l'élève d'apprendre ce tableau par cœur, aussi bien que les principes d'après les quels il est formé. Voyez la page suivante.

DES HARMONIES MAUVAISES ET DES HARMONIES DURES.

Il ne faut pas confondre la mauvaise harmonie avec celle qui est dure: elles sont très différentes. L'harmonie mauvaise est celle dont les accords ont une fausse corrélation; ce sont des accords qui ne peuvent et ne doivent point se suivre; ou des accords dissonants qui ne sont ni préparés ni sauvés; enfin tout ce qui constitue une harmonie mal faite.

Tandis qu'une harmonie dure est une succession d'accords qui se lient, mais imparfaitement, qui n'ont pas assez de notes communes entre eux.

Voici d'ailleurs des exemples qui feront comprendre, mieux que ne le saurait faire en ce cas la théorie, la différence essentielle qui existe entre les harmonies mauvaises et les harmonies dures.

HARMONIES MAUVAISES.

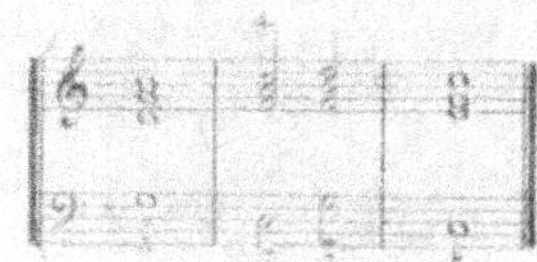

Cette 7.° de 2.° est mauvaise, parceque la 7.° de cet accord est attaquée sans préparation, et que sa résolution se fait en montant.

L'Élève doit savoir que les notes dissonantes doivent se préparer et se sauver.

Cette harmonie est exécrable; le triton monte lorsqu'il doit descendre, puisque la dissonance est à la basse, et que le Fa monte au Sol: le mouvement de la basse avec la première partie monte de 4.° ce qui donne un mouvement droit détestable; l'accord de 7.° sur la médiante se fait sans préparation et sans résolution: tout cela constitue une harmonie des plus mauvaises. Je pense que ces deux exemples suffisent pour faire voir à l'élève ce que c'est qu'une mauvaise harmonie.

TABLEAU SYNOPTIQUE
DES ONZE MODULATIONS AVEC DOUCEUR.

Il faut tâcher en écrivant de l'harmonie de donner à la 1re partie une forme aussi mélodique que possible cela donne de l'élégance et une grande douceur à l'harmonie, c'est ce que nous allons essayer.

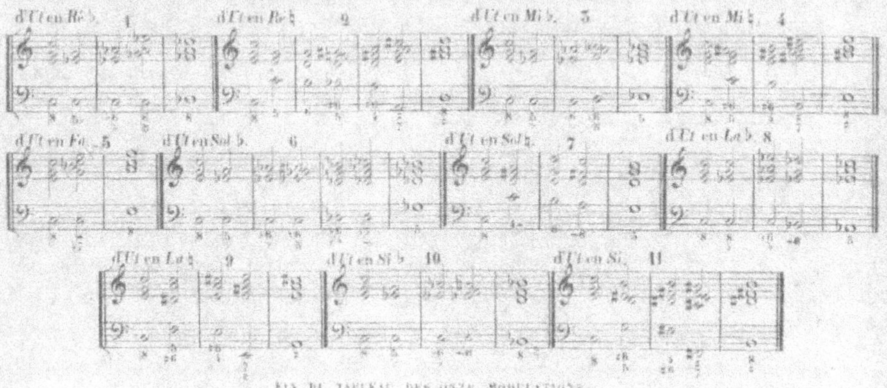

FIN DU TABLEAU DES ONZE MODULATIONS.

Après ce travail il faut étudier le tableau des onze modulations avec le retour au ton primitif.

Voici un calcul dont il faut bien se rendre compte:

1	2	3	4	5	6	7	8	9	10	11
11	10	9	8	7	6	5	4	3	2	1

Le N° 1 va d'Ut en Ré b, c'est la modulation à la 2de majeure supérieure et le N° 11 va d'Ut en Si ♮, c'est la modulation à la 7e majeure supérieure ainsi lorsque vous faites la modulation du N° 1 il faut revenir dans le ton par le N° 11 en transposant, au lieu d'Ut en Si, revenez de Ré b en Ut.

Le N° 2 revient dans le ton, par le N° 10. Voyez le tableau ci-dessus. Transposez de même de Ré en Ut.

Le N° 3 revient dans le ton, par le N° 9 id.

Le N° 4 revient dans le ton, par le N° 8. id.

Le N° 5 revient par le N° 7. id.

Le N° 6 revient par le N° 6 moyennant une enharmonique. Voyez le tableau.

Le N° 7 revient par le N° 5. id.

Le N° 8 par le N° 4. id.

Le N° 9 par le N° 3. id.

Le N° 10 par le N° 2. id.

Le N° 11 par le N° 1. id.

(Vous trouverez la preuve de ces calculs au tableau suivant page (145))

Il faut toujours établir le ton dans lequel on est. J'entends par établir le ton, formuler une cadence parfaite pour que le ton soit bien d'aplomb et aussitôt que vous avez fait une modulation faire encore la cadence parfaite pour que ce nouveau ton soit bien établi. Cette cadence parfaite doit pouvoir se faire sans réflexion; pour cela vous devez bien savoir votre tableau des cadences parfaites dans toutes les positions, car les modulations ne vous portent pas toujours à la 1re position; il faut donc établir votre ton par une cadence parfaite. Cette cadence vous sert de plus, pendant que vous la faites, sans dépense d'esprit à penser à ce que vous devez trouver pour exécuter la modulation que vous voulez faire ou qui vous est commandée. Le beau de ce jeu harmonique est de pouvoir moduler en mesure au commandement et sans hésitation.

Il faudra par la suite étudier diverses formules de cadences parfaites pour éviter une monotonie harmonique qui deviendrait insupportable. Je vous en offrirai plusieurs après ces tableaux.

Étudier à présent le tableau des modulations et des retours.

PREMIER TABLEAU D'UT MAJEUR.

Dans tous les tons majeurs et revenant en UT.

Procédant chromatiquement.

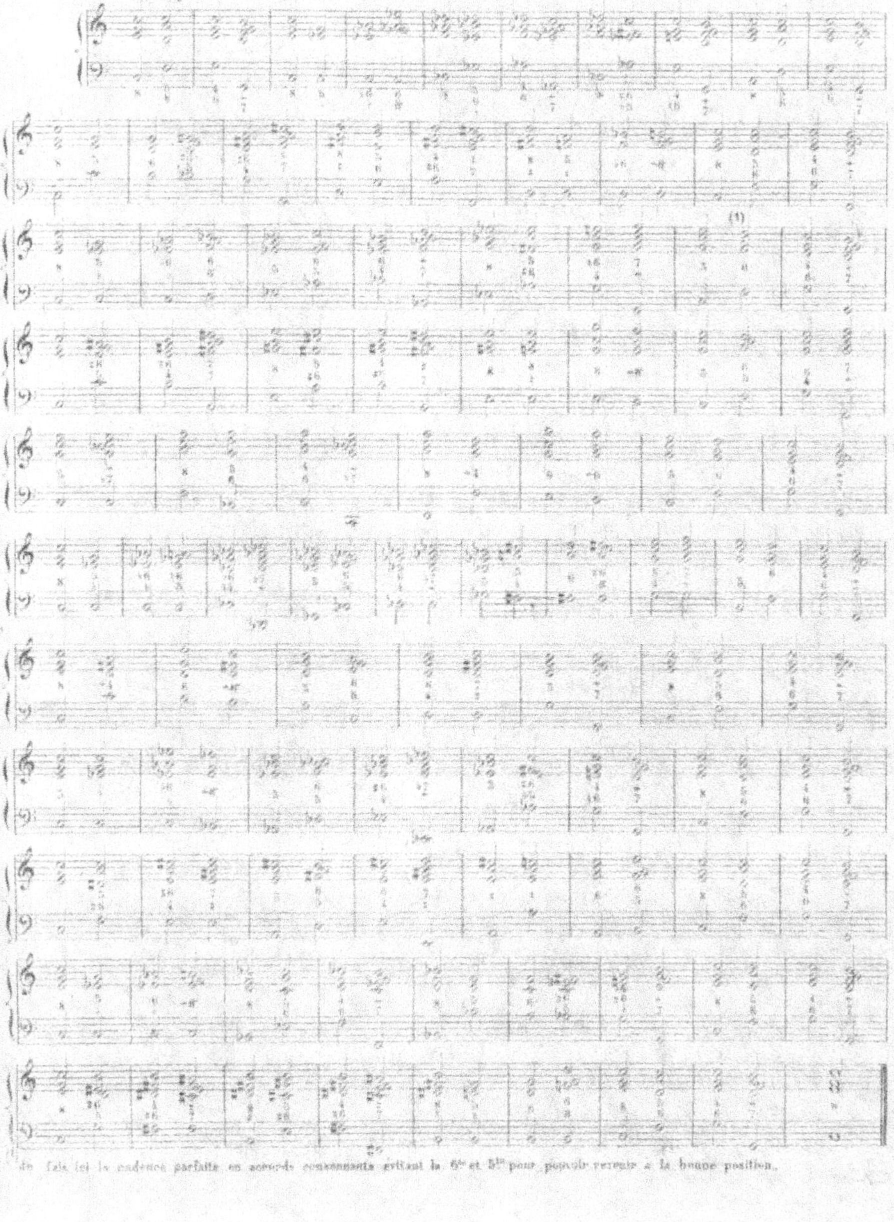

en UT majeur

(1)

On fait ici la cadence parfaite en accords consonnants évitant la 6te et 3te pour pouvoir revenir à la bonne position.

2. TABLEAU DE SOL MAJEUR

Dans tous les tons majeurs et revenant au Sol.

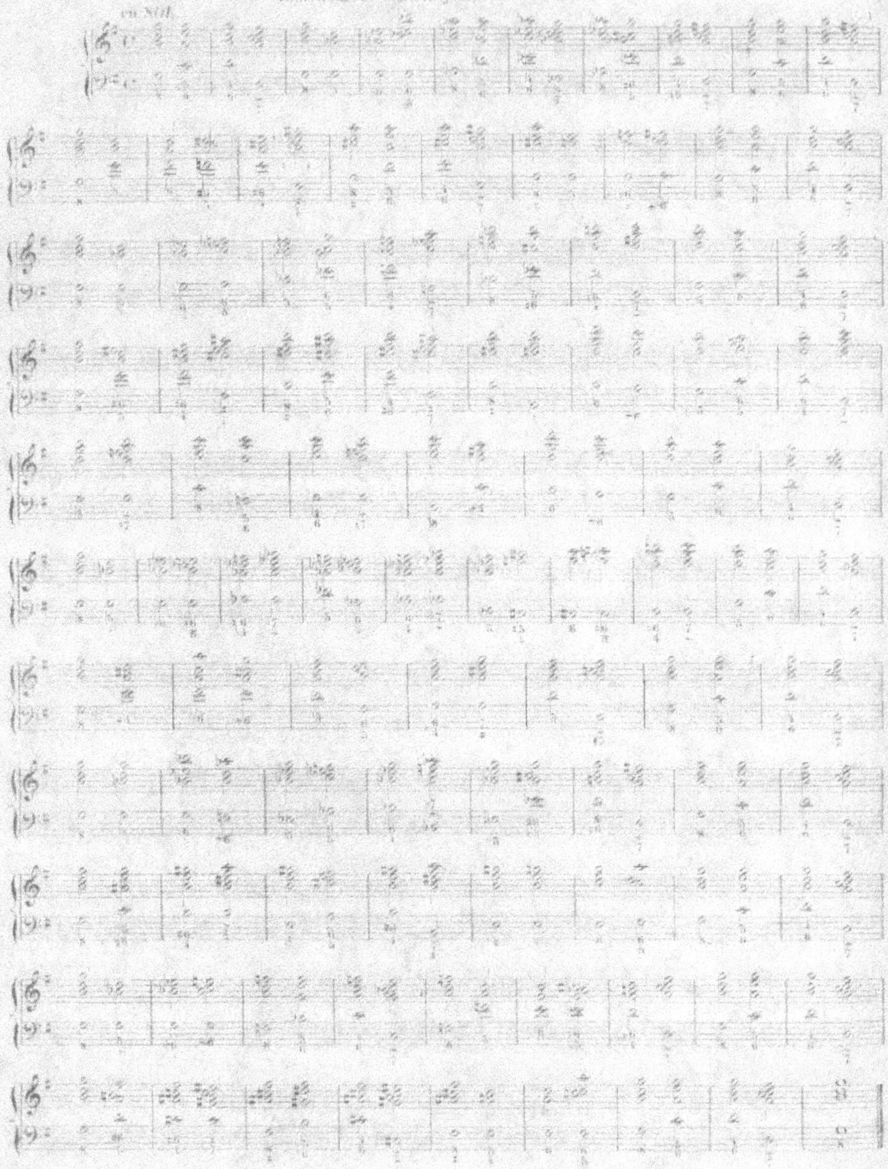

X. TABLEAU DE FA MAJEUR
Dans tous les tons majeurs et revenant en Fa

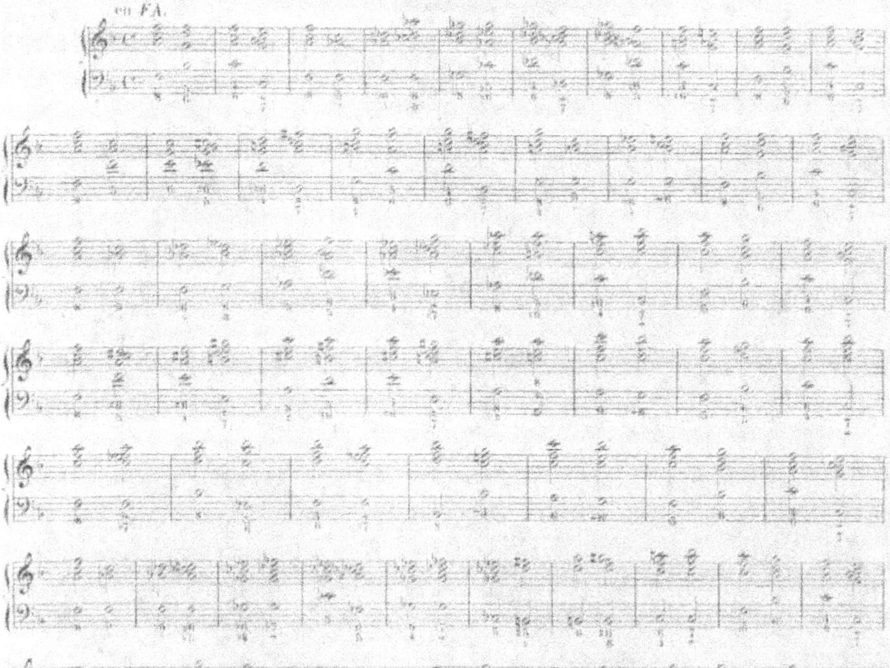

1.ᵉʳ TABLEAU DE RÉ MAJEUR

Dans tous les tons majeurs et revenant en Ré

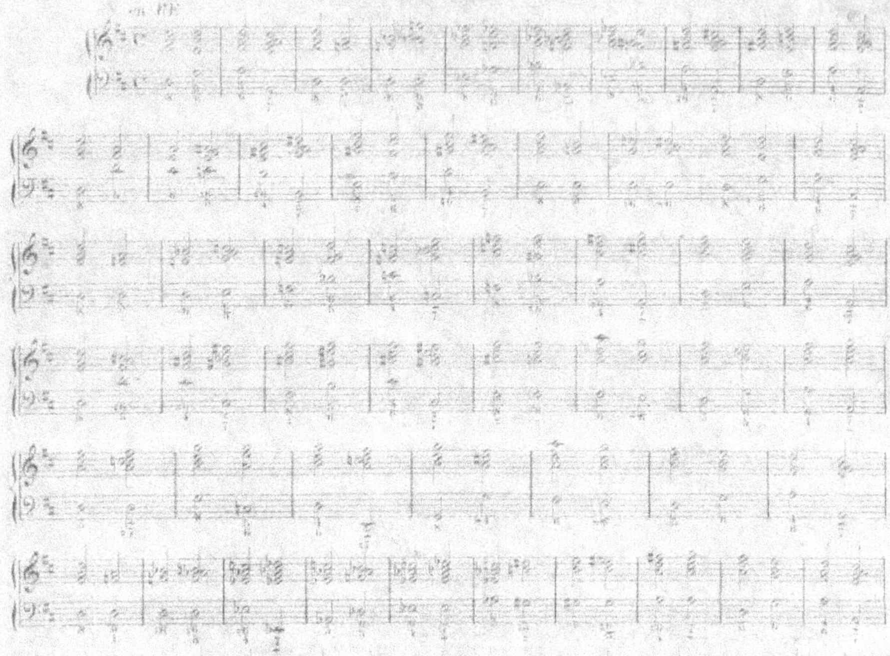

5. TABLEAU DE SI♭ MAJEUR

Dans tous les tons majeurs et revenant en Si♭.

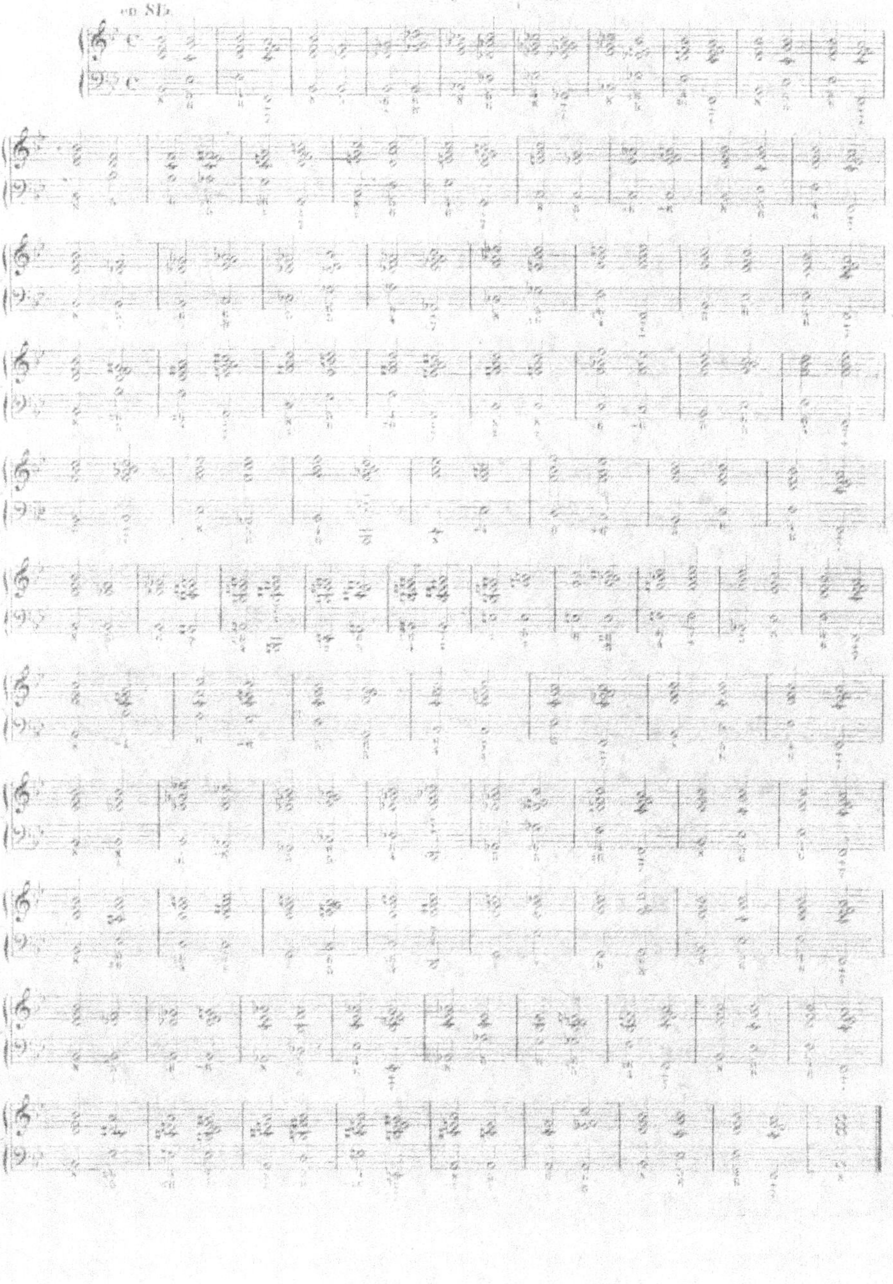

en Si♭.

6. TABLEAU DE LA MAJEUR

Dans tous les tons majeurs et revenant en La.

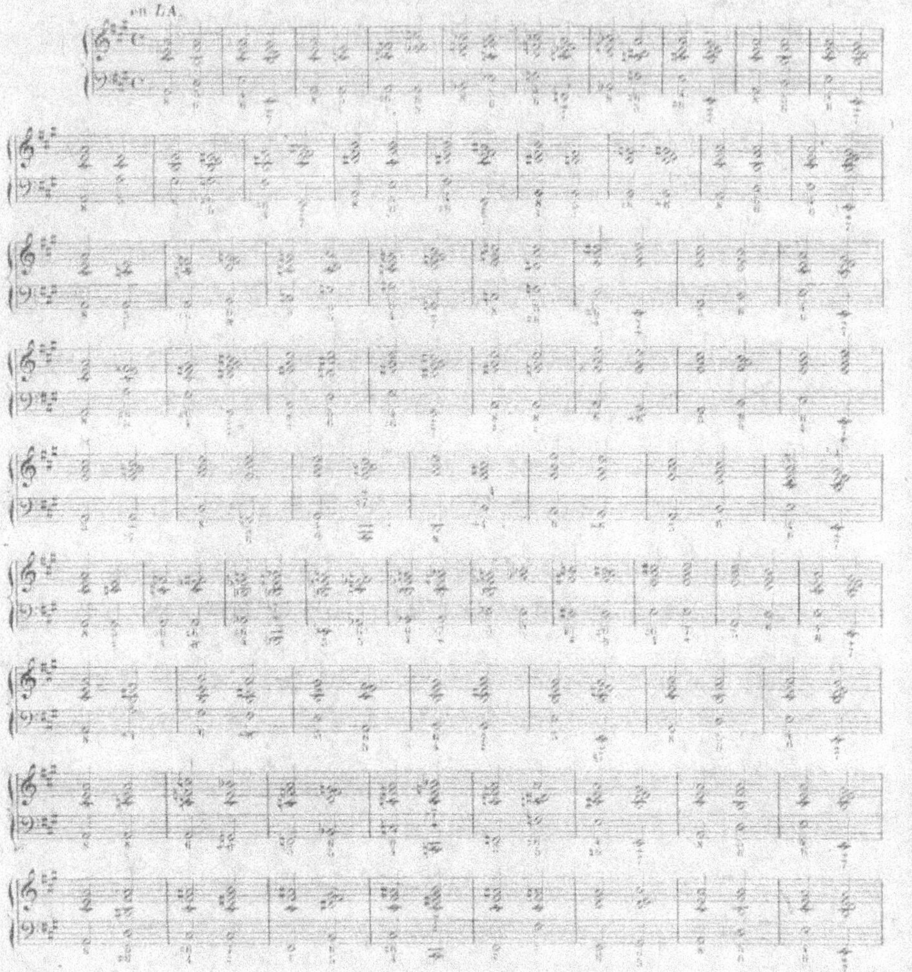

7. TABLEAU DE MI MAJEUR

Dans tous les tons majeurs et revenant en Mi.

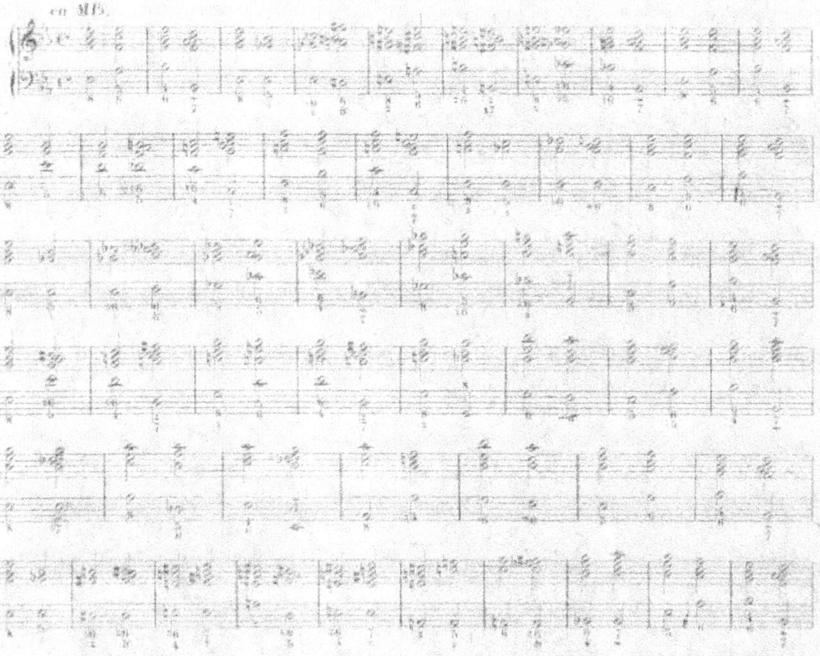

en MI.

8. TABLEAU DE MI MAJEUR

Dans tous les tons majeurs et revenant en Mi.

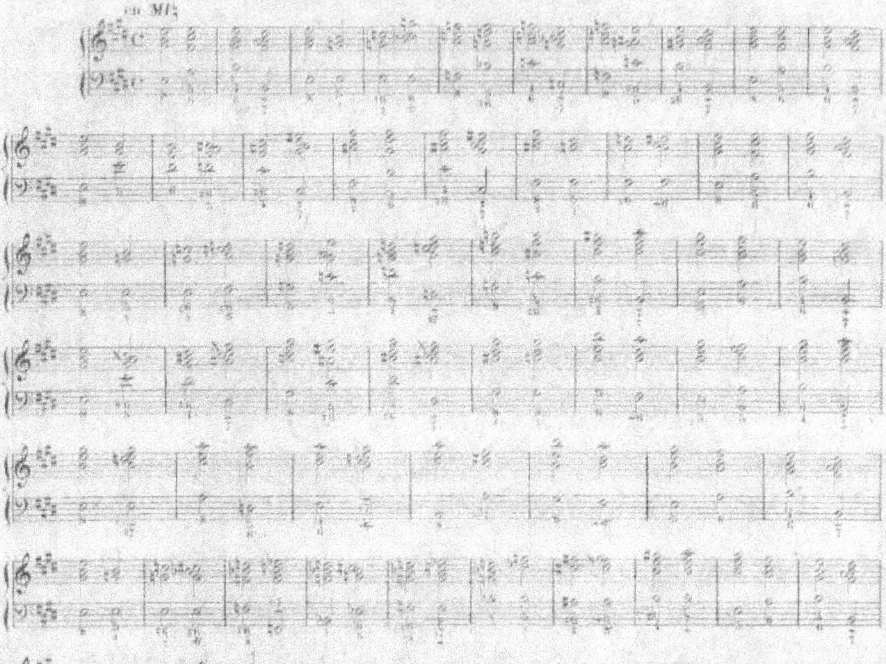

3ᵉ TABLEAU DE LA♭ MAJEUR

Dans tous les tons majeurs en revenant en La♭.

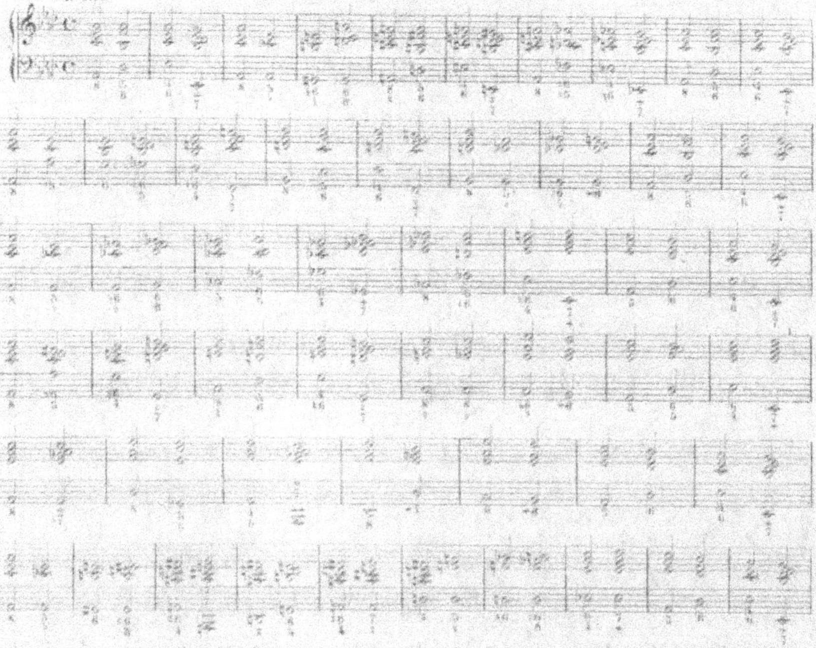

en La♭

10e TABLEAU DE SI MAJEUR

Dans tous les tons majeurs en revenant en Si.

en 8ts.

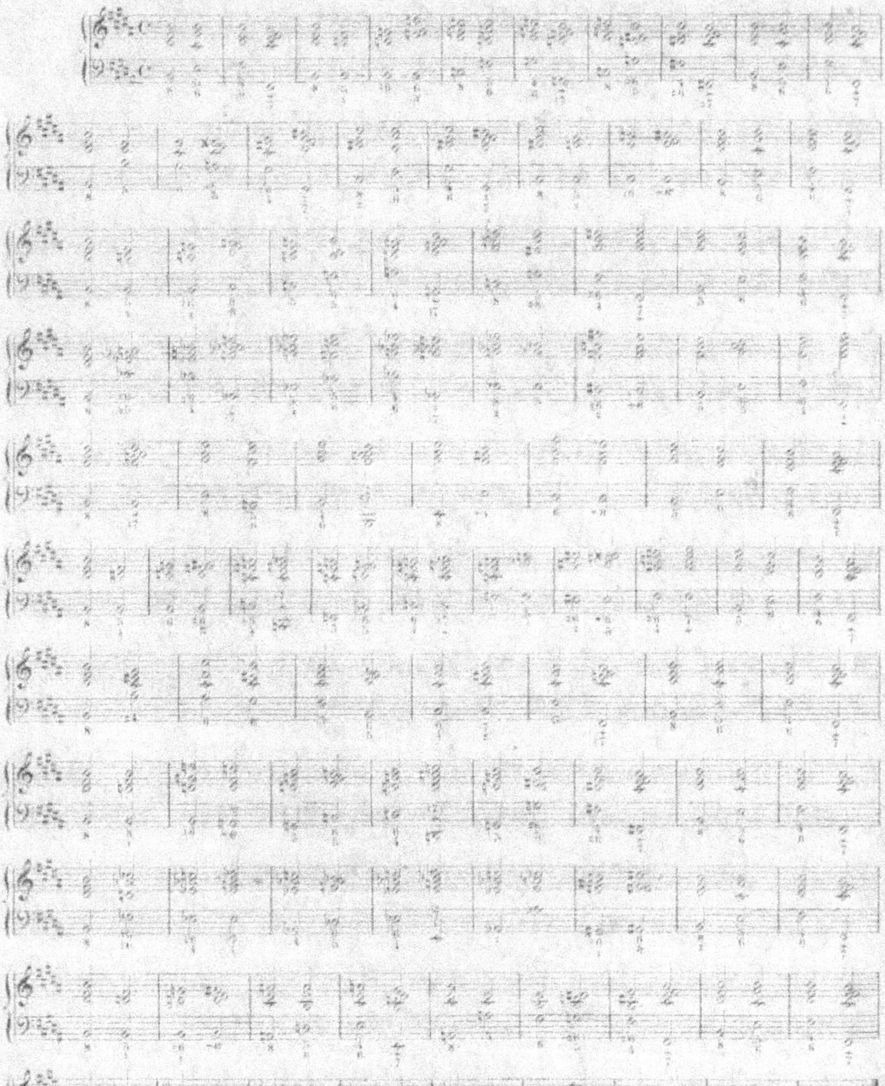

Dans tous les tons majeurs en revenant au Ré♭.

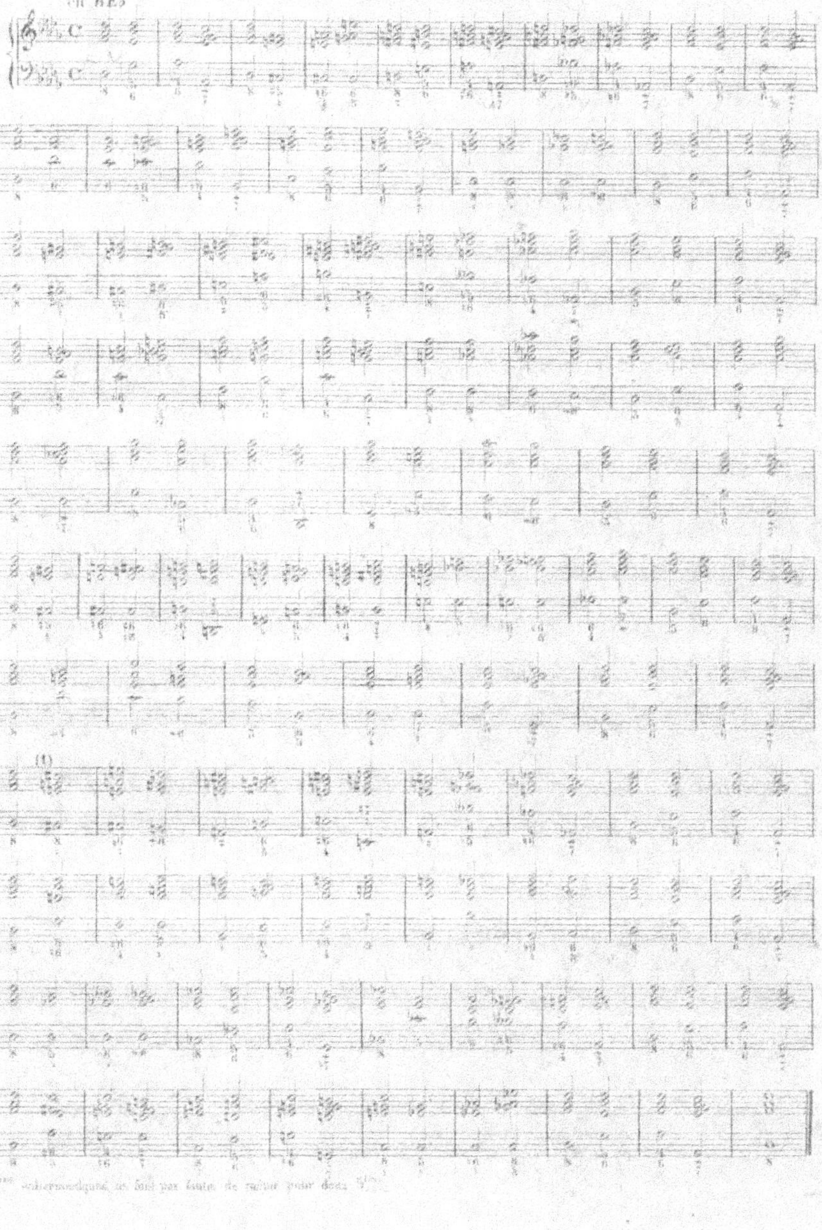

12. TABLEAU DE FA♯ MAJEUR

Dans tous les tons majeurs en revenant en *Fa♯*.

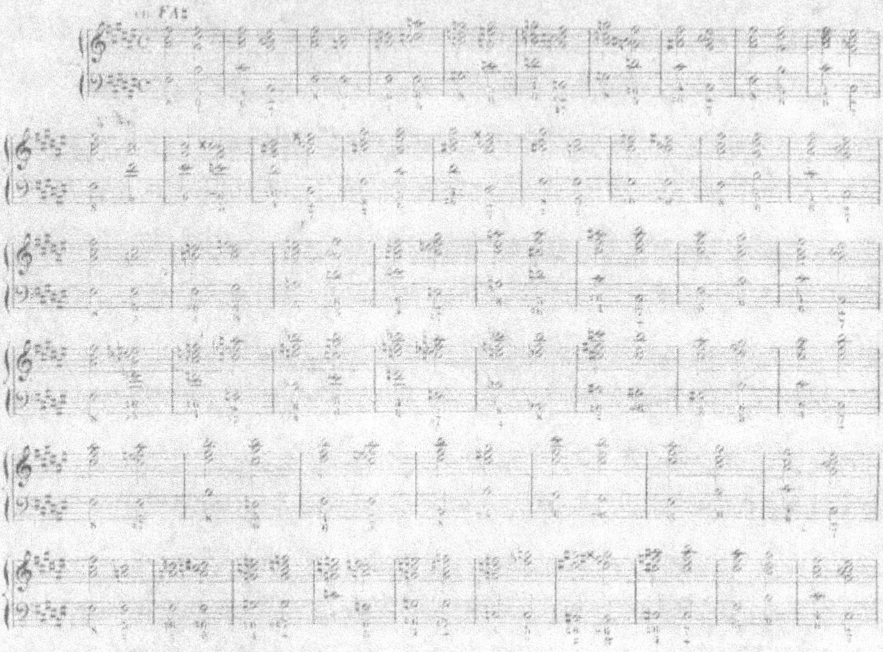

15.e TABLEAU DE FA♯ MAJEUR

Dans tous les tons majeurs en revenant toi N.o 5.

14.ᵉ TABLEAU D'UT♯ MAJEUR
Dans tous les tons majeurs en rentrant en Ut♯
en UT♯

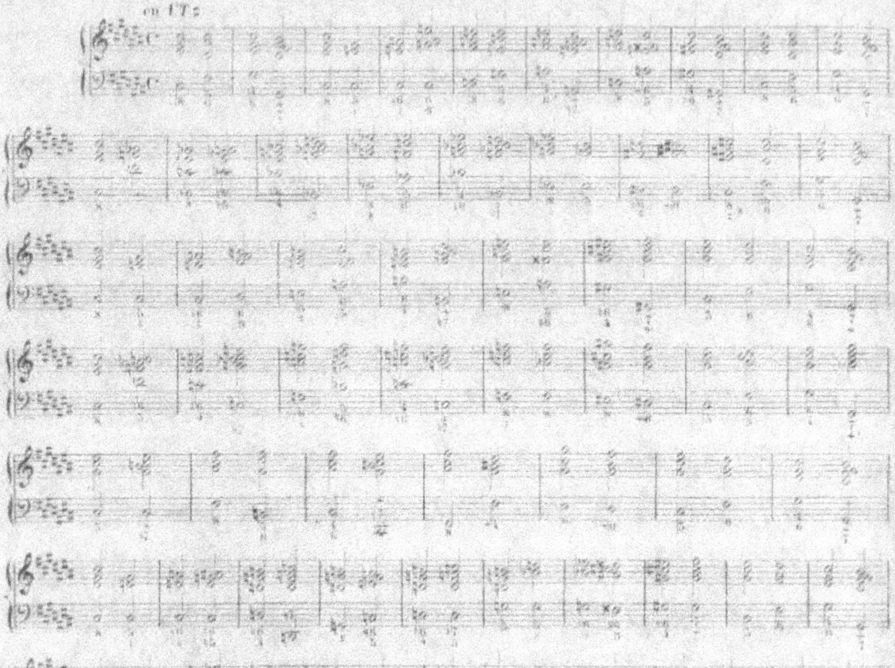

15 TABLEAU D'UT MAJEUR

Dans tous les tons majeurs en revenant en Ut

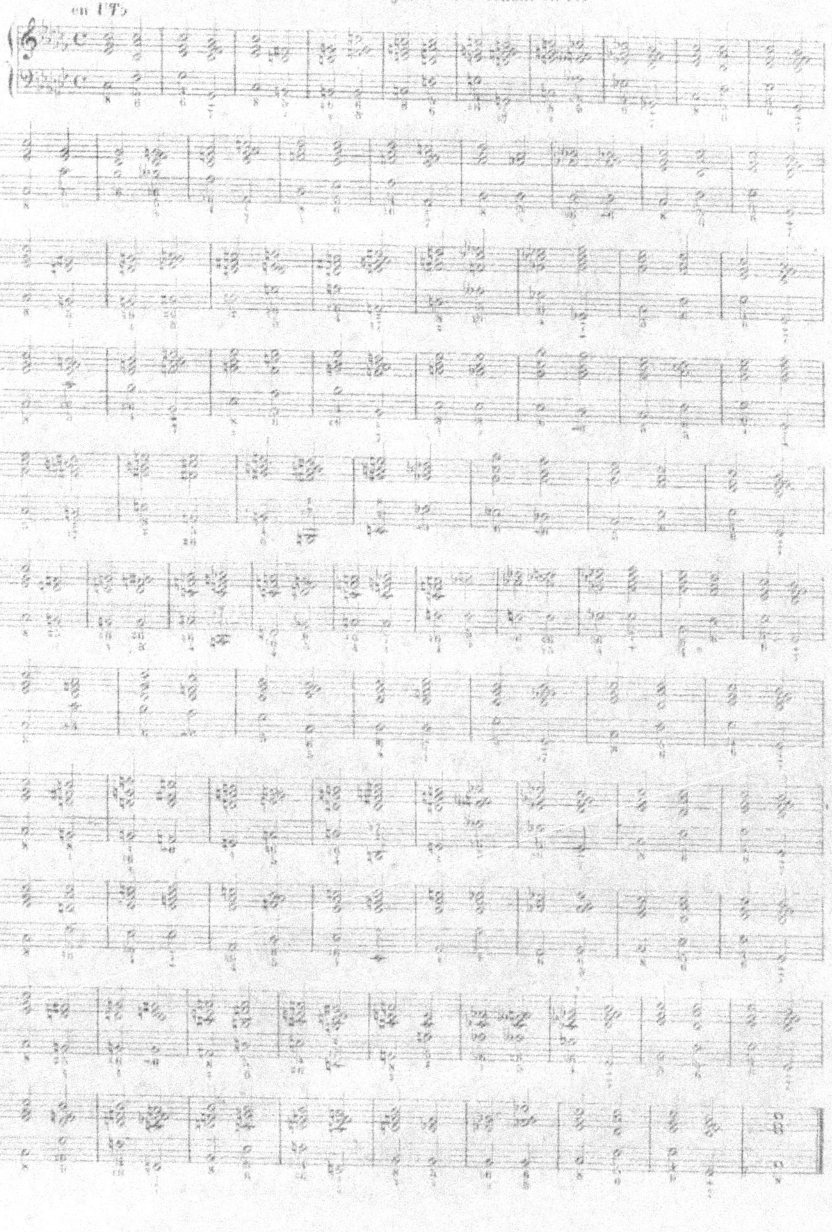

en UT

TABLEAUX DES MODULATIONS
À TOUS LES DEGRÉS DANS TOUS LES TONS ET AUX DIVERSES POSITIONS.

Il existe une 4ᵉ position qui ne manque pas d'élégance harmonique en ce qu'elle donne l'8ᵉ de l'accord parfait à la 1ʳᵉ partie, mais dans l'accord de 7ᵉ de dominante elle donne la 5ᵗᵉ à la 1ʳᵉ partie.

Modulation de la 2ᵉ mineure ou du demi-ton diatonique ou chromatique.

N.º 1.

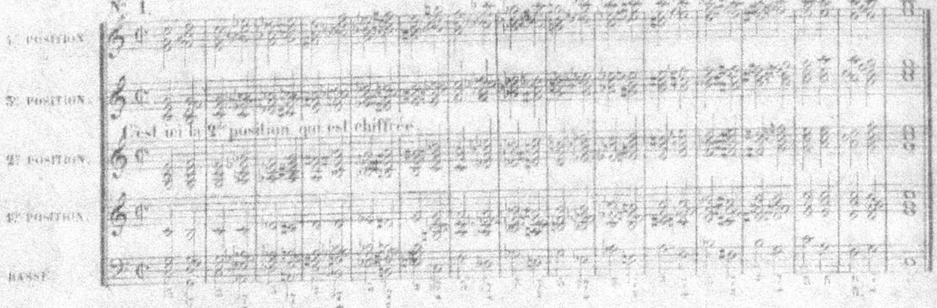

1ʳᵉ POSITION

3ᵉ POSITION

C'est ici la 2ᵉ position qui est chiffrée.

2ᵉ POSITION

4ᵉ POSITION

BASSE.

N.º 1 bis.
Mêmes modulations.

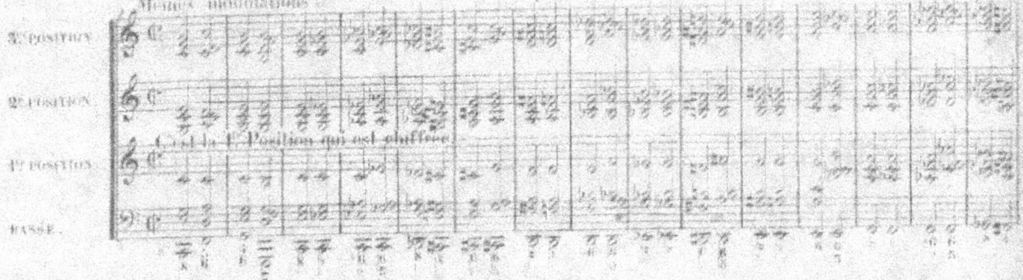

3ᵉ POSITION

2ᵉ POSITION

C'est la 1ʳᵉ Position qui est chiffrée.

1ʳᵉ POSITION

BASSE.

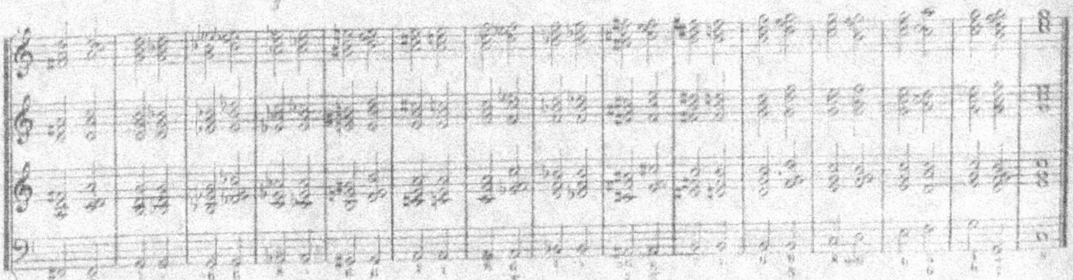

N.º 2. Modulations d'un ton ou de la 2ᵈᵉ majeure ou de la 3ᵗᵉ diminuée.

3ᵉ P.

2ᵉ P.

1ʳᵉ P.

BASSE.

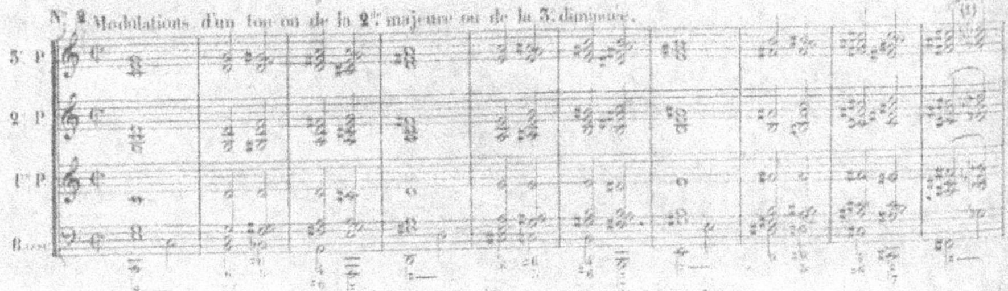

(1) Ces deux 5ᵗᵉˢ enharmoniques au fond pas finie.

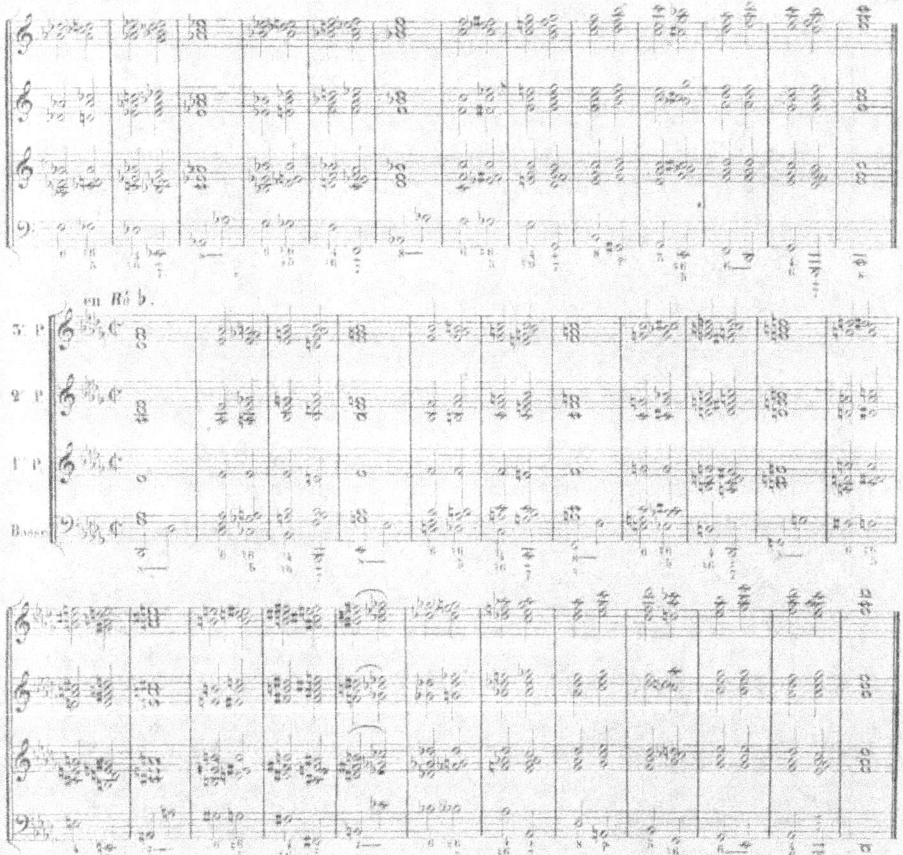

Dans toutes ces modulations c'est la 1re Position que je chiffre.   Pour faire dans tous les tons la modulation de l'intervalle d'un ton, il faut s'y prendre à 2 fois; la 1re à partir d'ut et la 2e à partir de ré b.

N°5.   Modulations de la 3ce mineure ou de la 2de augmentée soit un ton et ½

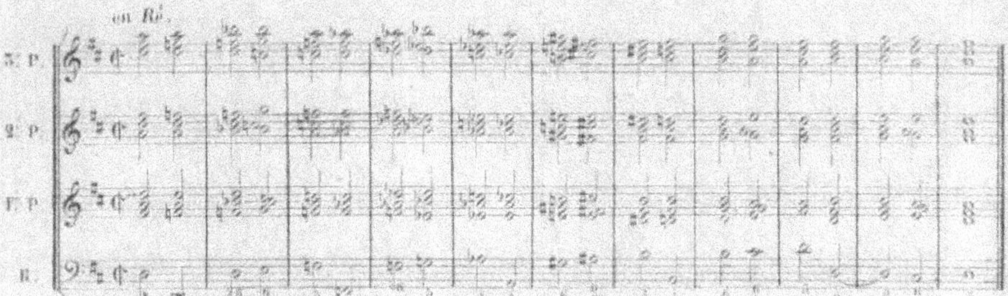

Pour faire dans tous les tons la modulation de l'intervalle de la 5e mineure, il faut s'y prendre à trois fois: la 1re à partir d'ut, la 2de à partir d'ut # ou ré ♭ et la 3e de ré :

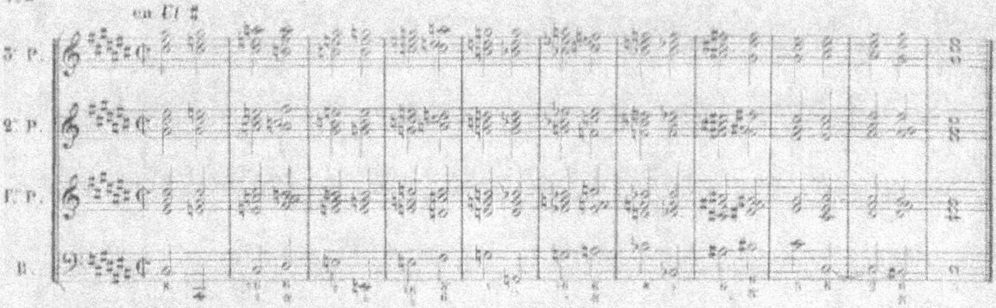

N° 4. Modulations de la tierce majeure ou quarte diminuée de 2 tons ou 1 ton et 2 demi-tons.

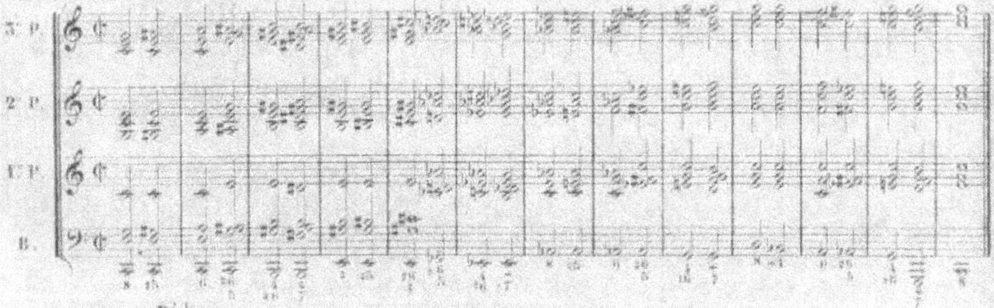

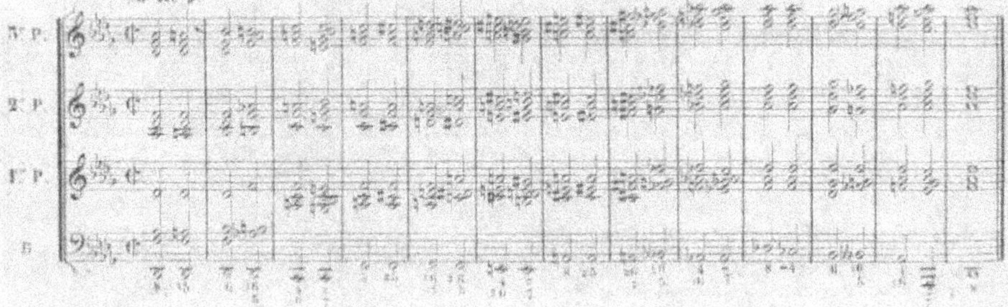

en Ré ♭

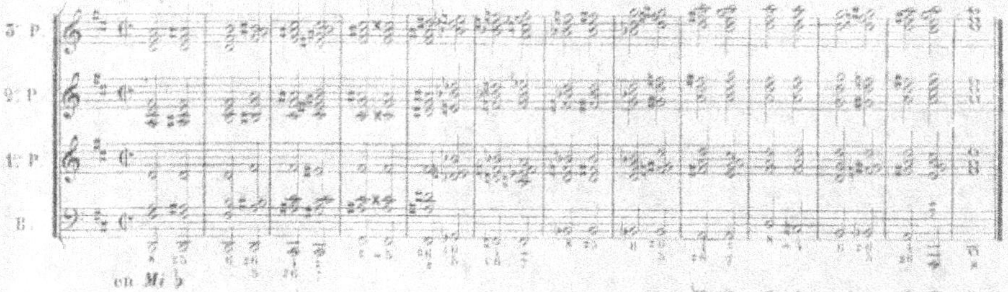

en Mi ♭

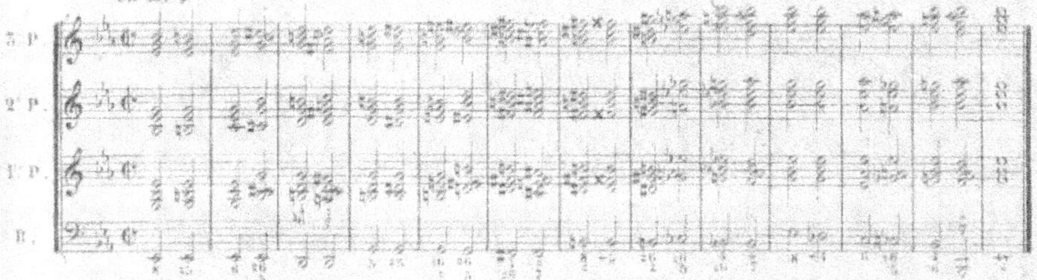

Pour faire dans tous les tons la modulation de la 5.e majeure, il faut s'y prendre à 4 fois la 1.re à partir d'ut, la 2.e de ré ♭, la 3.e de ré ♮, et la 4.e à partir de si ♭.

Une seule fois suffit pour les modulations de la 4.e juste, ou 2 tons et ½.

N.o 5.

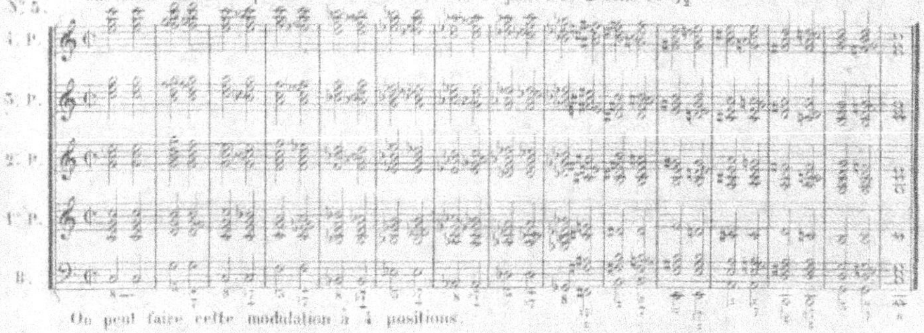

On peut faire cette modulation à 4 positions.

N.o 6. Modulations de la 4.te augmentée ou de la 5.te diminuée. 3 tons, ou 2 tons 2 demi-tons.

en Ré ♭

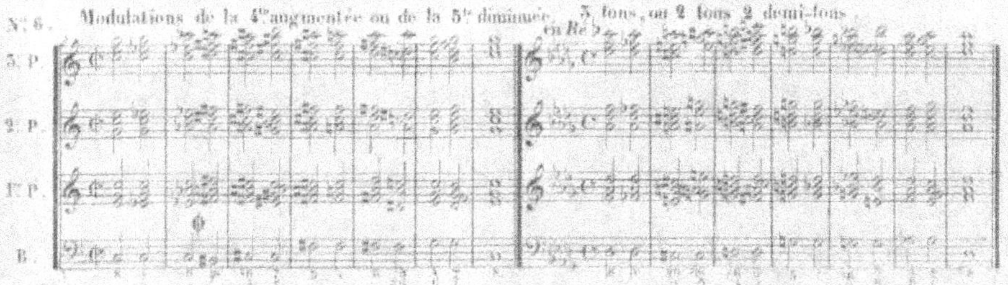

Ici l'on peut chiffrer Septième diminuée au lieu de... 1.er renversement, cependant il est mieux d'éviter la 7.e diminuée; le cas ici est exceptionnel à cause de l'enharmonie qui donne un bon mouvement chromatique.

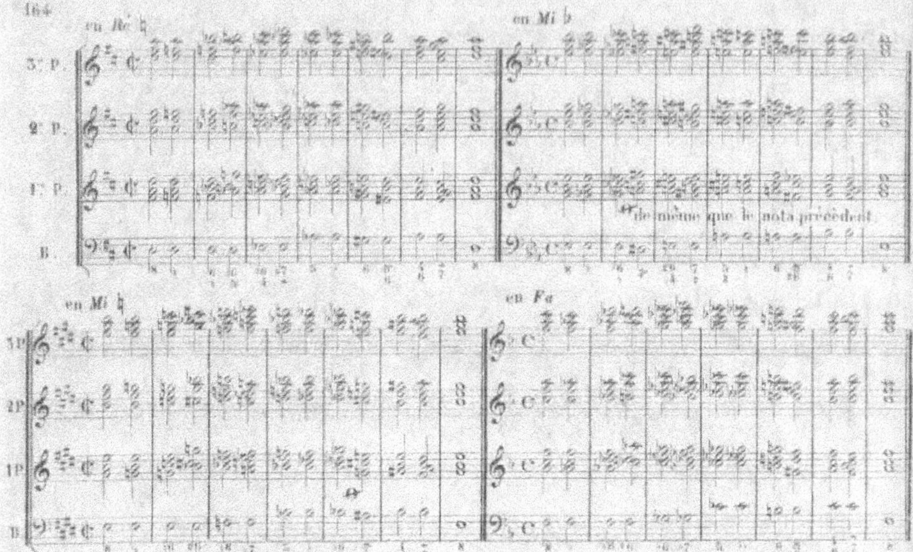

Quelquefois les marches d'harmonie entrainent à écrire les positions trop hautes; exemple: ces dernières modulations.

Pour faire dans tous les tons la modulation de la 5.te diminuée ou la 4.te augmentée il faut s'y prendre à 6 fois.

N.° 7. Une seule fois suffit pour la modulation à la 5.te juste supérieure ou la 4.te juste inférieure 5 tons et 1/2

N.° 8.   Modulation de la 6.e mineure ascendante ou de la 3.e majeure descendante, 3 tons 2 demi-tons.

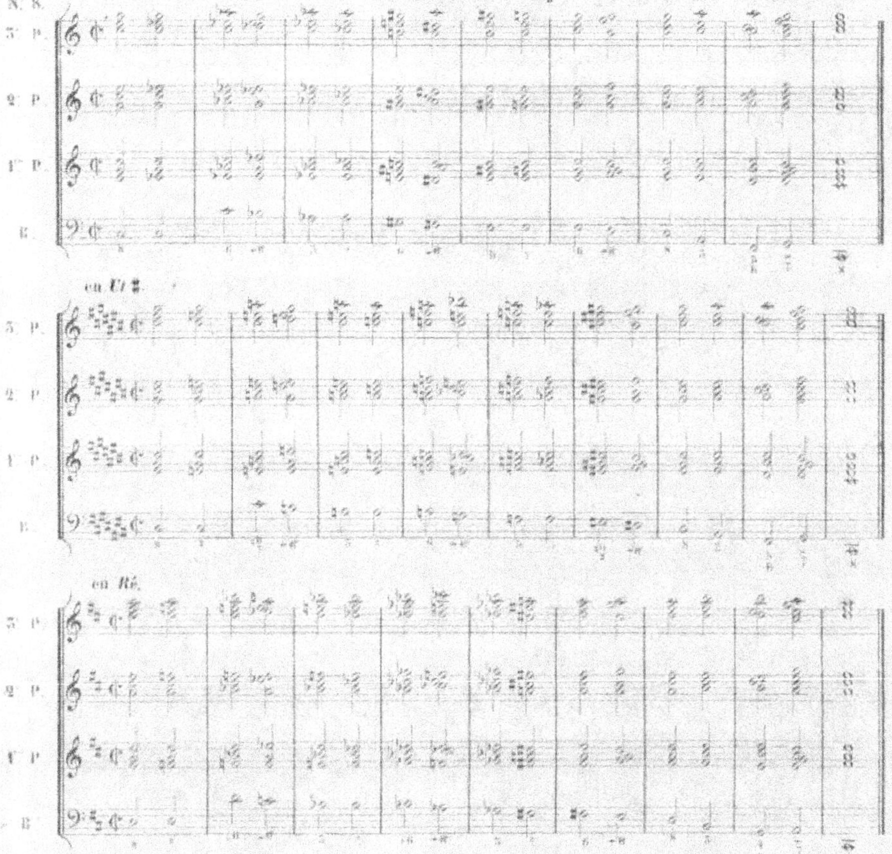

3.e P.
2.e P.
1.re P.
B.

en Ut #

en Ré

en Mi♭

Pour cette modulation il faut s'y prendre à quatre fois.

166. Modulations de la 6.e majeure supérieure ou de la 3.e mineure inférieure. 4 tons et ½
N.° 9.
3.P.
2.P.
1.P.
B.
en Ut b.
en Si b.
Pour la 6.e majeure il faut s'y prendre à trois fois.
N.° 10. Modulations de la 7.e mineure sup.e ou de la 2.de majeure inférieure. 4 tons 2 demi-tons.
(1) Deux 5.es et deux 8.es faites sur deux notes enharmoniques ne forment point fautes, bien qu'elles existent à l'œil elles ne forment point 5.es à l'oreille.
en Si.
(1) Même exception.
Pour la 7.e mineure supérieure de la 2.de majeure inférieure il faut s'y prendre à deux fois.

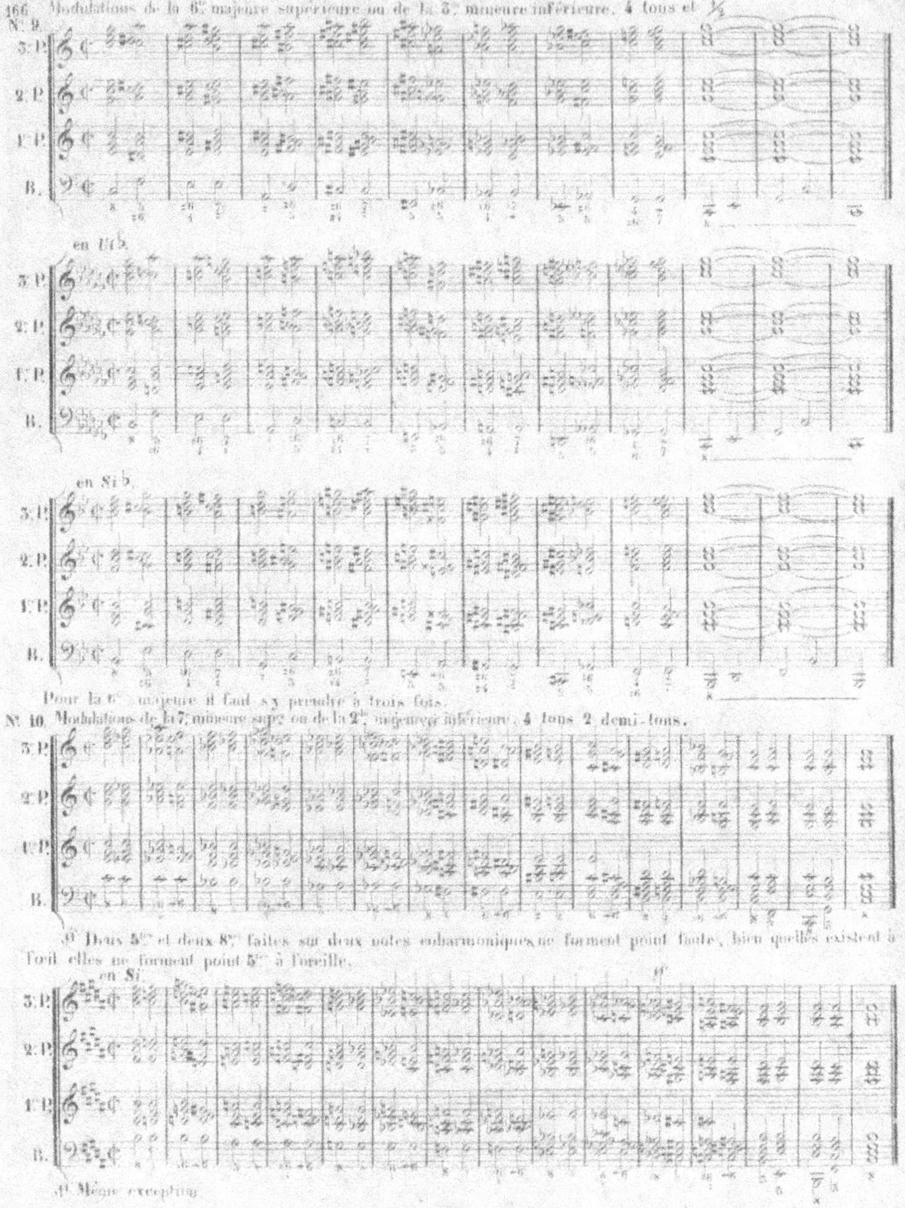

Pour la modulation de la 7ᵐᵉ majeure ou de la 2ᵈᵉ mineure inférieure une seule fois suffit. 5 tons et ½ ton.

N° 11.

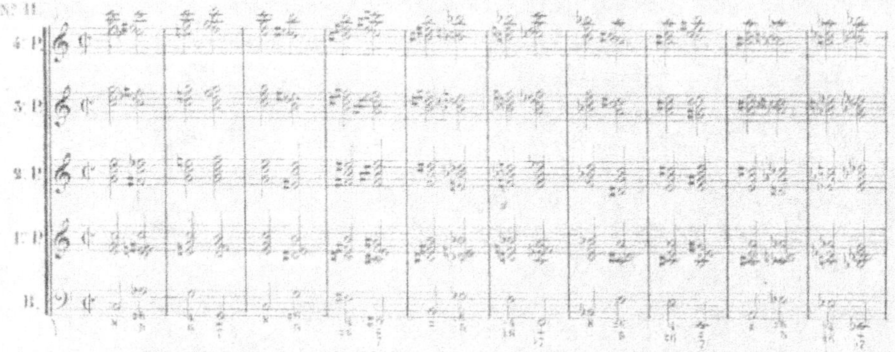

Observez que cette modulation peut s'écrire à 4 positions.

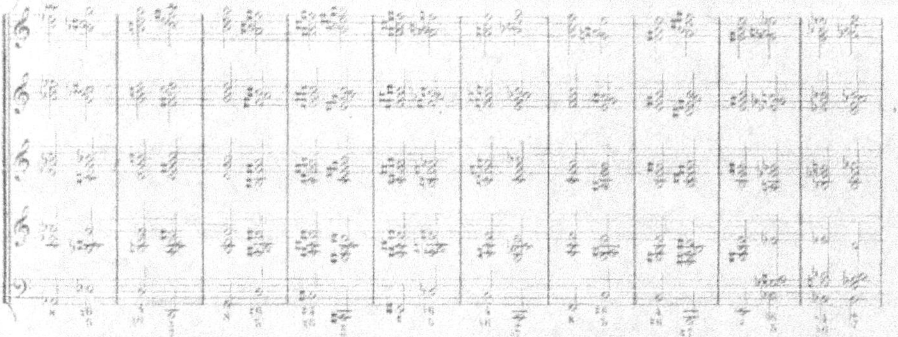

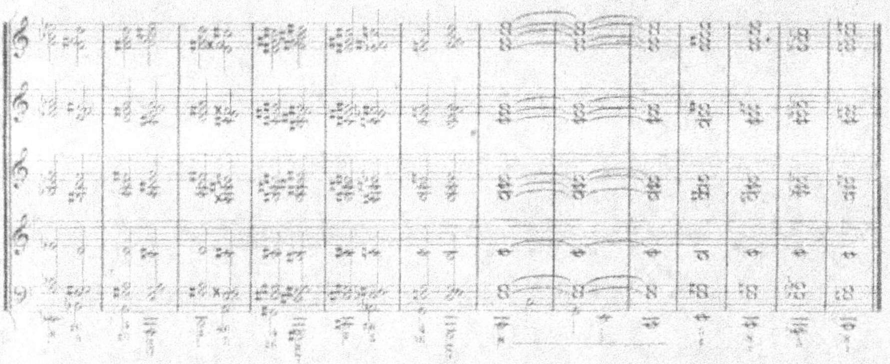

Observez bien la manière de chiffrer ces harmonies avec la différence des accidents. Lors des transitions il ne faut pas oublier que la 4ᵉ juste est souvent représentée par un 4 sans accidents. Lorsque la quarte doit être augmentée on y met une croix, et lorsqu'elle est diminuée on barre le 4. (4)

EXERCICES NOUVEAUX À LA POSITION LA PLUS ÉLÉGANTE.

L'élégance de cette position tient à ce que la partie supérieure a les bonnes notes des accords et qu'elle est plus mélodieuse.

ÉTUDE du demi-ton diatonique ou chromatique ou de la 2e mineure.

1er tableau

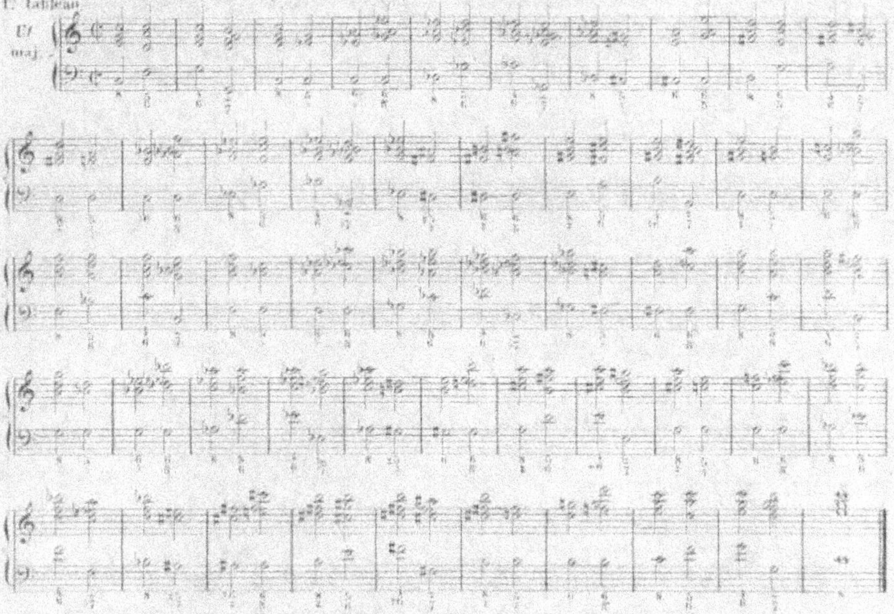

EXERCICE du ton ou de la 2e majeure ou 3e diminuée. Soit 2 demi-tons diatoniques.

2e tableau

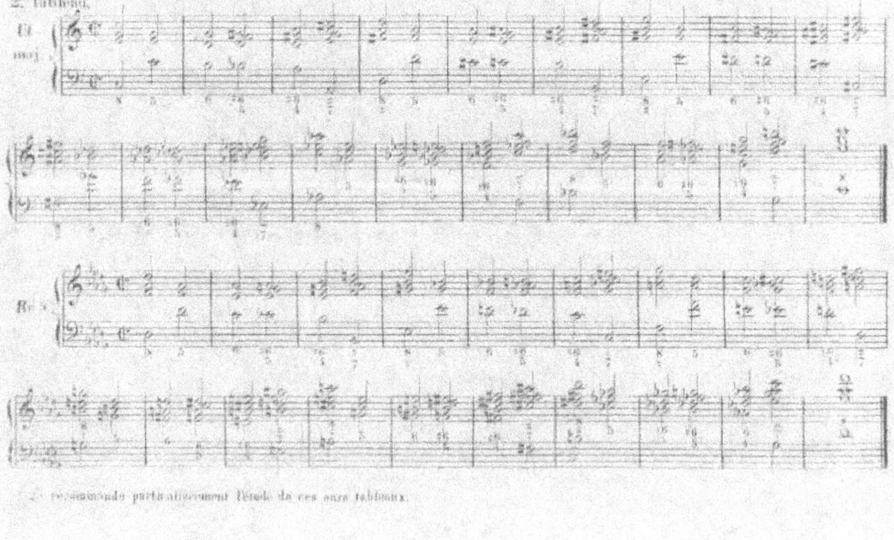

Je recommande particulièrement l'étude de ces onze tableaux.

ETUDE de la 3e mineure ou d'un ton et un demi-ton.

3e tableau.

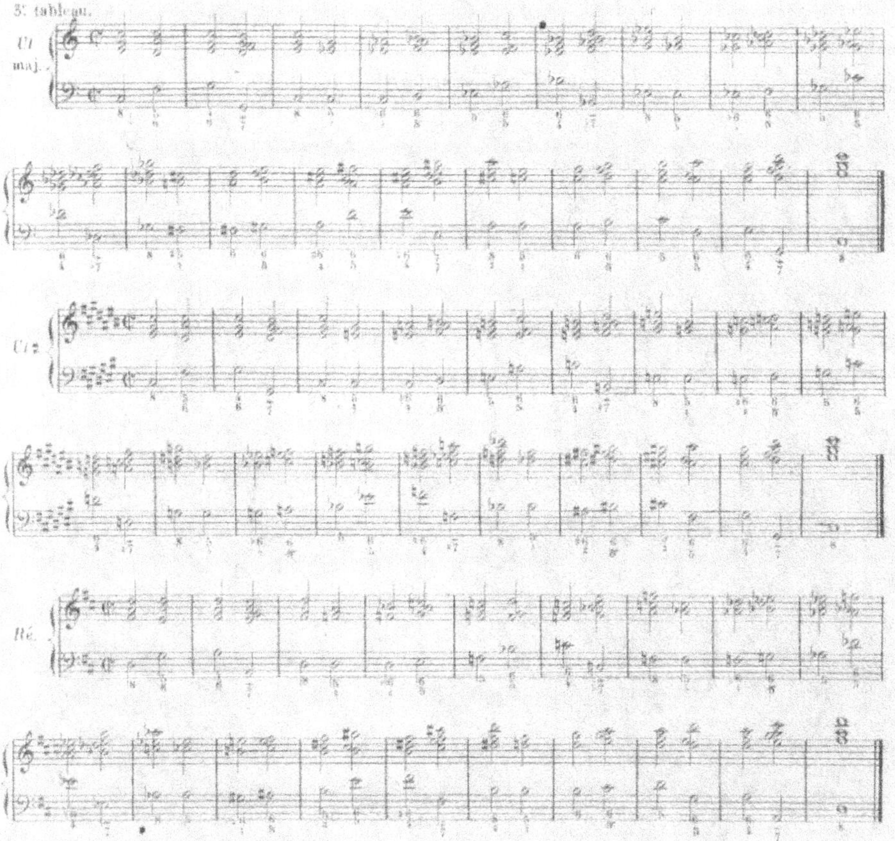

Ut maj.

Ut♯

Ré

ETUDE de la 3e majeure ou la 4te diminuée soit 2 tons, ou 1 ton 2 demi-tons.

4e tableau.

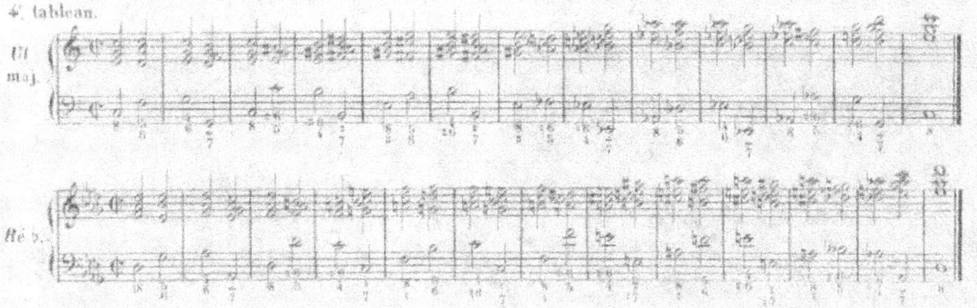

Ut maj.

Ré♭

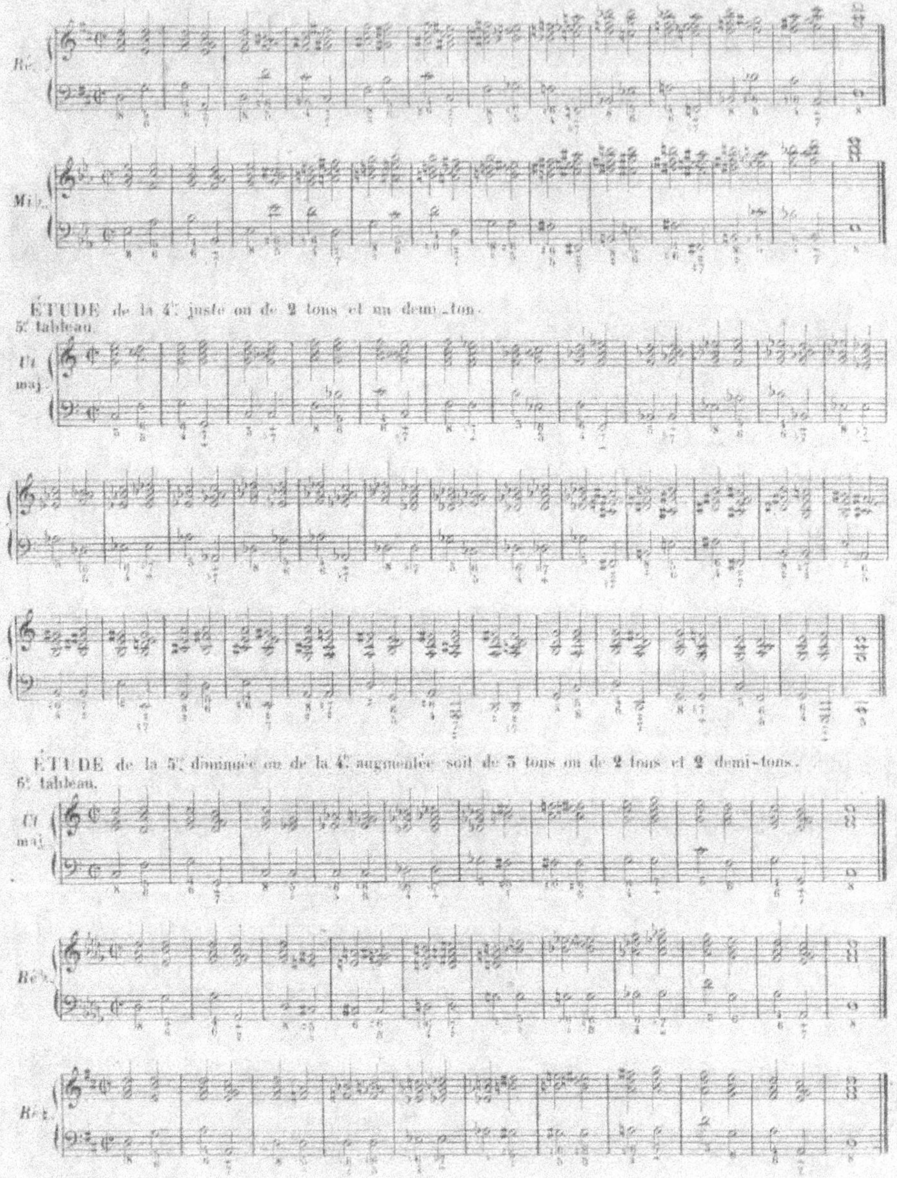
Ré.
Mi♭.
ÉTUDE de la 4.ᵉ juste ou de 2 tons et un demi-ton.
5.ᵉ tableau.
Ut maj.
ÉTUDE de la 5.ᵉ diminuée ou de la 4.ᵉ augmentée soit de 3 tons ou de 2 tons et 2 demi-tons.
6.ᵉ tableau.
Ut maj.
Be♭.
Ré♯.

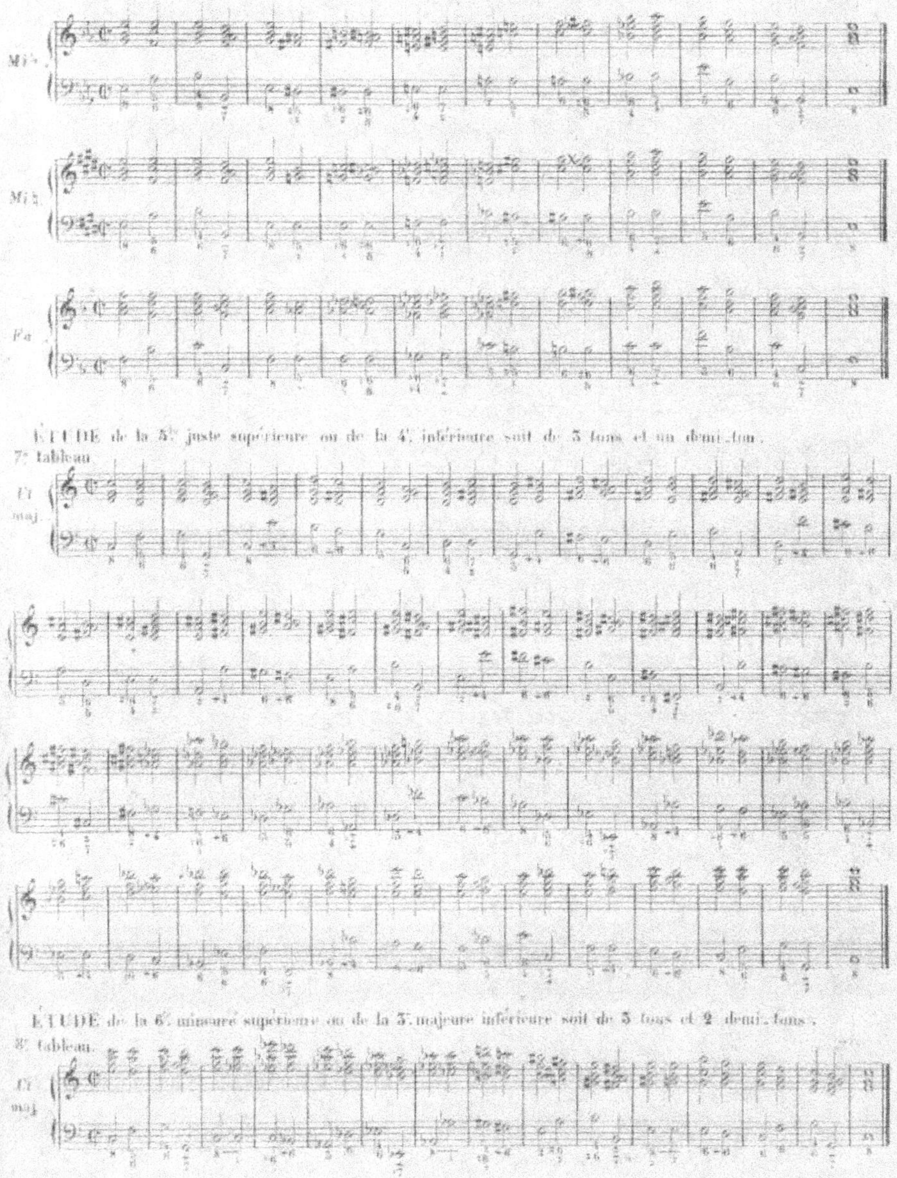

ÉTUDE de la 5.e juste supérieure ou de la 4.e inférieure soit de 3 tons et un demi-ton.

7.e tableau

ÉTUDE de la 6.e mineure supérieure ou de la 3.e majeure inférieure soit de 3 tons et 2 demi-tons.

8.e tableau

Quelquefois le triton se chiffre par 4+ au lieu de +4.

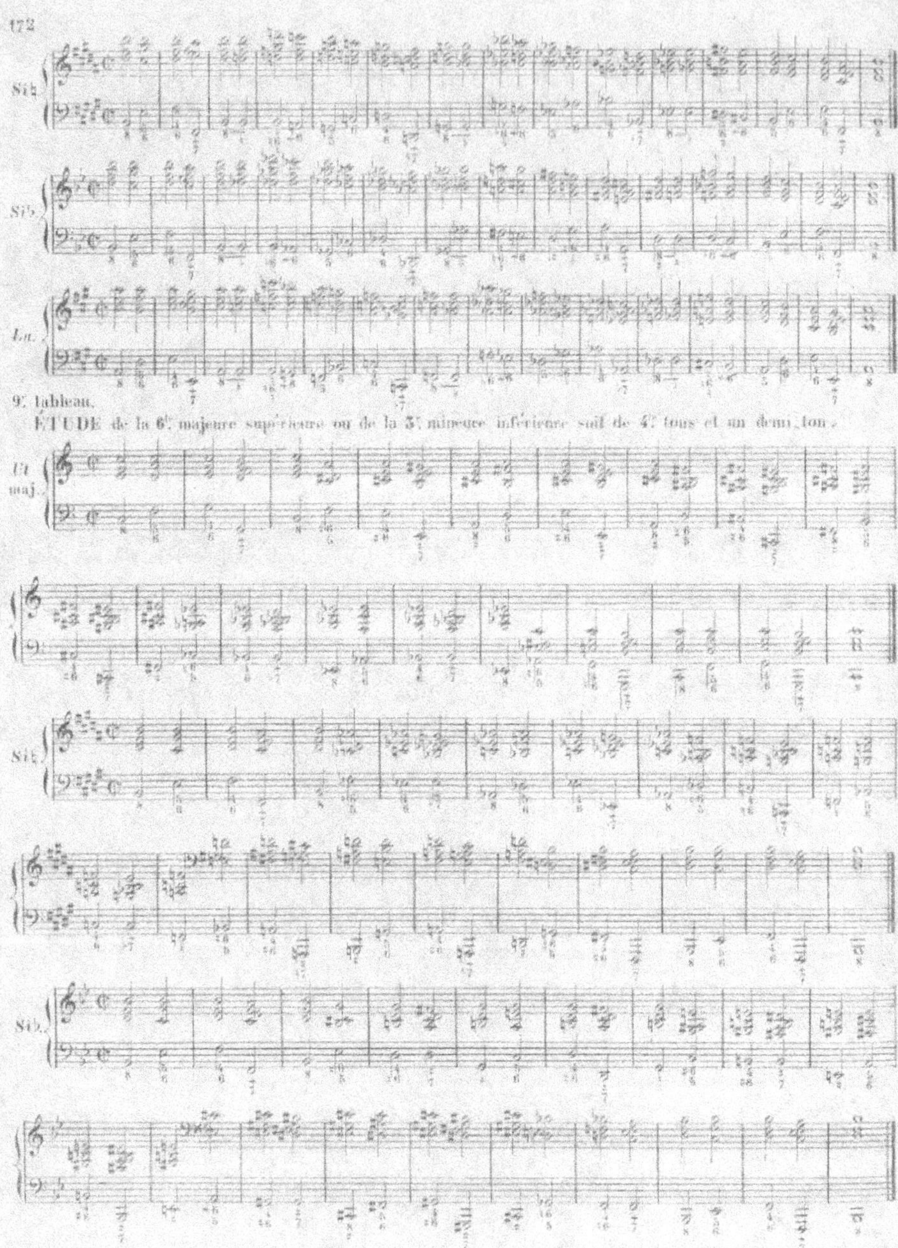

9.ᵉ Tableau.

ÉTUDE de la 6.ᵉ majeure supérieure ou de la 3.ᵉ mineure inférieure suit de 4 tons et un demi ton.

ÉTUDE de la 7e mineure supérieure ou de la 2e majeure inférieure soit de la 4e tons et 2 demi-tons.

10e tableau.

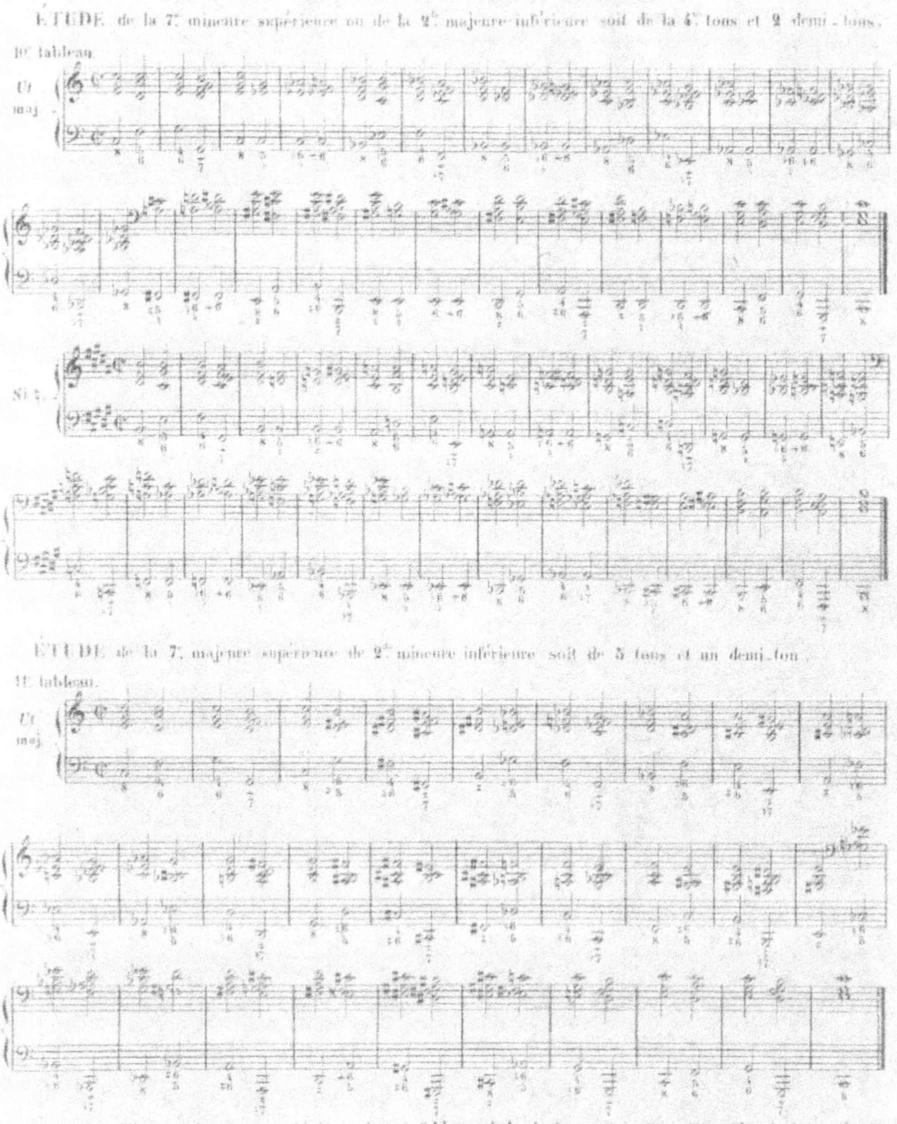

ÉTUDE de la 7e majeure supérieure ou de 2e mineure inférieure soit de 5 tons et un demi-ton.

11e tableau.

Vous ferez bien quand vous aurez bien appris ces tableaux de les écrire en *Sol* et en *Fa*. C'est à force d'avoir étudié et parfaitement sû tous ces tableaux que vous pourrez improviser vos modulations tout seul.

Si vous savez bien tous ces tableaux, vous devez pouvoir moduler d'un ton majeur à un ton majeur.

DIVERSES FORMULES DE CADENCES PARFAITES

en UT majeur. DANS TOUS LES TONS.

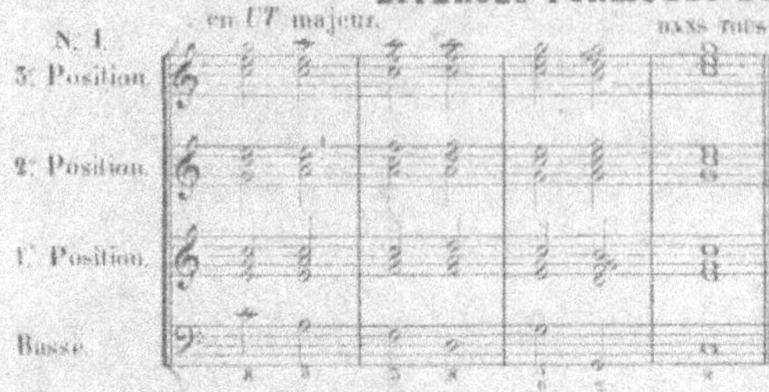

La 1re Position de cette cadence parfaite est la meilleure; en suite vient la 2e Position, la 3e est défectueuse.

Remarquez qu'il n'est pas possible de bien écrire l'accord parfait à cette dernière position, sur le ré de la basse, on ferait deux 5tes, c'est pour cela que j'y ai mis l'accord de 7e de 2e.

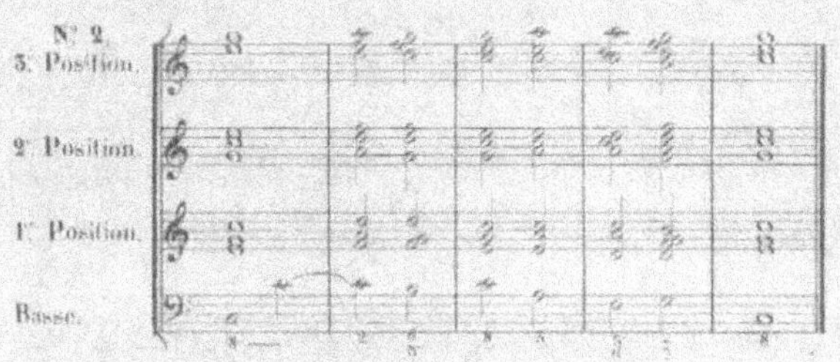

C'est aussi la 1re Position qui est la meilleure, la 2e en suite, voyez dans la 3e Position, j'ai été obligé de retrancher l'ut au 1er accord pour éviter les 2 5tes d'ut sol, ré la.

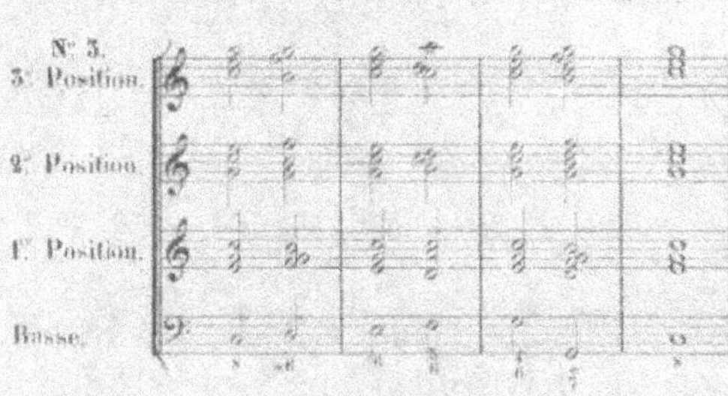

Il est de même pour cette cadence parfaite, c'est toujours la 1re Position qui est préférable, et la 3e la moins élégante.

Sachez que la 5te d'un accord est presque toujours la moins bonne note d'un accord, car si l'on écrit à 5 parties c'est souvent cette note dont on se prive. — Dans toutes ces cadences je chiffre la basse pour la 1re Position.

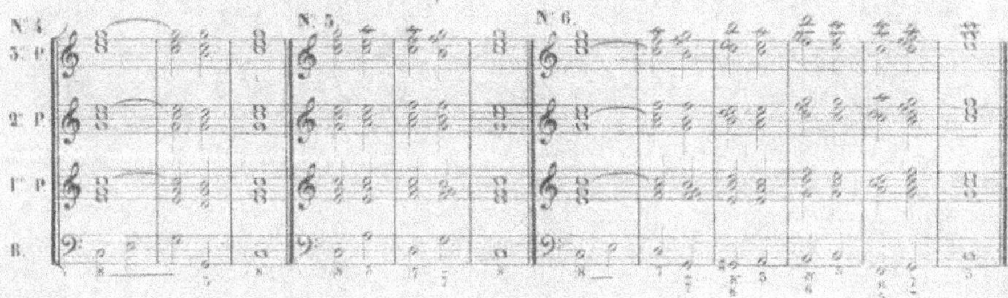

On pourrait formuler un plus grand nombre de cadences parfaites; mais celles-ci bien sûres peuvent suffire pour jeter déjà beaucoup de diversité dans notre travail harmonique.

Il faut que l'élève écrive et exécute toutes ces cadences parfaites dans tous les tons et dans les trois positions; il doit surtout beaucoup étudier la 3e position qui est celle qui offre le plus de danger, et, s'il a assez de sang froid il doit l'éviter; mais quand il s'y est engagé il faut qu'il puisse poursuivre sans la moindre hésitation; c'est là que l'on reconnaît l'habileté de l'harmoniste. (Étudiez toutes ces cadences en mode mineur moins le N° 6.)

Je vais écrire ces diverses cadences parfaites, dans tous les tons et aux trois positions, étudiez-les bien.

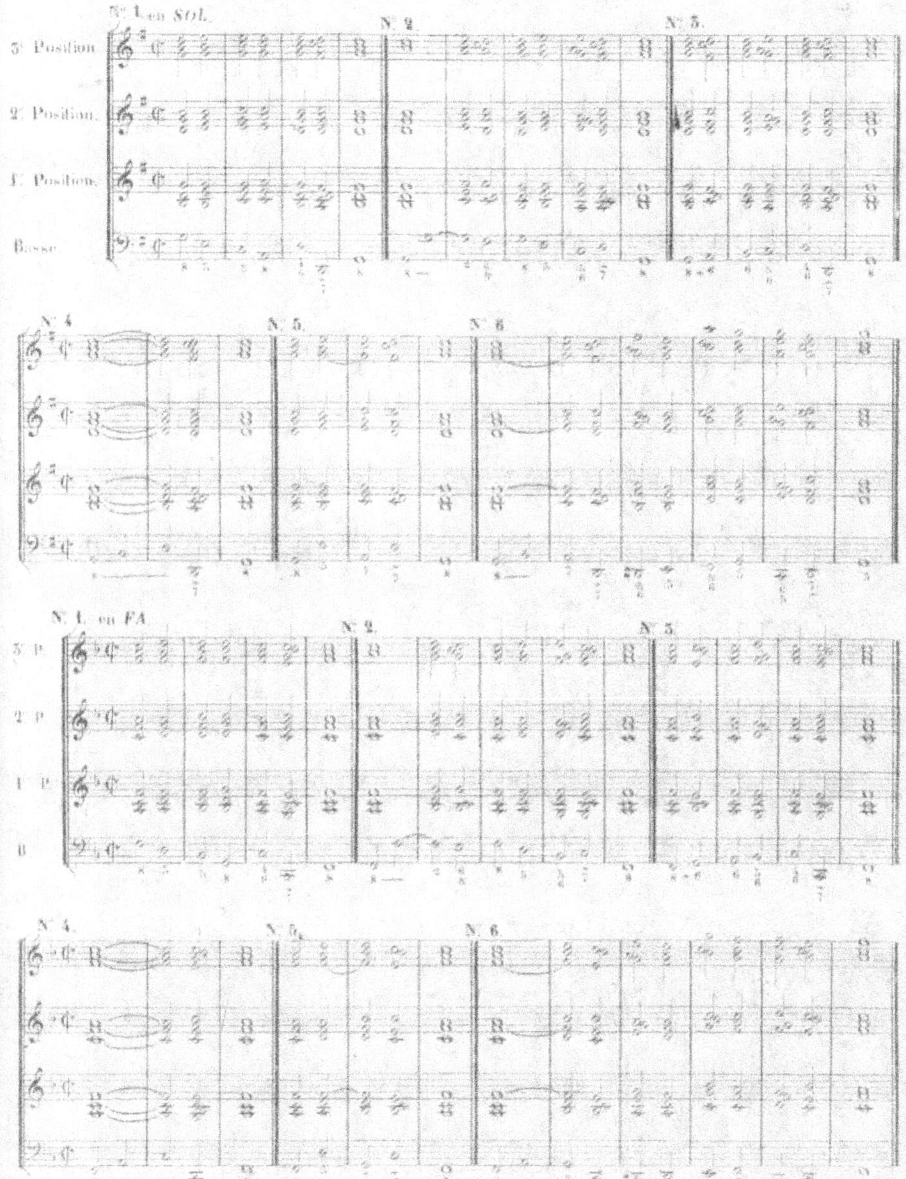
N.º 1. en SOL.
N.º 2.
N.º 3.
3.ᵉ Position
2.ᵉ Position.
1.ᵉ Position.
Basse.
N.º 4
N.º 5
N.º 6
N.º 1. en FA.
N.º 2.
N.º 3.
3.ᵉ P.
2.ᵉ P.
1.ᵉ P.
B.
N.º 4.
N.º 5.
N.º 6.

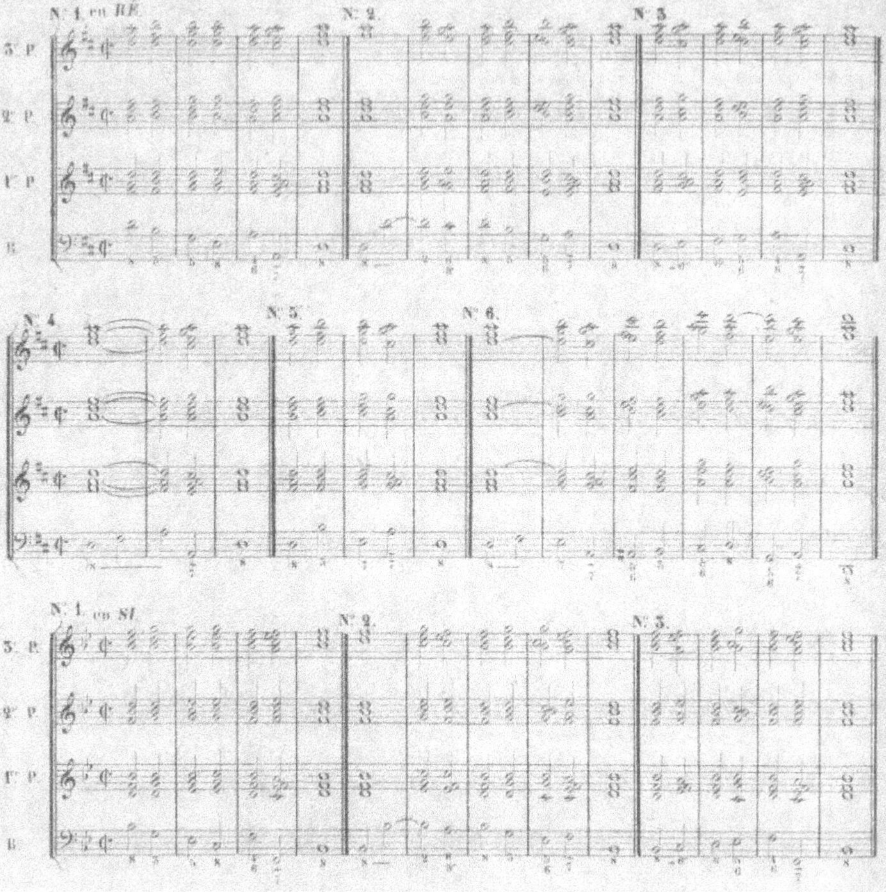
N° 1. en RÉ
N° 2.
N° 3.
3e P.
2e P.
1re P.
B.
N° 4.
N° 5.
N° 6.
N° 1. en SI
N° 2.
N° 3.
3e P.
2e P.
1re P.
B.
N° 4.
N° 5.
N° 6.

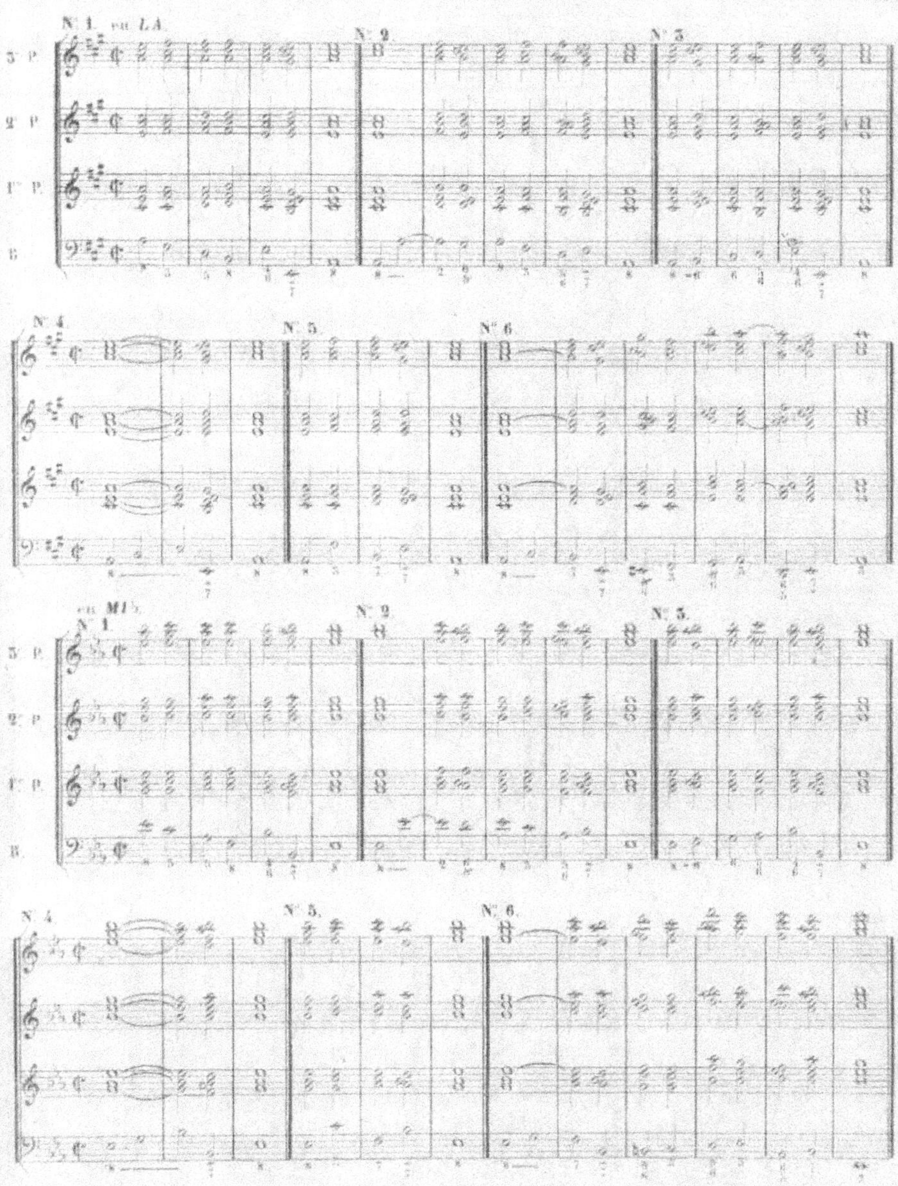
N.º 1. en LA.
N.º 2.
N.º 3.
N.º 4.
N.º 5.
N.º 6.
en MI♭.
N.º 1.
N.º 2.
N.º 3.
N.º 4.
N.º 5.
N.º 6.

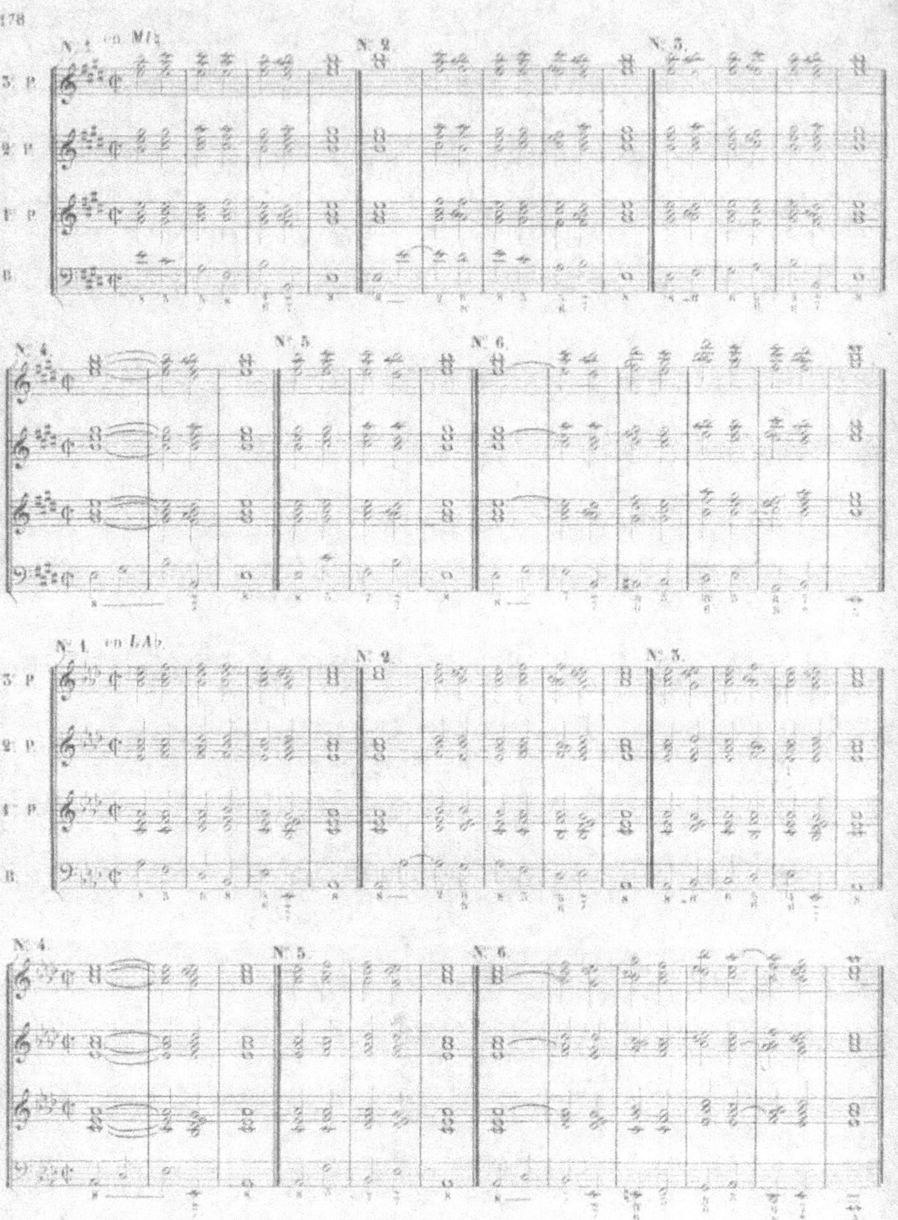
N.1 en MIb
N.2
N.3
3.P
2.P
1.P
B.
N.4
N.5
N.6
N.1 en LAb
N.2
N.3
3.P
2.P
1.P
B.
N.4
N.5
N.6

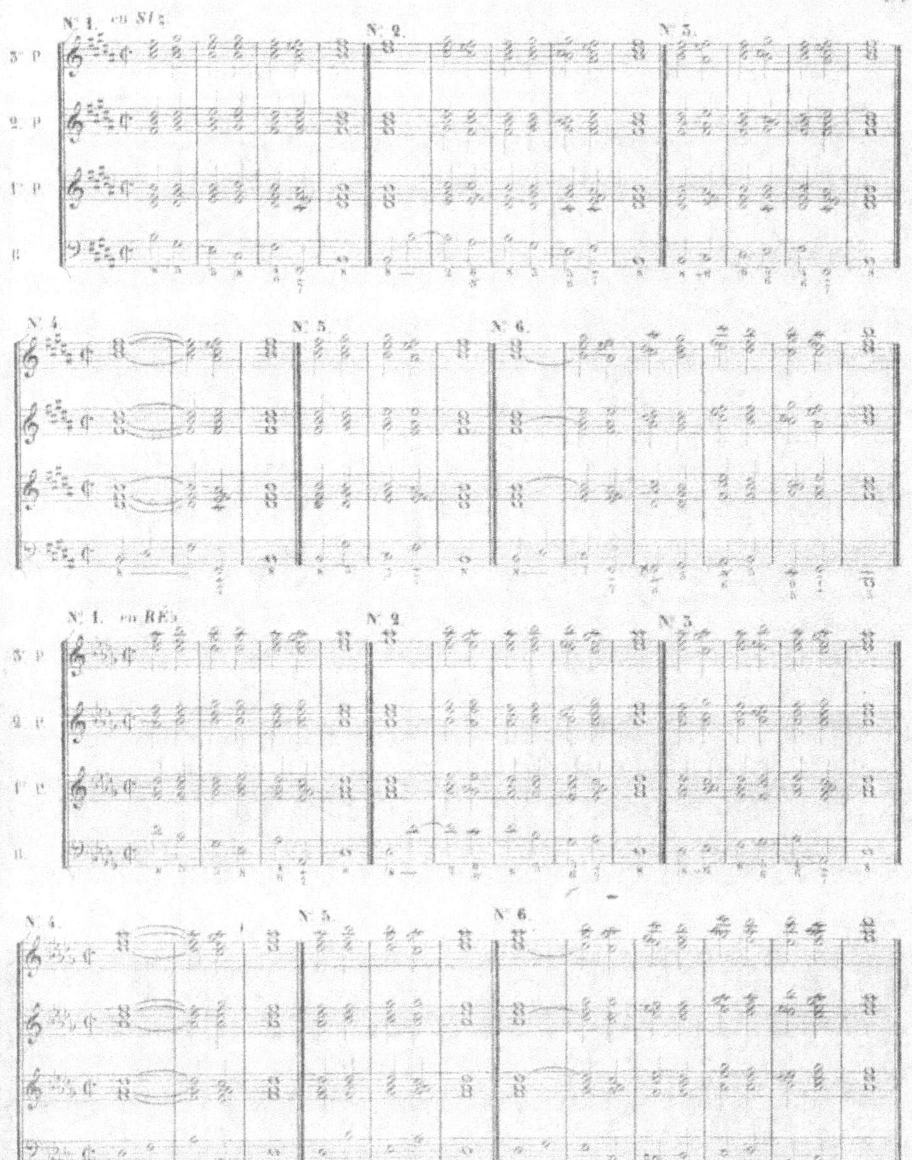
N.° 1. en SI♭.
N.° 2.
N.° 3.
N.° 4.
N.° 5.
N.° 6.
N.° 1. en RÉ♭.
N.° 2.
N.° 3.
N.° 4.
N.° 5.
N.° 6.

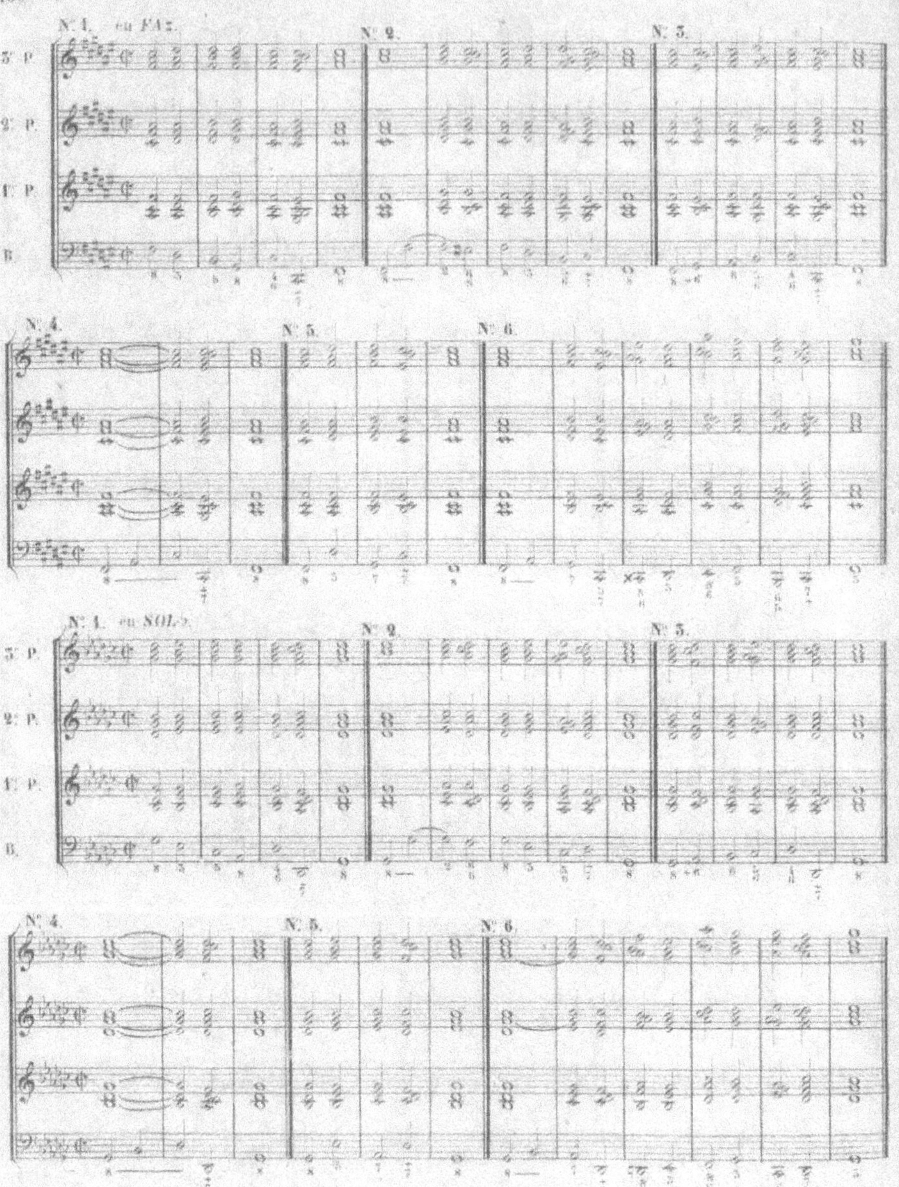

N.º 1. en FA.
N.º 2.
N.º 3.
N.º 4.
N.º 5.
N.º 6.
N.º 1. en SOL♭.
N.º 2.
N.º 3.
N.º 4.
N.º 5.
N.º 6.
3.ᵉ P.
2.ᵉ P.
1.ʳᵉ P.
B.

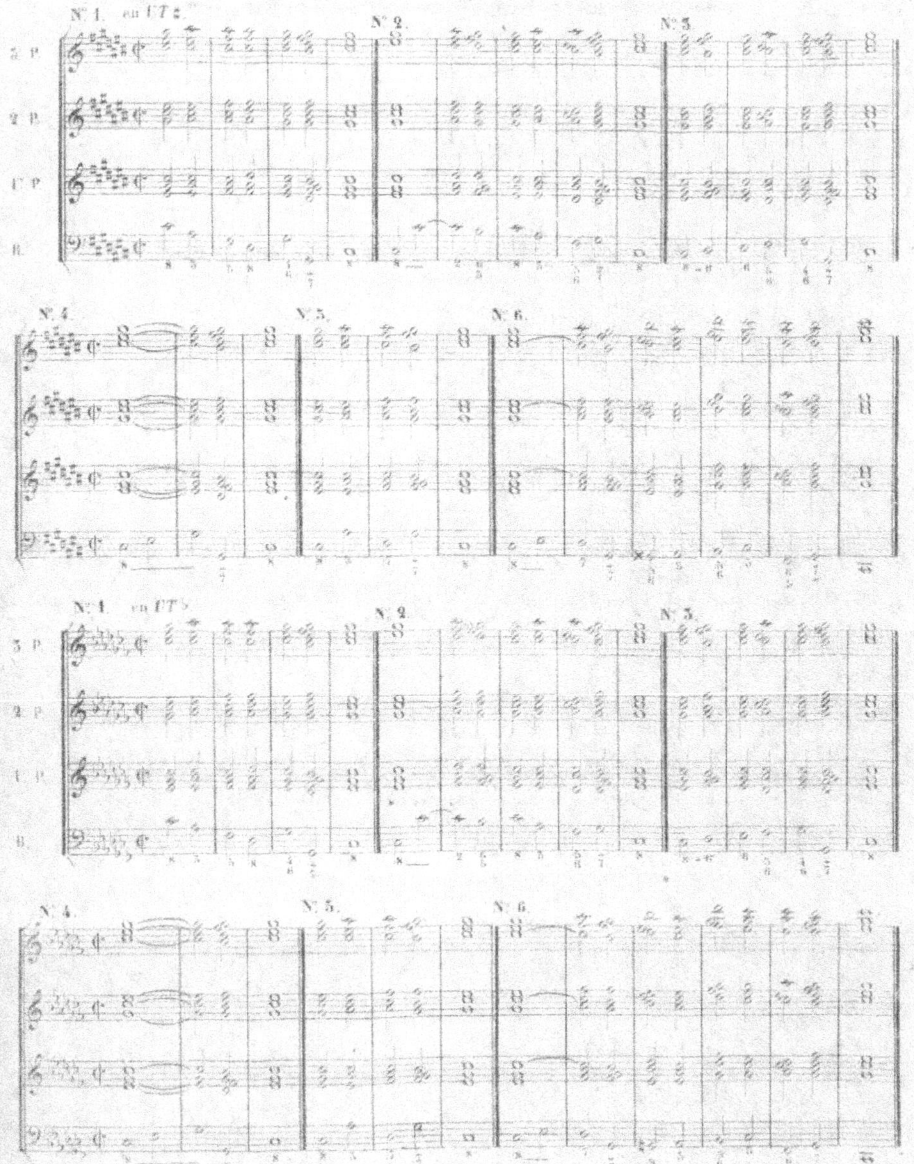

N.º 1. en UT ♮.
N.º 2.
N.º 3.
N.º 4.
N.º 5.
N.º 6.
N.º 1. en UT ♭.
N.º 2.
N.º 3.
N.º 4.
N.º 5.
N.º 6.
FIN DES DIVERSES CADENCES PARFAITES DANS TOUS LES TONS MAJEURS.

DES DEUX MANIÈRES DE FORMULER LA GAMME MINEURE.

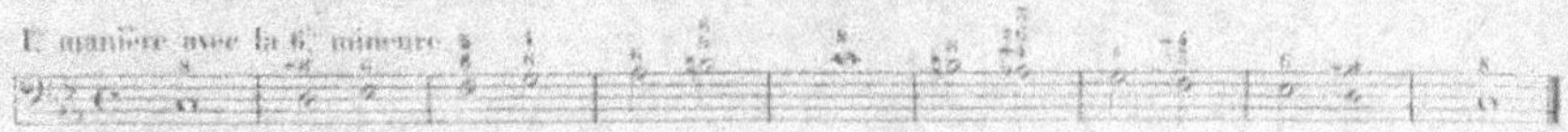

1.e manière avec la 6.e mineure.

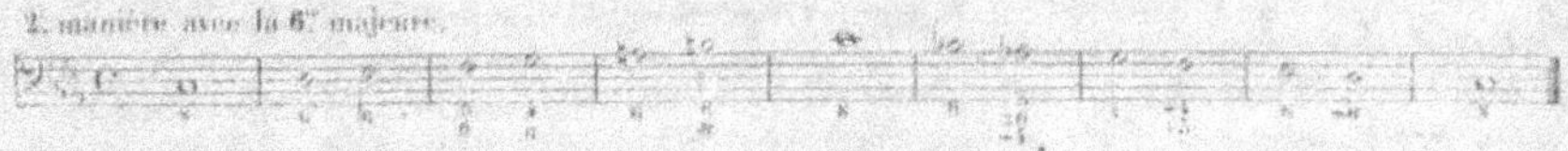

2.e manière avec la 6.e majeure.

C'est ainsi que vous devrez étudier et écrire vos gammes mineures dans tous les tons.

TABLEAU DE LA RÈGLE D'OCTAVE EN MODE MINEUR.

AUX 5 POSITIONS.

en *l* mineur.

3.e P.

2.e P.

1.e P.

1.re manière.

Basse.

2.e manière.

Basse.

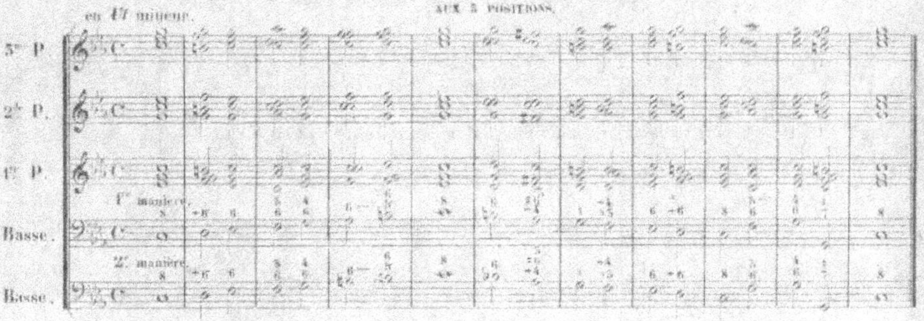

Lorsque vous jouerez cette gamme mineure, il faudra l'étudier des deux manières en montant soit avec la 6.e majeure ou mineure et en descendant avec la 7.e majeure ou mineure.

Vous voyez que cette gamme mineure est presque pareille à la gamme majeure. Nous allons analyser les quelques différences.

Premièrement la 3.e et la 6.e sont mineures au lieu d'être majeures.

Vous observerez que la sus-dominante à la basse peut être mineure ou majeure comme nous l'avons déjà dit selon les deux manières de la gamme mineure en montant.

En descendant selon nos deux manières, la sensible peut être à la distance d'un demi-ton ou d'un ton de la 1.re et tout cela ne change pas l'harmonie de la main droite; seulement cela change la qualité des intervalles.

La sus-dominante étant mineure on ne peut employer sur cette note l'accord de 6.e sensible. Par le fait de l'abaissement d'un demi-ton qu'éprouve la sus-dominante dans le mode mineur, tous les intervalles dont se compose l'accord de sixte sensible placé sur cette note sont agrandis d'un demi-ton par rapport à la basse. Cela donne un accord différent qui se chiffre par $\frac{6}{4}$. Ce nouvel accord se compose de 3.e majeure, 4.e augmentée et 6.e augmentée. C'est une des trois manières d'écrire l'accord de sixte augmentée.

On doit se rappeler que dans les modulations de la 2.e catégorie, nous avons employé sur ce même dégré de la gamme (la sus-dominante) un autre accord de 6.e augmentée. Ces deux accords diffèrent entre eux en ce que l'un se forme avec la 5.e juste, et l'autre avec la 4.e augmentée. Mais tous deux se placent, on le voit, sur le même dégré de la gamme.

On nomme l'un accord de 6.e augmentée avec la 5.e juste et l'autre 6.e augmentée avec la 4.e augmentée.

Quelques théoriciens prétendent que ce dernier n'est effectivement autre que l'accord de 6.e sensible dont la note de la basse est altérée, ainsi ce serait le 2.e renversement de la 7.e dominante, dont la 5.e serait diminuée, au lieu d'être juste. EX. 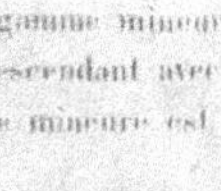   Voyez page (60) et (120) 1.re partie la leçon sur l'accord de 6.e augmentée.

Alors c'est ainsi qu'il faudrait chiffrer cet accord qui deviendrait fondamental. Voici quels en seraient les renversements. Vous retrouverez dans ces exemples votre accord dans le 2° renversement.

J'accepte cette analyse.

Je vous ai déjà parlé d'une double altération au sujet de la modulation d'Ut majeur en Sol♭ majeur ou en Fa♯ majeur.

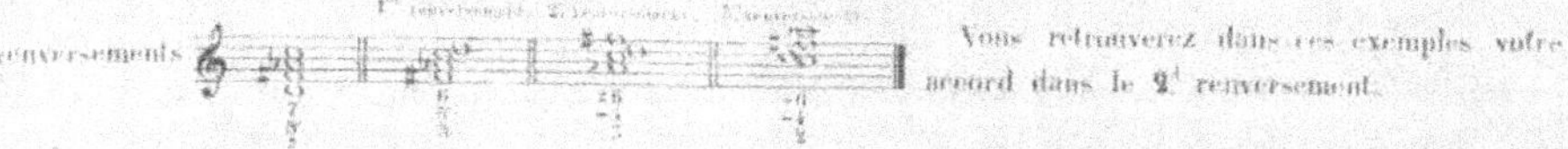

TABLEAU DE LA RÈGLE D'OCTAVE EN LA MINEUR.

Exercez aussi des deux manières cette gamme en La mineur.

Il faut éviter de mettre sur la sustonique le 1° renversement de la 7ᵐᵉ diminuée, lorsque cette sustonique descend à la tonique, car vous feriez inévitablement deux 5° de suite.

Vous pouvez éviter d'écrire cette règle d'8ᵛᵉ en mode mineur dans tous les tons, car vous voyez qu'elle est presque pareille à la règle d'8ᵛᵉ en majeur; mais il faut l'étudier et la savoir par cœur dans tous les tons mineurs. N'oubliez pas que l'étude que nous faisons est l'étude de l'harmonie pratique, et qu'il faut arriver à ce que rien ne vous arrête dans vos improvisations.

Je conseille cependant à l'élève d'écrire particulièrement les gammes mineures très accidentées, pour se rendre compte des doubles dièses et des doubles bémols.

Ainsi écrivez les gammes en Sol♯ mineur, Ré♯ mineur, La♯ mineur, Si♭ mineur, Mi♭ mineur, et La♭ mineur. Quant aux autres vous pourrez vous dispenser de les écrire mais non de les exécuter au piano.

Après avoir étudié toutes vos règles d'8ᵛᵉ en mode mineur, il faudra ressayer de moduler d'un ton majeur à un ton mineur et revenir en majeur; faites cette étude de toutes les manières du majeur en mineur et de mineur en majeur; vous verrez que c'est très facile: il s'agit simplement de résoudre la 7ᵐᵉ dominante sur l'accord suivant en majeur ou en mineur et de faire la cadence parfaite dans le mode ou majeur ou mineur. Vous savez que si la dissonance de la 7ᵐᵉ dominante descend d'un demi-ton vous vous trouvez dans le mode majeur et que si elle descend d'un ton elle fait sa résolution dans le mode mineur.

Il en est de même dans tous les tons et à tous les renversements.

POUR MODULER EN MODE MINEUR.

Vous voyez que pour moduler en mode mineur, il s'agit de résoudre l'accord de 7me dominante en mode mineur et d'établir le ton.

J'engage l'élève, afin de faire pressentir le mode mineur, à employer plutôt l'accord de 7me diminuée ou ses renversements, à la place de la 7me de dominante; on sait que l'accord de 7me dominante est neutre, je veux dire qu'on l'emploie dans les deux modes indifféremment, tandis que la 7me diminuée est plus spécialement affectée au mode mineur. Voyez l'exemple suivant, vous observerez que vous êtes plus vite en Sol mineur avec le triton et 5te mineure qu'avec l'accord de triton 3me renversement de la 7me dominante.

Avec le triton et 5te mineure cette manière est préférable.

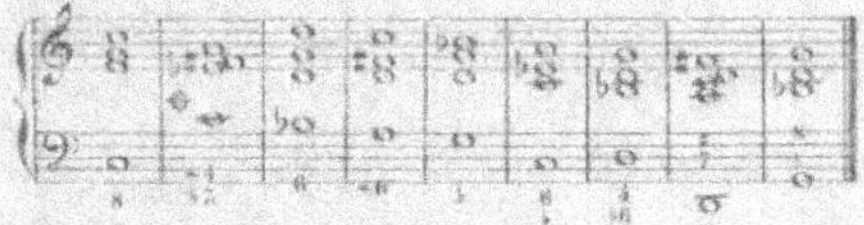

Moins bonne manière.

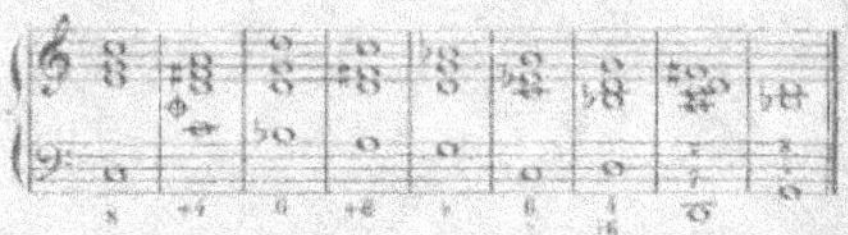

Remarquez l'effet plus caractéristique du triton et 3ce mineure; le ton est plus vite décidé. Ainsi en mode mineur, la 7me diminuée doit être préférée.

Il faudra cependant se défier du 1er renversement; vous devez savoir qu'il ne faut pas l'employer lorsque la sus-tonique descend à la tonique.

Le mouvement de basse force à faire deux 5tes de suite.

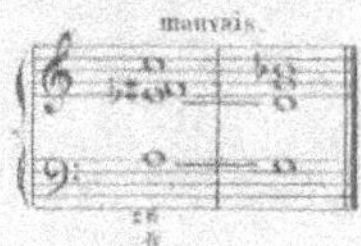

Évitez ce renversement et mettez-y l'accord de 6te sensible.

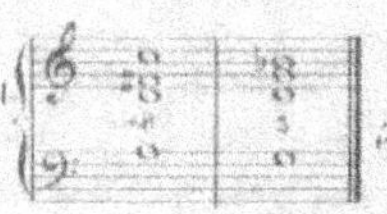

Par ce moyen vous évitez les deux 5tes.

Si vous mettiez ce renversement, vous seriez obligé de faire monter la basse à la médiante et cela donne un mouvement de basse qui manque d'élégance à cause de la rencontre des deux médiantes aux deux parties extrêmes.

* Exécutez ce passage et vous jugerez vous même du mauvais effet de la rencontre des deux Si b.

Lorsque vous rencontrerez une modulation d'un ton majeur à un ton mineur fort éloigné et qui nécessairement doit vous donner une ou plusieurs fausses relations, ce sera le cas de préférer la modulation par la 6te augmentée, bien qu'elle soit possible par la règle d'8ve.

Ex. d'Ut majeur et Sol# mineur.

L'élève qui s'exercera à moduler de tous les tons majeurs à tous les tons mineurs, et de tous les tons mineurs à tous les majeurs, fera un très bon travail; je l'y engage vivement. Voyez les deux pages suivantes.

POUR MODULER DU MAJEUR AU MINEUR ET DU MINEUR AU MAJEUR SUR LA MÊME NOTE.

Je n'ai point parlé des modulations d'ut majeur à ut mineur et d'ut mineur à ut majeur, parcequ'elles sont trop simples; cependant on ne doit pas y procéder par une cadence parfaite ordinaire; je conseillerai aux élèves de les faire par celle de la règle de la sixte augmentée, l'excentricité de cette sixte détruit le mode primitif et adoucit la transition. (Voyez les exemples ci-dessous.)

d'Ut majeur en Ut mineur.   d'Ut mineur en Ut majeur.

TABLEAU DU MAJEUR AU MINEUR AVEC LE RETOUR AU MODE MAJEUR.

DANS TOUS LES TONS.

N° 1 — d'Ut maj. en Réb min. et revenant en Ut maj.

N° 2 — d'Ut maj. en Ré♮ min. avec le retour en Ut maj.

N° 3 — d'Ut maj. en Mib min. avec le retour en Ut maj.

N° 4 — d'Ut maj. en Mi♮ min. avec le retour en Ut maj.

N° 5 — d'Ut maj. en Fa min. avec le retour en Ut maj.

N° 6 — d'Ut maj. en Fa♯ min. avec le retour en Ut maj.

N° 7 — d'Ut maj. en Sol min. avec le retour en Ut maj.

N° 8 — d'Ut maj. en Lab min. avec le retour en Ut maj.

✳ A cette modulation je la change pour éviter la fausse relation de l'Ut tonique en Ut majeur qui doit devenir VI♭ en Lab mineur.

N° 9 — d'Ut maj. en La♮ min. avec le retour en Ut maj.

N° 10 — d'Ut maj. en Sib min. avec le retour en Ut maj.

N° 11 — d'Ut majeur en Si♮ min. avec le retour en Ut maj.

Je vous prie d'observer dans ce tableau qui module du mode majeur au mode mineur que je me suis appliqué à remplacer souvent l'accord de 7me de dominante (accord maître) par l'accord de 7me diminuée ou ses renversements; accords qui appartiennent plutôt au mode mineur. Voici presque la seule différence qu'il faille apporter.

J'ai parfois varié les cadences parfaites pour donner de la diversité à l'harmonie et pour éviter la monotonie harmonique. Cela n'est pas indispensable et vous pouvez aussi bien varier les cadences majeur qu'en mineur. ———— Le N°. 9. peut aussi se faire avec succès par la règle d'8ve car l'Ut devient la médiante de la gamme de La mineur.

Etudiez ce tableau dans tous les tons.

TABLEAU DU MODE MINEUR AU MODE MINEUR REVENANT AU MODE MINEUR.

DANS TOUS LES TONS.

N.º 1.

d'Ut min: en Ré ♭ min: et revenant en Ut min:

N.º 2.

d'Ut min: en Ré ♮ min: et revenant en Ut min:

N.º 3.

d'Ut min: en Mi ♭ min: revenant en Ut min:

N.º 4.

d'Ut min: en Mi min: et revenant en Ut min:

Cette modulation est plus dure aussi de la médiante d'Ut mineur, il se produit aussi ici, à tout ce de bas de la. Une difficulté semblable se présente au retour. Avez l'inversion, harmonique facilite la modulation.

N.º 5.

d'Ut min: en Fa min: avec retour en Ut min:

N.º 6.

d'Ut min: en Fa ♯ min: avec retour en Ut min:

Cette modulation se fait sans difficulté.

N.º 7.

d'Ut min: en Sol min: avec retour en Ut min:

N.º 8.

d'Ut min: en La ♭ min: avec retour en Ut min:

Semblables difficultés et duretés, que d'Ut mineur en Mi mineur.

N.º 9.

d'Ut min: en La ♯ min: avec retour en Ut min:

La 9.ᵉ si c'du ton de la q<ue> aussi de la dureté et nie et de même aussi pour le retour.

N.º 10.

d'Ut min: en Si ♭ min: avec retour en Ut min:

N.º 11.

d'Ut min: en Si ♮ min: avec retour en Ut min:

Je crois qu'avec les tableaux qui précèdent du majeur au mineur dans tous les tons, de celui du majeur au mineur avec retour au majeur et celui-ci du mineur au mineur avec le retour au mineur, toutes les combinaisons se trouvent établies, si cela ne suffisait pas, faites dans quelques tons ces deux derniers tableaux.

DIVERSES CADENCES PARFAITES

(AVEC DES HARMONIES DISSONANTES.)
EN MODE MAJEUR.

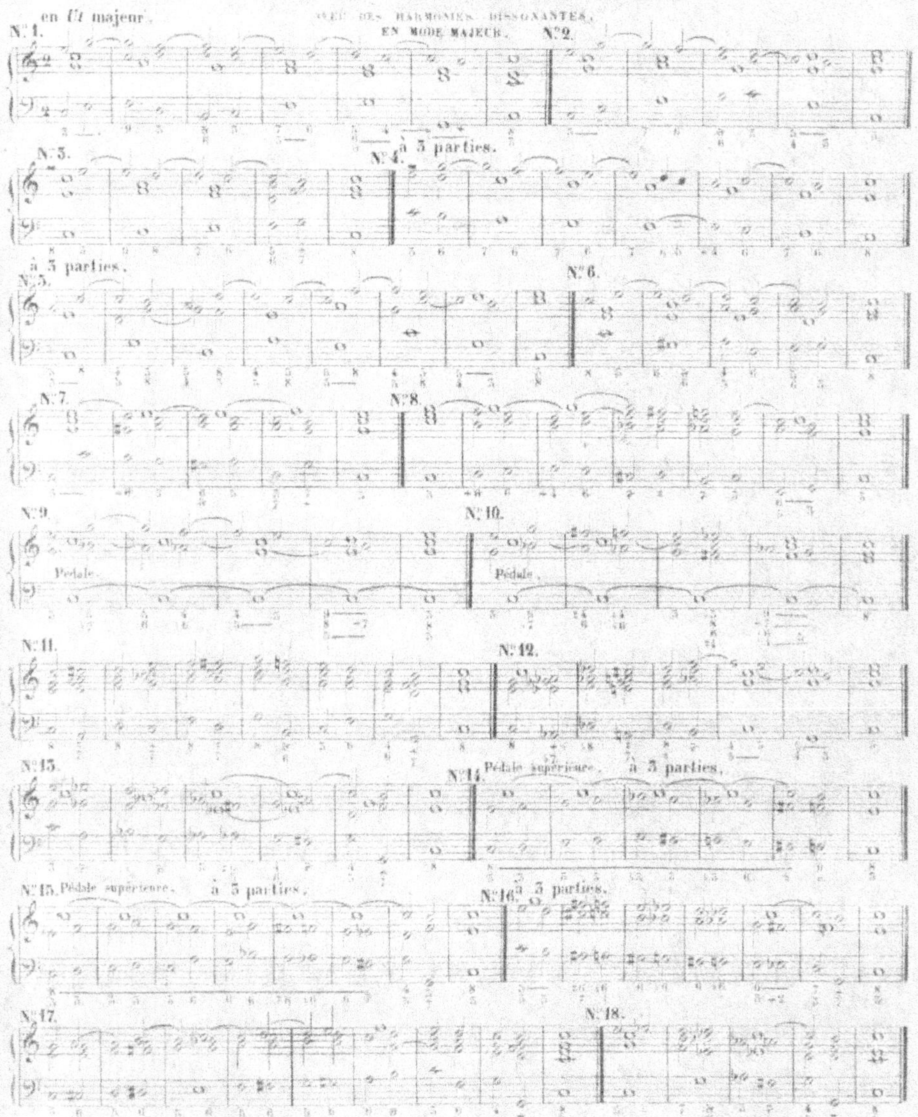

Vous devez apprendre par cœur ces diverses cadences parfaites et vous en servir à la place de vos anciennes.

Celles-ci sont plus riches il faudra les étudier dans tous les tons.

Vous ferez bien de les transposer et de les écrire dans plusieurs tons si ce n'est dans tous.

DIVERSES CADENCES PARFAITES EN MODE MINEUR.

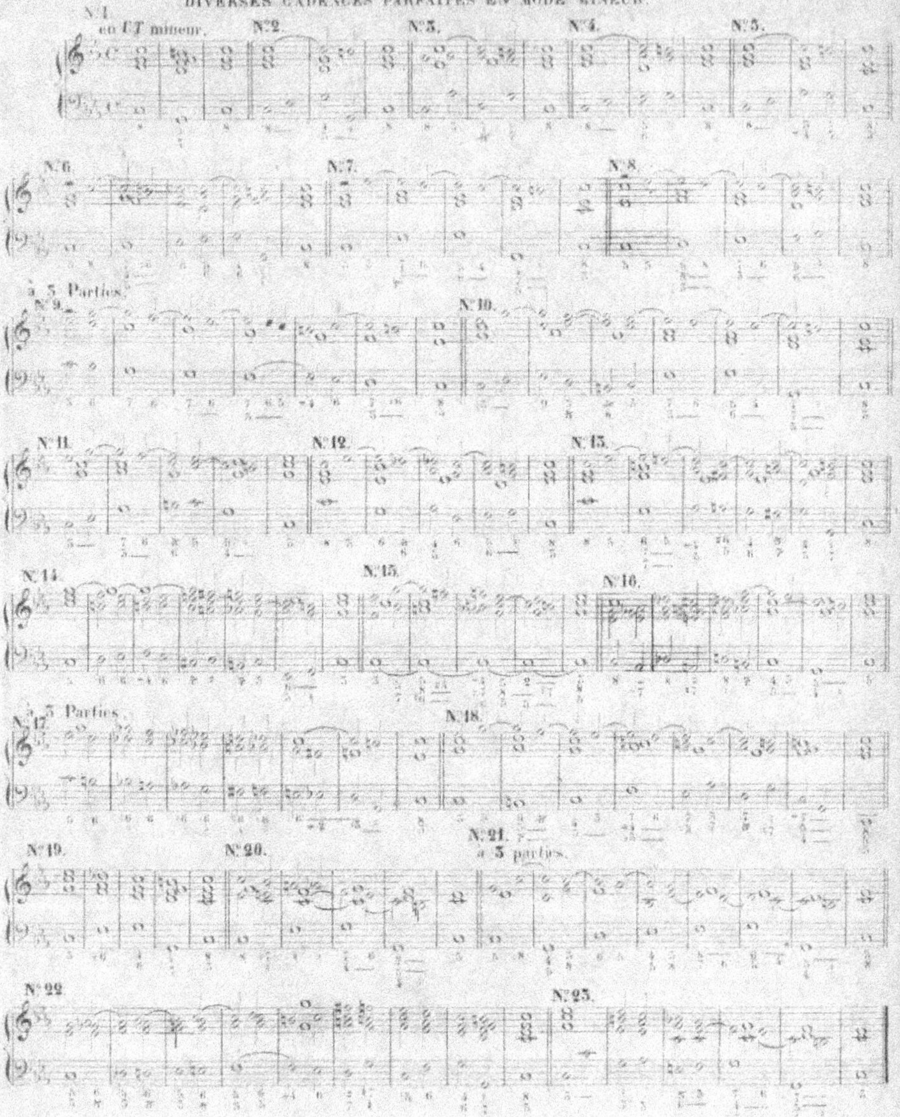

Vous ferez bien d'apprendre de même par cœur ces cadences parfaites en mineur et de les transposer dans d'autres tons; je vous engage aussi à en trouver d'autres; cherchez et vous en trouverez.

Je pourrais encore vous en écrire, mais je pense que celles-ci peuvent vous suffire comme modèles.

MODULATIONS DANS TOUS LES TONS
EN PARTANT DE L'ACCORD DE 7.me DOMINANTE.

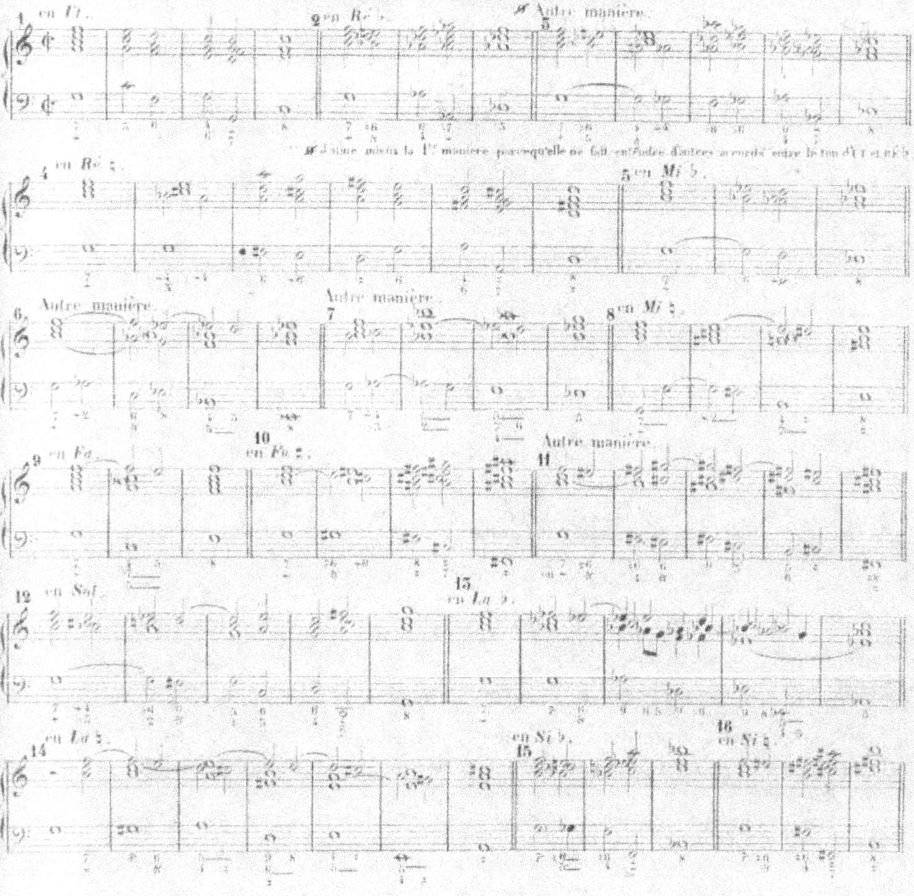

L'élève fera bien d'exercer ces modulations dans plusieurs tons si ce n'est dans tous; il ne doit pas oublier qu'il étudie l'harmonie pratique. Je ne transpose pas moi même, comme je l'ai fait précédemment pour éviter de rendre mon ouvrage trop volumineux. Écrivez ce tableau en mineur et étudiez-le.

MODULATIONS DANS TOUS LES TONS EN PARTANT DE L'ACCORD DE SEPTIEME
POSÉ SUR LE SECOND DEGRÉ DE LA GAMME.

① Il va sans dire que l'accord de 7.me de 2.de doit être préparée.

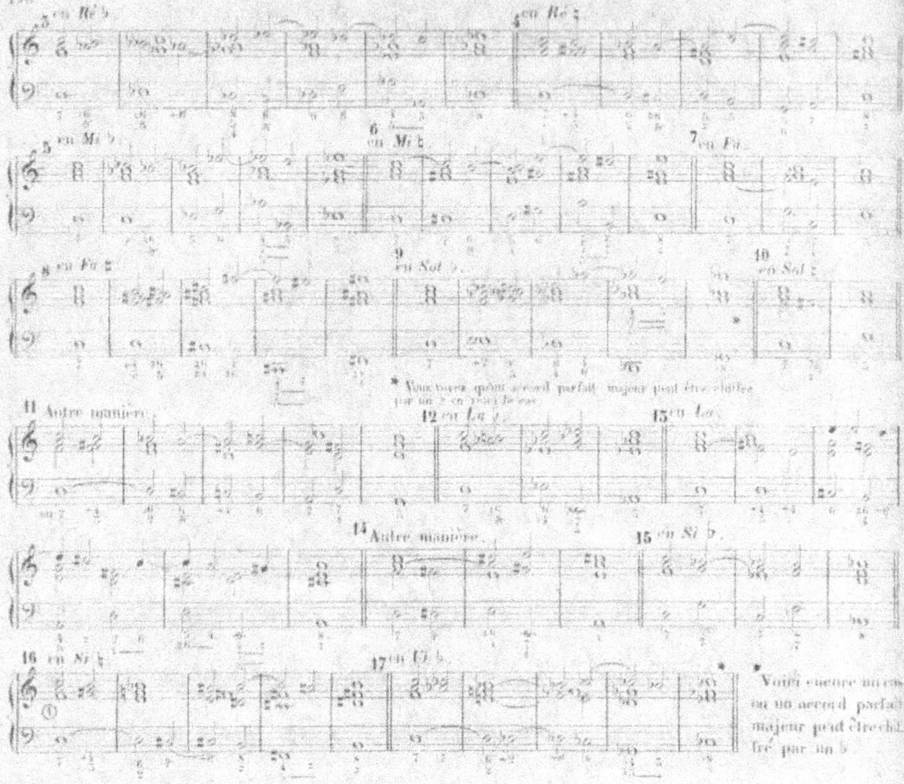

① Il y a plusieurs de ces modulations, qui seraient meilleures en mode mineur qu'en mode majeur, particulièrement celles dont le *Ré*, point de départ, existe dans le mode dans lequel on va.

Par exemple cette dernière modulation serait plus douce dans le mode mineur puisque le *Ré* naturel est de la gamme mineure de *Si* et qu'en *Si* majeur le *Ré* est dièse, cette fausse relation en est cause.

Sans contredit cette modulation est plus douce que la précédente, il en est de même pour de certaines autres.

Ainsi que pour l'accord de 7ᵉ de 2ᵉ que l'on doit aussi étudier dans plusieurs tons.

On fait ces modulations en majeur et non en mineur. L'on doit savoir qu'il n'est pas difficile d'aller aussi bien dans un mode mineur que dans le majeur, sauf peu de cas. Cela allongerait de beaucoup le traité de la rature; ces doubles modulations, je m'en rapporte à l'intelligence de l'élève et surtout aux observations du Professeur, cependant il fera bien de les pratiquer.

RESSOURCES DE LA SEPTIÈME DIMINUÉE POUR MODULER.

DANS TOUS LES TONS EN MODE MINEUR.

Avec cet accord vous pouvez aller aussi dans tous les tons mineurs en partant toujours de la 7.e diminuée posée sur le *Sol* ♯ sensible de *La* mineur.

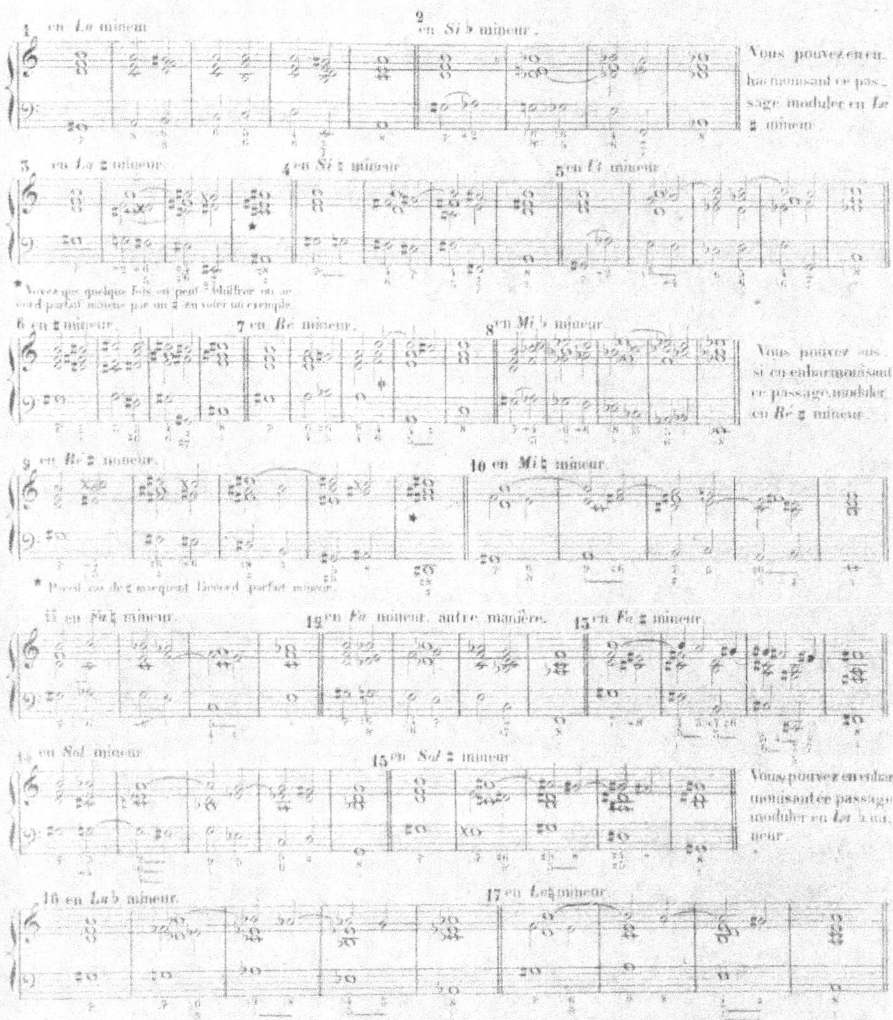

* Voyez que quelque fois on peut chiffrer un accord parfait mineur par un ♯ en voici un exemple.

** Voyez que chiffrer ♮ ou ♯ n'est pas indifférent.

* Portez un ♯ marquant l'accord parfait mineur.

Dans une série de modulations sur une gamme chromatique vous devez trouver trois modulations qui peuvent se faire en double emploi par l'enharmonique. Exemple : *Si* ♭ mineur et *La* ♯ mineur : *Mi* ♭ mineur et *Ré*
♯ mineur ; *Sol* ♯ mineur et *La* ♭ mineur.

Par excentricité vous pouvez aussi moduler dans tous les tons majeurs en partant du même *Sol* ♯ 7e diminuée.

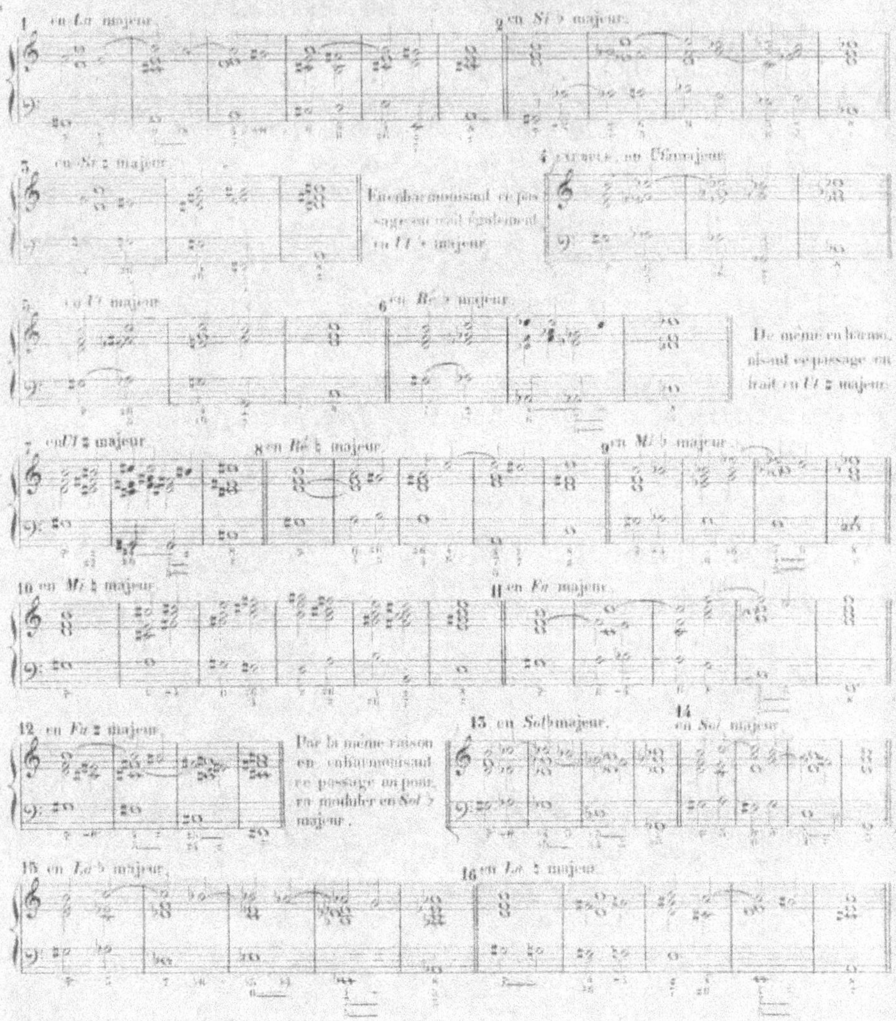

Quelquefois, dans ces modulations, j'ai fait entendre le sentiment d'autres gammes; mais aussi je ne donne pas ces modulations comme des règles. Le *Sol* ♯ que j'ai pris pour point de départ n'a point toujours de ramifications dans tous les tons, et surtout dans les deux modes. Particulièrement dans le mode majeur puisque la 7me diminuée appartient plus particulièrement au mode mineur.

Les trois modulations enharmoniques que vous trouvez dans cette gamme chromatique sont *Si* majeur ou *Ut* ♭ majeur, *Ut* ♭ majeur ou *Ut* ♯ majeur et *Fa* ♯ majeur ou *Sol* ♭ majeur.

Je conseillerai aux élèves qui en seront arrivés là de mon ouvrage, de bien repasser la fin de la 1re partie de mon traité à partir de la page 109.

TABLEAU DES MODULATIONS

tiré du traité de CATEL

Partant du ton d'Ut majeur, pour aller dans tous les tons majeurs et mineurs.

Toutes ces modulations sont très bonnes et même très douces, mais comme vous le voyez, elles n'éta-
blissent ni système ni principe.

Catel dit page 65 de son traité.

«Les modulations se font principalement par les cadences et en évitant ou en interrompant les cadences; au surplus, *il est difficile de leur prescrire des règles;* la seule dont on ne doive jamais s'écarter,
est de satisfaire l'oreille. C'est le but essentiel de la musique, et les règles ne sont créées que pour l'at-
teindre.»

Tout en approuvant toutes ces modulations je me permettrai une observation avec tout le respect que
je dois à l'harmoniste qui sans aucun doute, est celui qui a le plus contribué à la bonne éducation harmonique de la France, car avant lui l'harmonie était dans le chaos; lui, le premier nous en a tiré et j'en
appelle à tous les élèves de cette époque, avec quelle clarté il donnait ses leçons et comme on était fier
d'être de la classe de Catel.

Je n'en étais pas, mais cependant il m'a donné des conseils et surtout des leçons d'accompagnement pratique; dans ce temps il n'y avait pas de classe pour la basse chiffrée ni pour accompagner
la partition, c'est à lui que j'ai dû bien gratuitement cette portion de mon éducation.

Dans sa manière de moduler, il a seulement pour but de passer du ton dans lequel il est dans celui
où il veut aller, il ne s'inquiète nullement si en route il ne passe pas par un autre ton, moi, j'ai
pour but d'y aller directement en évitant de faire même un accord qui donnerait le sentiment d'une
modulation. Je vais vous donner quelques exemples de la critique que j'apporte à plusieurs de ces
modulations.

Déjà dans la première modulation de ce tableau d'ut majeur en si# majeur le 2e accord de +2 [1] sur
l'ut formant syncope n'est ni en ut naturel ni en ut#, mais bien en mi mineur car cet accord est le 3e
renversement de la 7me diminuée que l'on pose sur la sixième note mineure du ton; donc étant posé sur
l'ut, on pourrait se croire en mi mineur.

La même observation peut se faire aussi sur la 2e modulation de ce tableau d'ut majeur en ut♭ majeur. Le 2e accord de +2 posé sur le ré♭ [2] donne à sous-entendre le ton de fa mineur par la même raison,
puisque ce même accord se pose sur la sixième note mineure; parconséquent cet accord appelle le ton
de fa mineur et non celui d'ut♭ majeur. Ces modulations n'en sont pas moins douces et bonnes; seulement elles ne vont pas directement dans les tons désirés.

Une preuve à l'appui de ce que je dis, c'est que, lorsqu'il veut aller d'ut en mi il se sert du même
moyen que d'ut en ut#, il met l'accord de 2e augmentée (+2) [3] sur l'ut et alors il va très bien et classique-
ment en mi, soit majeur ou soit mineur. Voyez son exemple dans son tableau qui précède. Je pourrais
faire le même reproche dans la modulation d'ut en ré il met le 2e renversement de la 7me dominante sur le
si [4] qui devrait le conduire en la et non en ré; de même en la♭, il met le triton et 5e mineure sur le 2e
accord posé sur le si♭, [5] accord qui se pose sur la sous-dominante et qui parconséquent lui donne le sentiment du ton de fa mineur et non de la♭ majeur ou mineur; de même pour la dernière modulation du tableau
qui est d'ut en sol♭. Le 2e accord est $\frac{+6}{5}$ [6] posé sur le ré cela donne le sentiment d'ut mineur et non celui de
sol♭ majeur ou mineur.

J'adresse ce reproche seulement lorsque l'on veut moduler en accords plaqués, cela serait différent en pré-
ludant; le prélude est une divagation qui se fait par l'imagination, là on fait ce que l'on veut; mais en disant
je veux aller d'un ton à un autre il faut éviter de passer par un ton intermédiaire; voilà ce que j'ai cherché
dans mon système.

Modulations d'Ut majeur et mineur

dans tous les autres tons majeurs et mineurs par ALBRECHTSBERGER

Cet ouvrage d'un des plus grands maîtres dans la science harmonique que l'Allemagne ait possédés, est une œuvre qu'il faut aussi consulter.

Mon travail tend au même but, que celui d'Albrechtsberger; mais après avoir longuement étudié tous les théoriciens qui se sont occupés de l'art de moduler, j'ai cru m'apercevoir qu'ils manquaient de logique et c'est cette logique que je crois avoir trouvée.

La grande différence est donc que mon ouvrage est basé sur un système affirmatif et que celui ci n'en a point et bien qu'il soit fait par le procédé des accords plaqués il découle de l'imagination harmonique et non d'un système que l'on ne peut enseigner par des bases certaines comme je puis le faire du mien. Il est un fait certain, c'est que mes élèves avec mes moyens peuvent enseigner absolument comme moi.

Je donne son tableau tout entier dans cet ouvrage.

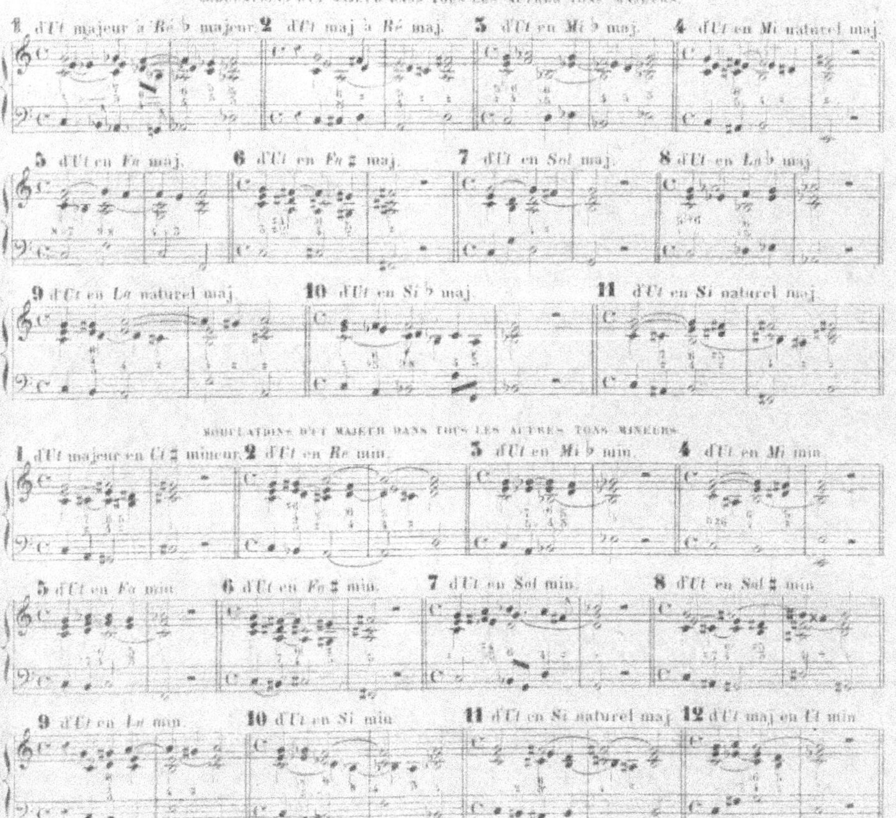

J'ai respecté les chiffres de l'auteur. Remarquez qu'il ne chiffre pas les accords naturels.

MODULATIONS D'UT MINEUR DANS TOUS LES AUTRES TONS MINEURS.

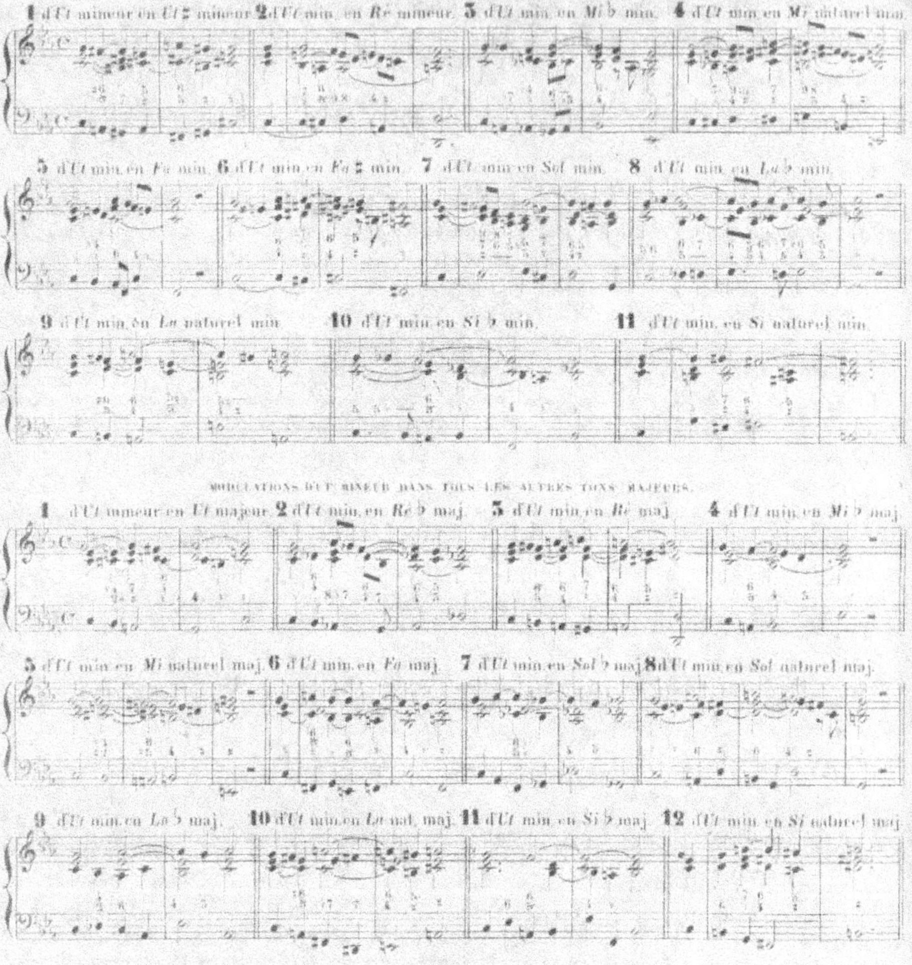

NOTA. Toutes ces modulations basées sur le ton dit majeur et d'ut mineur peuvent s'étudier aux deux autres pratiques, on doit aussi les étudier dans tous les autres tons ce qui donne un très grand et excellent travail.

N'oublions pas que nous étudions l'harmonie pratique et qu'il faut donc savoir toutes les modulations à partir de tous les tons majeurs et mineurs et finir dans tous les tons des deux modes.

On pourrait aussi faire les mêmes observations sur le tableau de Albrechtsberger cependant le reproche, si toute fois cela est un reproche, arrive moins souvent; il est évident que ces deux célèbres didacticiens n'ont point songé à l'éviter car cela eut été bien facile pour eux. Je pense que c'est avec cette imagination et le manque de système logique que les élèves ne peuvent rien retenir.

Traité d'Harmonie du Pianiste.

KALKBRENNER.

Cet ouvrage est très intéressant pour les pianistes; mais au point de vue des modulations, il n'est naturellement théorique, je pourrais faire les mêmes observations qu'aux modulations de Catel et Albrechtsberger dans les exemples pages 56, 57 et 58, où il fait des modulations par accords plaqués, mais dans ces préludes je n'apporte aucune critique, là où il procède par l'imagination de l'improvisateur. Cet ouvrage s'adresse surtout aux pianistes ayant déjà quelque talent d'exécution et fournit à l'étude des préludes brillants, qui nourrent l'esprit musical et qu'il sera très bon d'étudier.

La clé des modulations de Chaulieu est aussi un ouvrage fort bien fait et tout à fait approprié aux pianistes. Il se compose d'une foule de préludes brillants parcourant les quatre combinaisons du majeur au majeur, du majeur au mineur, du mineur au mineur, du mineur au majeur, dans tous les tons. C'est un ouvrage très consciencieux, mais de même que les autres, sans système.

Je recommande pourtant à mes élèves ces deux traités surtout après l'étude de mon ouvrage sur les modulations qui n'est qu'un paragraphe de mon traité d'harmonie. Car il faut jouer et étudier beaucoup de préludes dans tous les rhythmes et même les apprendre par cœur ce n'est qu'avec une mémoire très exercée que l'on arrive à préluder avec facilité.

Ne croyez pas que les improvisateurs trouvent des inspirations toujours nouvelles. Eux aussi ont une certaine quantité de traits favoris qu'ils répètent et arrangent selon le caprice du moment, de leur imagination.

Il existe aussi un ouvrage qu'il faut consulter et étudier c'est le traité complet des modulations de Ch. H. Binet.[1] Je donne dans mon ouvrage son tableau des modulations dans tous les tons et dans les deux modes.

M. Justin Cadaux l'a placé dans son école d'orgue, cet ouvrage est peut être le plus complet que je connaisse, surtout pour l'organiste c'est un magnifique travail.

On pourra aussi consulter plusieurs ouvrages de Czerny particulièrement l'art de préluder et l'art d'improviser, consciencieux ouvrages ainsi que les œuvres de préludes, œuvres 501, 604 et 606. Ces trois œuvres sont composées de près de 400 préludes.

C'est avec l'érudition de tous ces préludes et de tous ces ouvrages que vous vous meublerez la tête, et qu'alors vous pourrez improviser de vous même avec facilité. Après votre éducation théorique, selon l'étude que vous désirez faire, et selon votre degré d'imagination vos progrès seront rapides.

Jouez aussi quelques fugues et préludes de Bach et de Haendel, bien que cette étude soit aride elle vous fera grand bien, soyez certain que les grands improvisateurs, tels que les Hummel, Moscheles, Liszt etc. savent ou savaient tous ces auteurs.

Arrivez à savoir des préludes et des fugues par cœur.

M. Leborne professeur de fugue et de composition au conservatoire a publié il y a quelques années une nouvelle édition du traité de Catel, dans laquelle il a apporté quelques additions très bien raisonnées et très utiles il a surtout grandement développé l'article des modulations, mais toujours dans le même système de Catel et Albrechtsberger.

Voyez à ce sujet ce qu'il dit depuis la page 105 jusqu'à la page 110.

Il donne quatre tableaux; le 1er. du majeur au majeur; le 2me du majeur au mineur; le 3me du mineur au mineur; et le 4me du mineur au majeur.

Observez la différence de ces systèmes avec le mien.

[1] Même système que Catel, et Albrechtsberger.

DIVERSES MANIÈRES DE MODULER D'UT MAJEUR OU D'UT MINEUR

dans tous les tons et les deux modes ainsi que le retour au ton d'ut.

par CH. H. RINCK.

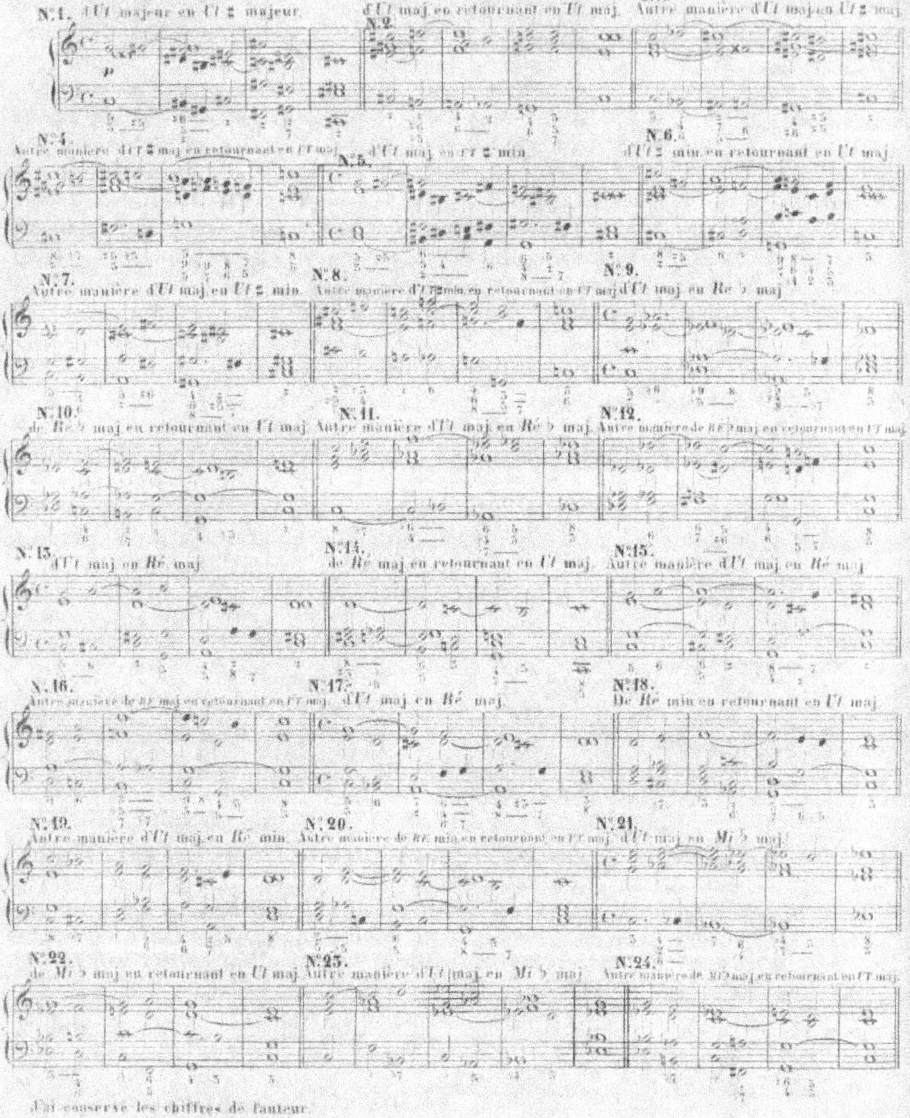

J'ai conservé les chiffres de l'auteur.

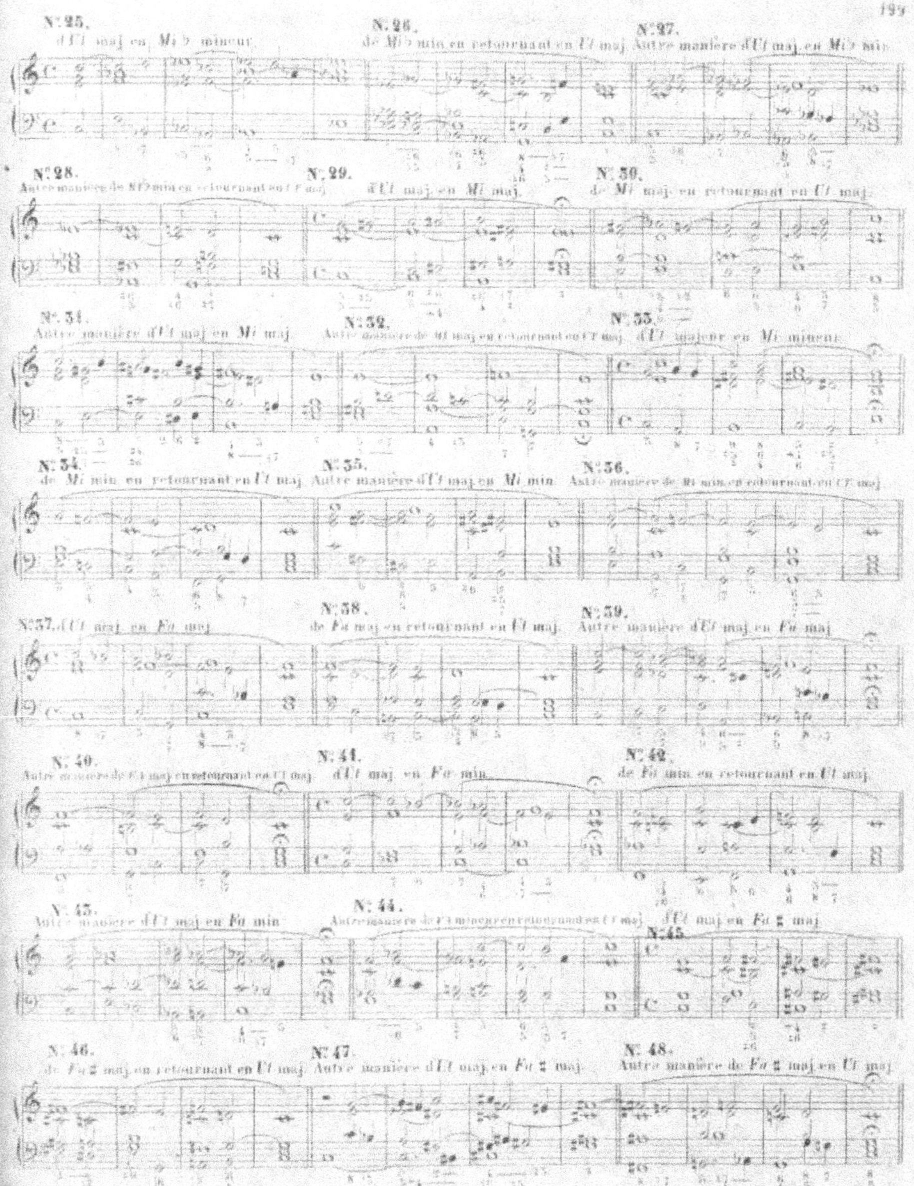

Remarquez que souvent Bach ne chiffre pas les accords parfaits.

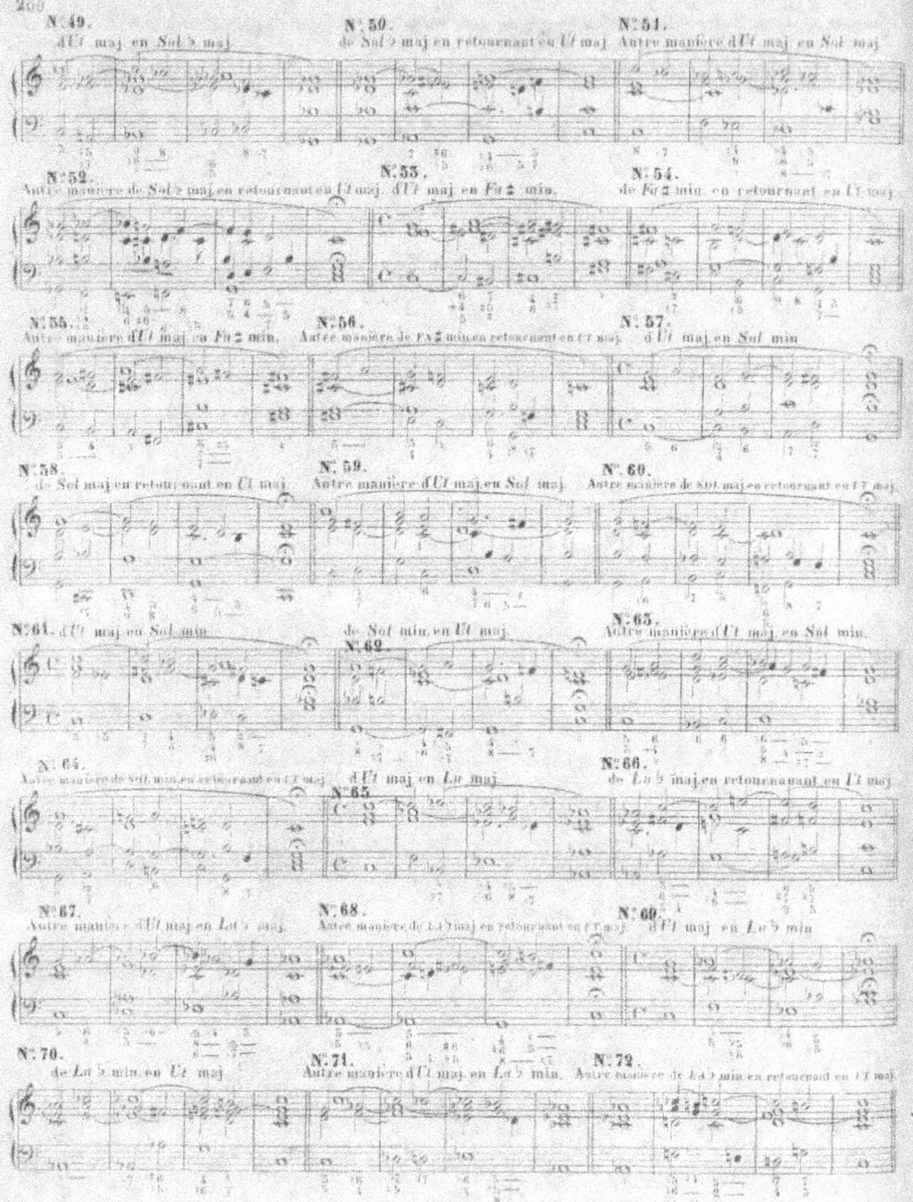

Observez la différence dans la manière de chiffrer.

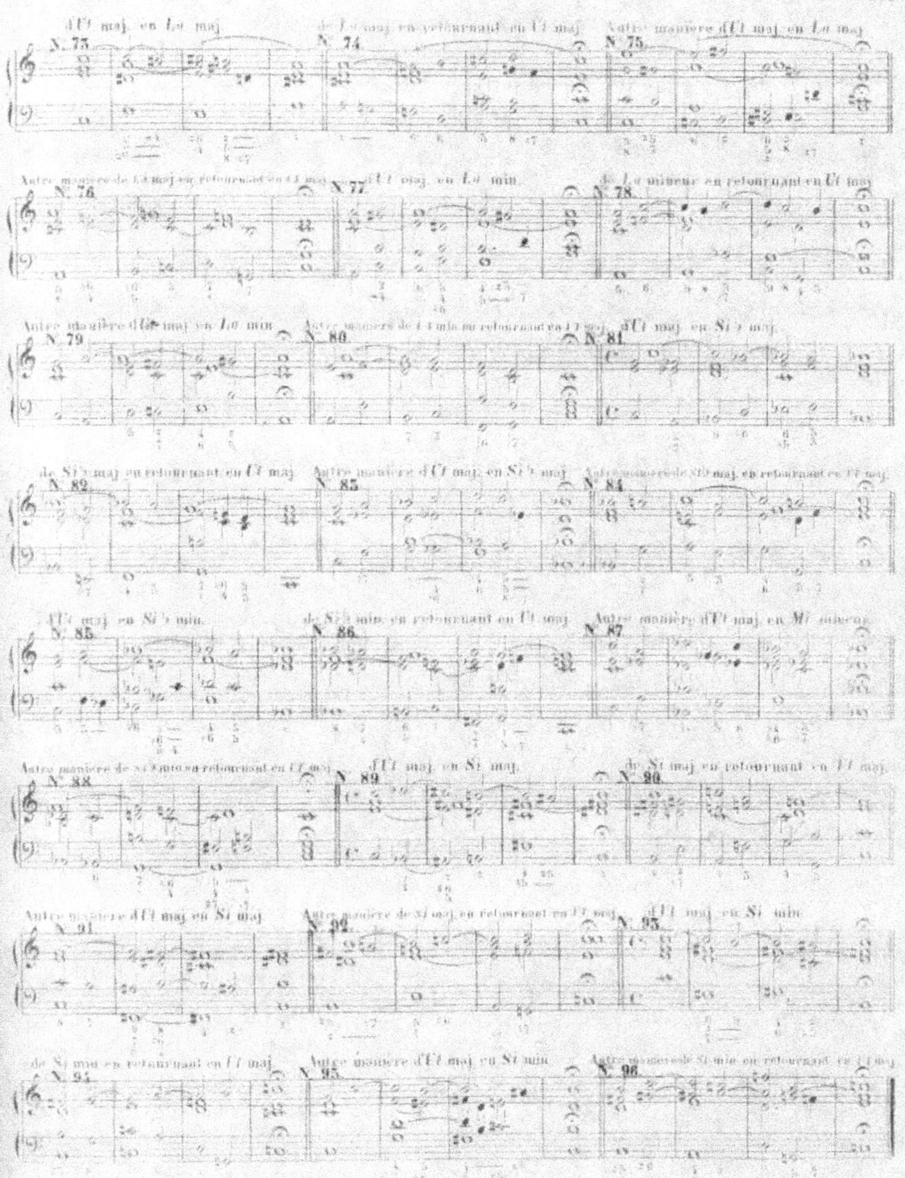

On voit et étudie ce tableau remarquable par sa richesse et sa diversité harmonique.

DIVERSES MANIÈRES DE MODULER
d'après CZERNY
d'Ut majeur dans tous les tons majeurs.

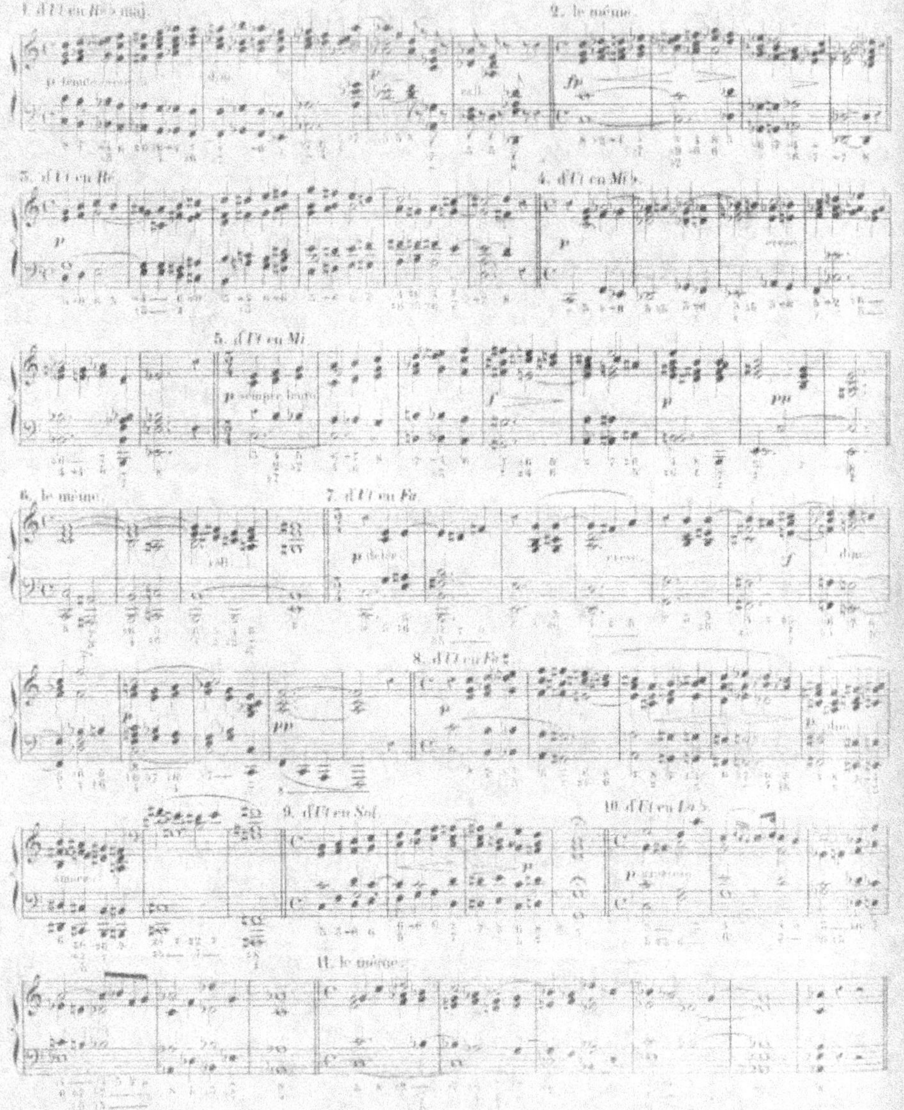

Les chiffres sont ceux indiqués de Czerny, elles ne l'étaient pas.

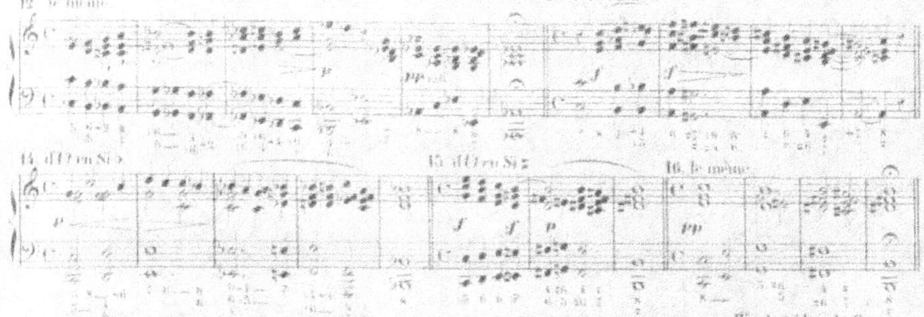

Il serait bon aussi de savoir ce tableau par cœur car ce sont des harmonies au point de vue du pianiste.

MANIÈRE DE MODULER DANS TOUS LES TONS

d'après KALKBRENNER

Je ne doute nullement qu'après avoir étudié avec soin toutes ces diverses modulations l'élève ne soit en état de moduler de lui même s'il a su retenir plusieurs de ces modulations.

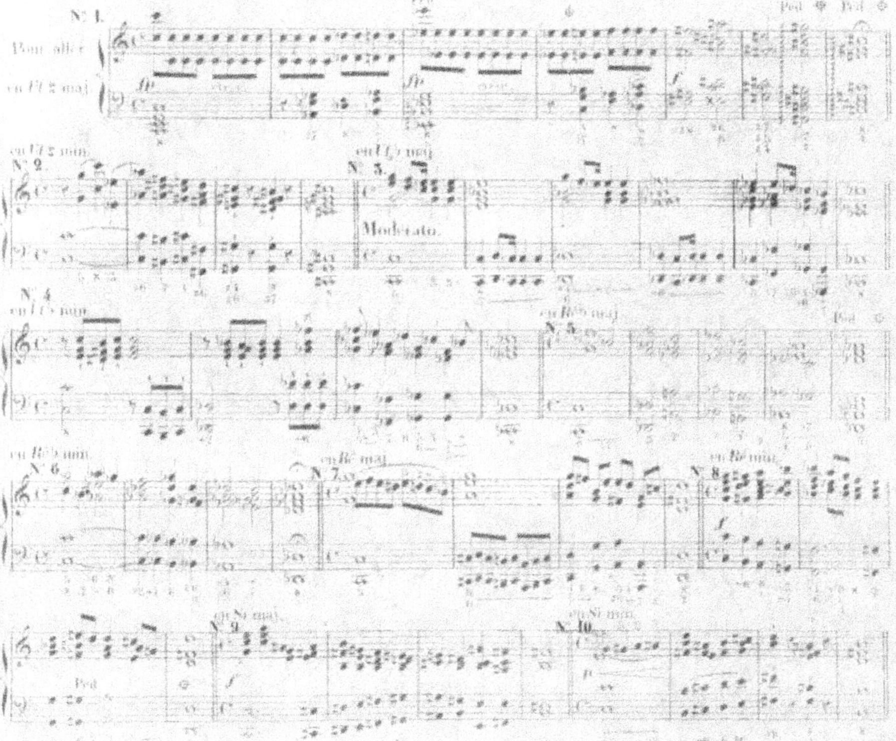

204

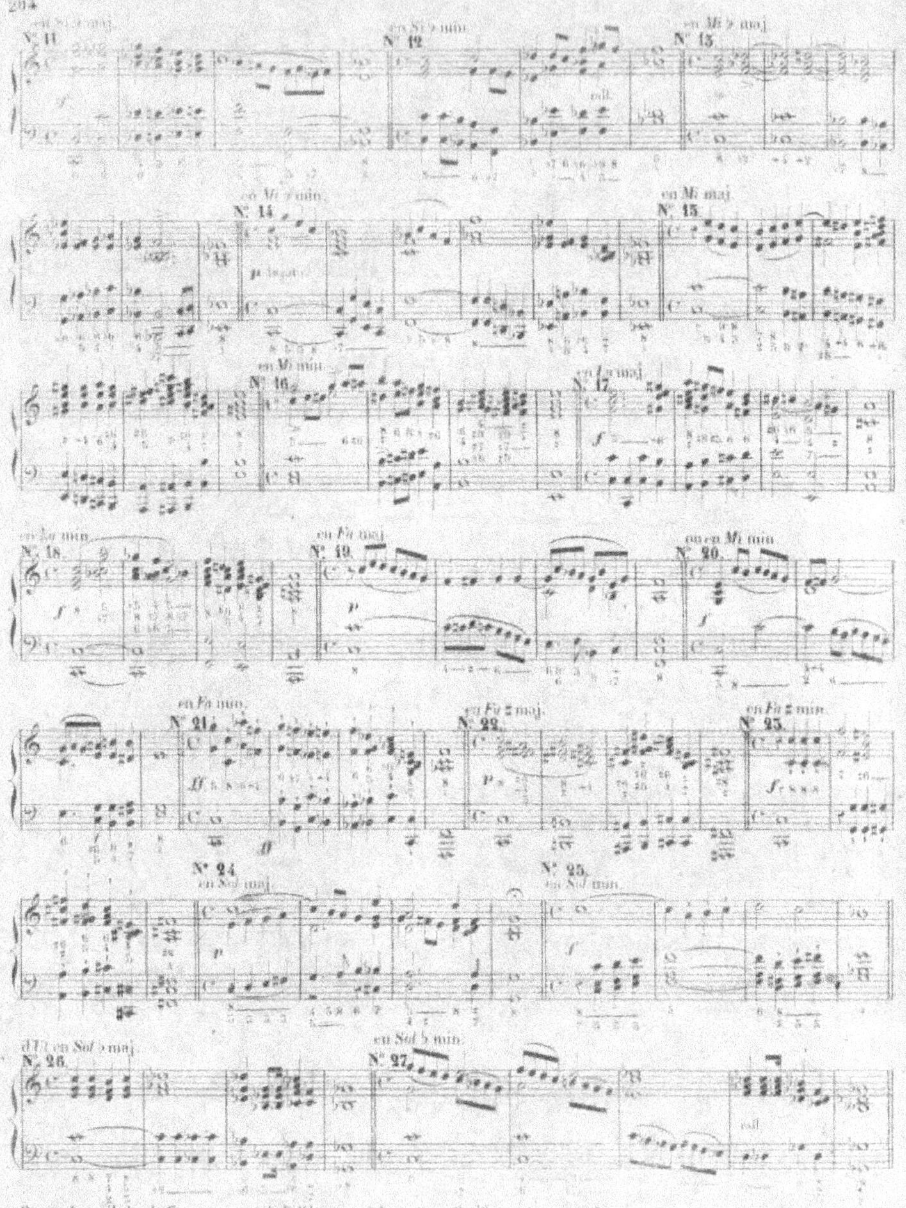

Comme les préludes de Czerny, ceux-ci de Kalkbrenner s'adressent particulièrement au peuple.   Fin du tableau de Kalkbrenner.

Tous les exercices que vous avez faits en accords plaqués, vous devez les faire en arpéges, en différents Rhythmes.

Voyez les exemples suivants.

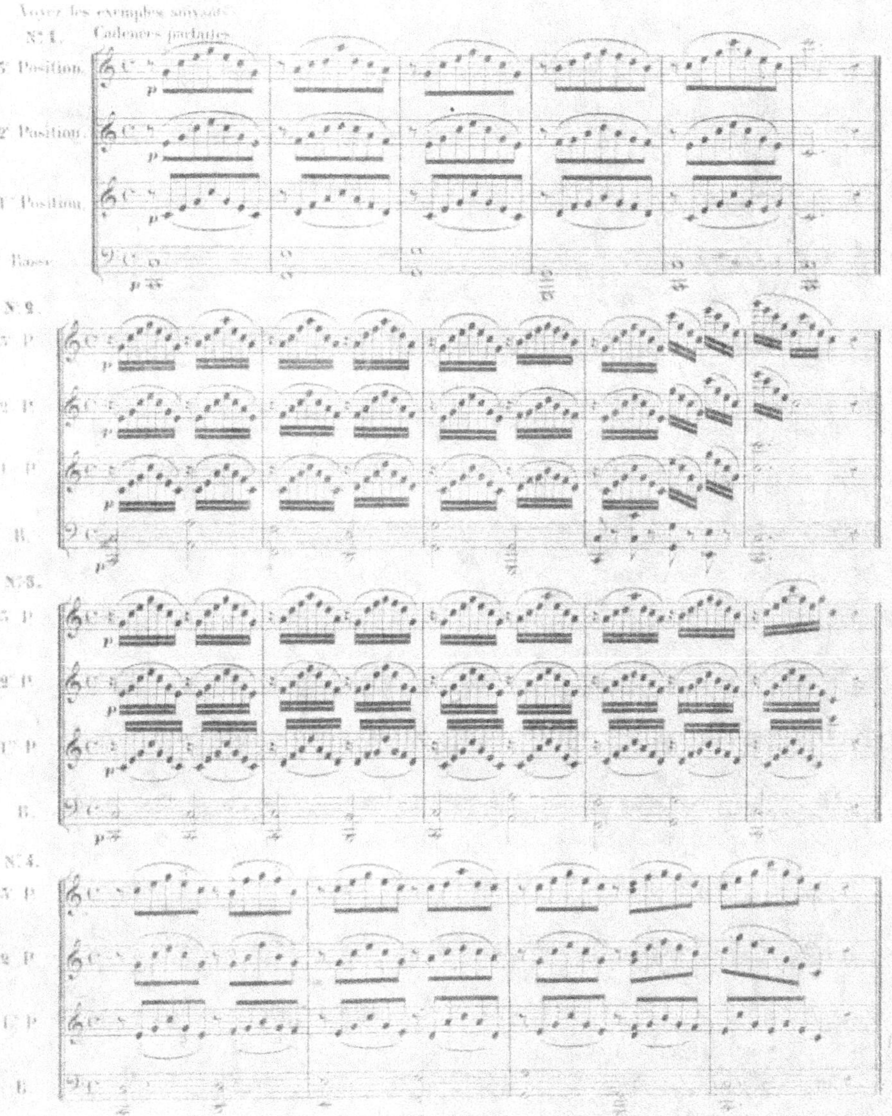

406. Essayez à faire de même sur vos préludes ou accords plaqués ainsi que sur toutes vos marches d'harmonie.
Exécutez ces préludes ou pièces dans presque tous les tons.

N.º 5. Règle nº8 sur toute positions en arpèges.

5.e Position

2.e Position

1.re Position

Basse

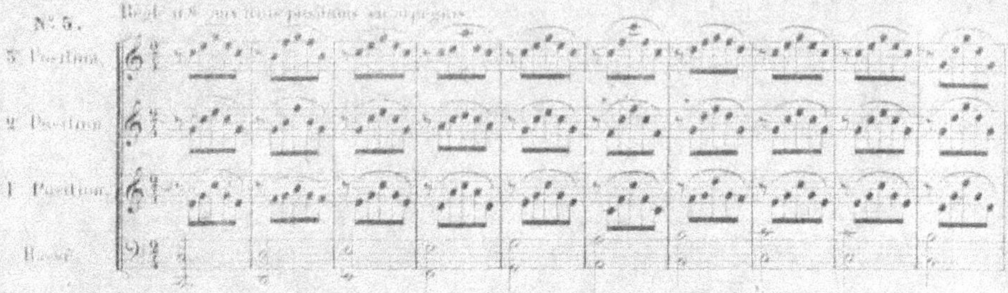

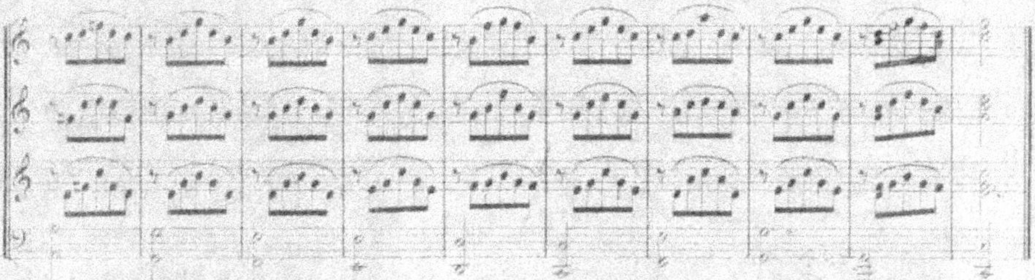

* * Ces deux espèces de 5.tes de suite sont tolérées en arpèges.

En faisant des variations sur une marche d'harmonie soit à la main droite soit à la main gauche on obtient des motifs charmants pour préluder et pour peu qu'après une variation vous fassiez une ou deux modulations en revenant dans le ton, vous avez un bon Prélude surtout, si vous apportez quelques dissonances bien préparées et bien sauvées.

Exemple de quelques variations sur une marche d'harmonie: prenons la première venue.

Supposons la marche se composer de ... et 9.me

N.º 6.
MARCHE
d'harmonie

N.º 7. Allegretto
1.re VAR.

N.º 8.
2.e VAR.

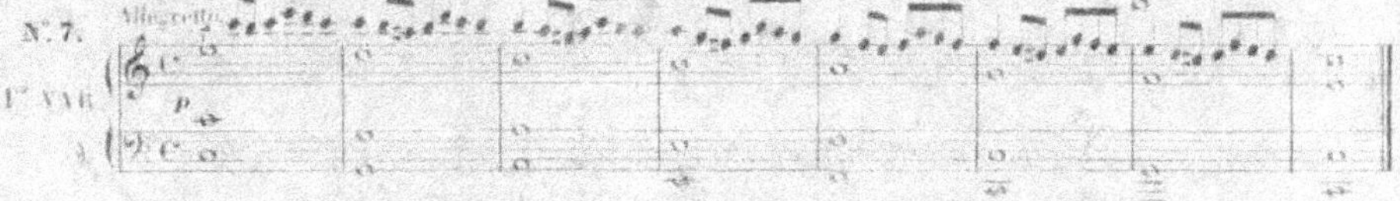

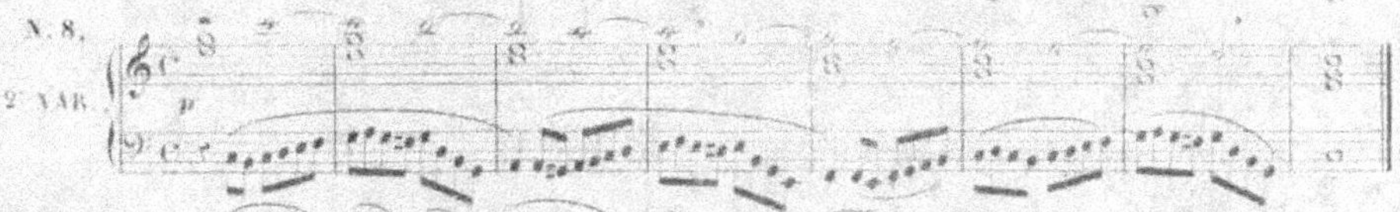

N.º 9.
3.e VAR.

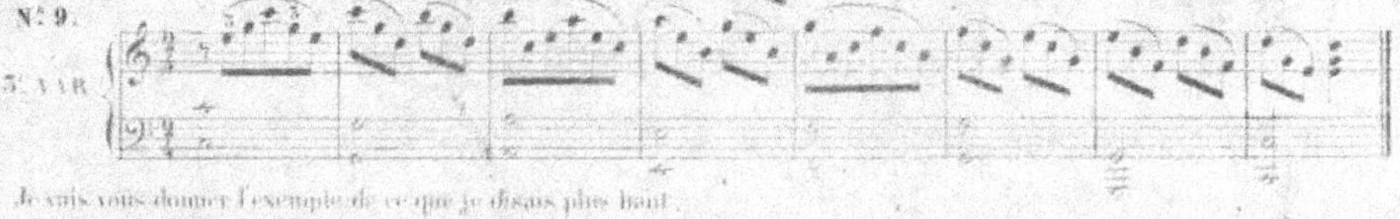

Je vais vous donner l'exemple de ce que je disais plus haut.

PRÉLUDE sur la même harmonie avec une modulation.

N.° 10.

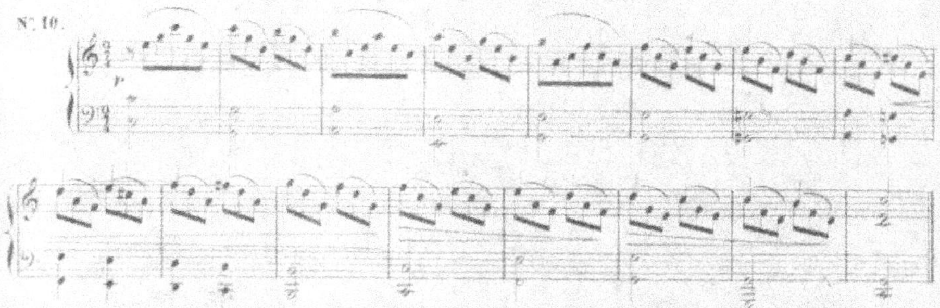

Tâchez d'imiter ce système de prélude et plus tard vous entreprendrez de les faire plus longs et plus impor-tants.

Travaillez, étudiez, cherchez et évidemment vous trouverez.

Marche d'accords parfaits et de 5.es et 6.es

N.° 11.

Autre Prélude sur la même marche. N.° 12.

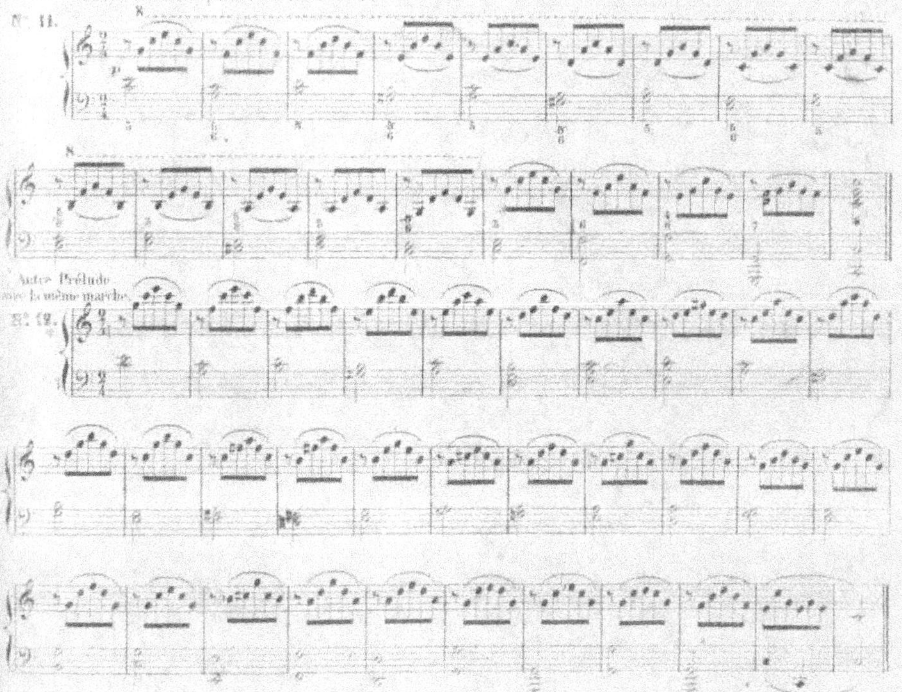

Vous voyez qu'en profitant d'un accident on peut passer dans un ton et faire une espèce de cadence parfaite. En continuant de même on peut poursuivre le prélude et en profitant de nouveau d'un autre accident on peut moduler jusqu'à ce que l'on trouve l'accident qui vous ramène dans le ton où vous voulez finir. Il en serait de même si vous vouliez vous éloigner et finir dans un autre ton, fût-il très éloigné de votre point de départ; profitez des cadences évitées.

Après ces quelques exercices, je vais vous offrir comme modèles quelques spécialités faciles, tirés des différents auteurs qui ont écrit dans ce genre.

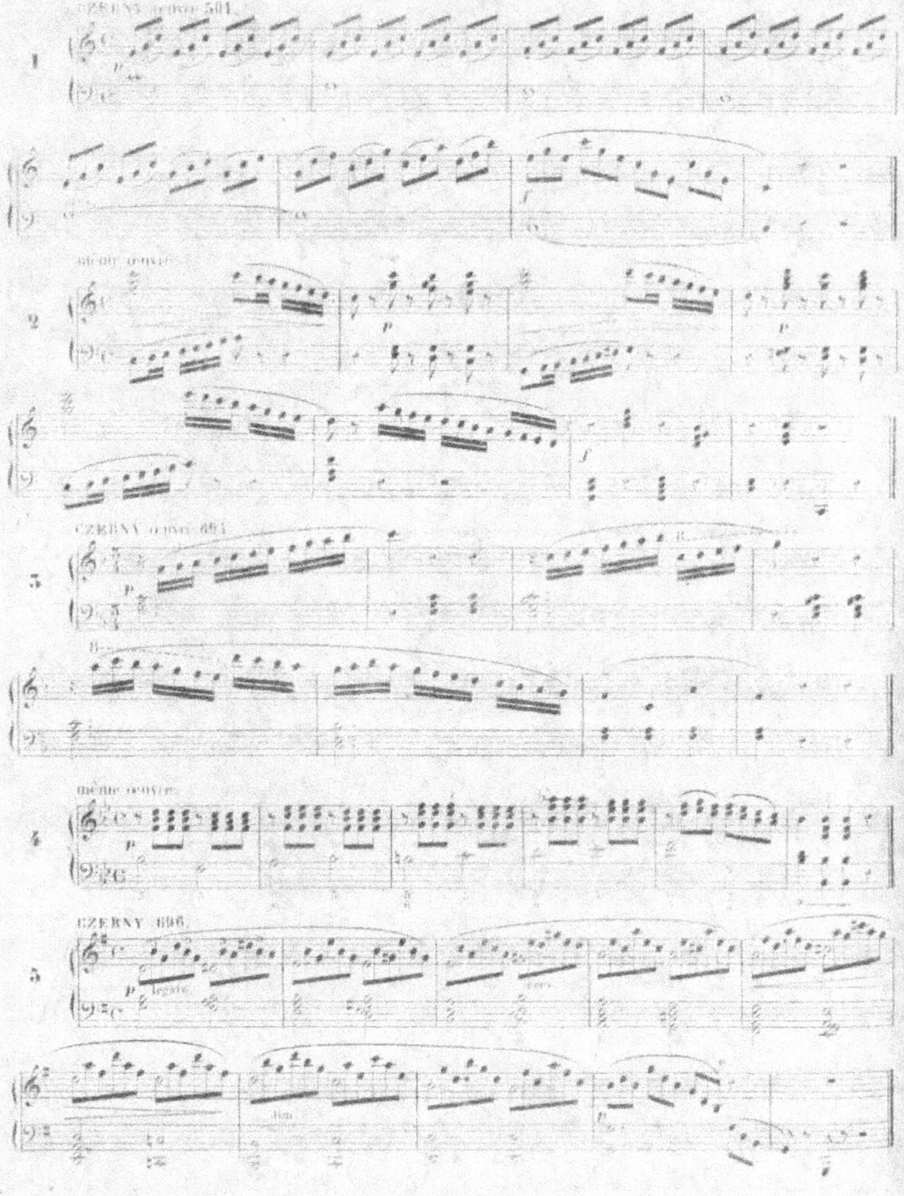

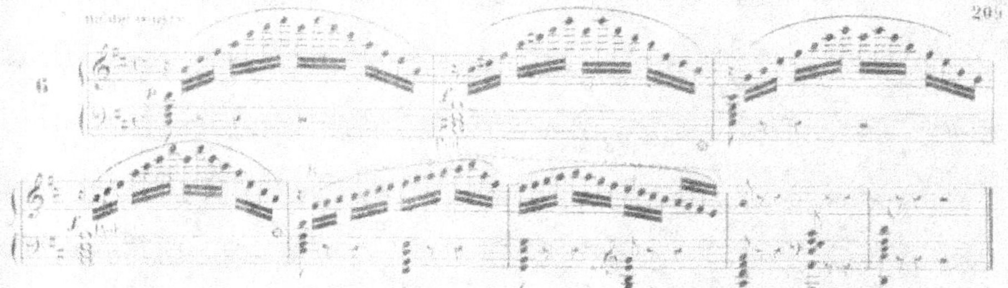

Pour commencer, cherchez à noter des petits préludes. Plus tard, vous essaierez à les faire plus longs et d'une harmonie plus riche.

Vous savez que les dissonances donnent à l'harmonie la richesse.

L'Art de préluder. CZERNY

Allegro molto.

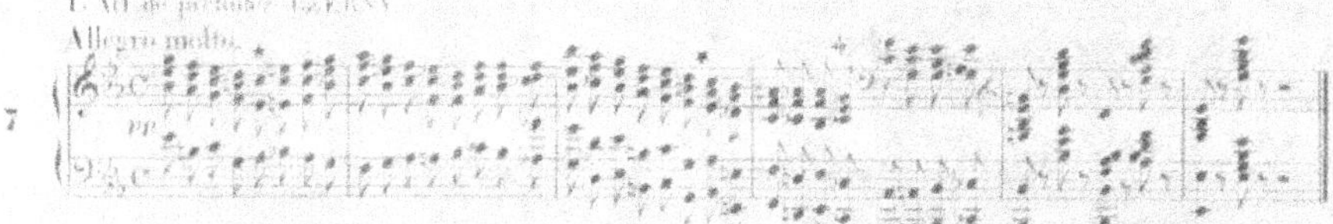

Observez la pureté d'écriture de ce prélude. Voyez comme à la 1.re observation faut-il éviter l'intervalle de 2.de augmentée, même dans une partie intermédiaire, cependant 18 accords plus loin elle se rencontre ce que vient nous confirmer que c'est une licence permise. Je n'aime pas la résolution de la 4.te par la 5.te en mouvement droit; cela donne 2 5.tes cachées. KALKBRENNER, Prélude sur la pédale de la dominante.

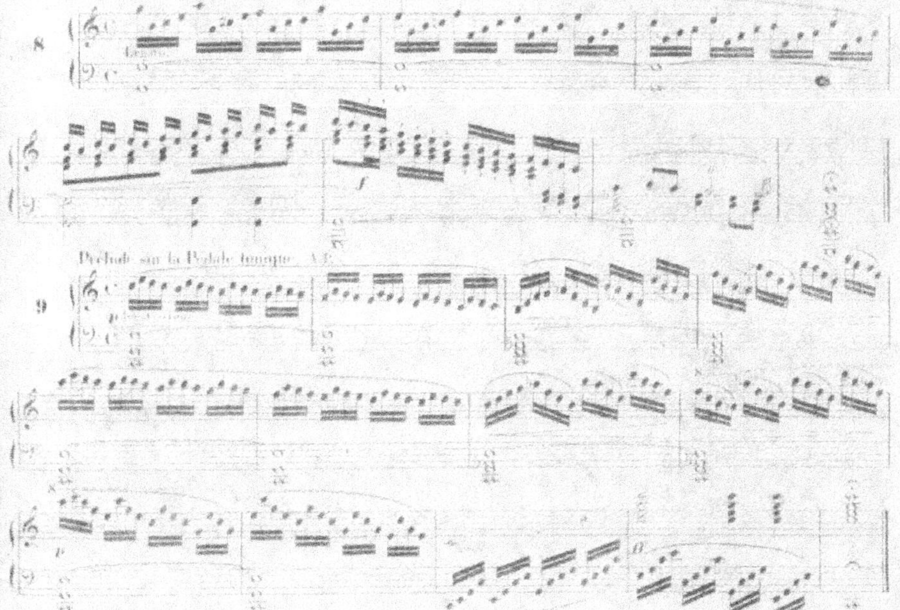

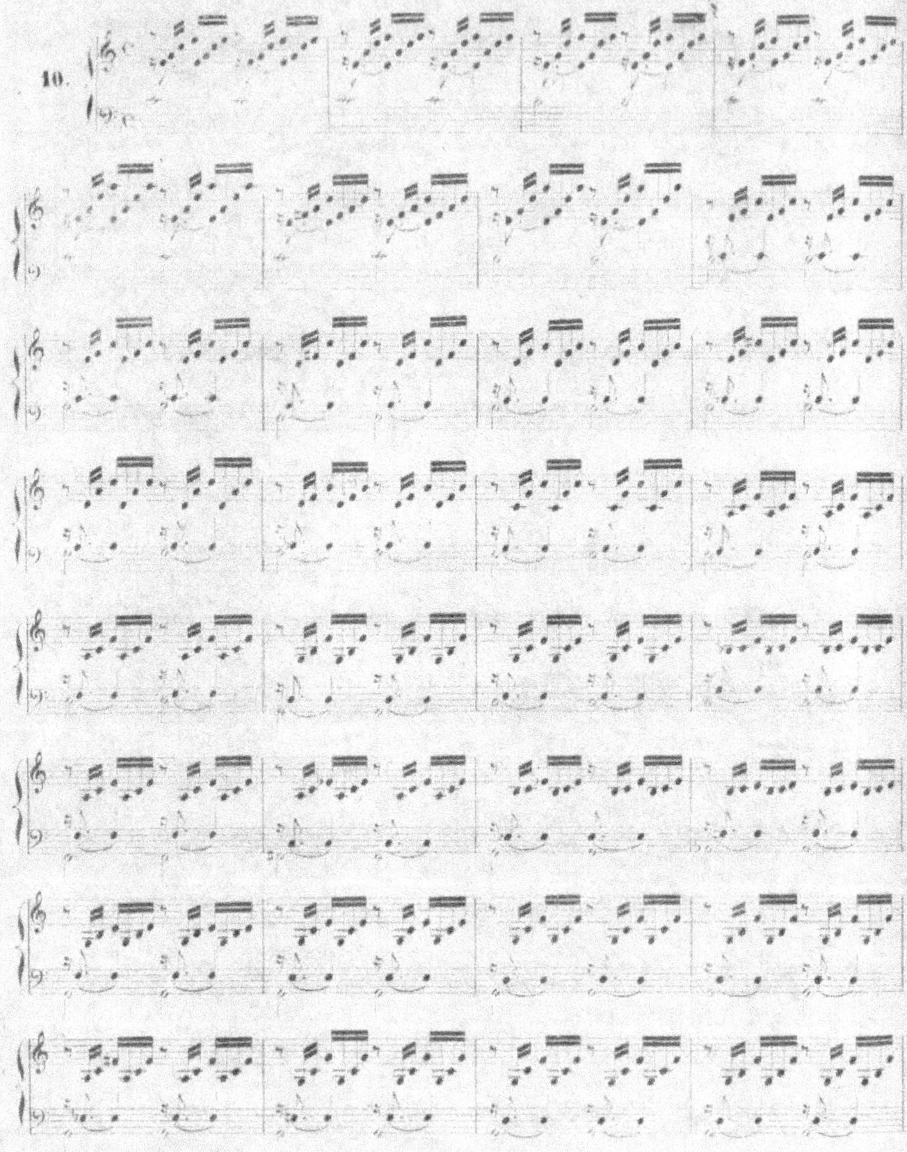

1er PRÉLUDE de J. S. BACH.
10.

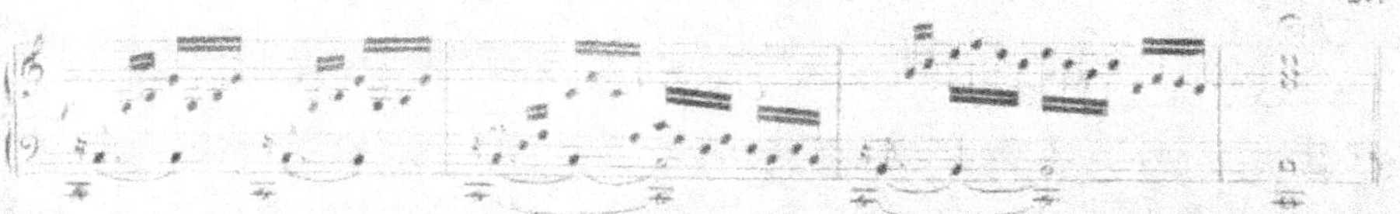

Après tous ces préludes, jouez ceux de Cramer, Bach et Haendel, inspirez-vous de tous ces maîtres.

Lisez particulièrement si vous jouez très bien le piano le magnifique ouvrage de Clementi le *Gradus ad Parnassum* dans lequel on trouve de très beaux préludes, des fugues et des canons à presque tous les intervalles, en mouvements droits et contraires, c'est un des ouvrages pour le piano le plus remarquable.

L'introduction du 2e acte de *Moïse* de Rossini peut servir de prélude, c'est une belle réunion de riches accords.

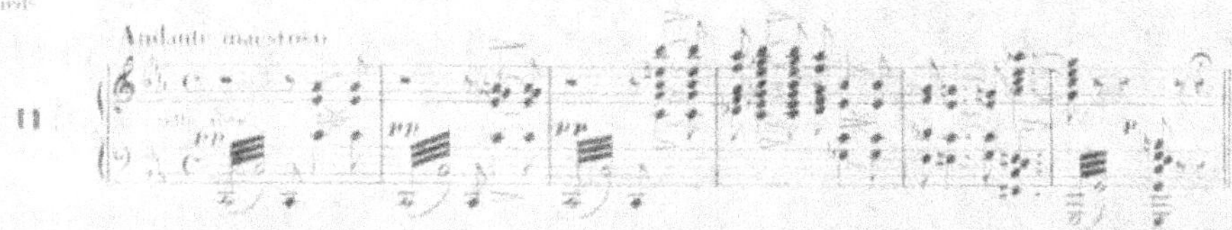

Un oblige passage du Confutatis du Requiem de Mozart peut aussi servir de magnifique prélude, soit tout en s'inspirant de son rhythme et de ses beaux accords et surtout de ses modulations.

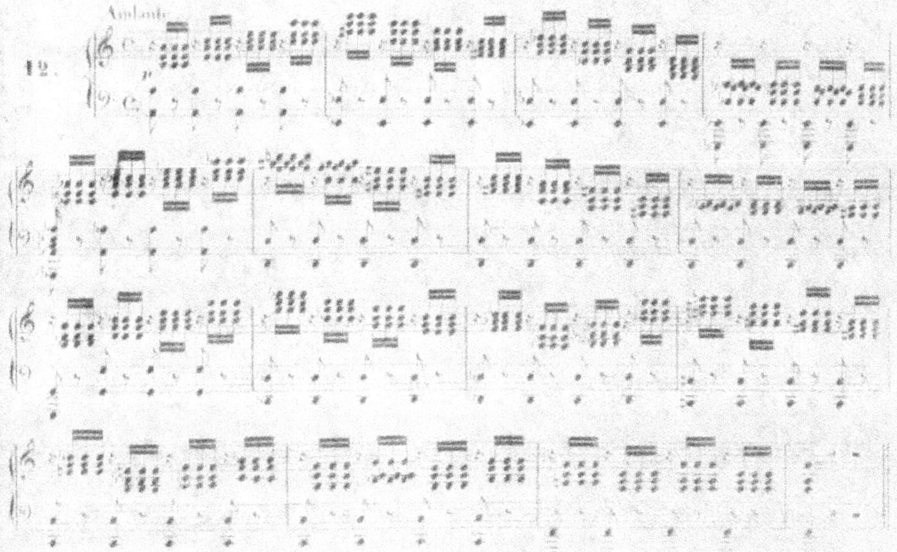

Ces deux passages magnifiques surtout par la richesse harmonique doivent saisir l'esprit musical des jeunes élèves et les inspirer pour apprendre ou toucher à composer de beaux préludes.

Le but véritable s'apprécie par ceux-ci, des études, c'est un enseignement d'érudition, l'érudition n'est utile que si elle est à la portée de tous et qu'il en résulte harmonie.

CHAOS

INTRODUCCION DE LA CREACION DE J. HAYDN.

N. 15.

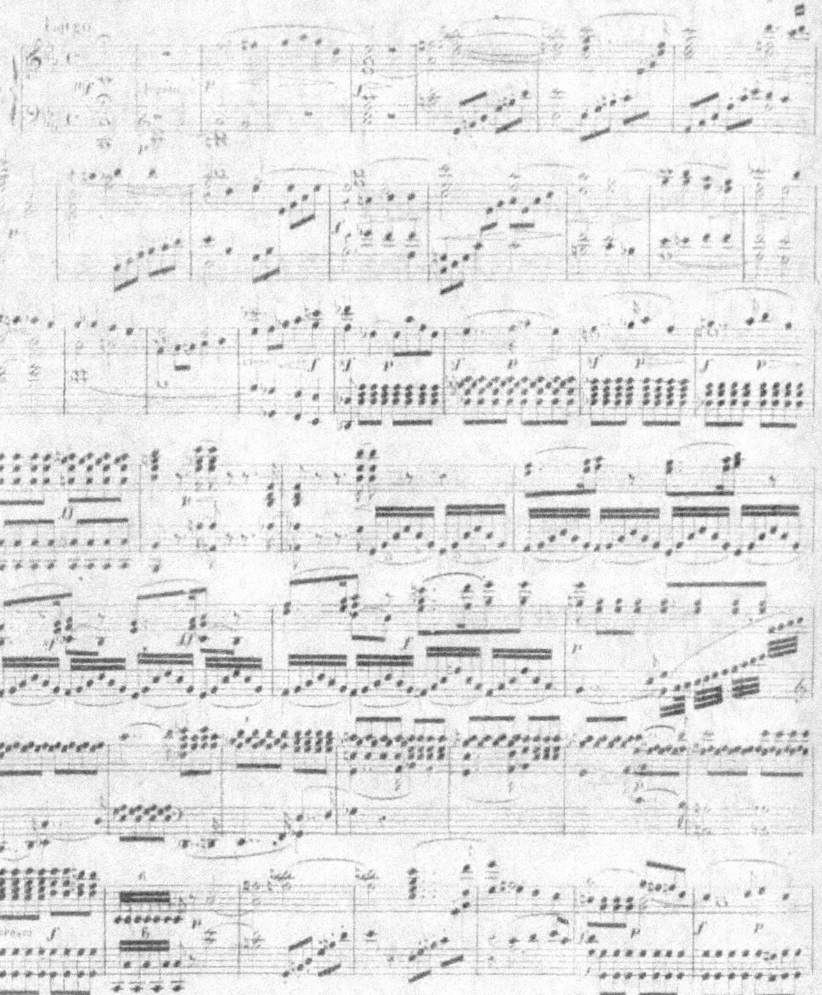

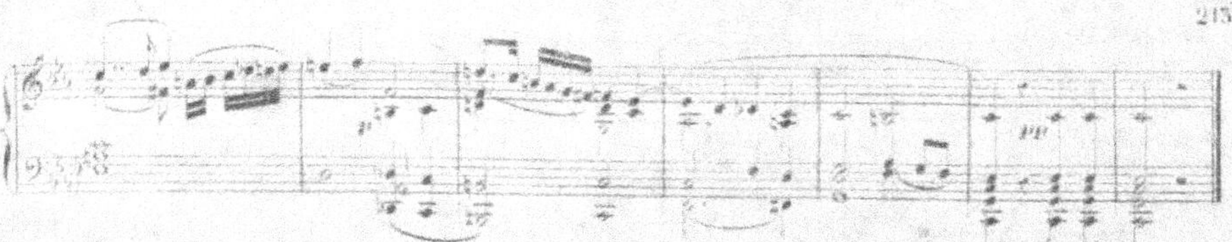

Je ne donne pas à mes élèves, ce beau morceau, comme un prélude, bien que l'auteur s'en soit servi comme tel à sa magnifique partition, mais je le donne comme une des plus belles pages de poésie musicale au point de vue de ses hardiesses harmoniques, et de l'excentricité de ses accords. J'espère que l'élève arrivé à cet endroit de mon ouvrage, sera assez fort en harmonie, pour apprécier toutes les belles dissonances plus ou moins préparées, les richesses harmoniques, en un mot, toute la science que renferme ce chef-d'œuvre. Il ne faut pas oublier le tableau que l'auteur a voulu rendre. Le Chaos y est admirablement peint par les seules couleurs de l'art musical et tous les trésors de l'harmonie y sont amoncelés dans une proportion gigantesque.

Je veux encore vous faire voir, pour que vous puissiez apprécier la puissance de la variété harmonique, deux commencements de morceaux l'un de Chérubini et l'autre de Rossini.

Voici celui de Chérubini qui est le motif d'une leçon de solfège du Conservatoire N° 15, 4me volume (ancienne édition).

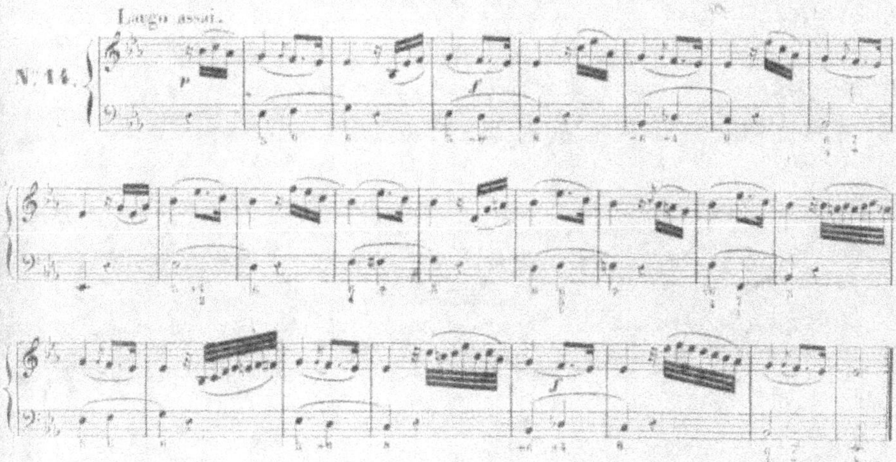

Observez que, bien que ce soit un solfège, la phrase mélodique en est superbe et peut être est-ce une des plus belles inspirations du grand maître; mais ce n'est pas seulement la mélodie qu'ici je veux vous faire admirer, puisque dans cet ouvrage il s'agit d'harmonie, mais bien la richesse des accords et surtout leur diversité; voyez comme chaque demi-phrase de deux mesures, donne une jolie harmonie, cette page est sans contredit une des plus belles de Chérubini.

Toute la beauté de ce morceau est dans le motif où vous trouvez la mesure ♩ qui revient quatre fois de suite; ainsi que dans la 2me période musicale, vous trouverez aussi quatre fois ♩ sans cette variété des accords qui fait la richesse harmonique, ces deux phrases seraient ordinaires et monotones, au lieu qu'harmonisées ainsi il y a richesse, et là est la beauté.

L'autre dont je veux vous parler est le commencement du récitatif de la prière dans le siège de Corinthe de Rossini; récit, qui n'existe pas dans l'ouvrage primitif Maometto secondo mais qu'il a ajouté lorsqu'il a traduit cet ouvrage en français.

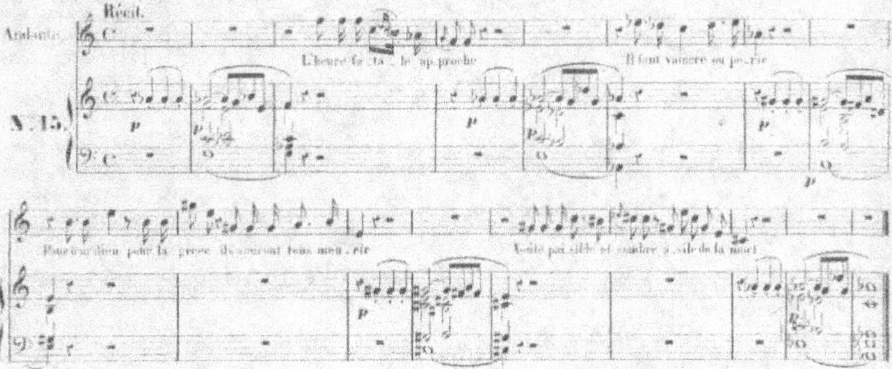

Admirez avec quel bonheur il se sert de ce La ♭ 1re note du motif en Fa mineur, comme à la 2e période il se sert de ce La ♭ pour moduler en La ♭ majeur; à sa 3me période il enharmonise le La ♭ par un Sol ♯ qui le conduit bien naturellement en Mi majeur, à sa 4me période son Sol ♯ le conduit habilement avec douceur en Fa ♯ mineur, et pour terminer son Sol ♯ redevient La ♭ et le reconduit de nouveau en La ♭ majeur. Cette page est à mes yeux une page de génie à Rossini! comme Dieu l'a souvent bien inspiré.

Ce morceau est un peu à l'imitation du passage que j'ai cité plus haut de Cherubini il serait possible que ce fut ce solfège de Cherubini qui eut inspiré Rossini. Je crois que bien que les premières études de Rossini n'aient point été complètes il les a achevées par la lecture, et tout le monde sait que Rossini possède la plus belle mémoire musicale qui existe je peux citer bien des exemples dont plusieurs me sont personnels.

Je pourrais encore donner comme exemple une beauté harmonique prise dans l'Alceste de Gluck. C'est une espèce de pédale inférieure chantée par les chœurs à l'unisson sur une seule note. Voyez la partition.

Ce morceau est un chef-d'œuvre et comme harmonie et comme déclamation lyrique Gluck depuis 60 ans sert de modèle à l'art musical dramatique surtout par la prosodie et la déclamation.

PROBLÈMES DE MODULATIONS à écrire ou à exécuter à vue selon mon système prenez chacune de ces notes pour tonique.

N'oubliez pas après vos modulations d'asseoir le ton par une cadence parfaite et tâchez de ne pas employer toujours la même, afin d'éviter la monotonie harmonique.

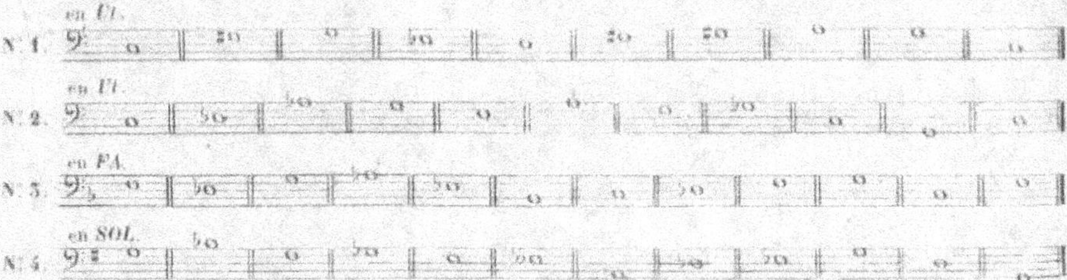

Faites ces problèmes soit en majeur soit en mineur; ensuite cherchez à moduler en mesure au commencement d'un harmoniste, faites vous en donner de semblables. Préalablement composez-en à partir d'ut dans tous les tons, en revenant au ton primitif, mais vous posséderez comme dans le tableau toujours chromatiquement page (135) faites de même et partout dans tous les autres tons.

Exercez vous sur des notes naturelles et accidentelles sensibles par qu'on peut surprend et être l'enharmonie pour vous dit être un jeu. Après toute ces exercices vous posséderez parfaitement mon système.   Fin de la 2me partie

TROISIÈME PARTIE
50 LEÇONS D'HARMONIE PRATIQUE
ÉCRITES POUR LE PIANO SUR DES BASSES CHIFFRÉES

J'ai l'intention, dans cette partie pratique, d'offrir aux élèves 50 leçons écrites et chiffrées selon mon système.

Ces leçons sont dans tous les tons majeurs et mineurs à partir d'Ut majeur et La mineur jusqu'aux tons avec 7 ♯ et avec 7 ♭ dans les deux modes.

Elles sont suivies de dix-huit leçons modèles de presque tous les Théoriciens modernes.

Après, vient une série de 60 leçons, seulement chiffrées, toujours selon mes principes. Dans cette série j'ai introduit une foule de modèles pris parmi les auteurs classiques de ce siècle et du siècle précédent.

Pour terminer cette éducation si importante de l'harmonie pratique on trouvera une nouvelle série de 70 leçons à écrire et à accompagner; mais cette fois ces basses sont sans chiffres, l'élève devra donc chercher les modulations de lui même et après cette première difficulté vaincue, les chiffrer et les écrire.

Je finis mon ouvrage par une douzaine de pages devant apprendre à fredonner des basses sous des chants; opération harmonique si pleine de difficultés et si utile à l'harmoniste.

L'Élève, aura alors complètement terminé son éducation au point de vue de l'harmonie pratique.

Je ne commence pas cette partie de mon ouvrage par des leçons très faciles, parceque je présume que l'Élève, arrivé à ce point, a fait au moins théoriquement un cours, ou qu'il a étudié ce qui précède dans le cours de mon ouvrage; et comme j'ai donné plusieurs leçons pratiques sur chacun des accords, l'élève doit se trouver en état de faire avec succès ce nouveau travail. (Voyez la 1ʳᵉ partie de ce traité.)

Leçon Moderato. à 4 parties.
Ut majeur.

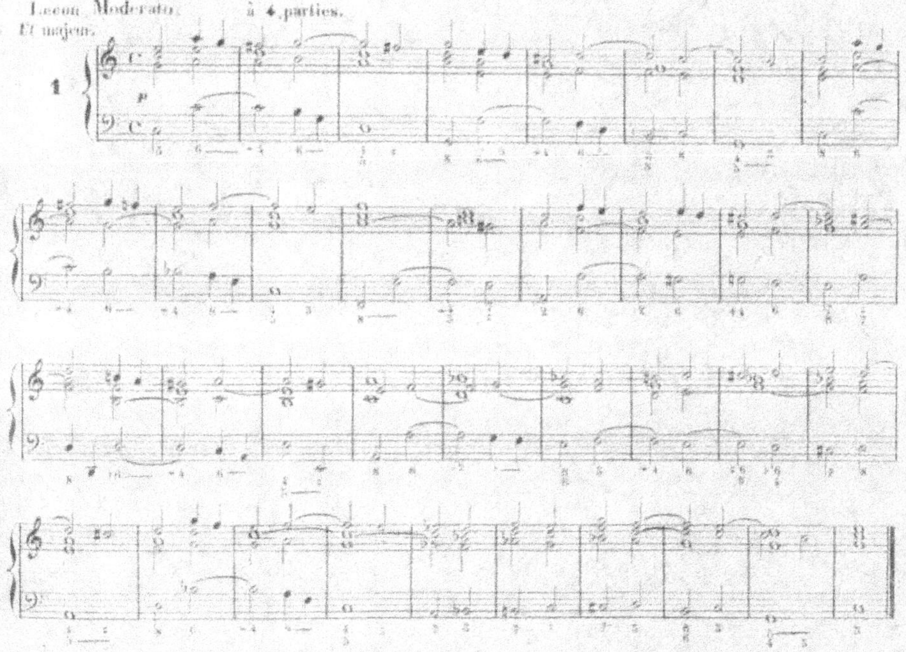

Cette 3ᵐᵉ partie de l'ouvrage se compose de 222 leçons que l'élève devra étudier et faire.

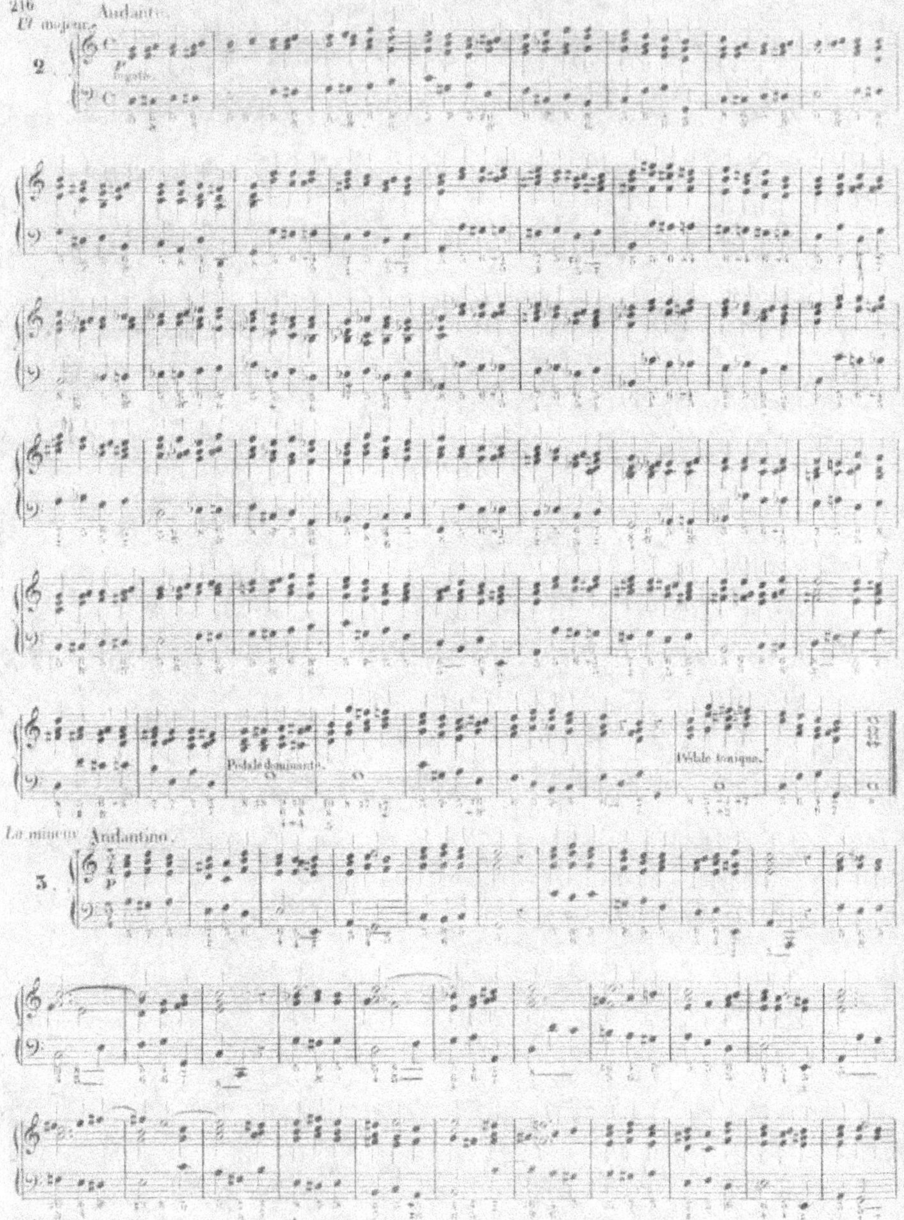
216
Ut majeur.
Andante.
2.
p
legato.
La mineur. Andantino.
3.
p
Pédale dominante.
Pédale tonique.
Accompagnez toutes ces Leçons très piano

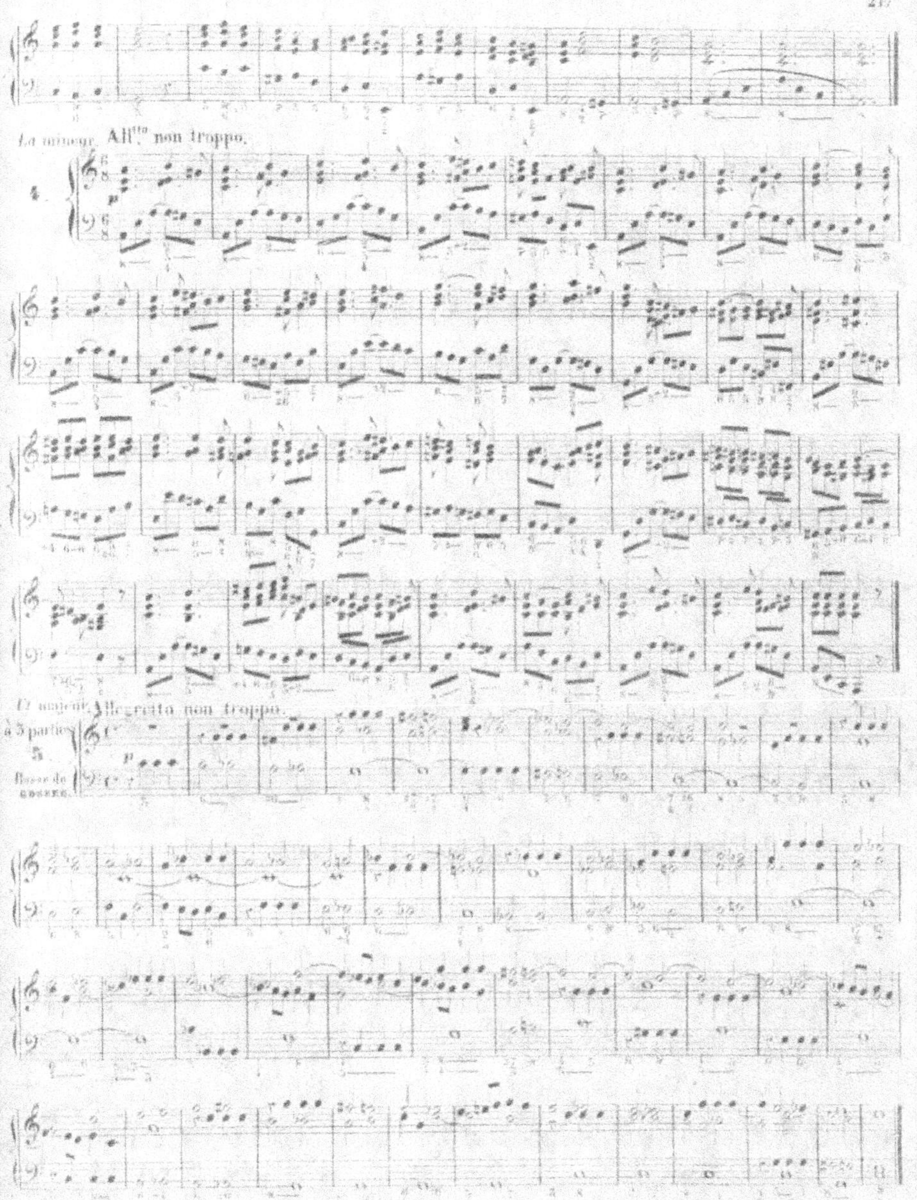

La mineur. Allro non troppo.
Ut majeur. Allegretto non troppo.
à 3 parties
5.
Basse de
chœur.
p

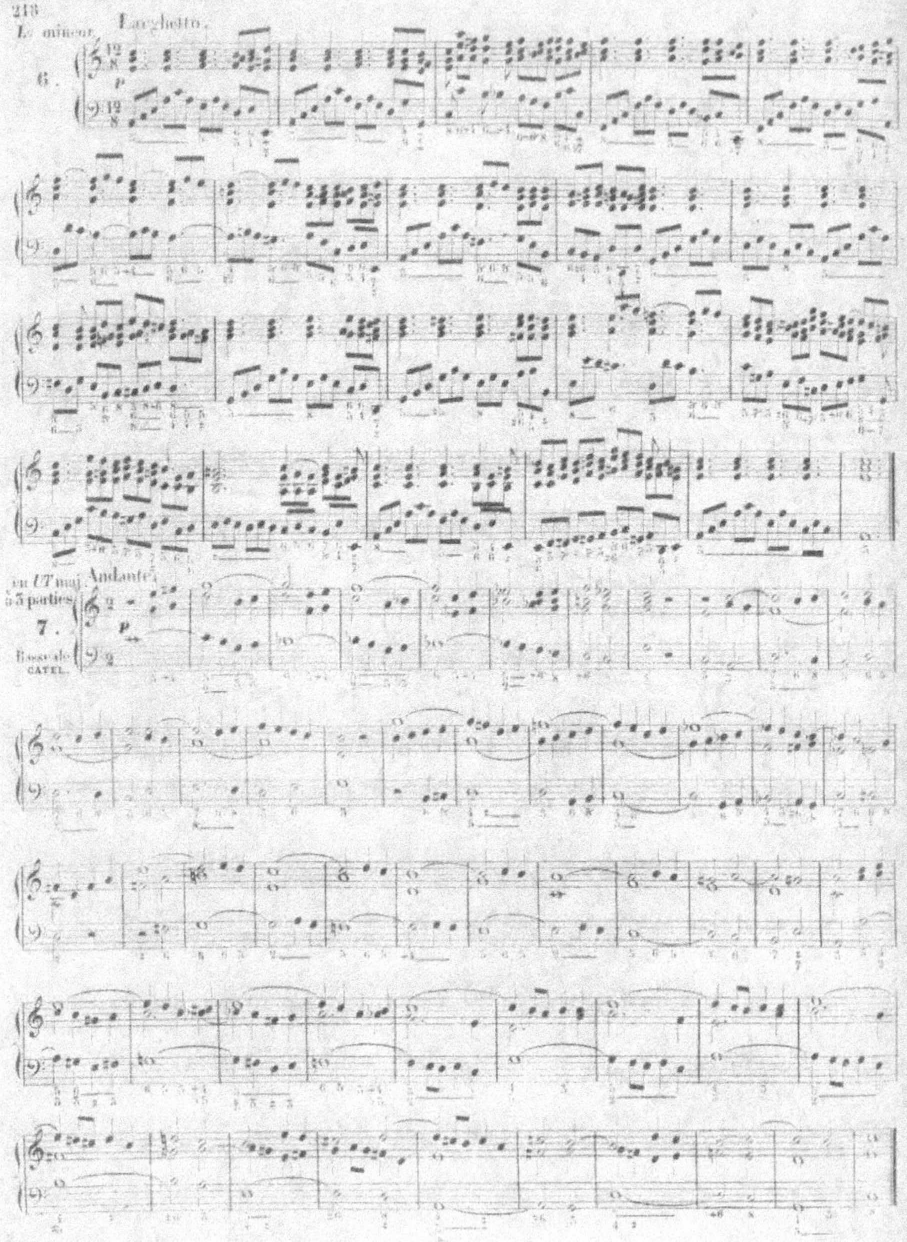
222
La mineur. Larghetto.
6.
p
en UT maj. Andante.
à 3 parties
7.
p
Basse de
CATEL.

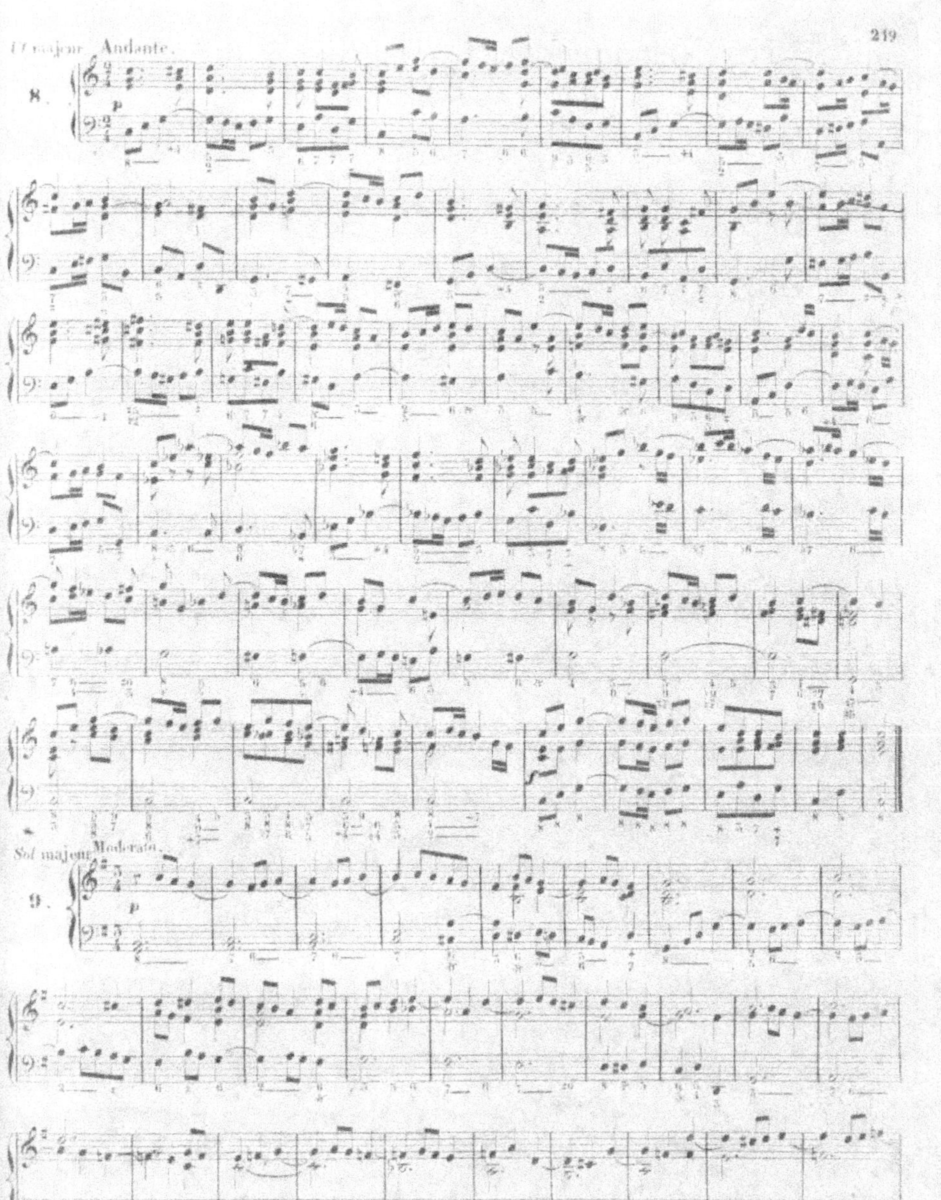
Ut majeur Andante.
8.
p
Sol majeur Moderato.
9.
p

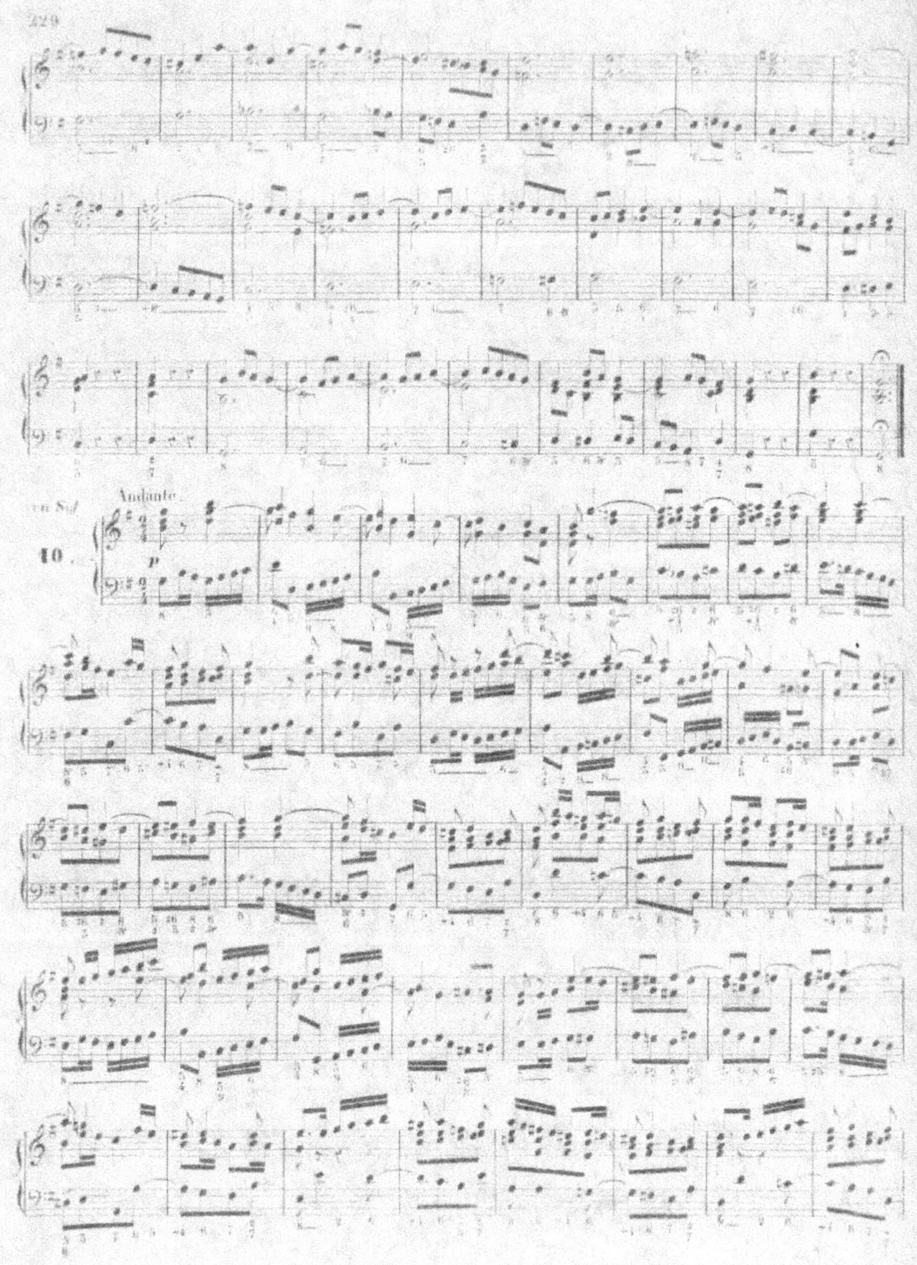
en Sol
Andante.
10.
p

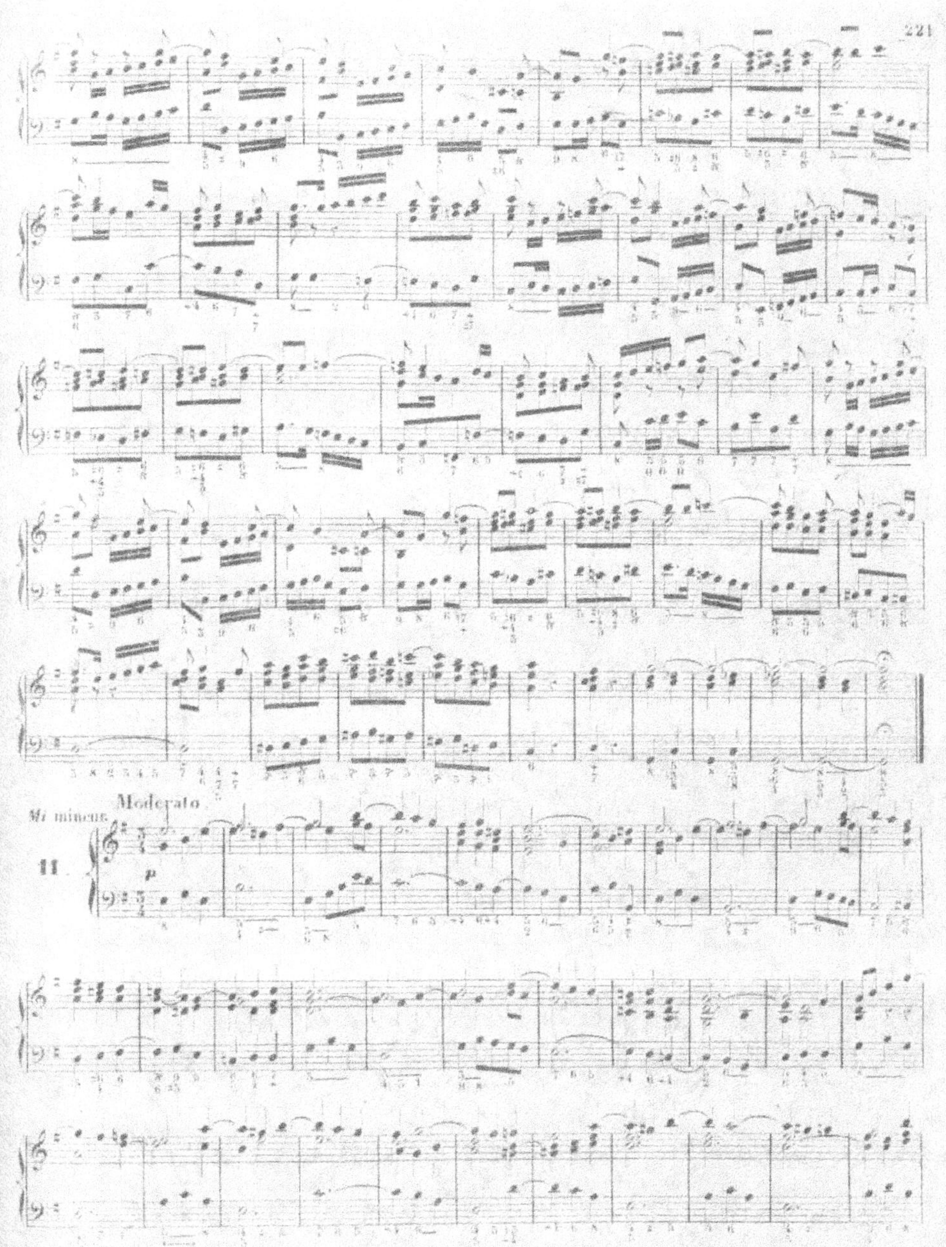
Mi mineur
Moderato.
11
p

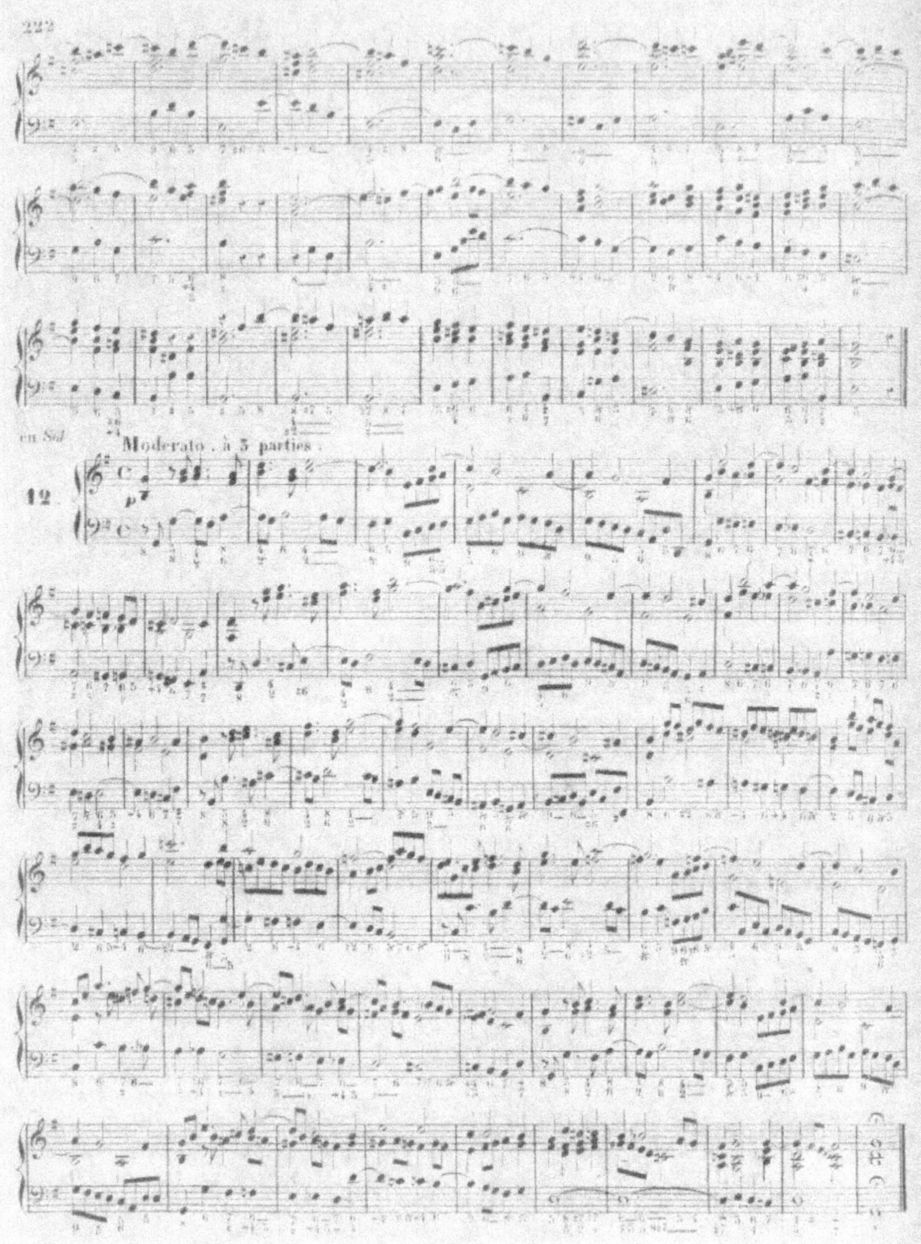
en Sol
Moderato . à 5 parties .
12
C

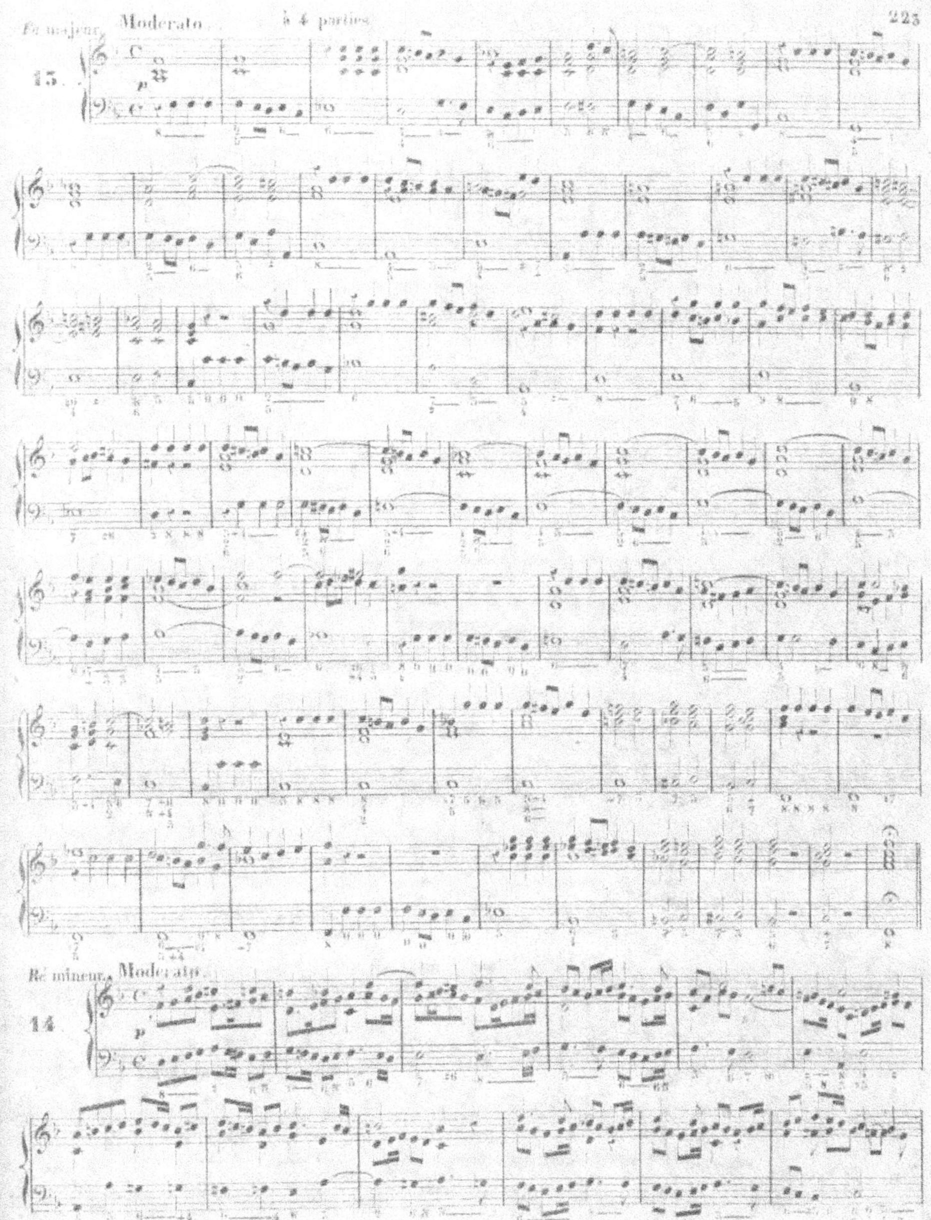
Fa majeur. Moderato. à 4 parties
13.
Ré mineur. Moderato.
14.

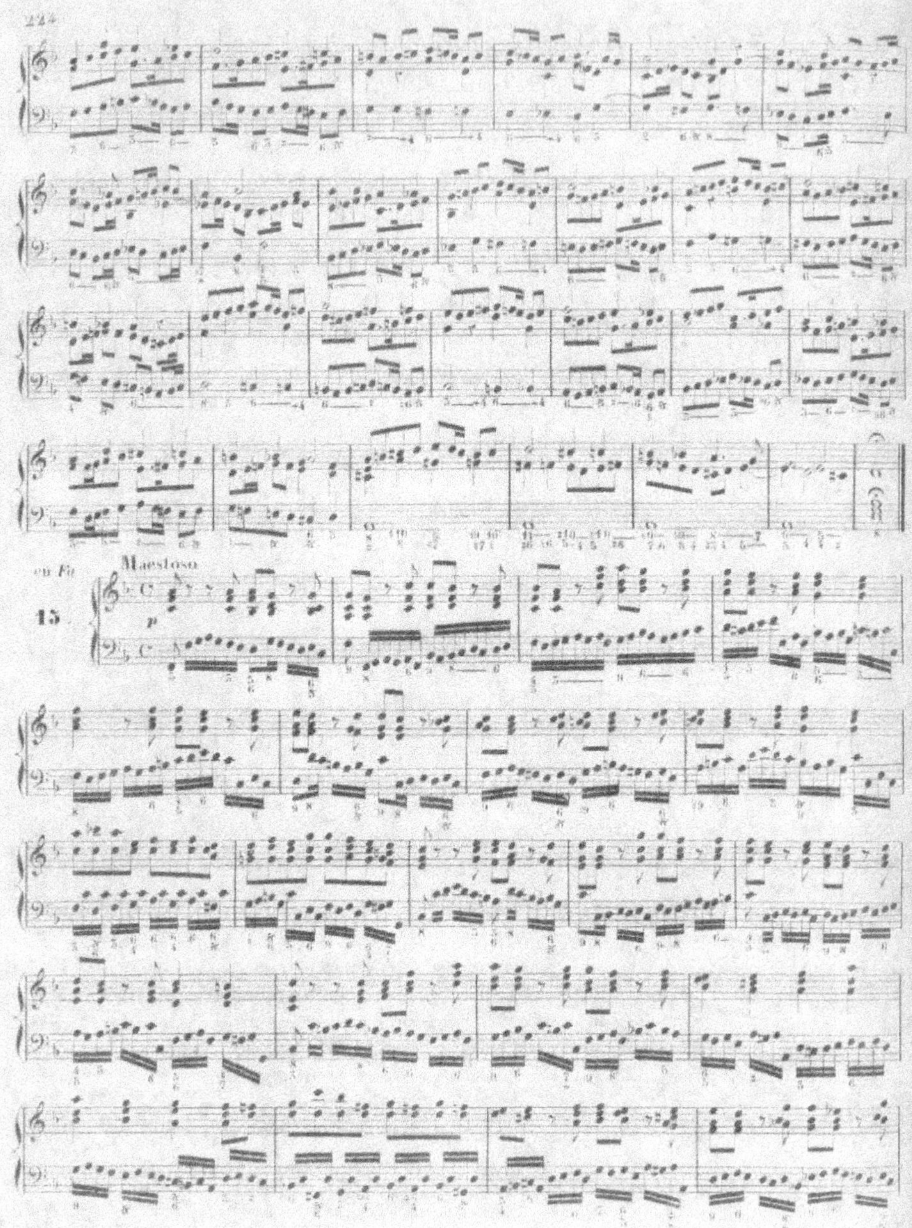
224
en Fa
Maestoso
15.
p

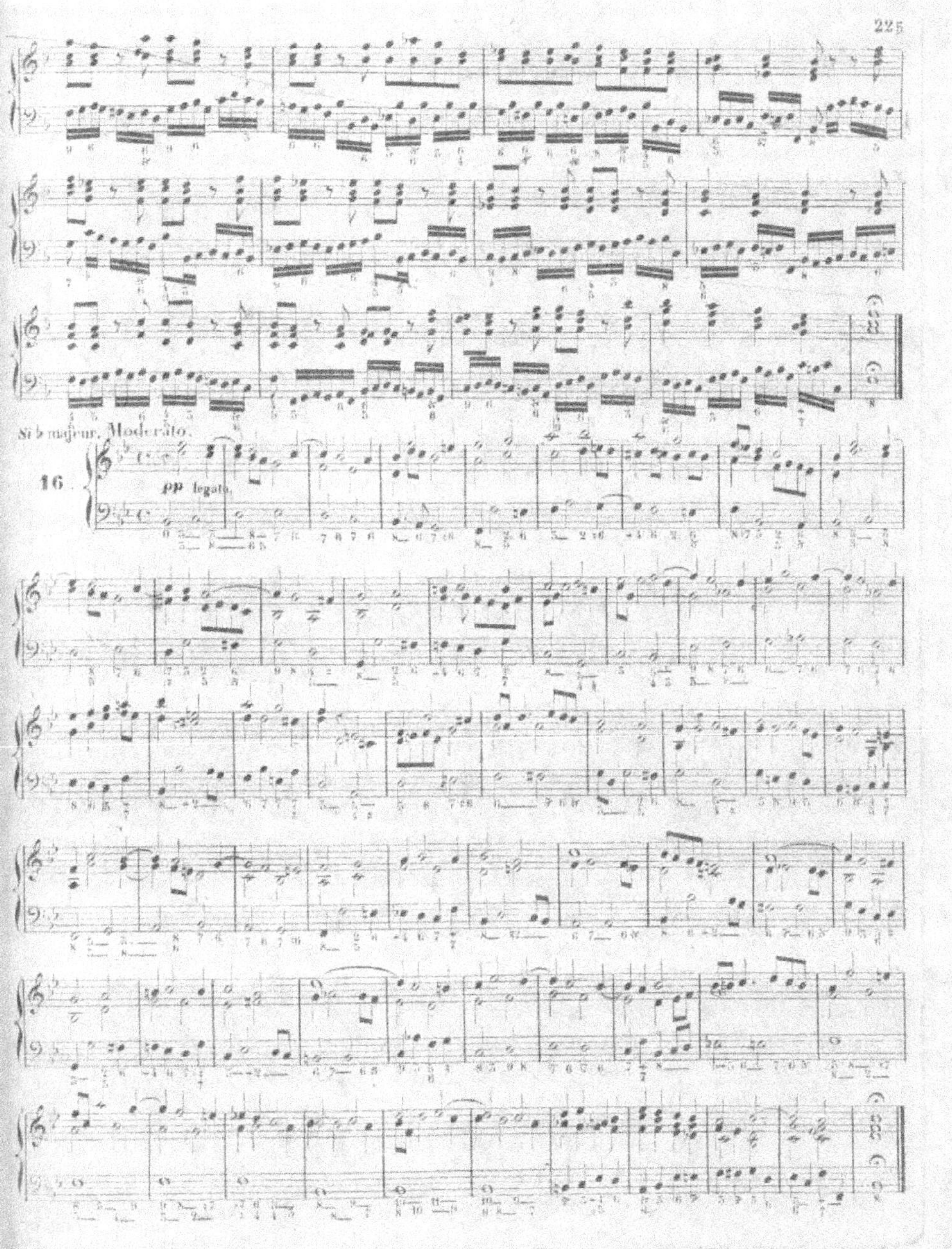
Si b majeur. Moderato.
16.
pp legato.

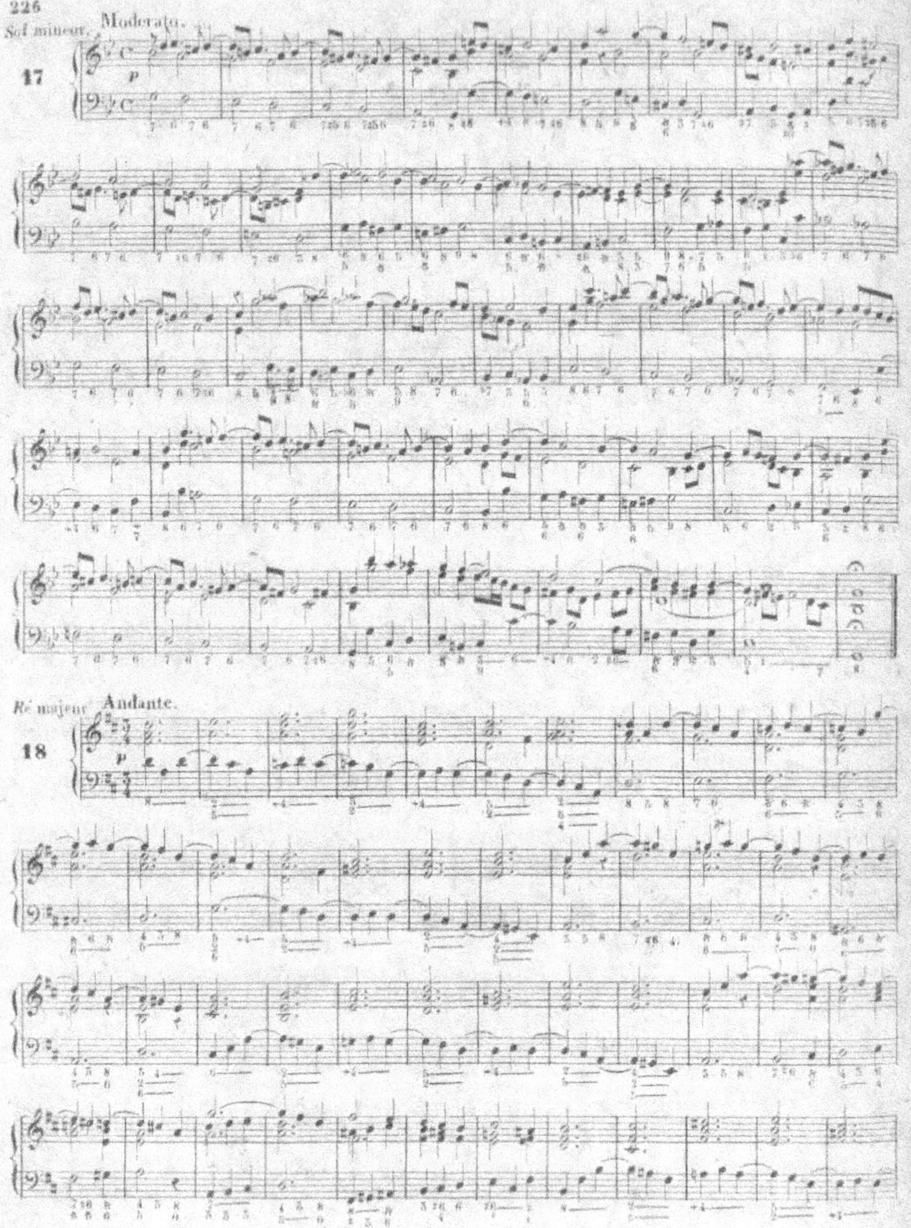
Sol mineur. Moderato.
17
p
Ré majeur. Andante.
18
p

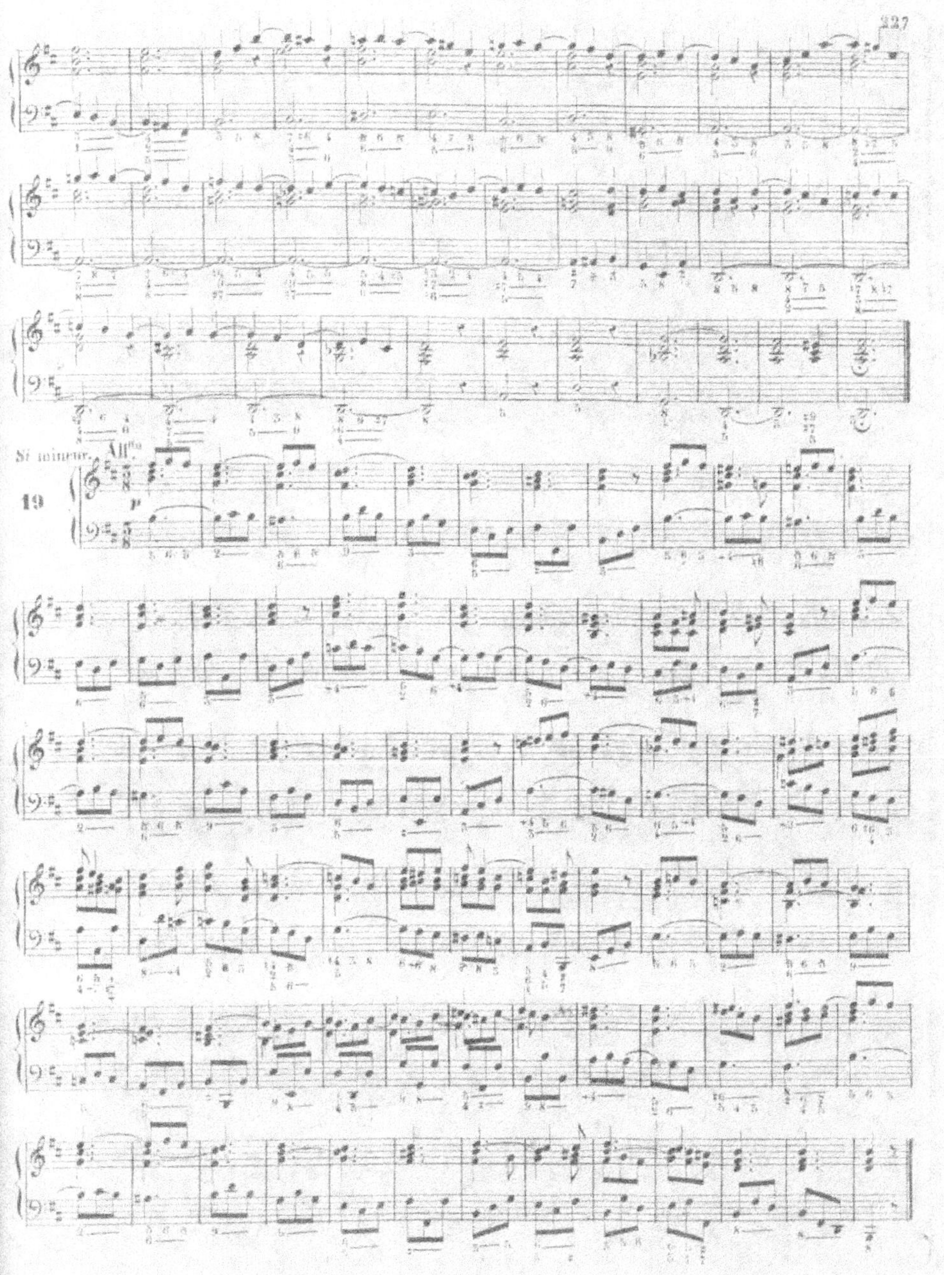
Si mineur. Allᵐᵒ
19
p

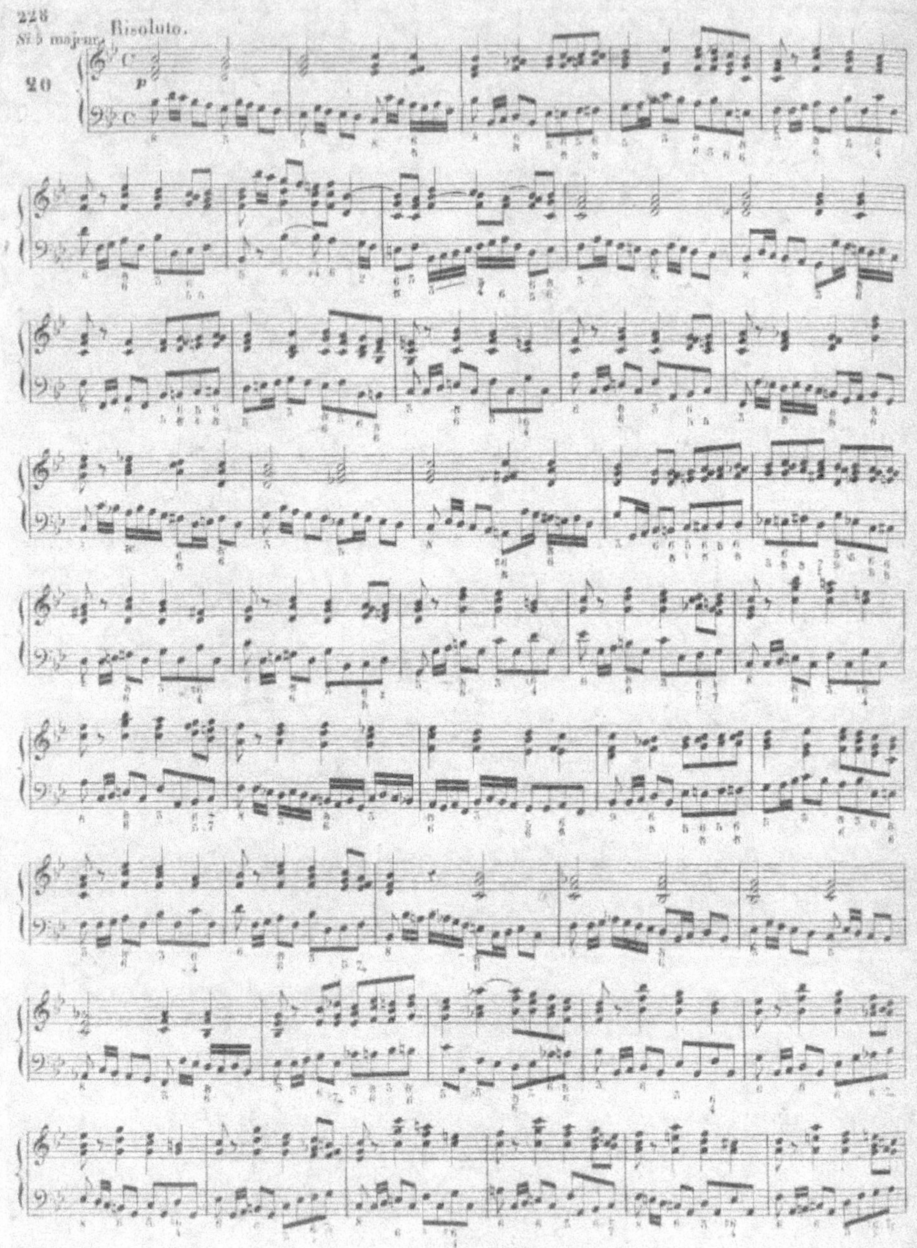

228
Si b majeur. Risoluto.
20
p

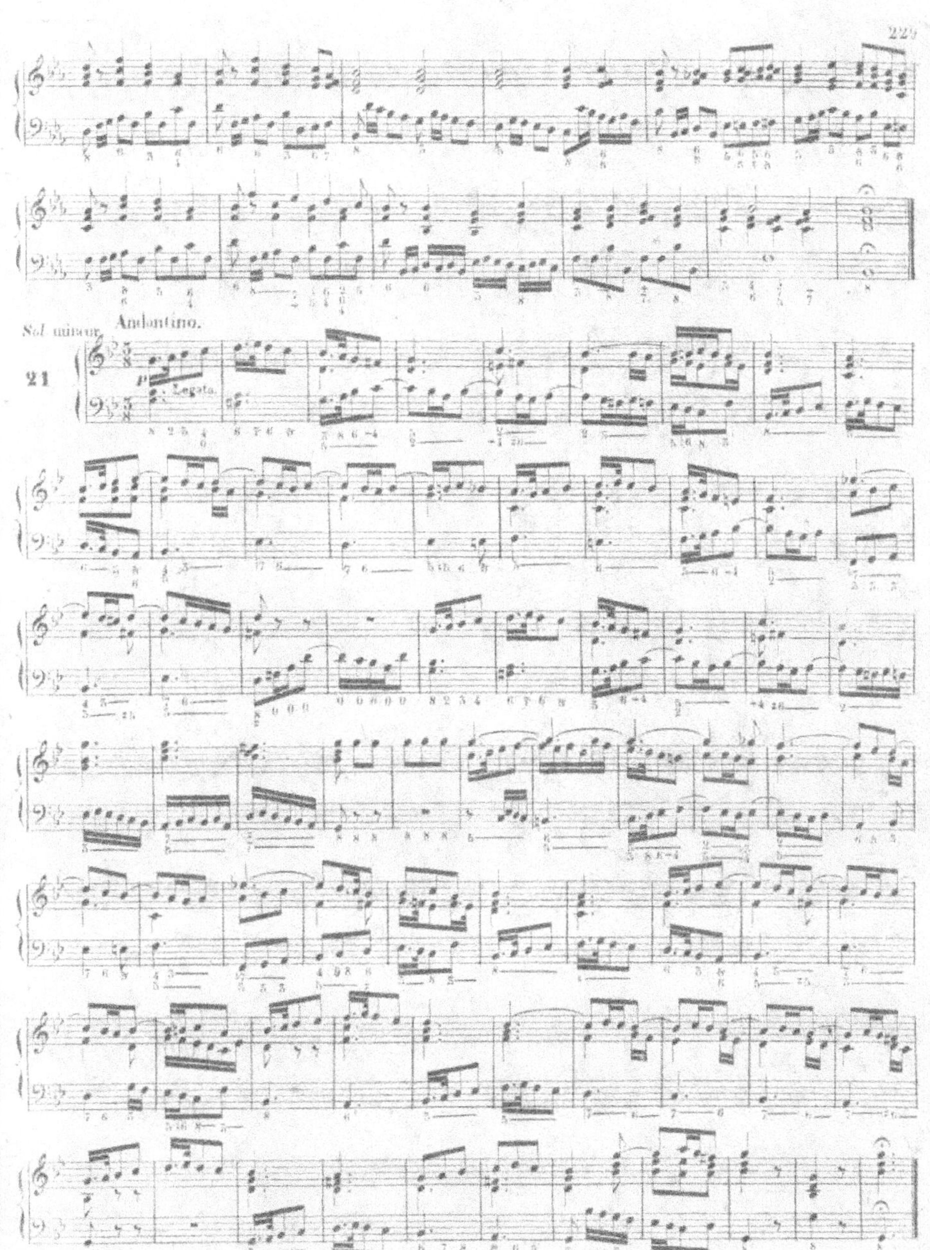
Sol mineur. Andantino.
21
P.
P. Legato.

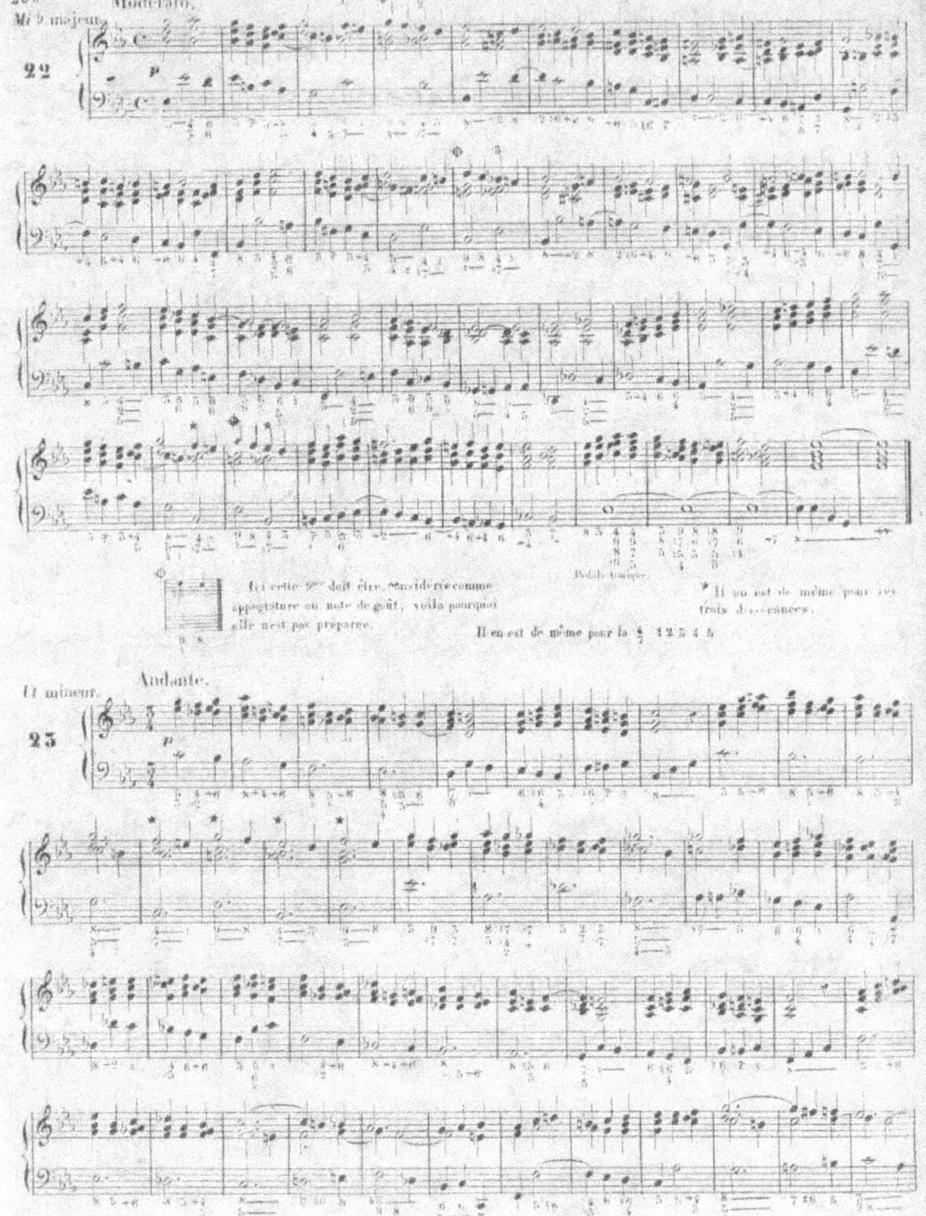

250
Moderato.
Mi b majeur.
22
Si b mineur.
Andante.
23

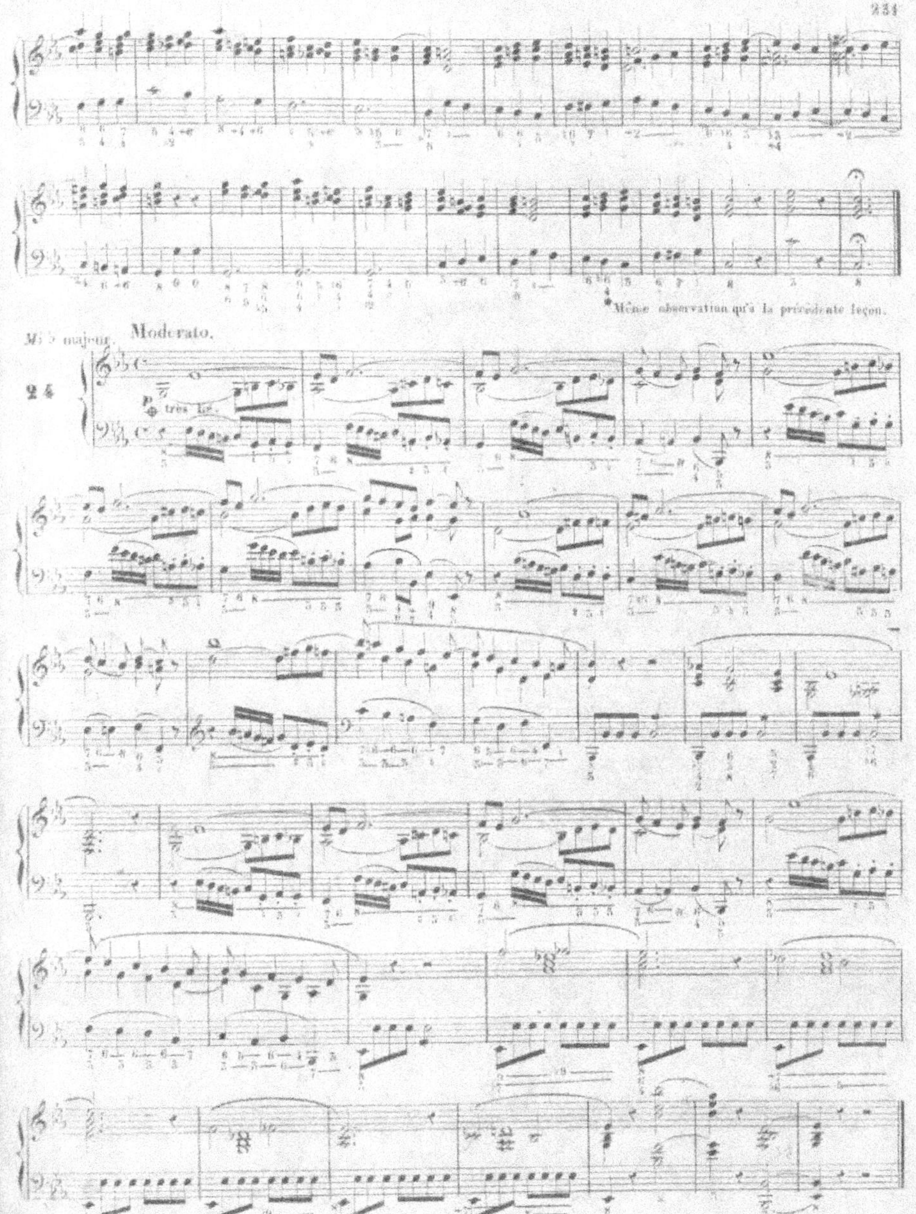
Même observation qu'à la précédente leçon.
Mi♭ majeur. Moderato.
24
P très li.

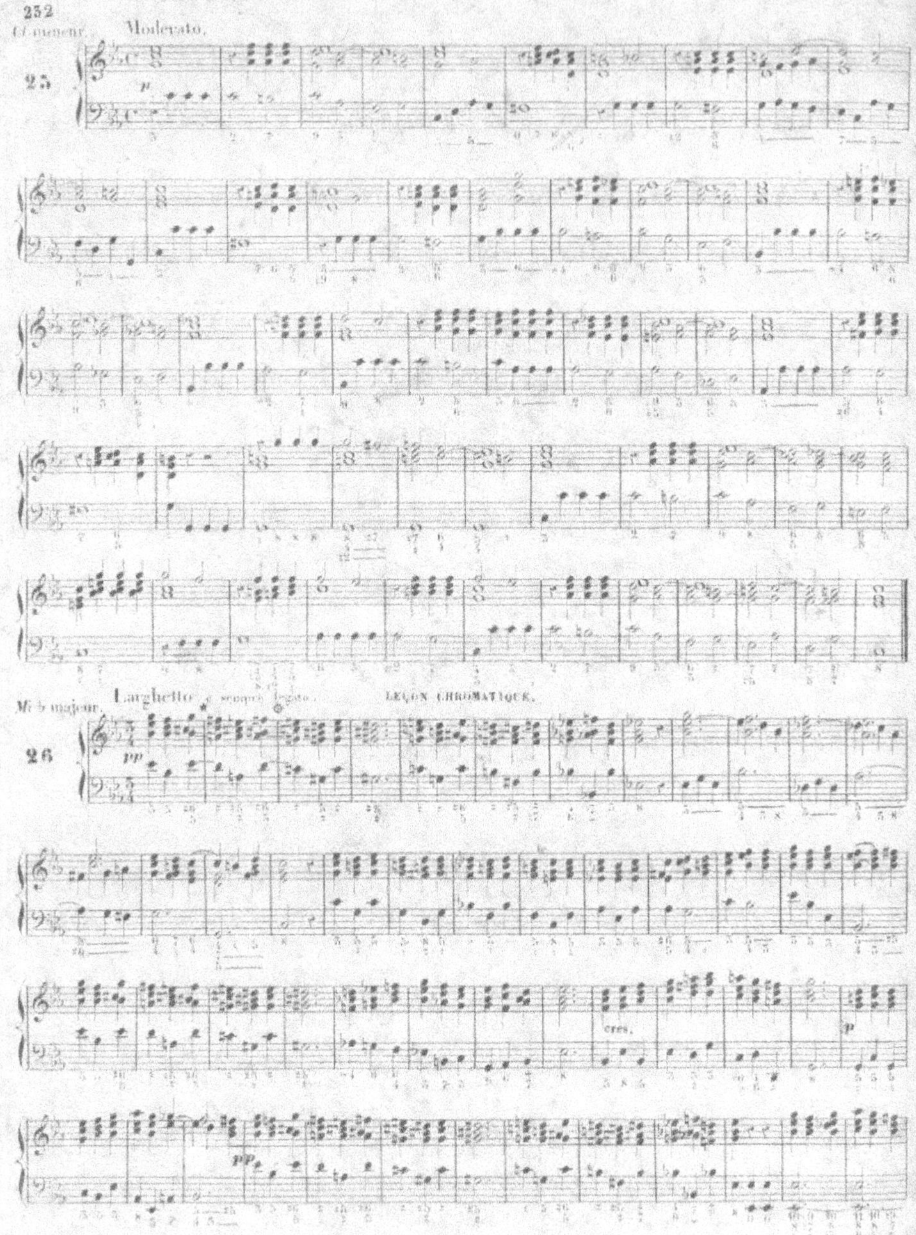
Ut mineur. Moderato.
25
p
Mi♭ majeur. Larghetto sempre legato. LEÇON CHROMATIQUE.
26
pp
cres.
p
pp

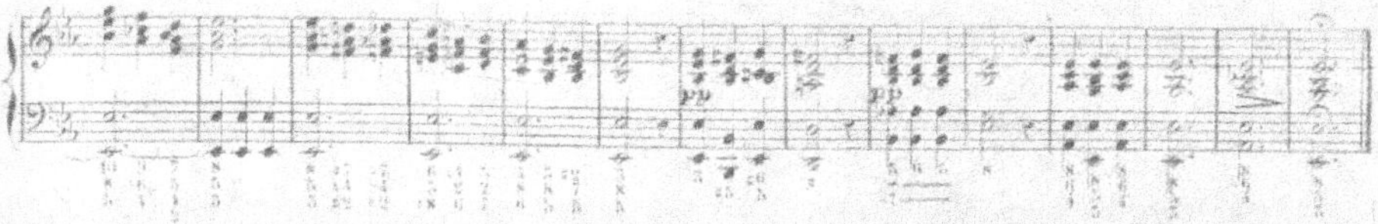

* Cette manière d'écrire l'accord de 6te augmentée et 5te se résolvant sur l'accord parfait donne deux 5tes.

⊕ On pourrait les écrire en formant de ces deux autres manières, mais cette première me paraît plus harmonieuse et préférable malgré les deux 5tes qui sont tolérées dans ce cas puisqu'elles se trouvent dans la partie intermédiaire et qu'elles sont chromatiques.

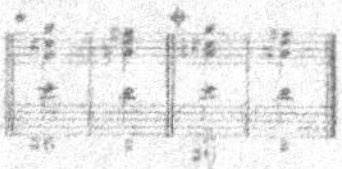

LEÇON CHROMATIQUE.

Ut mineur — Moderato e legato.

27

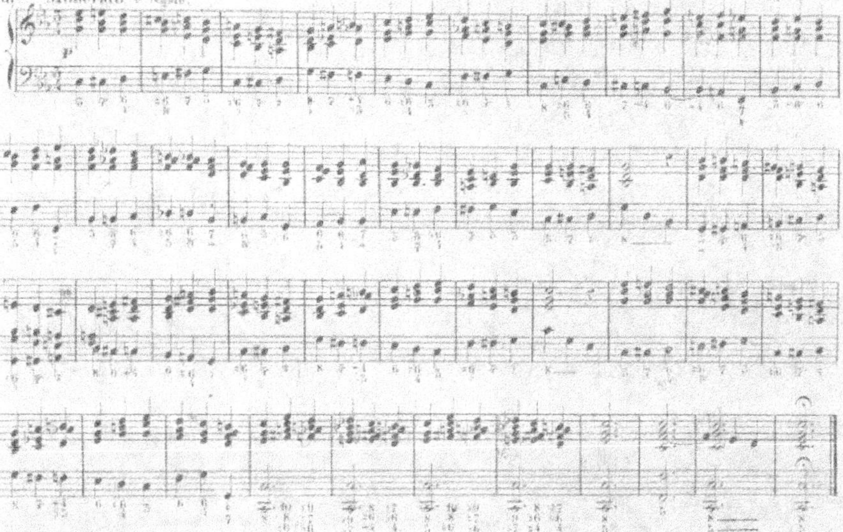

28 — Moderato. — Ut mineur.

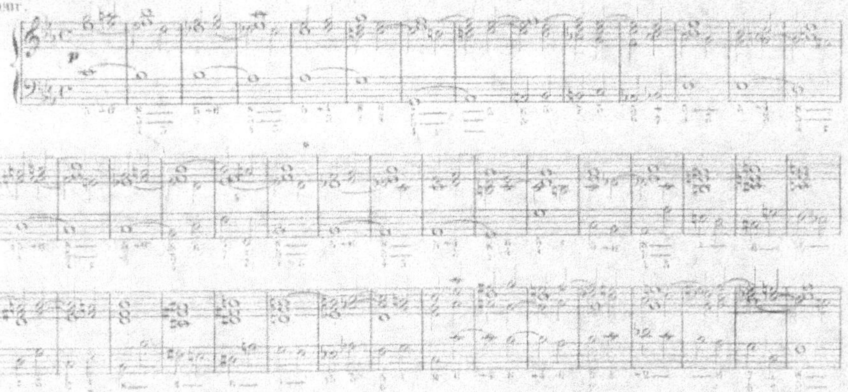

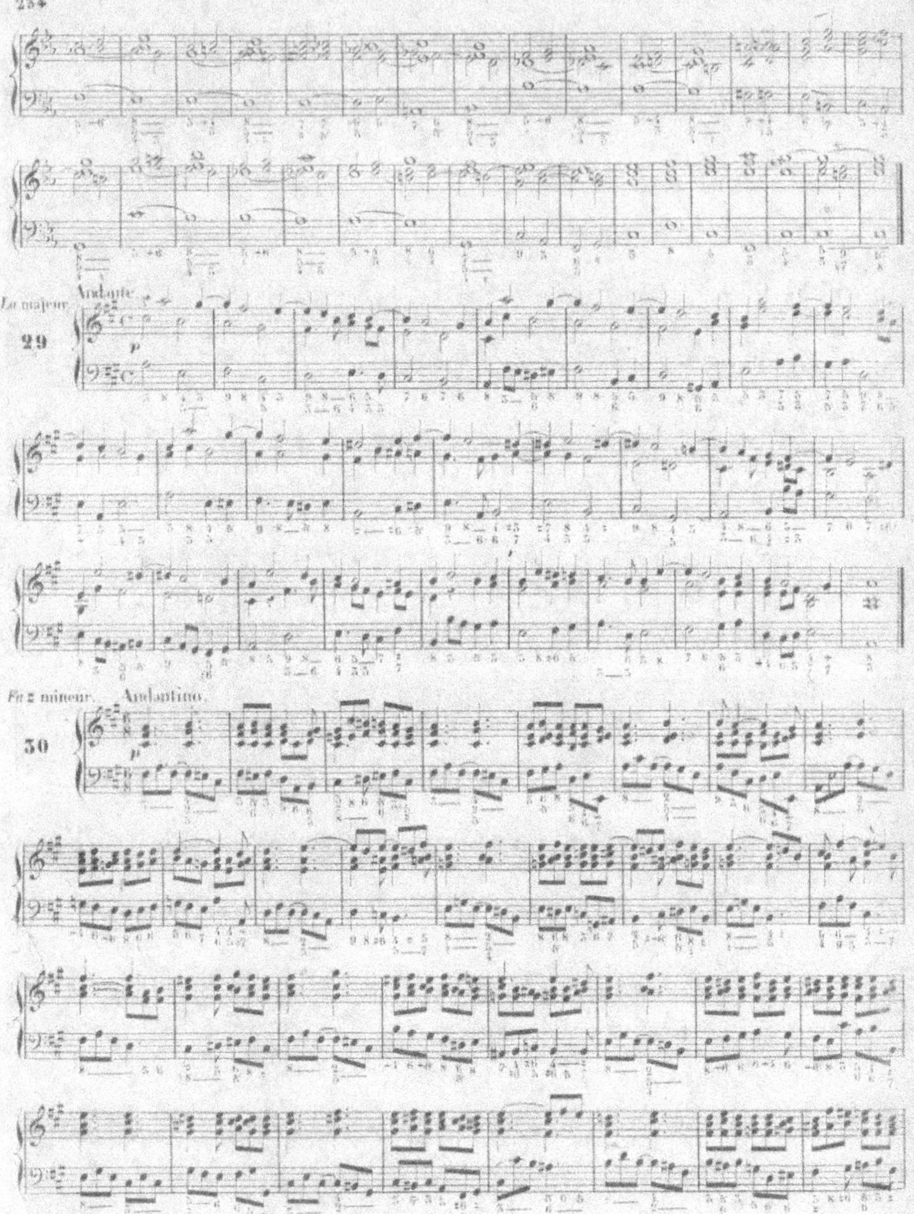

La majeur. Andante.
29
p
Fa ♯ mineur. Andantino.
30
p

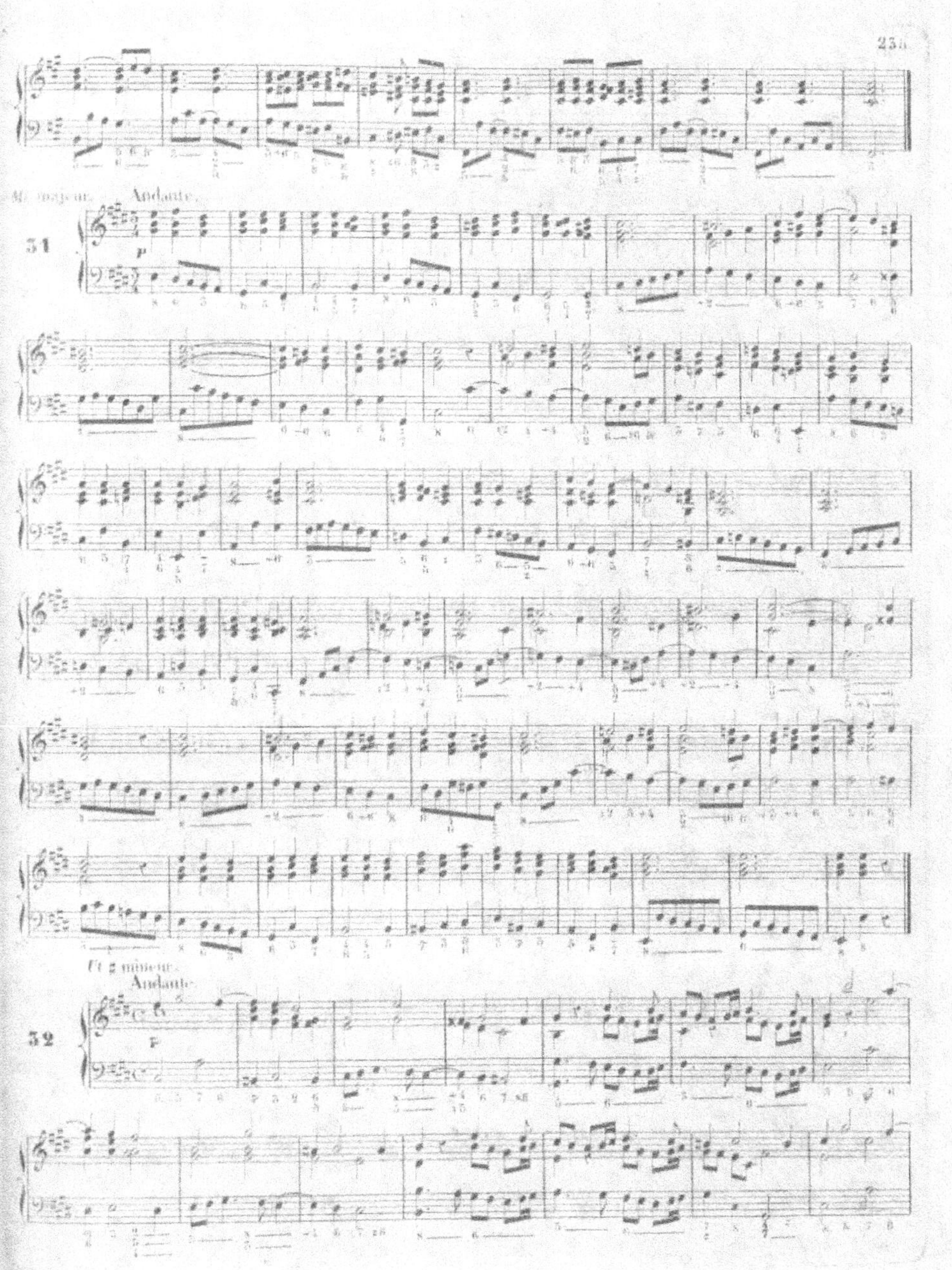

Mi majeur. Andante.
31
p
Ut ? mineur.
Andante.
32
p

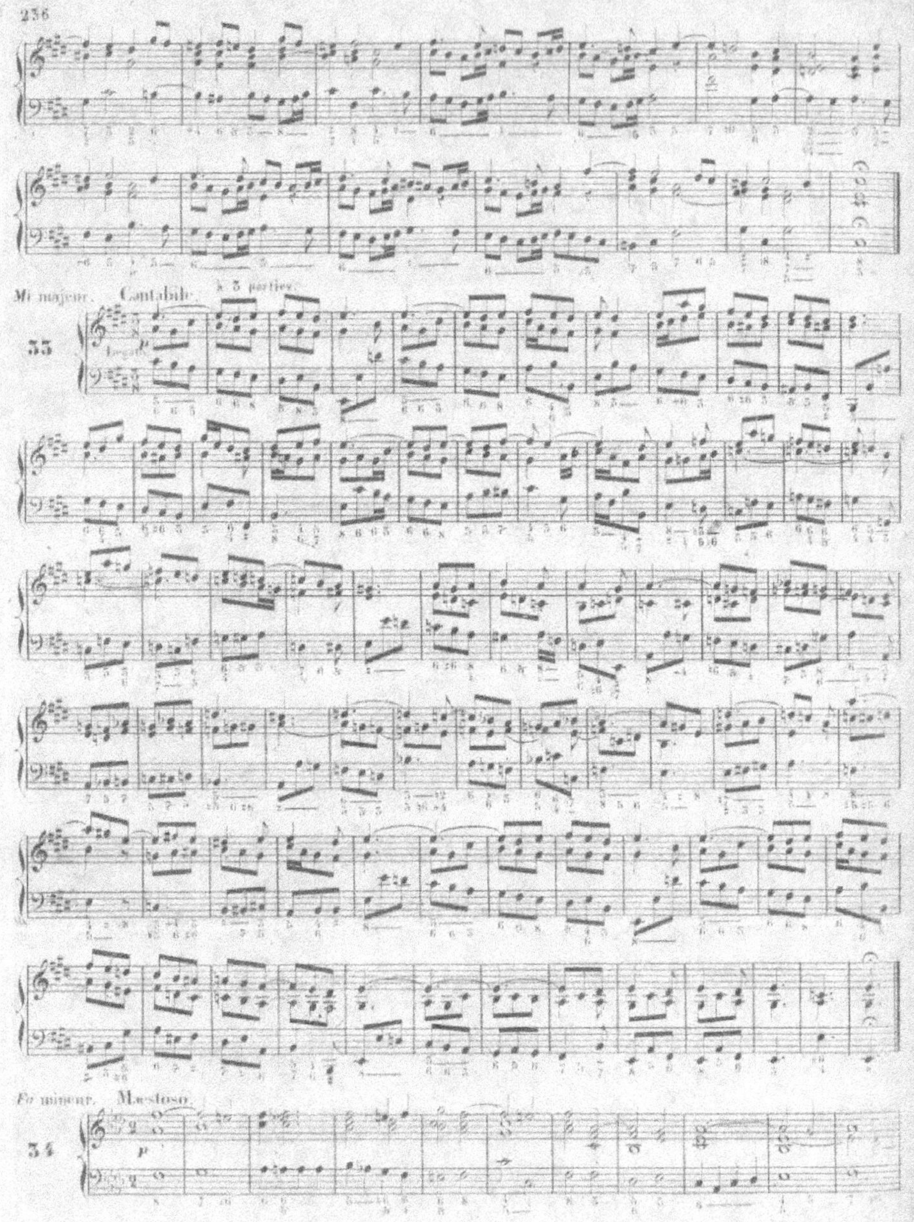
Mi majeur. Cantabile. à 3 parties.
35
Fa mineur. Maestoso.
34
p

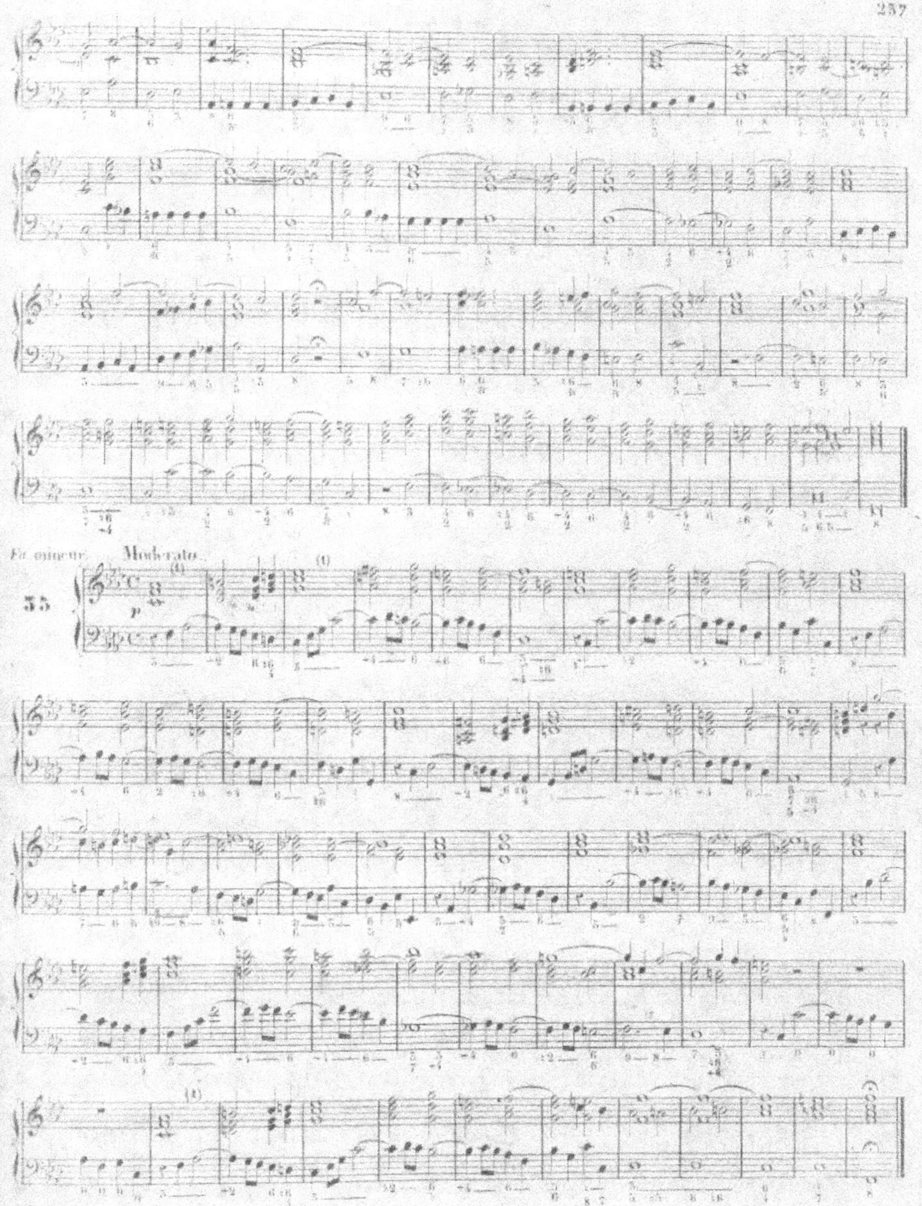

(¹) L'intervalle de 2ᵈᵉ augmentée dans le mode mineur est permis.

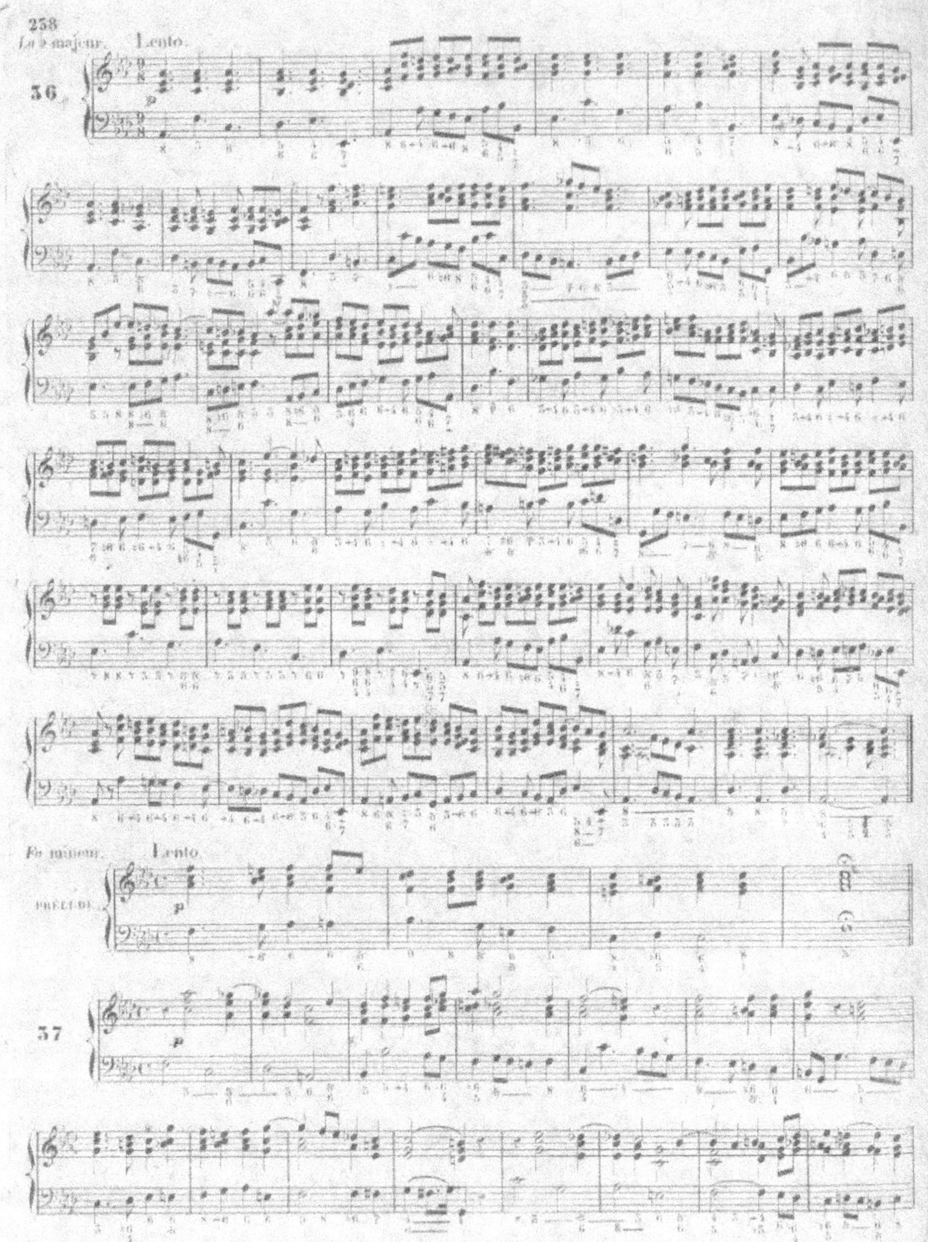
La ♭ majeur. Lento.
36
p
Fa mineur. Lento.
PRÉLUDE
p
37
p

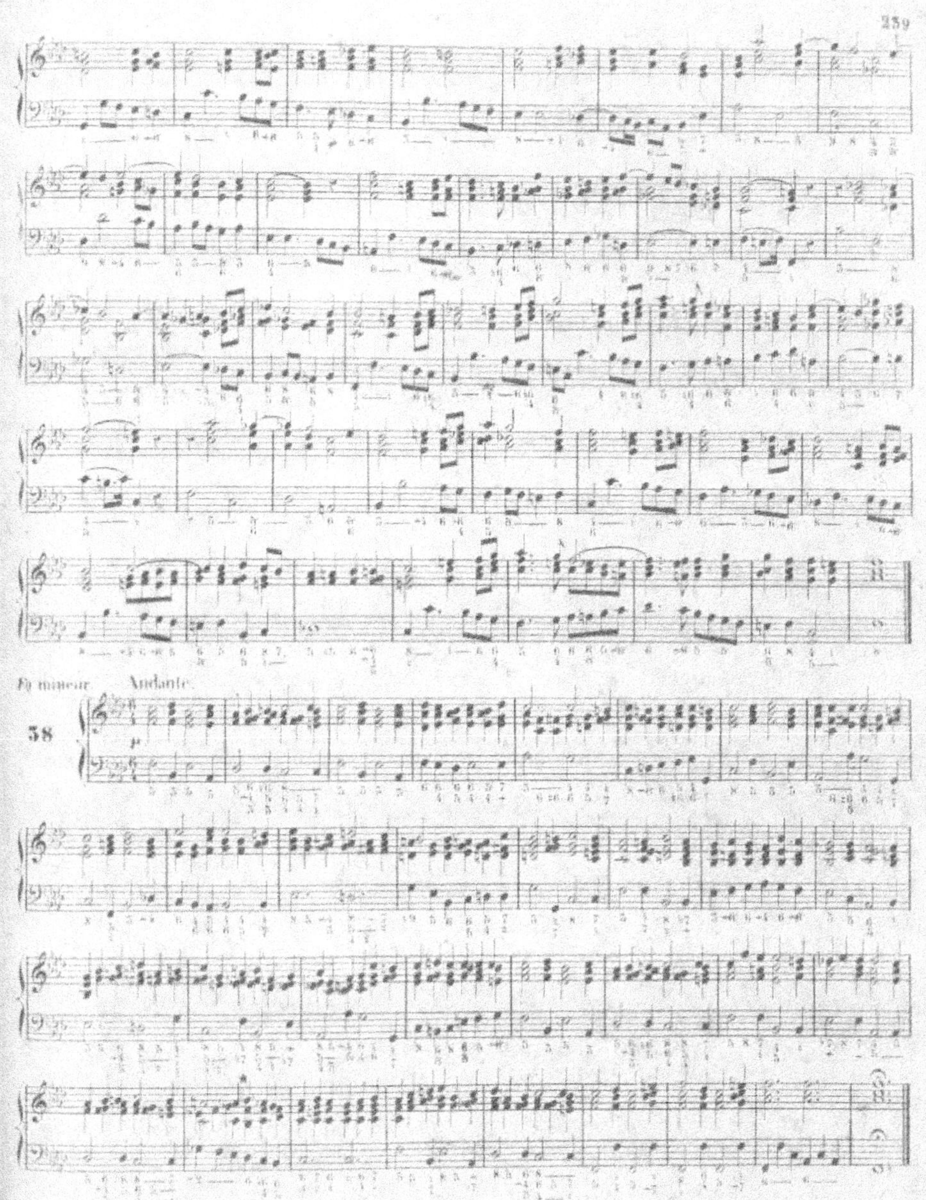
Fa mineur. Andante.
38

* Ces deux 5tes Ut Sol et Si Ré dont la 1re est diminuée, sont tolérées lorsqu'elles sont dans l'intérieur de l'harmonie. Il est même de bonne, on
le pourrait en chiffrant #4 au lieu de 6 sur le Mi, de Sylvain.

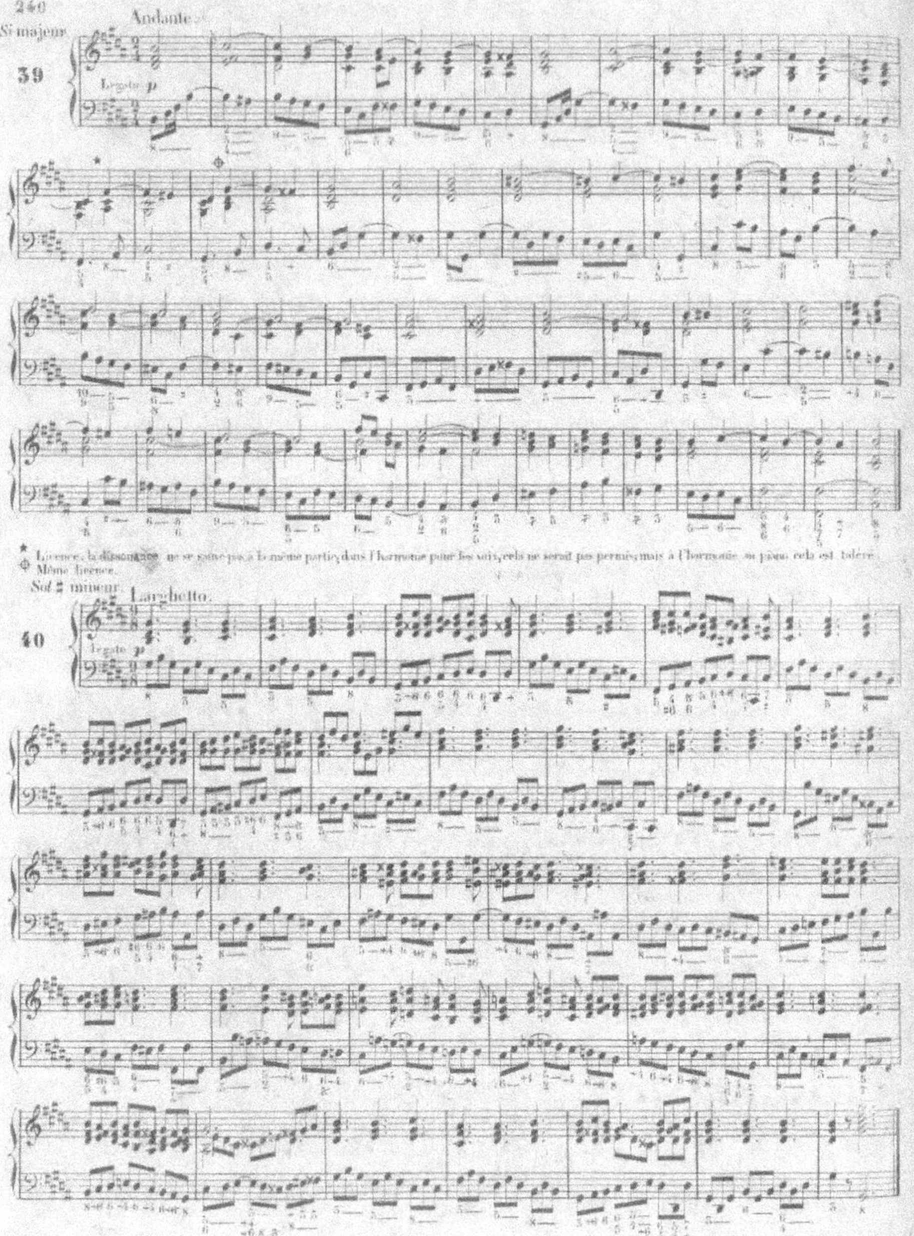

* Licence: la dissonance ne se sauve pas à la même partie, dans l'harmonie pour les voix, cela ne serait pas permis; mais à l'harmonie au piano cela est toléré.
⊕ Même licence.

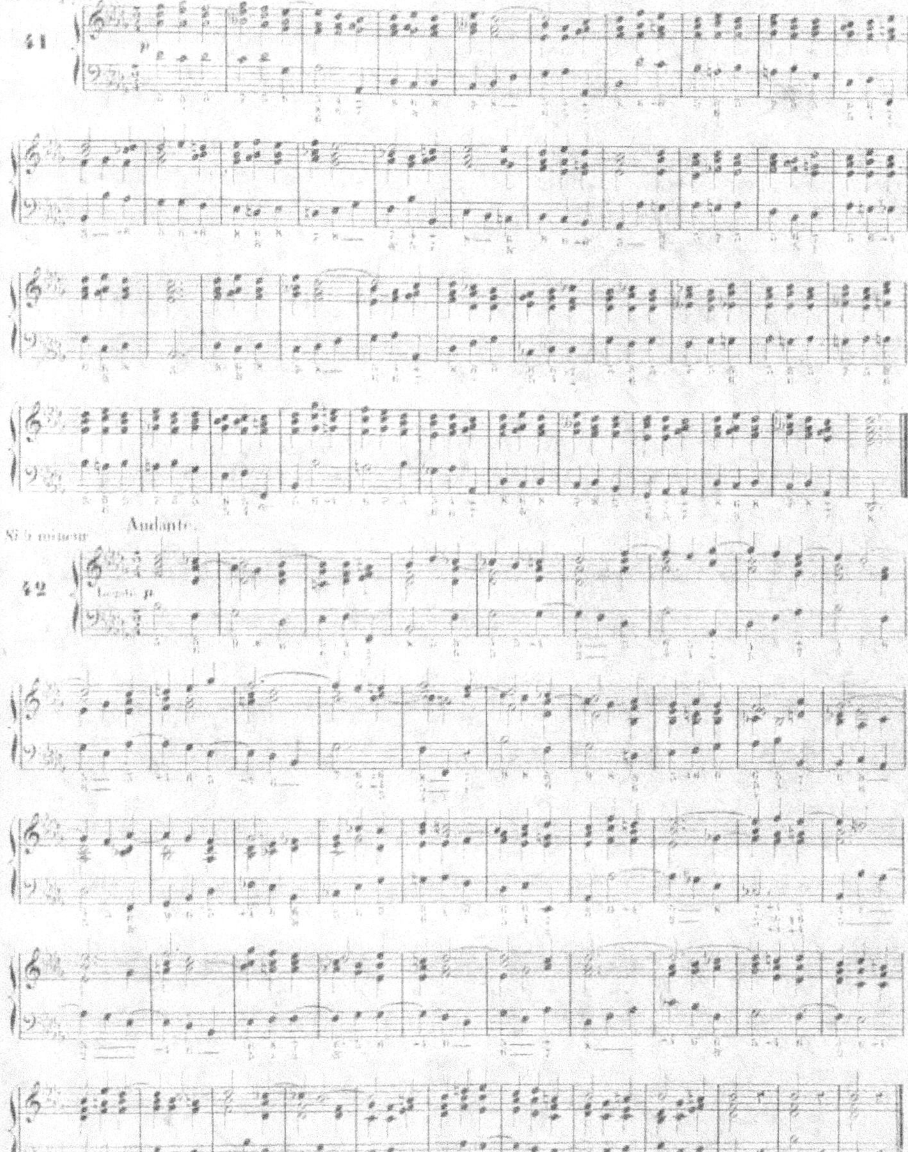
Ré b majeur.   Andante.
41
Si b mineur.   Andante.
42

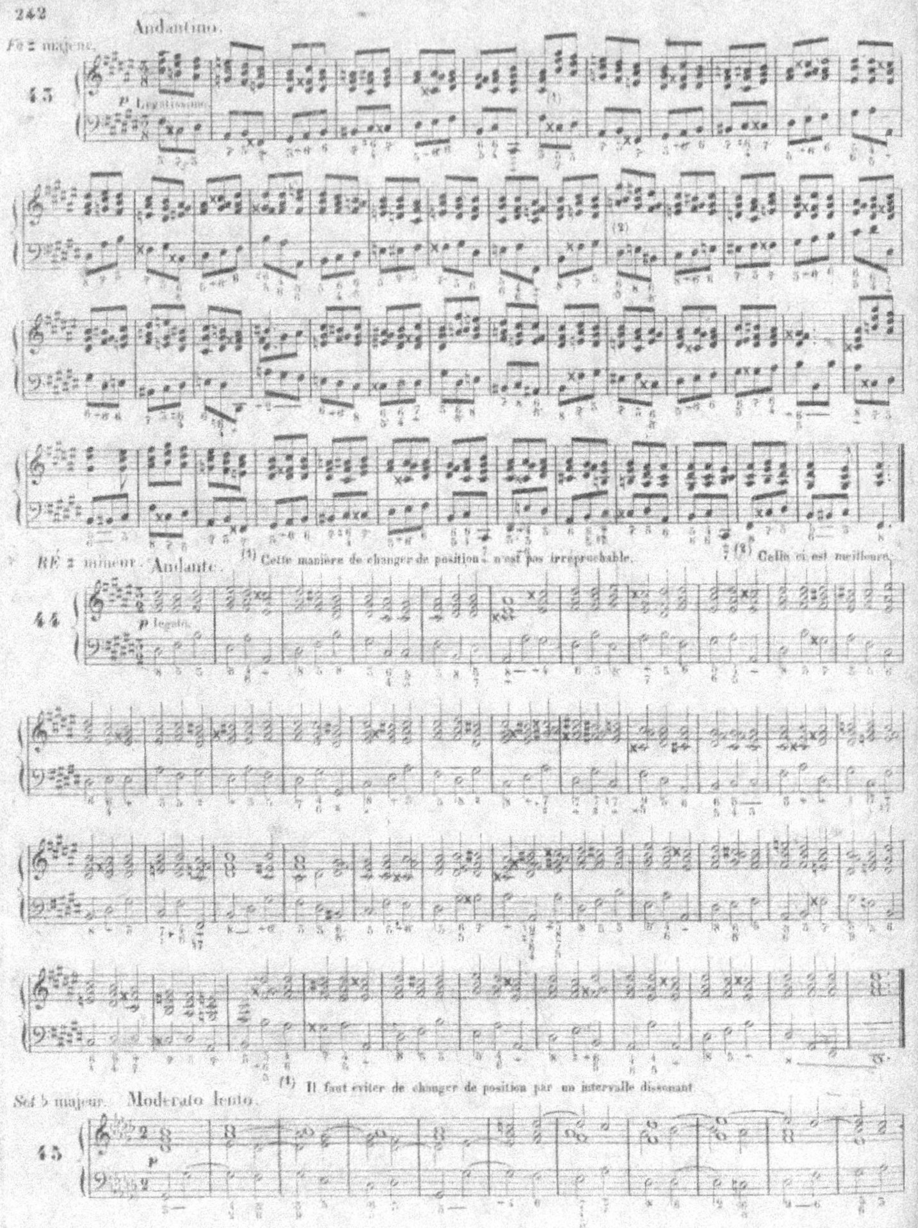
Fa ♯ majeur.
Andantino.
43
P Legatissimo
(1)
(2)
RÉ ♯ mineur. Andante.
44
P legato.
(1) Cette manière de changer de position n'est pas irréprochable.
(2) Celle ci est meilleure.
(1) Il faut éviter de changer de position par un intervalle dissonant.
Sol ♭ majeur. Moderato lento.
45
P

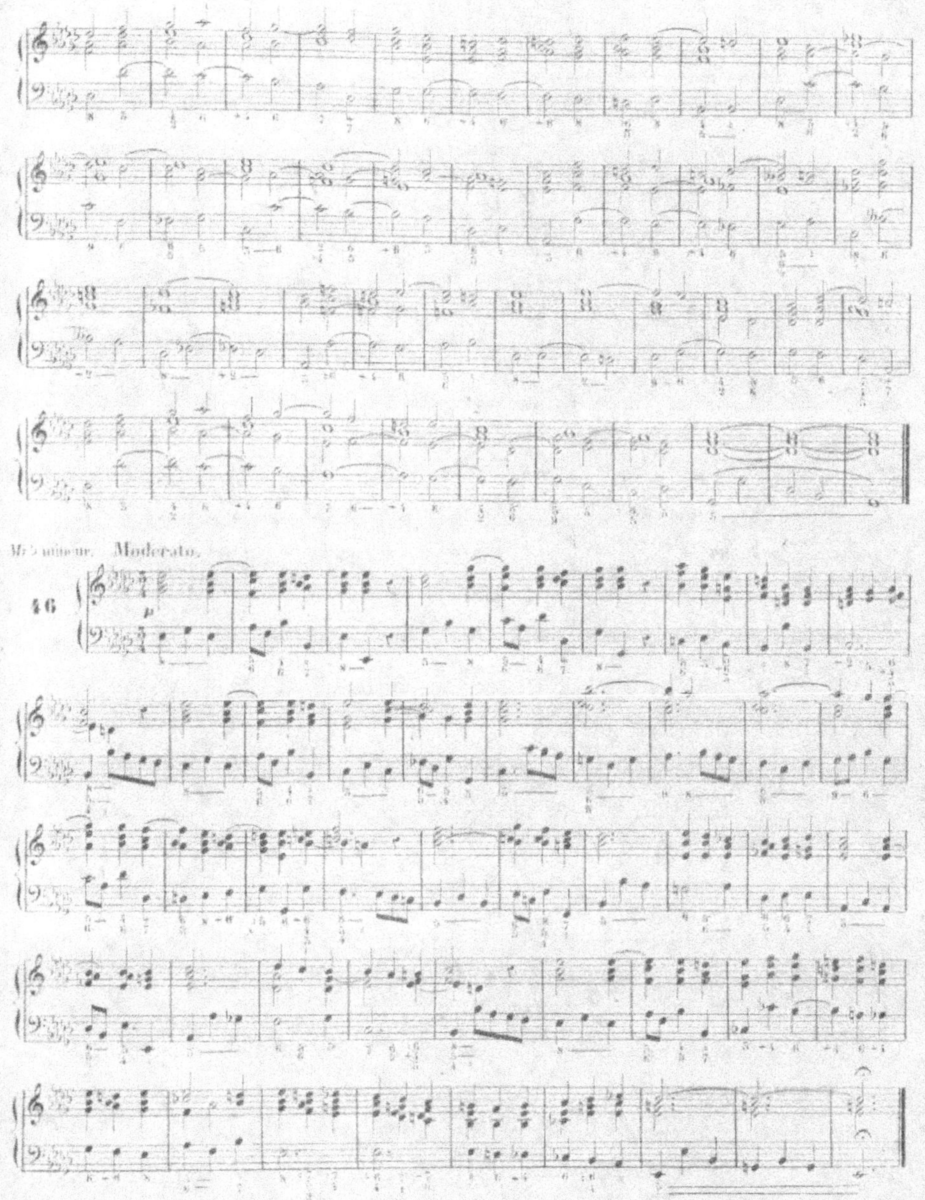
Mi♭ mineur. Moderato.
46
p

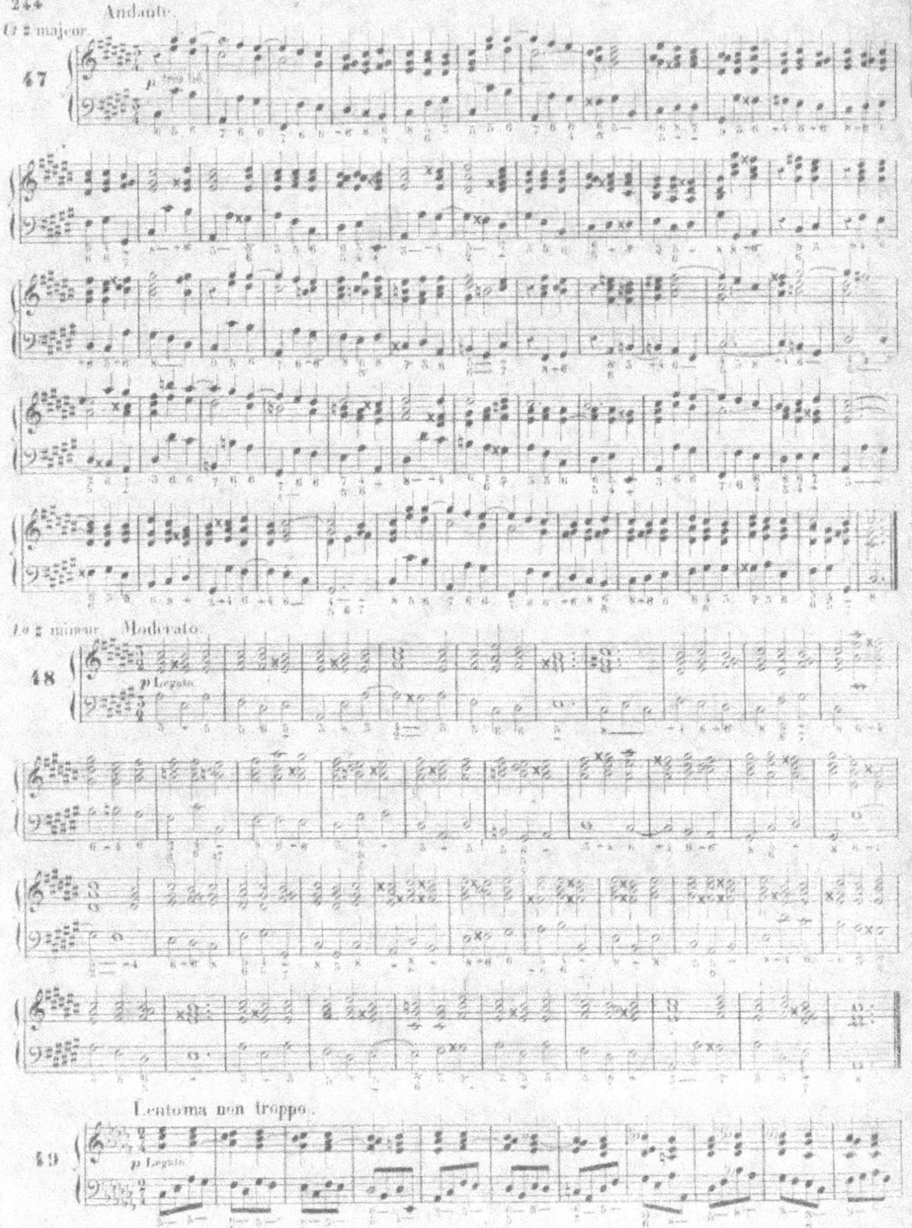

264
Andante.
G ♯ majeur.
47
p sempre leg.
La ♯ mineur. Moderato.
48
p Legato
Lentoma non troppo.
49
p Legato

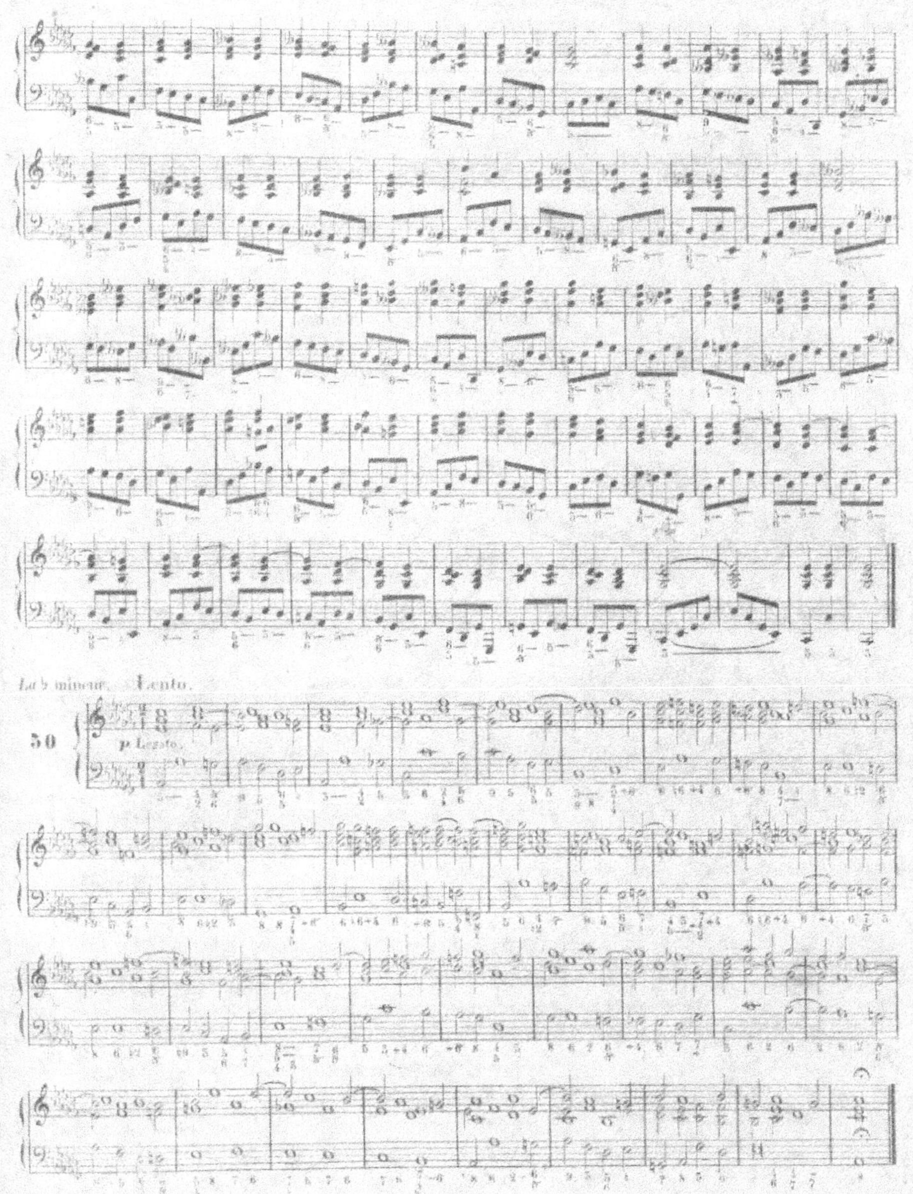
La b mineur. Lento.
50
p Legato.

Voici un des *Partimenti* figuré de FENAROLI chiffré et réalisé par moi. Il est tiré de son sixième livre N° 35 page 161 édition nouvelle revue par Imbimbo, chez Launer.

Ce célèbre maître Napolitain continuateur de la belle école de Leo, Durante, et Scarlatti est certainement ce-lui qui a rendu le plus grand service à la nouvelle école Italienne.

Je ne saurais trop conseiller à mes élèves de consulter et d'étudier ses *Partimenti*, si célèbres en Italie et par toute l'Europe.

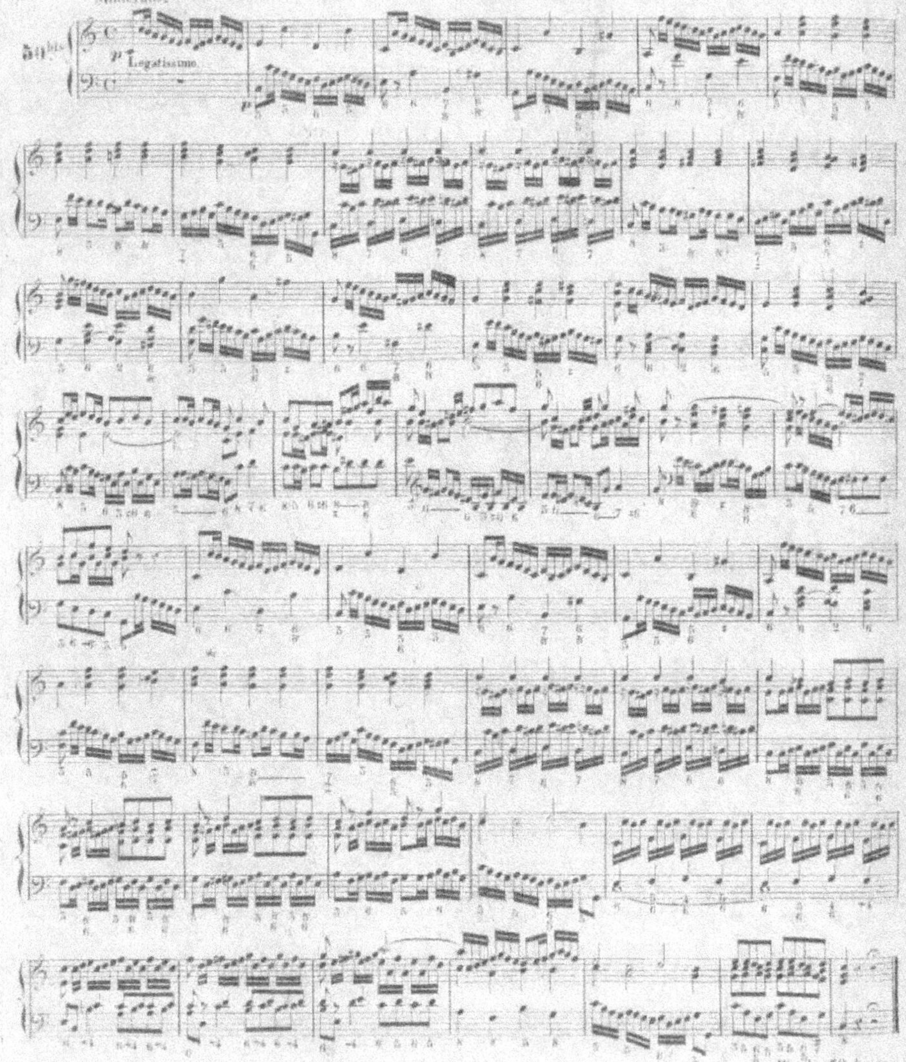

Nouvelle série de Leçons d'harmonie pratique appliquée au piano, faites par presque tous les maîtres modernes qui ont plus particulièrement professé cette science harmonique en France.

Cette série fera voir les divers styles et les différentes manières de chiffrer. Il faut qu'un bon harmoniste connaisse toutes les diverses manières et que par conséquent il ne connaisse pas exclusivement celle de son maître. Dans les modèles que je donne dans cet ouvrage des anciens théoriciens, tels que *Durante*, *Leo*, *Pergolèse*, *Costumacci* etc. j'ai respecté leurs chiffres pour que mes élèves les connaissent et qu'ils puissent apprécier toutes les différences qui du reste ne varient qu'en quelques figures.

LEÇON D'HARMONIE
par AD. ADAM
Professeur de composition au Conservatoire

à mon ami A. Panseron,
pour son traité.

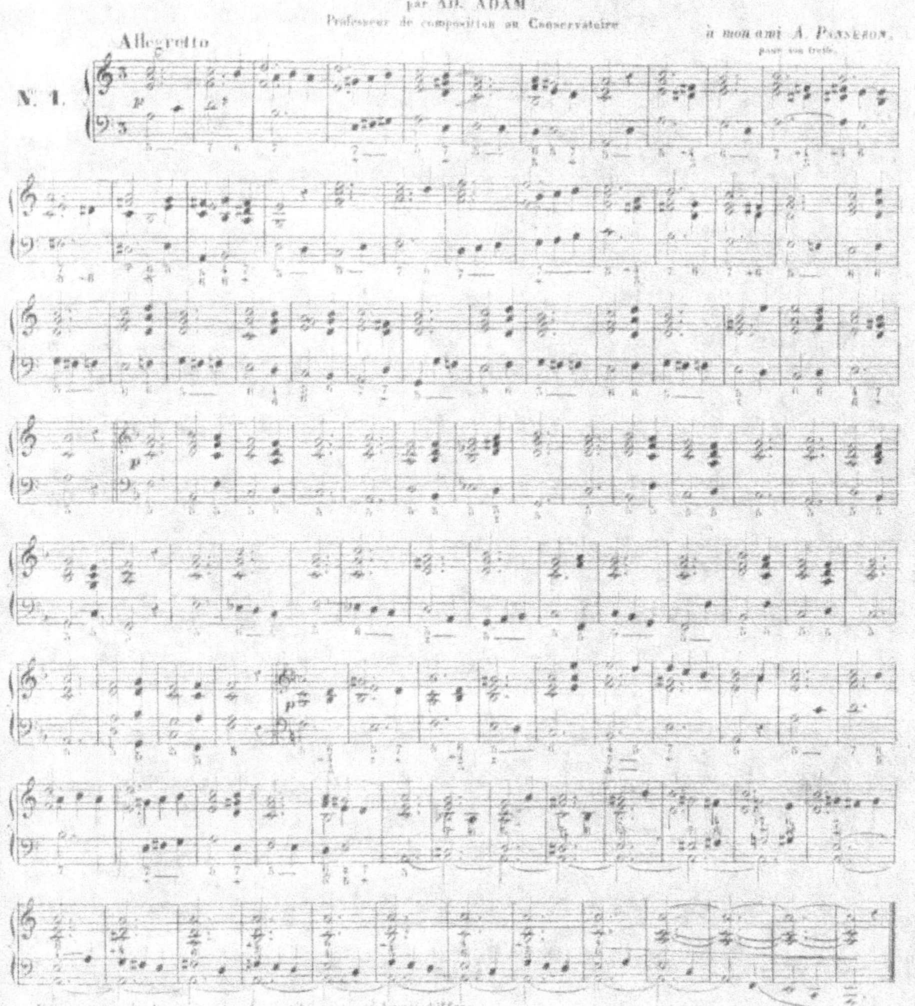

Dans cette sorte de maîtres modernes j'ai conservé leurs chiffres.

LEÇON D'HARMONIE
par BARBEREAU
offerte à A. Panseron pour son traité d'Harmonie.

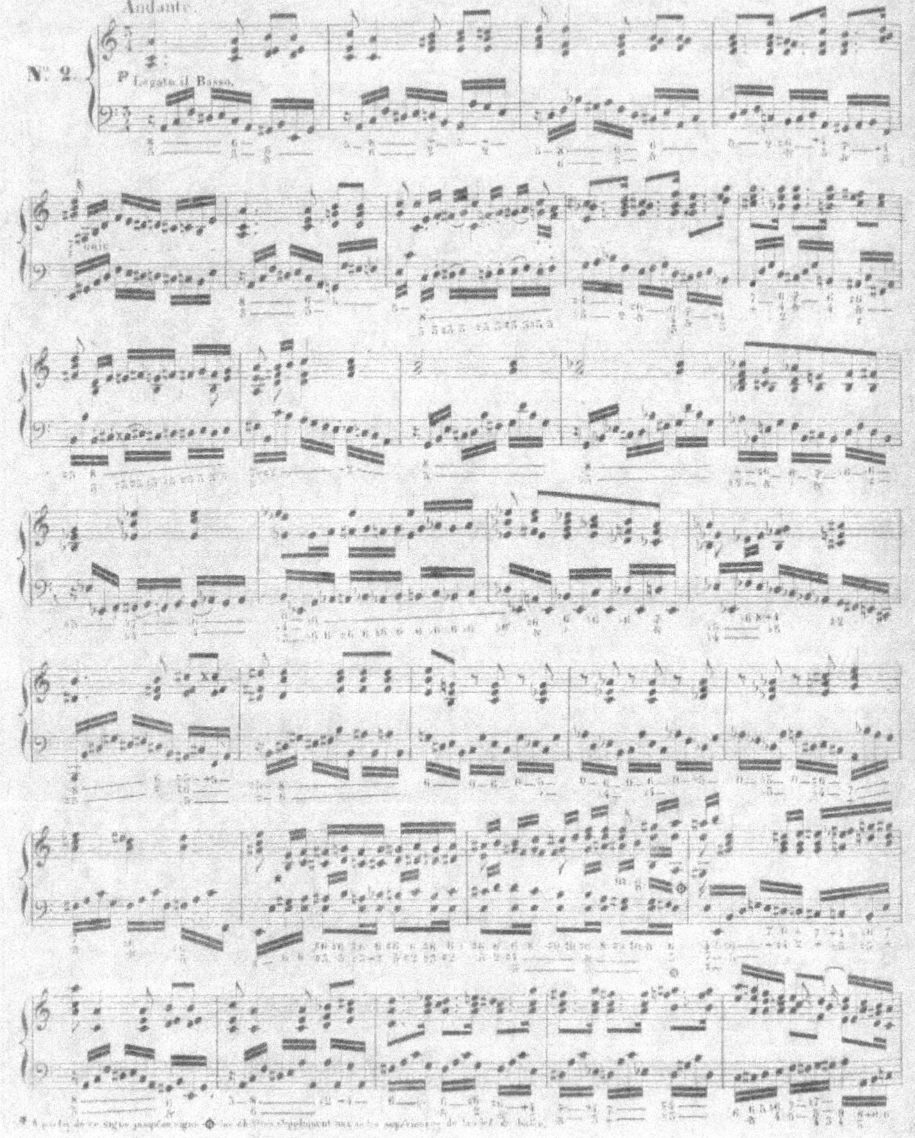

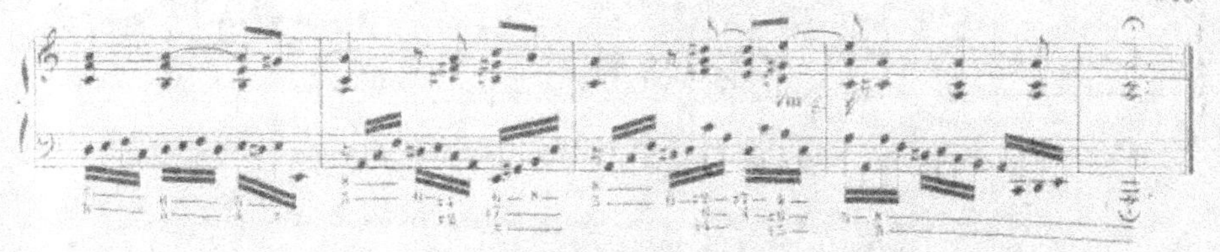

PARTIMENTO À TROIS PARTIES
par FRANÇOIS BAZIN
Professeur d'Harmonie au Conservatoire
pour l'ouvrage de PANSERON.
Moderato.
N° 3.

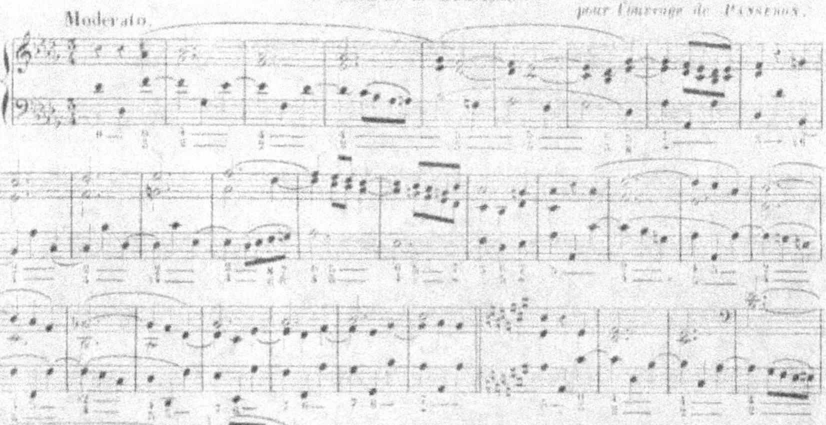

Je place ici quelques modèles de Plain-chant pour l'Orgue, mon ami Benoist professeur de cet instrument au conservatoire a bien voulu me les donner pour mon ouvrage. La difficulté est de faire une harmonie à la main droite sur un plain-chant à la basse et de savoir également mettre le plain-chant à la main droite en formulant l'harmonie en dessous.

Dans ce genre de musique l'on ne doit employer que des harmonies naturelles et des retards mais surtout dans la tonalité du plain-chant.

Cette manière d'accompagner le plain-chant est un des grands talents des organistes. C'est là où l'on juge la science harmonique de l'artiste.

Divers plains-chants pour l'ouvrage de son ami Panseron
par F. BENOIST.

Ave maris stella.

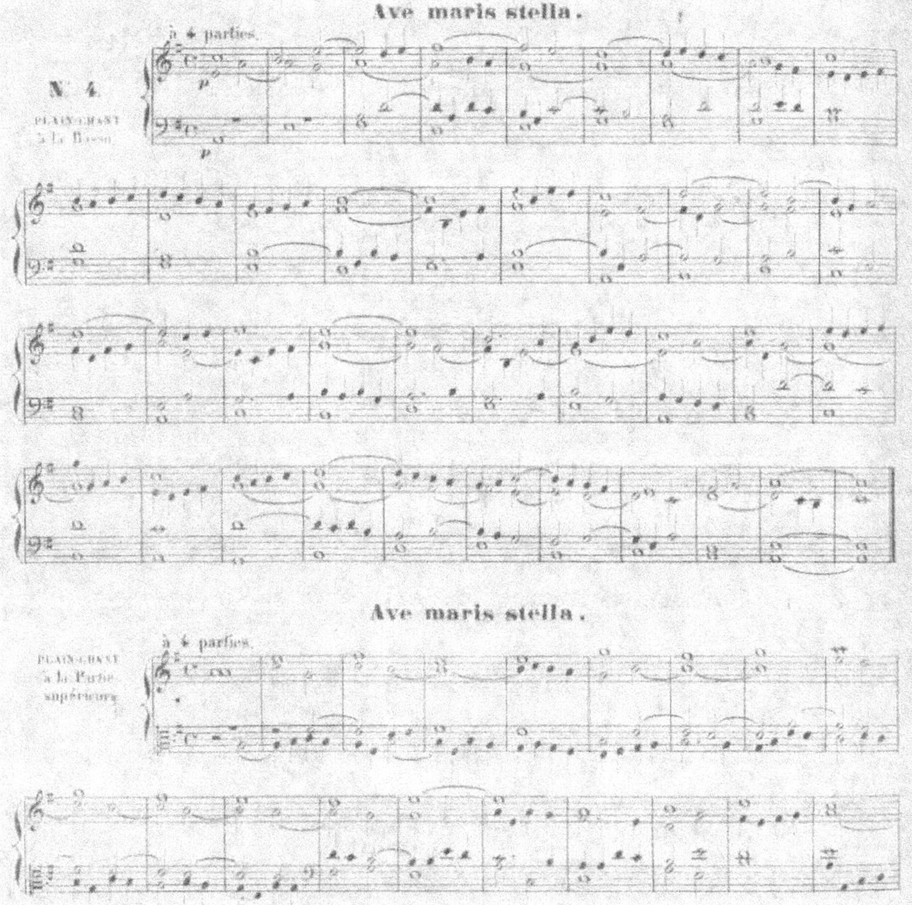

* Vous voyez l'utilité de savoir toutes les clés.

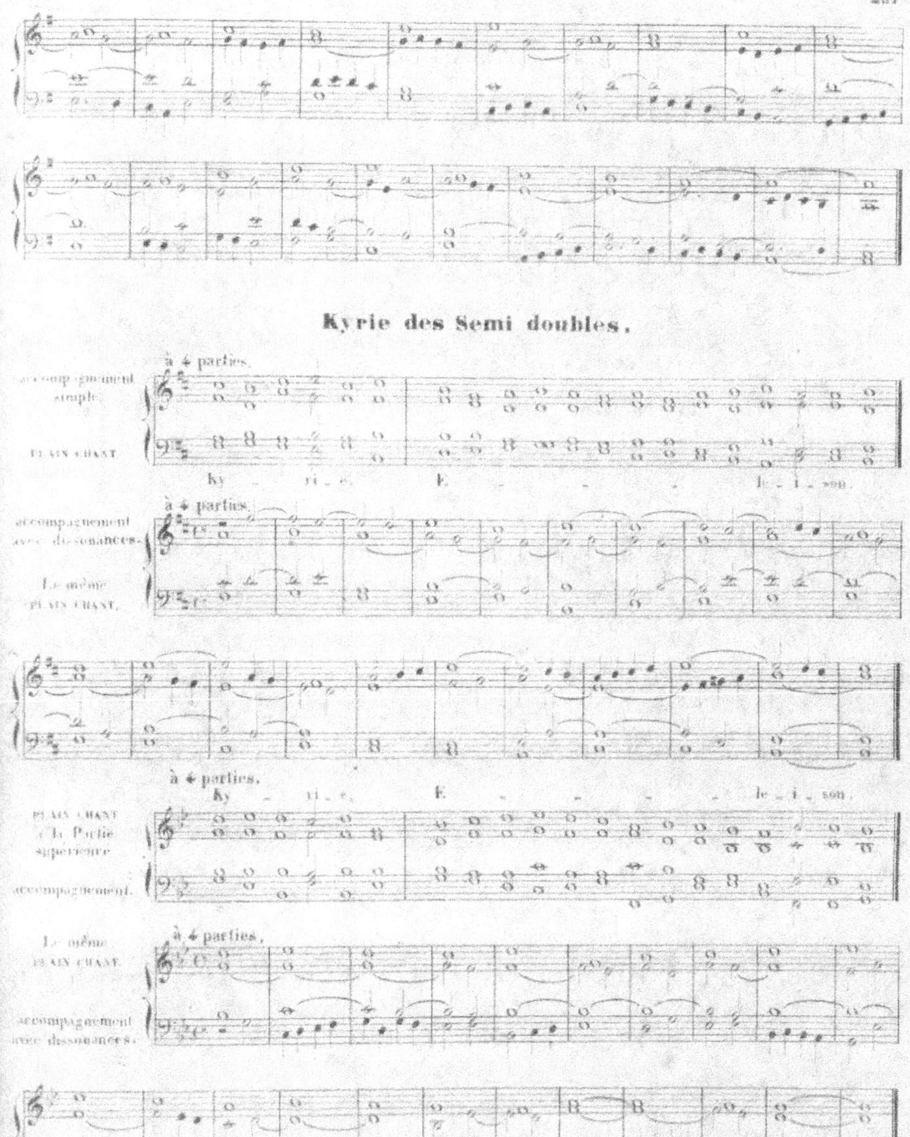
Kyrie des Semi doubles.
à 4 parties.
accompagnement simple
PLAIN CHANT.
Ky - ri - e. E - - - le - i - son.
à 4 parties.
accompagnement avec dissonances
Le même PLAIN CHANT.
à 4 parties.
Ky - ri - e. E - - - le - i - son,
PLAIN CHANT à la Partie supérieure
accompagnement.
Le même PLAIN CHANT.
à 4 parties.
accompagnement avec dissonances.

Leçon extraite des 50 Études d'harmonie pratique d'EM. BIENAIMÉ

Professeur d'harmonie et d'accompagnement pratique au Conservatoire

Écrite pour le Piano par l'Auteur pour son ami PANSERON

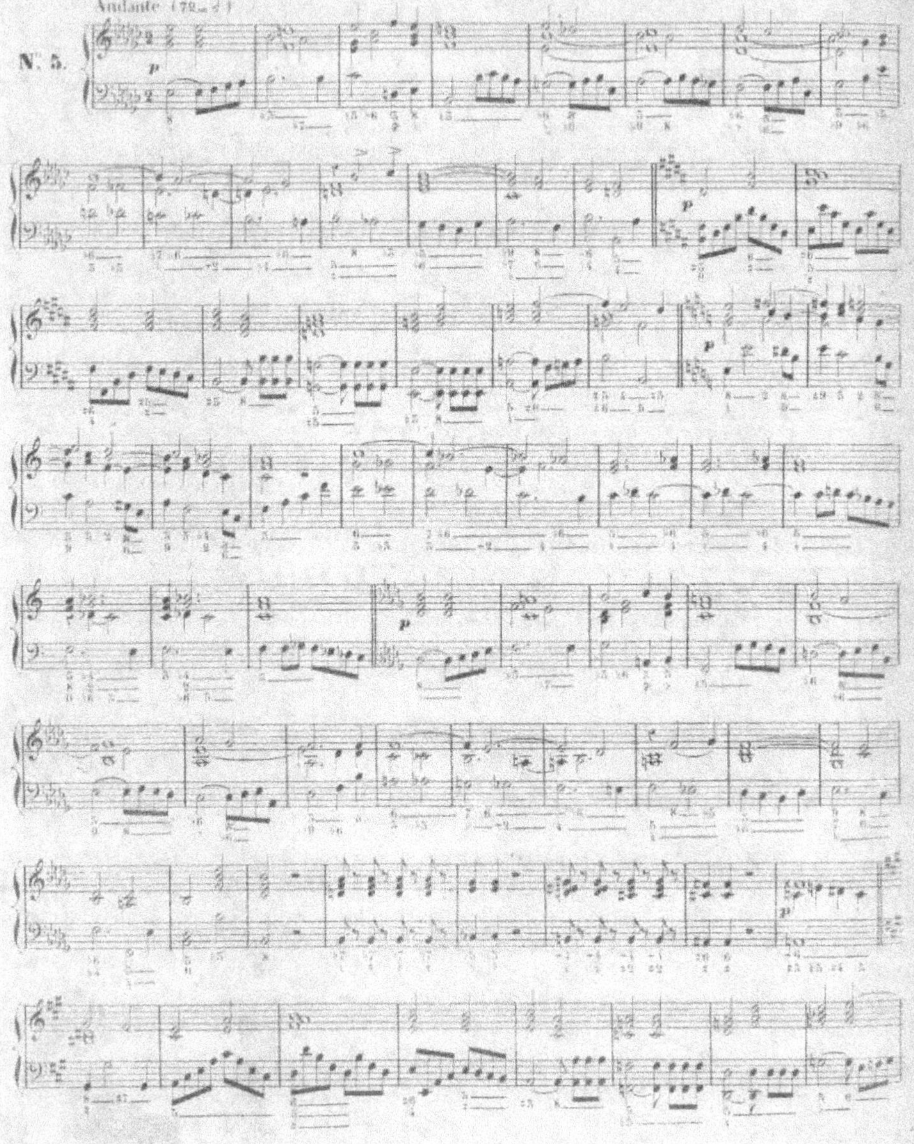

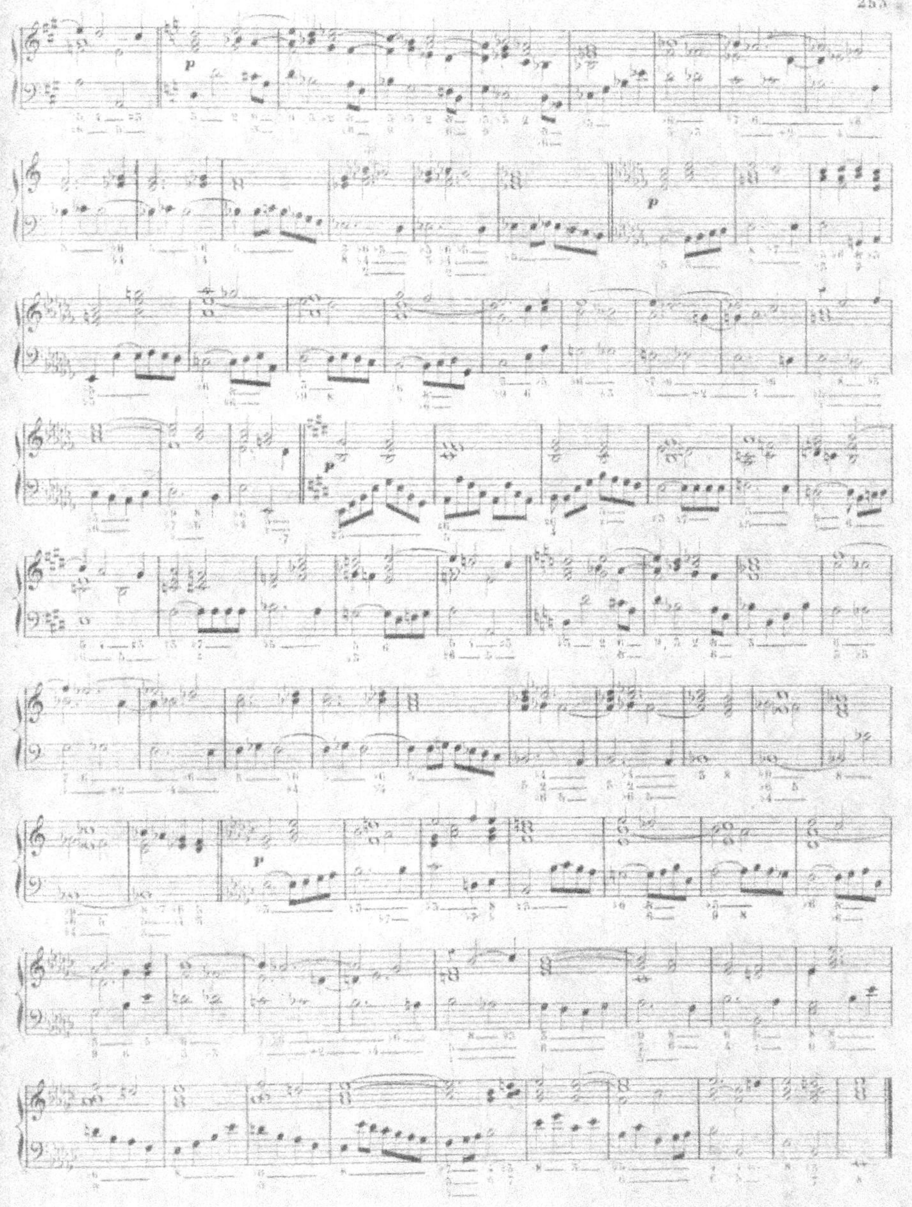

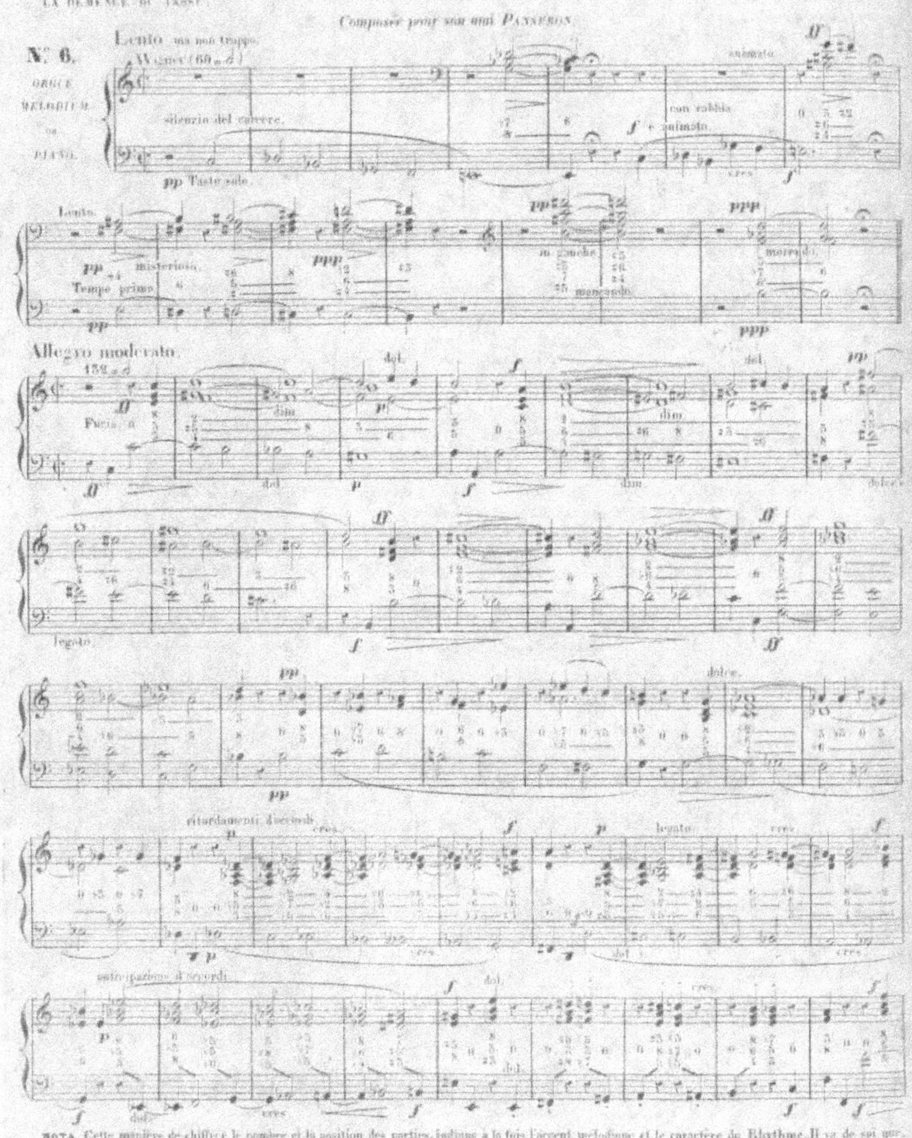

NOTA. Cette manière de chiffrer le nombre et la position des parties, indique à la fois l'accent mélodique et le caractère du Rhythme. Il va de soi que partout les chiffres s'adressent à la partie la plus grave, quelque soit son degré d'élévation.

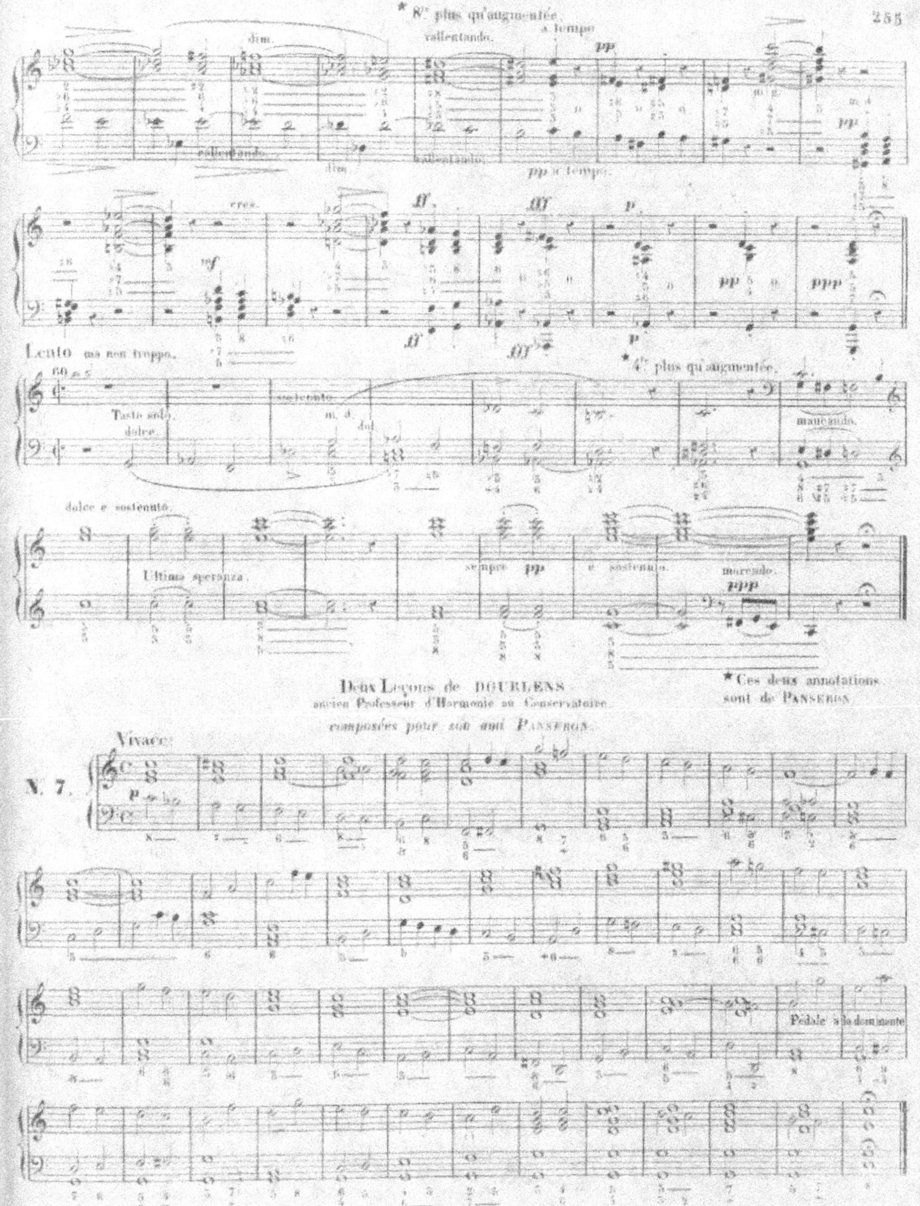

255
* 8e plus qu'augmentée.
rallentando.
a tempo
pp
dim.
rallentando.
pp a tempo.
cres.
ff.
ff.
p.
pp
ppp
Lento ma non troppo.
Tasti solo.
dolce.
sostenuto.
m. d.
dol.
* 4e plus qu'augmentée.
mancando.
dulce e sostenuto.
Ultima speranza.
sempre pp
e sostenuto.
morendo.
ppp
Deux Leçons de DOURLENS
ancien Professeur d'Harmonie au Conservatoire
composées pour son ami PANSERON.
*Ces deux annotations
sont de PANSERON.
Vivace.
N. 7.
p.
Pédale à la dominante.
J'ai chiffré les 2 leçons de Dourlens.

Andante.

N.º 8.

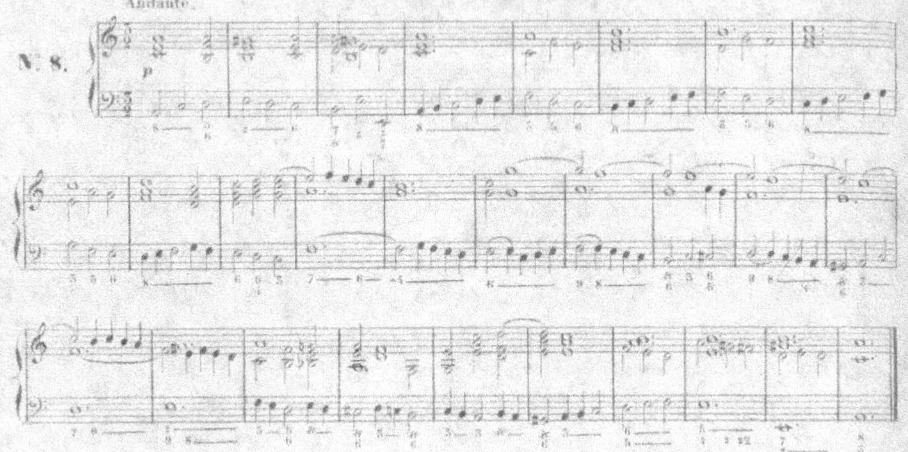

Leçon par A. ELWART,
Professeur d'Harmonie au Conservatoire impérial de Paris,

pour son ami PANSERON.

Moderato.

N.º 9.

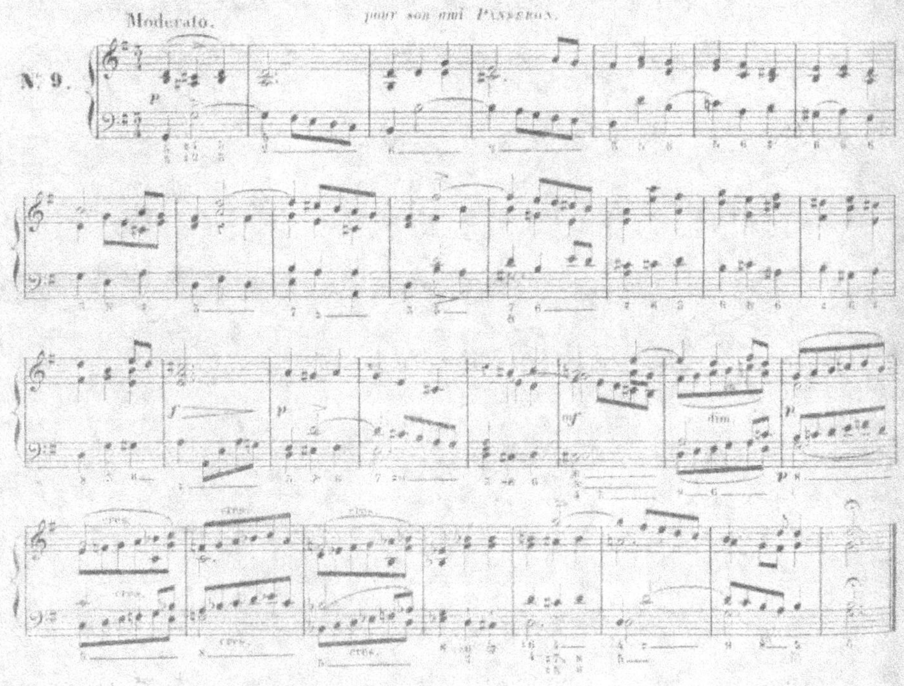

LEÇON D'HARMONIE PRATIQUE

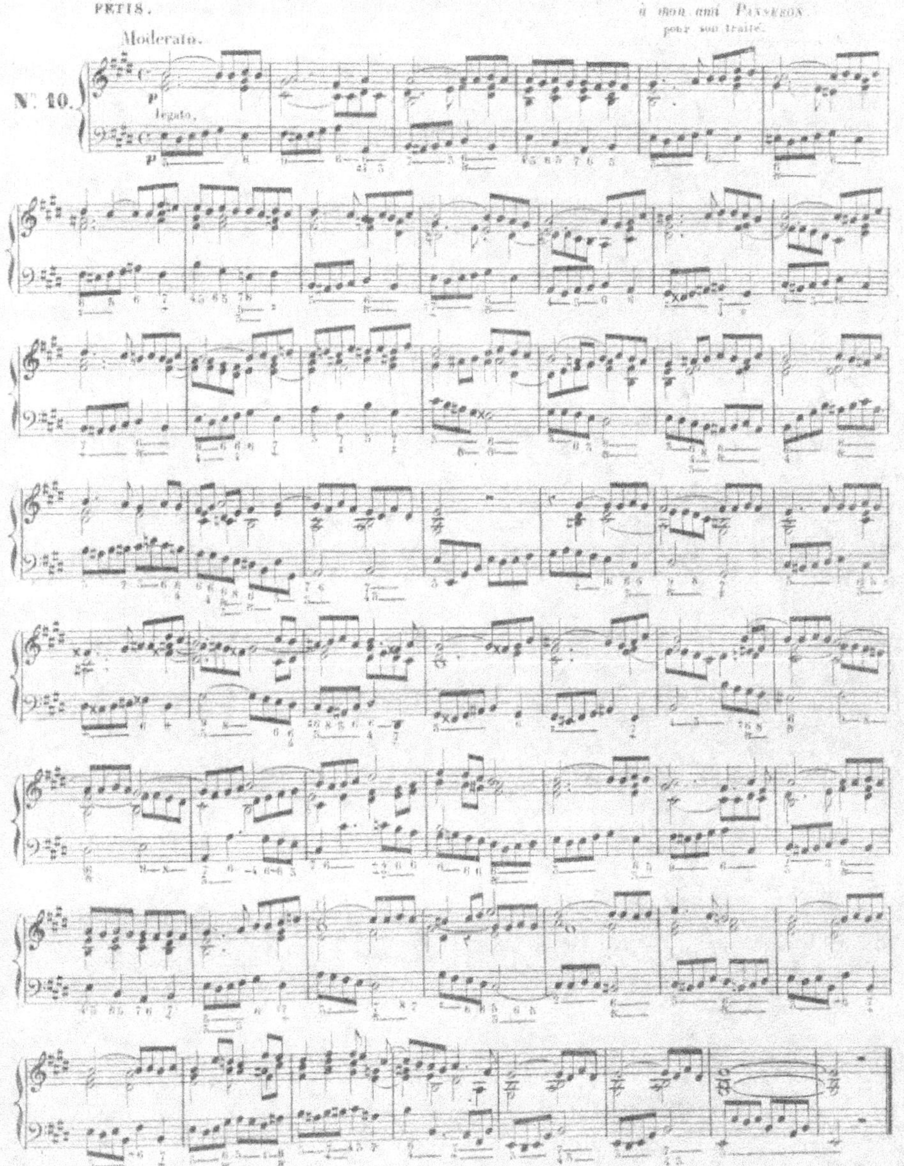

LEÇON D'HARMONIE.

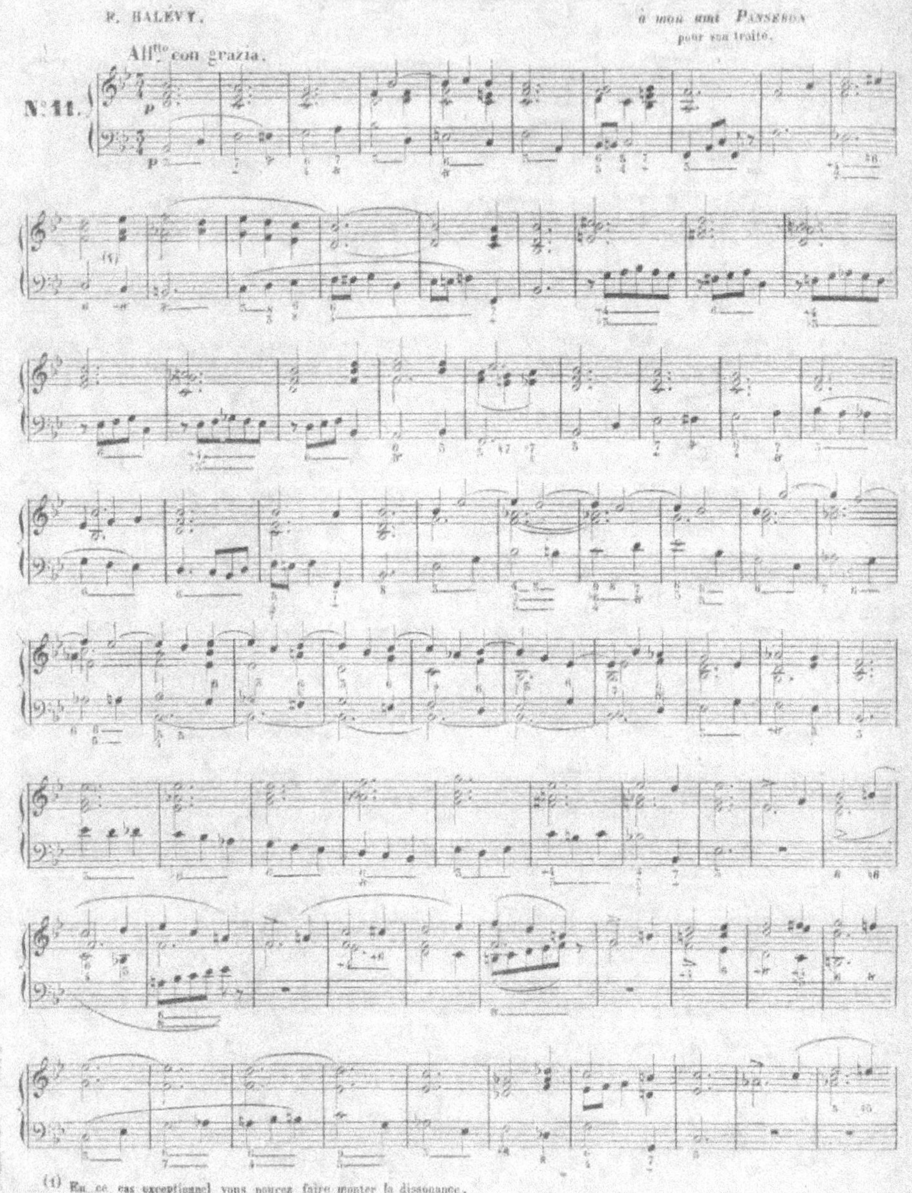

(1) En ce cas exceptionnel vous pourrez faire monter la dissonance.

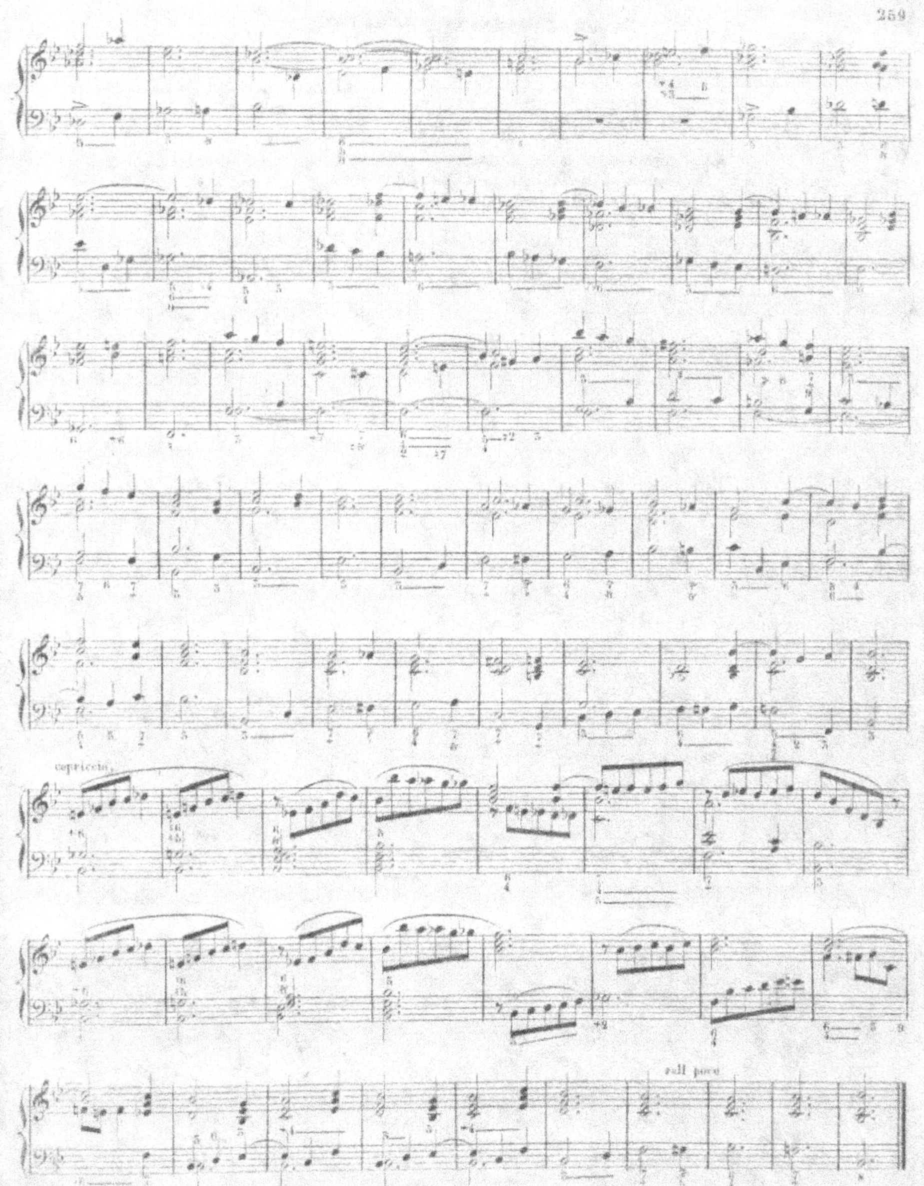
capriccio
con Hss
poco

LEÇON D'HARMONIE PRATIQUE.

A. LE BORNE.

à mon ami PANSERON
pour son traité d'harmonie.

Andante.

N.º 12.

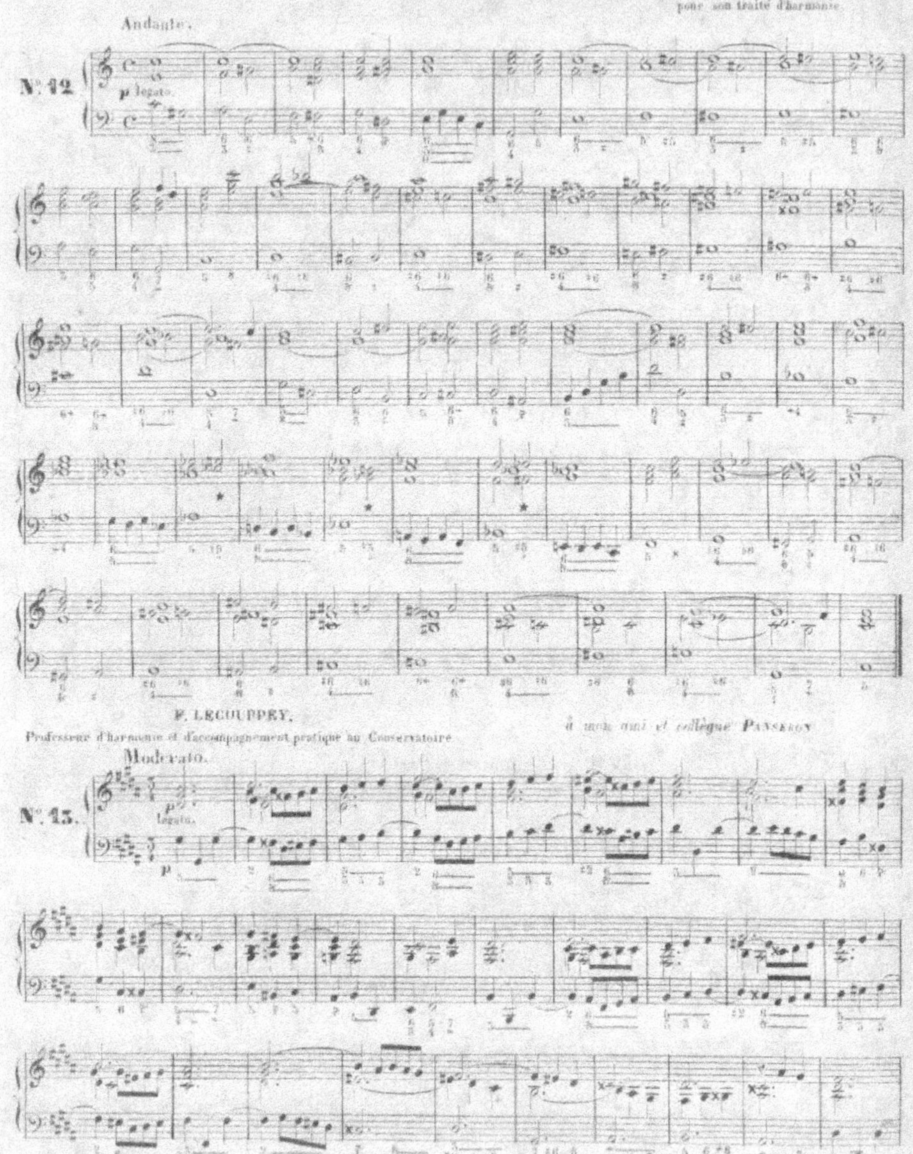

F. LECOUPPEY,
Professeur d'harmonie et d'accompagnement pratique au Conservatoire.

à mon ami et collègue PANSERON

Moderato.

N.º 13.

* Observez cet accord avec 3.ᵉ mineure et 5.ᵗᵉ augmentée (Nota de Panseron.) * mêmes accords.

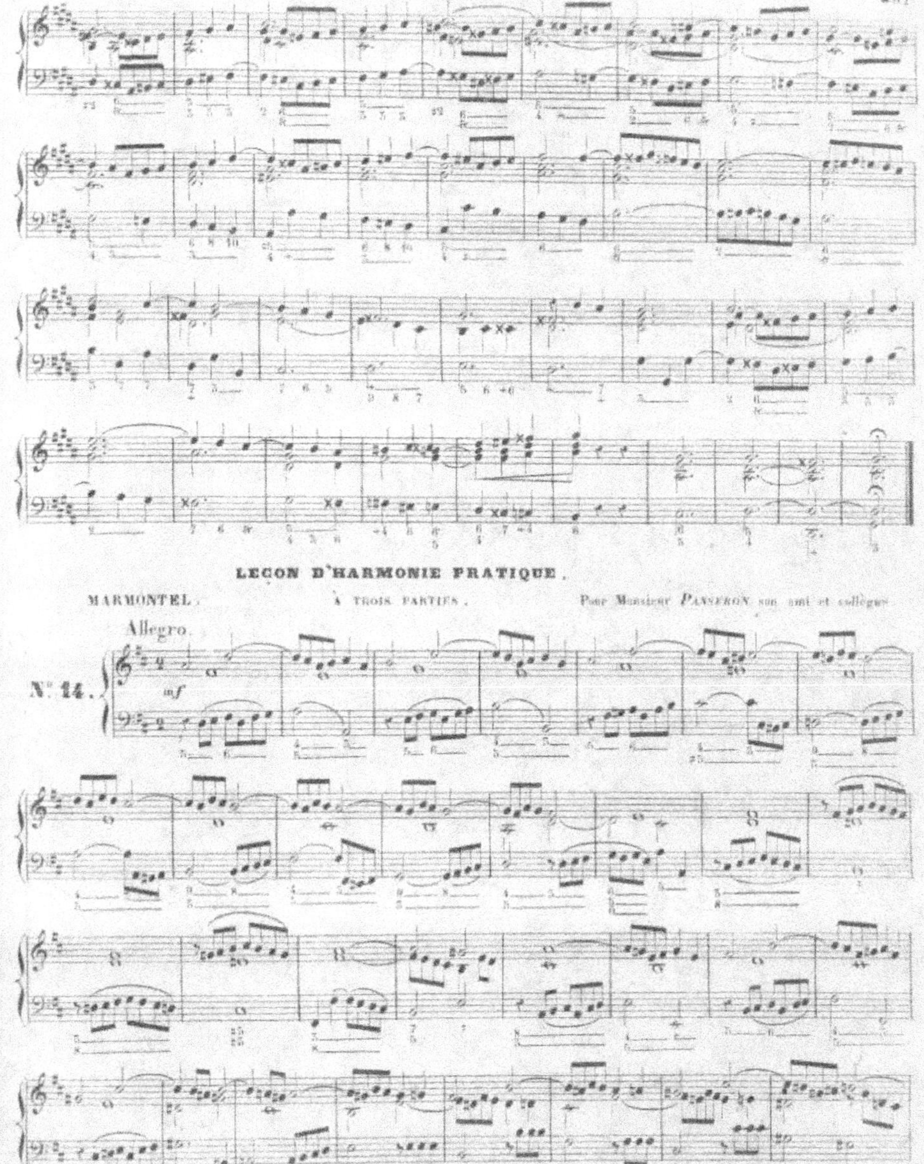
LEÇON D'HARMONIE PRATIQUE.
MARMONTEL.
À TROIS PARTIES.
Pour Monsieur PANSERON son ami et collègue
Allegro.
N.º 14.
mf

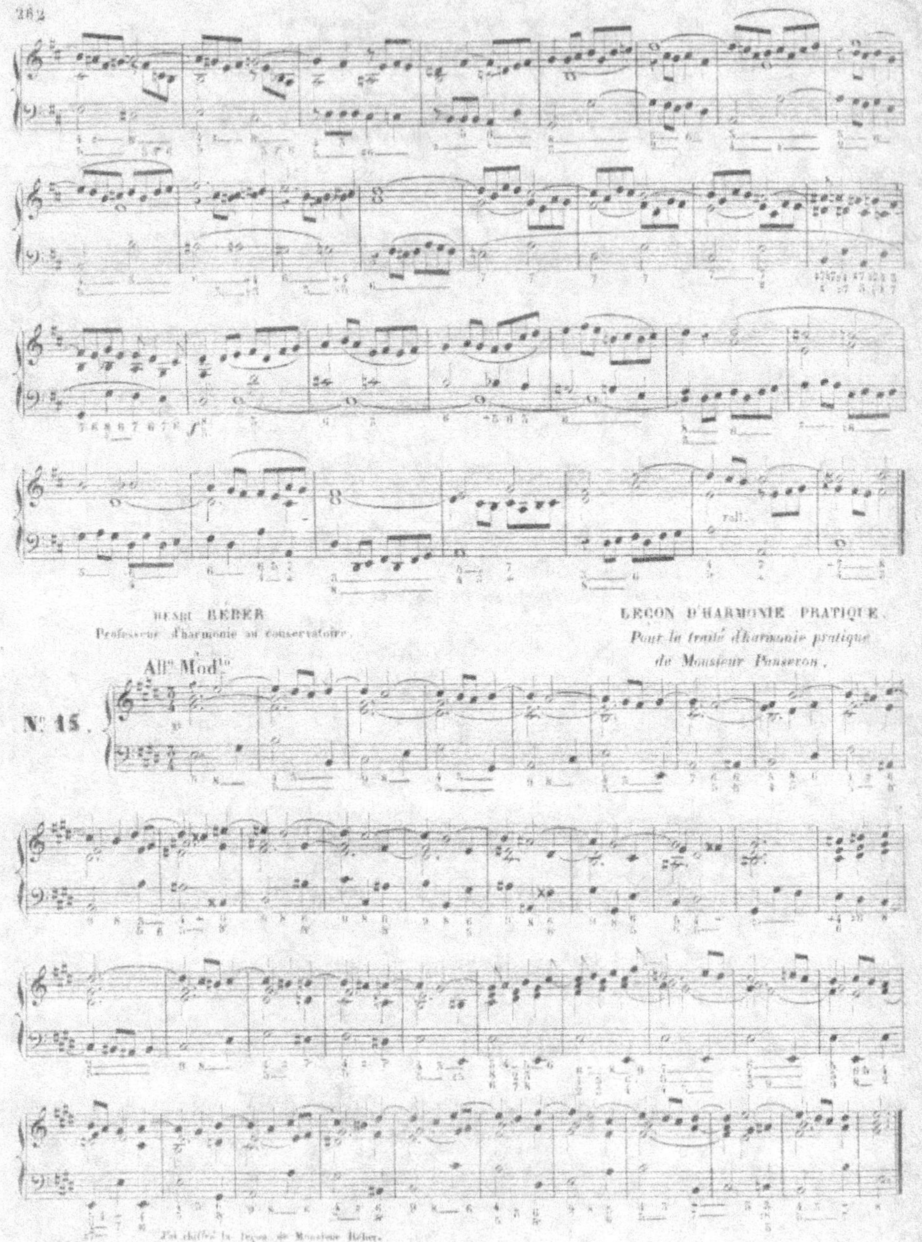
HENRI REBER
Professeur d'harmonie au conservatoire.
LEÇON D'HARMONIE PRATIQUE.
Pour le traité d'harmonie pratique
de Monsieur Panseron.
Allo Modto
No 15.
J'ai chiffré la leçon de Monsieur Réber.

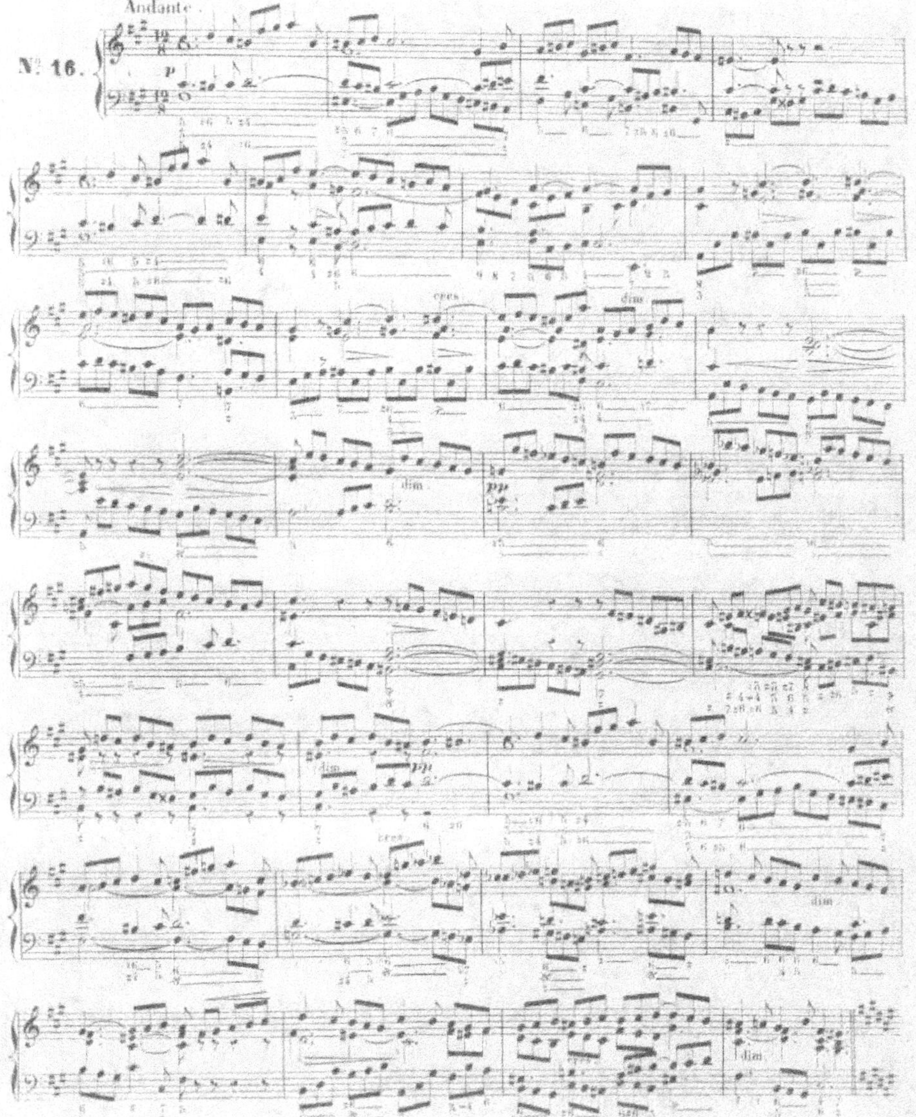
AMBROISE THOMAS.
à son ami PASSERAT
MÉLODIE
en forme de leçon d'harmonie pratique
Andante.
Nº 16.
p

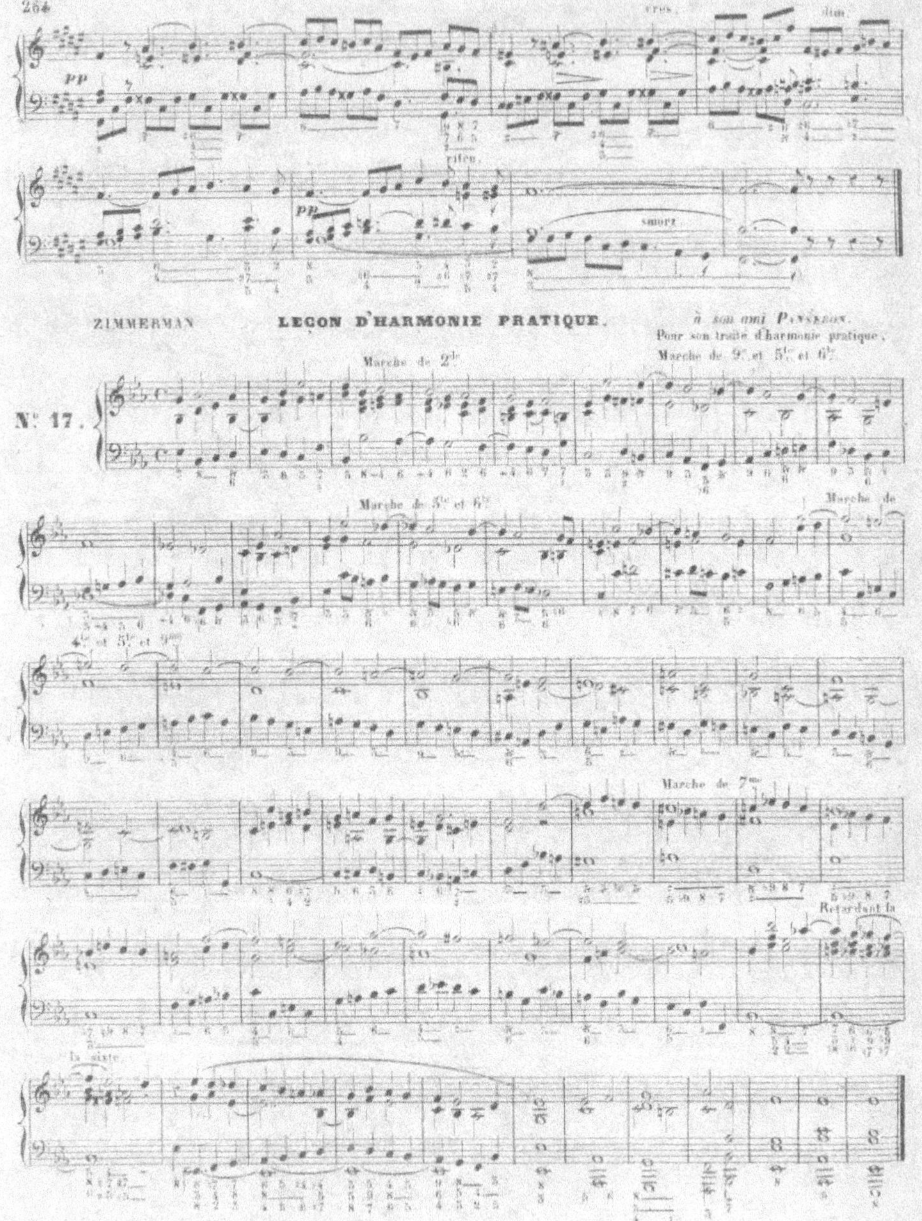
cres.
dim.
pp
rilen.
pp
smorz.
ZIMMERMAN
LEÇON D'HARMONIE PRATIQUE.
à son ami PANSERON.
Pour son traité d'harmonie pratique.
Marche de 2de
Marche de 9me et 5te et 6te
N.º 17.
Marche de 5te et 6te
Marche de
4te et 5te et 9me
Marche de 7me
Retardant la
la sixte.

par BATTON
Professeur au Conservatoire.

Pour le traité d'harmonie
de son ami PANSERON.

Moderato.

18.

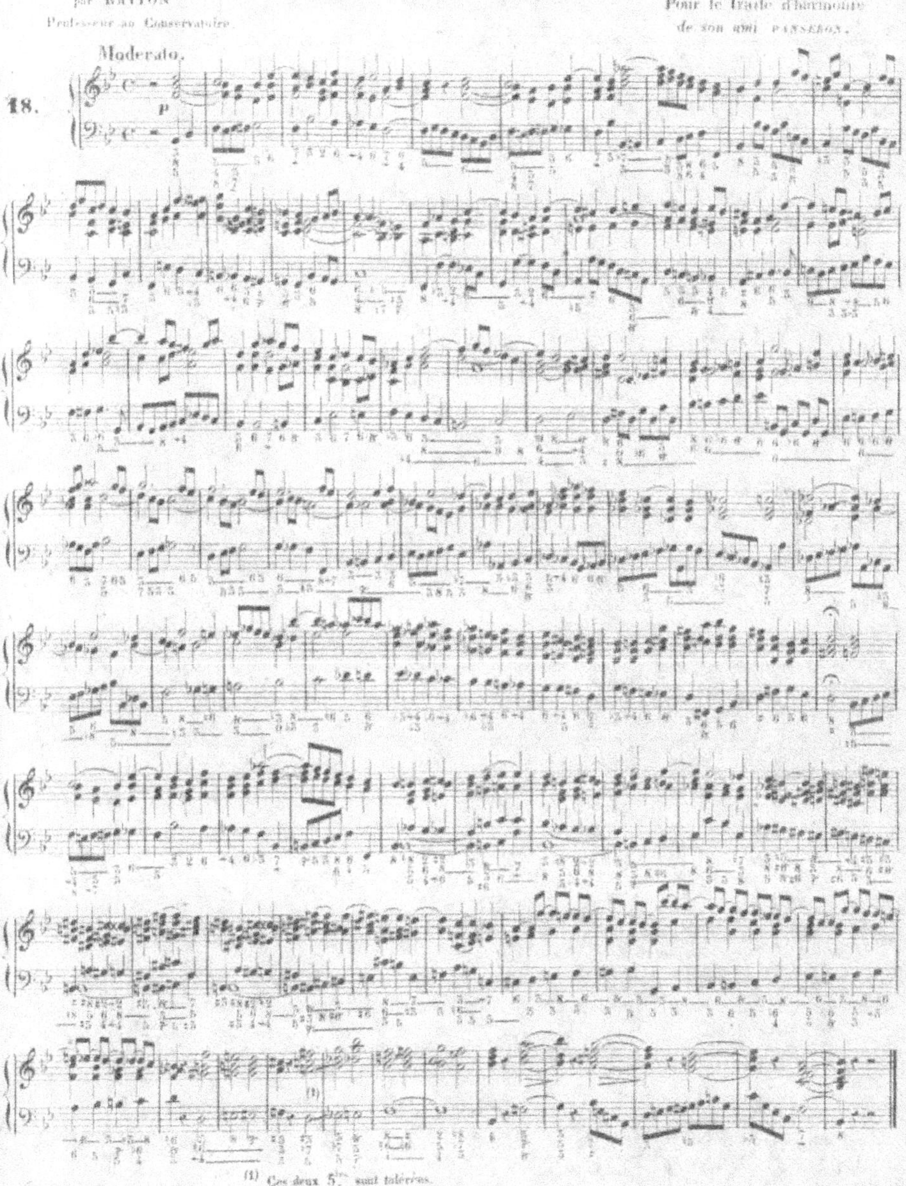

(1) Ces deux 5.es sont tolérées.

60 BASSES CHIFFRÉES DANS TOUS LES TONS.

À ACCOMPAGNER ET À RÉALISER

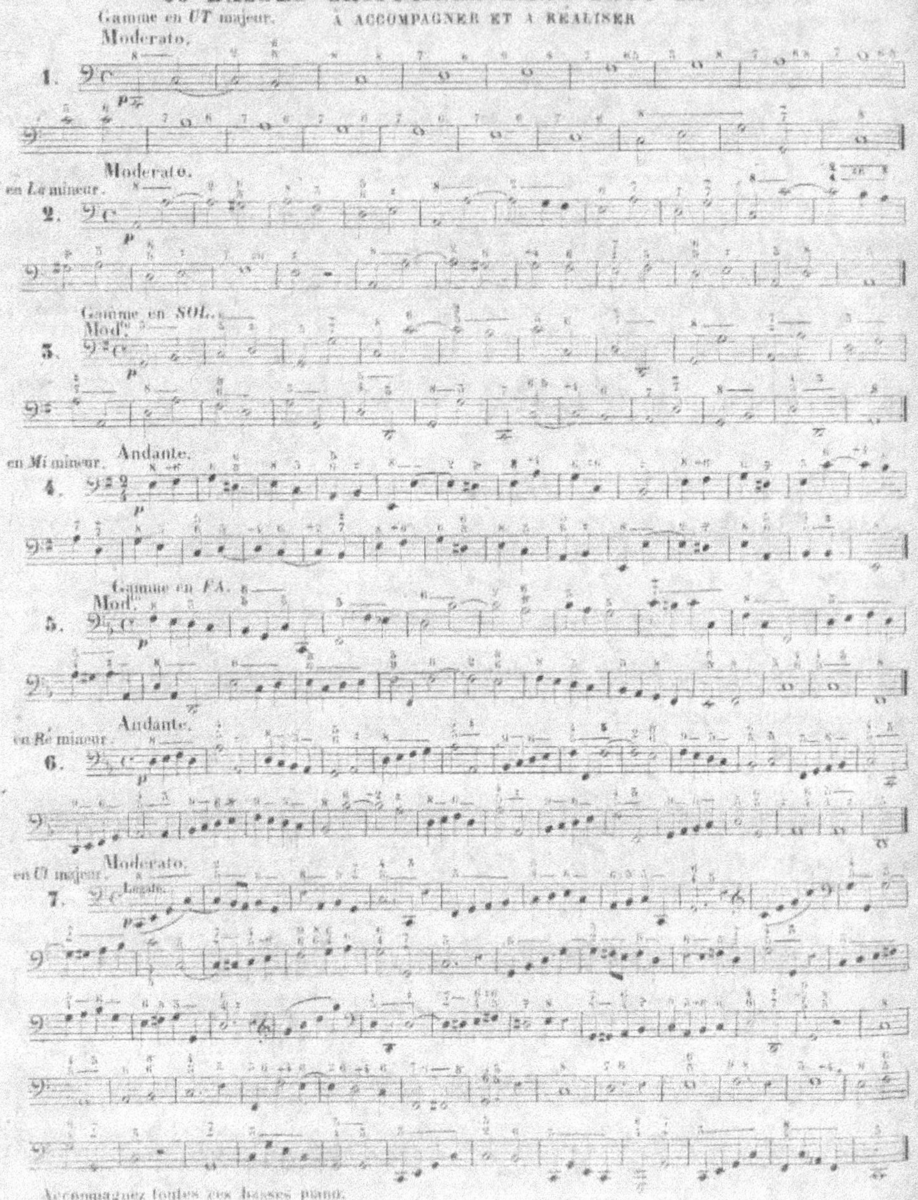

Accompagnez toutes ces basses piano.

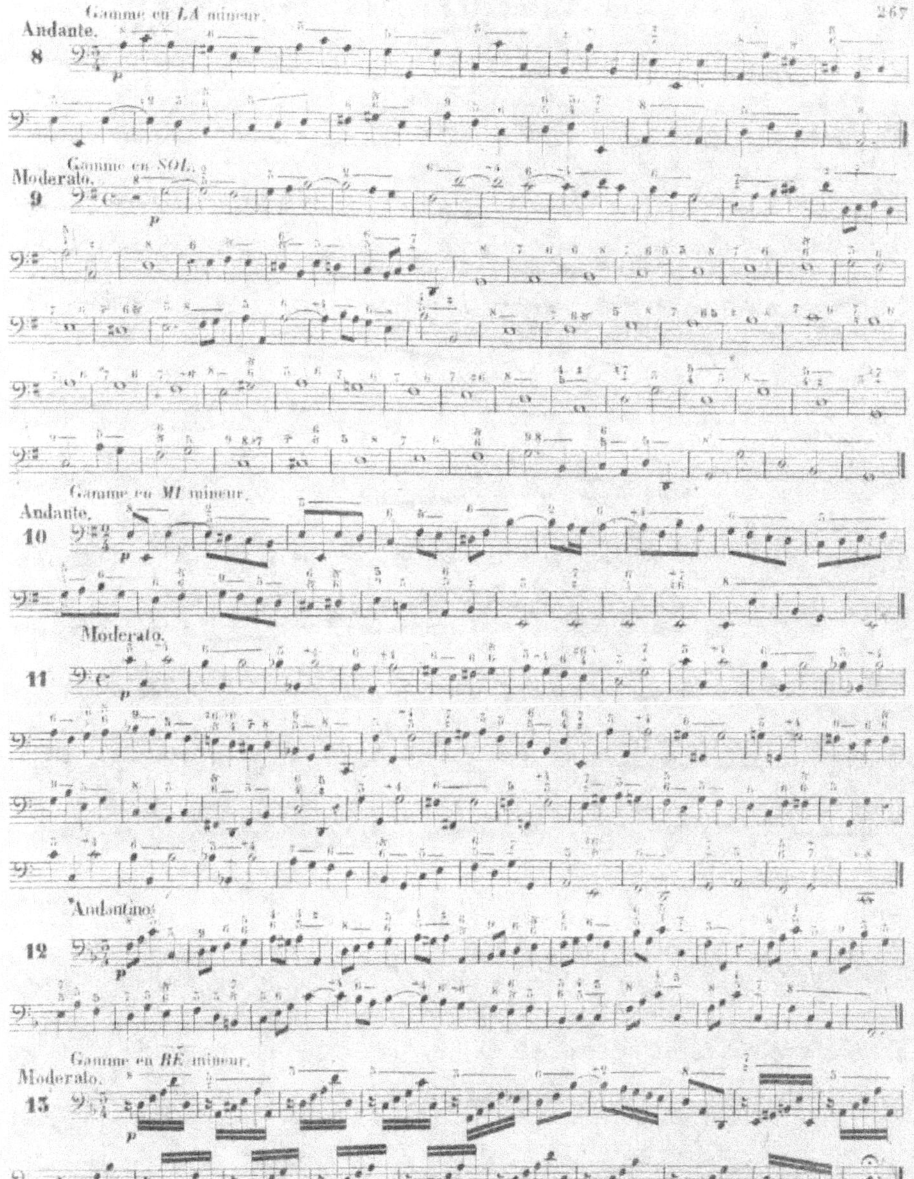
Gamme en LA mineur.
Andante.
8
Moderato.
Gamme en SOL.
9
Gamme en MI mineur.
Andante.
10
Moderato.
11
Andantino.
12
Gamme en RÉ mineur.
Moderato.
13

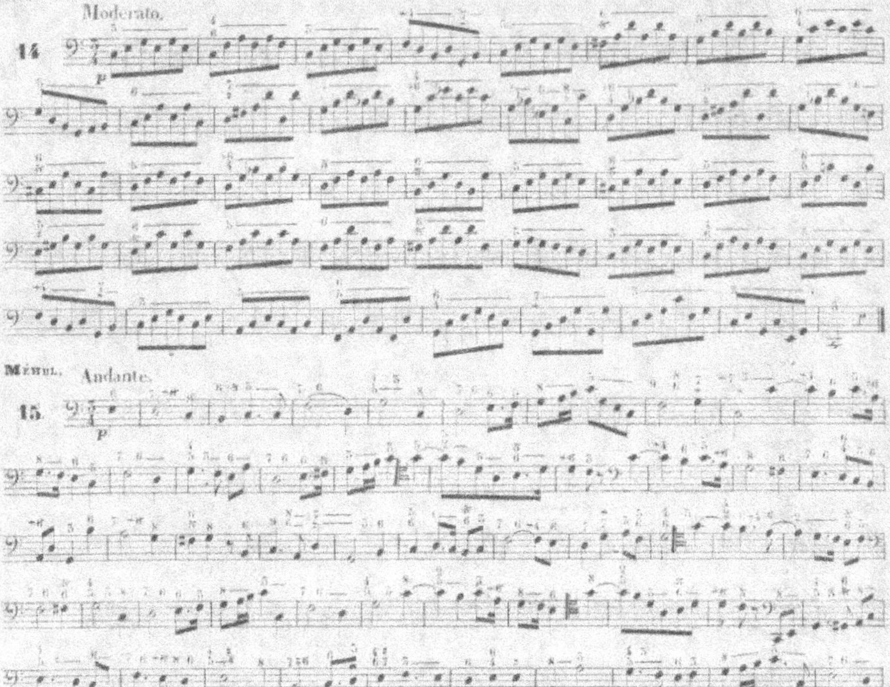

Moderato.

14

Ménul. Andante.

15

Lento.

PRÉCÈDE.

16

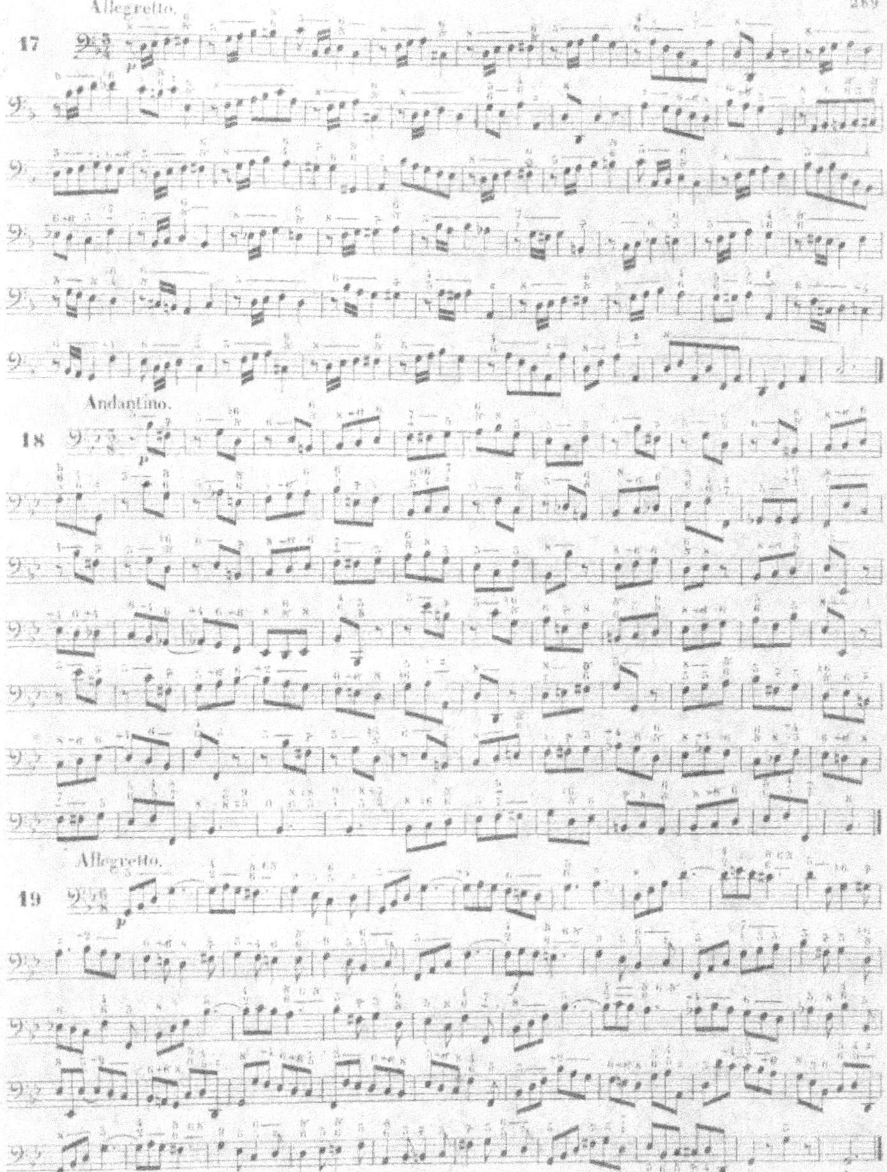
Allegretto.
17
Andantino.
18
Allegretto.
19

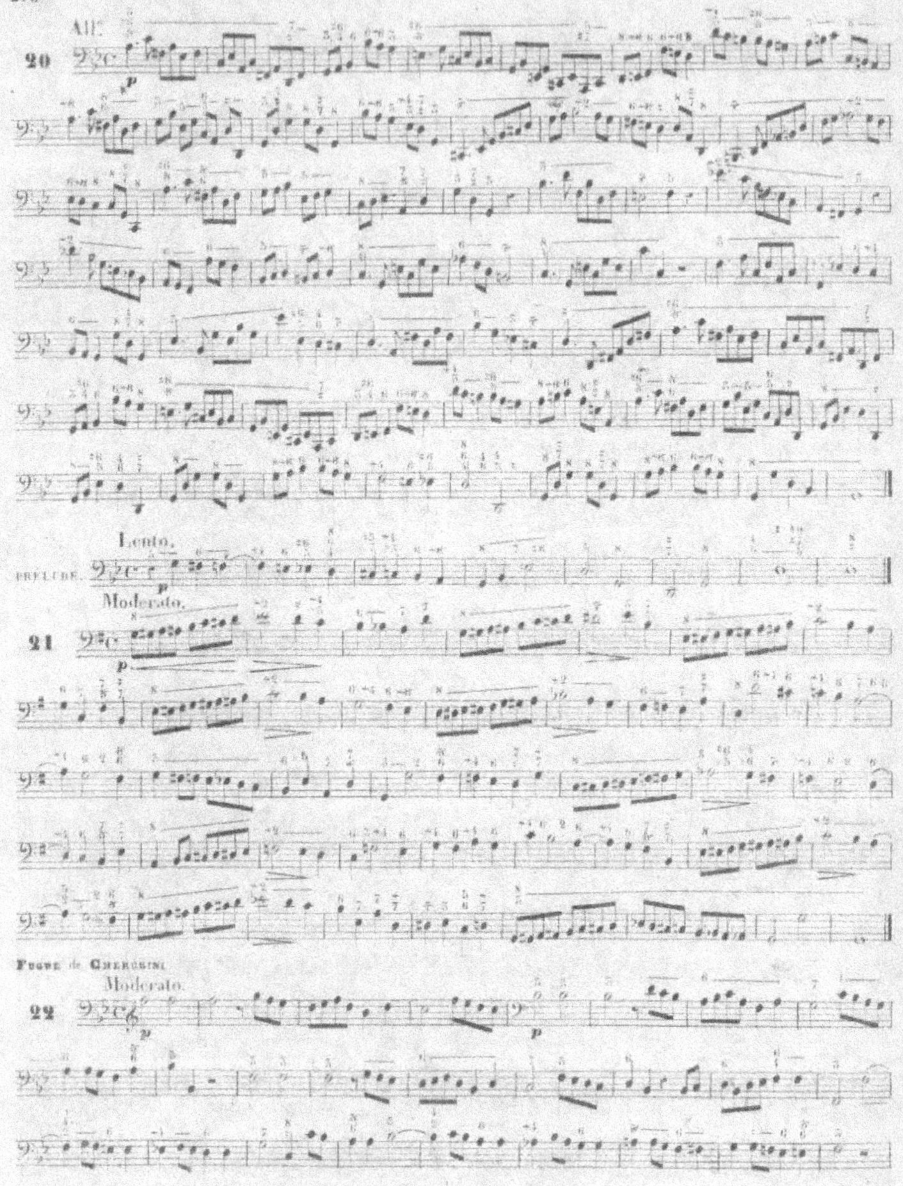
Allo
20
p
Lento.
PRÉLUDE.
p
Moderato.
21
p
Fugue de CHERUBINI
Moderato.
22
p
p

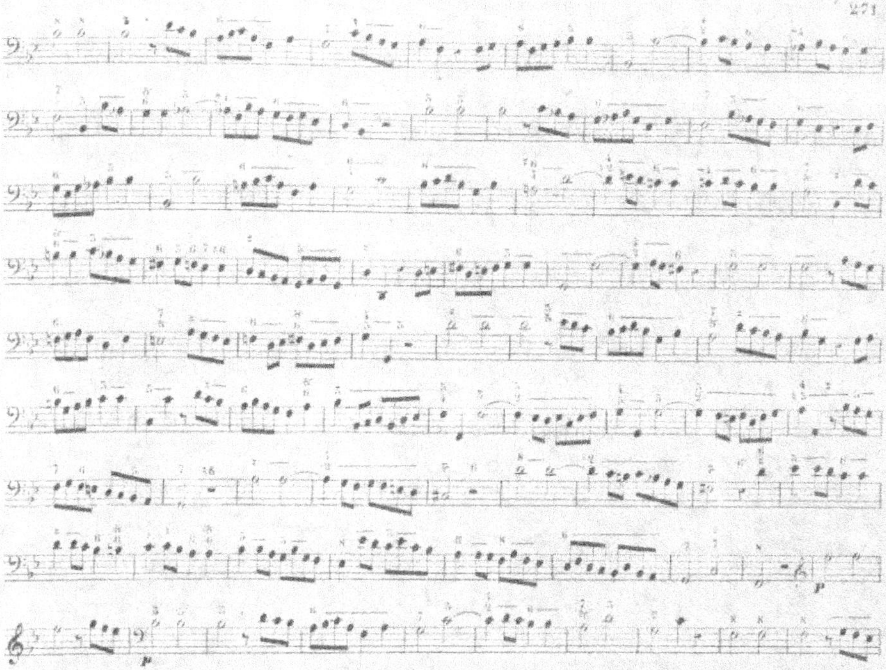

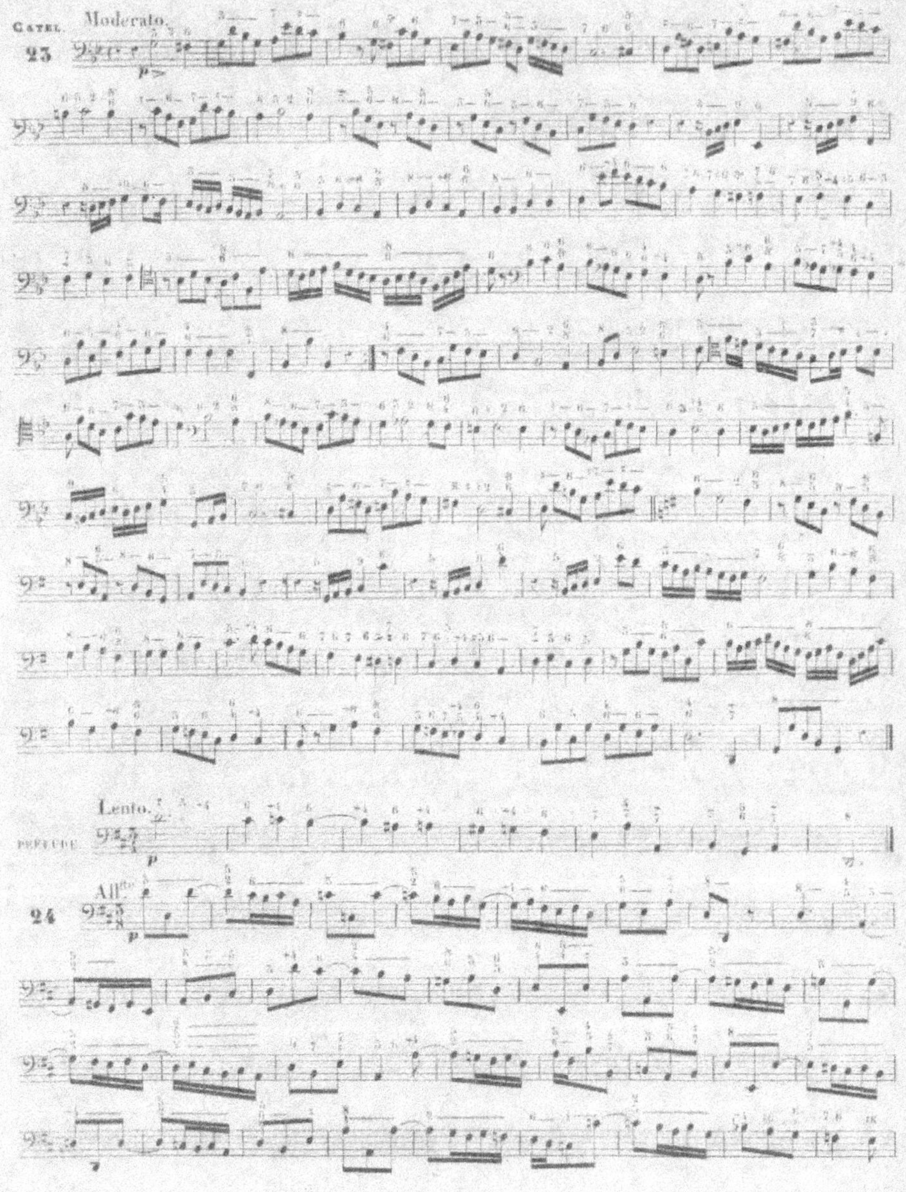
CATEL.
Moderato.
25
Lento.
PRELUDE
All⁰.
24

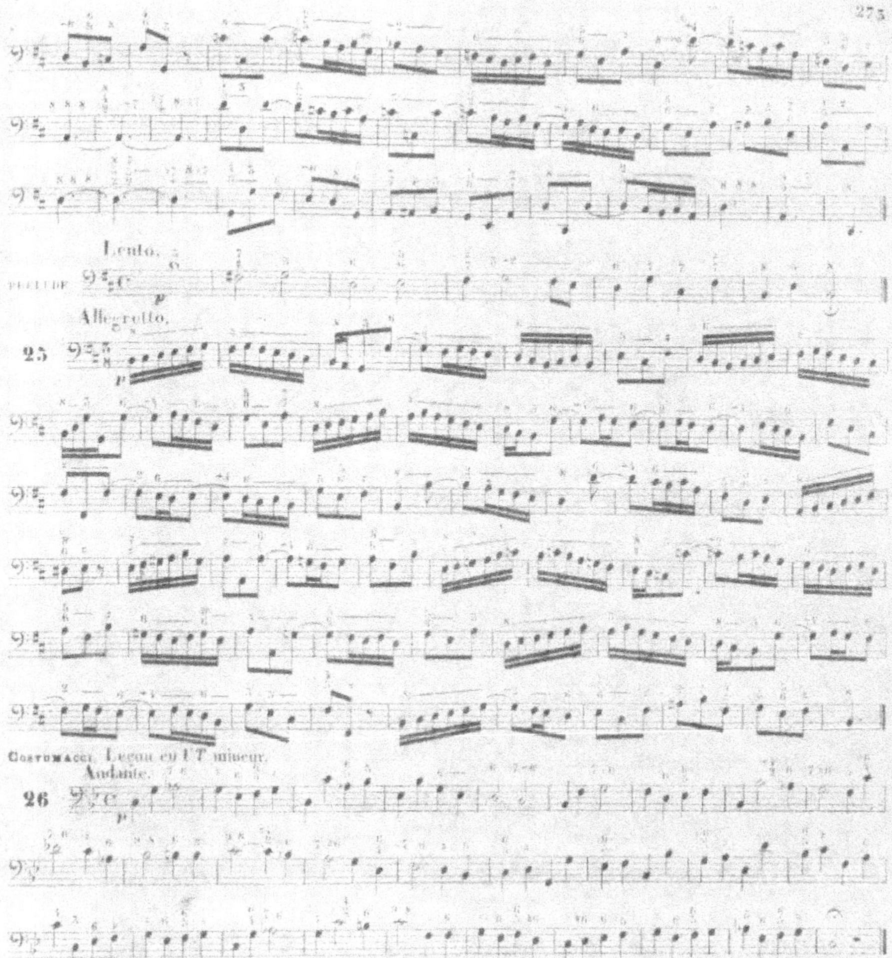

Dans cette leçon bien qu'en ut mineur, L'auteur ne met que deux bémols au lieu de trois. Des anciens auteurs font aussi. Votre règle de solfége n'est point applicable, vous voyez qu'elle serait fausse dans ce cas.

Voici probablement pourquoi les anciens auteurs mettaient un bémol de moins à la clé parcequ'hors qu'ils font la Ut modulation qui ordinairement est celui de la dominante comme il y a un bémol de moins il n'est pas la peine de mettre un ♮ à la place du dernier bémol.

Je pense que la nouvelle école a eu raison de mettre l'exacte quantité d'accidents qu'il faut à la clé

J'ai mis les vrais chiffres de Costamacci, ainsi n'ayez pas égard à mon système, c'est à vous de choisir les bonnes positions. Vous devez voir que pour les accords parfaits il ne les chiffre pas.

Généralement j'ai conservé les chiffres des auteurs.

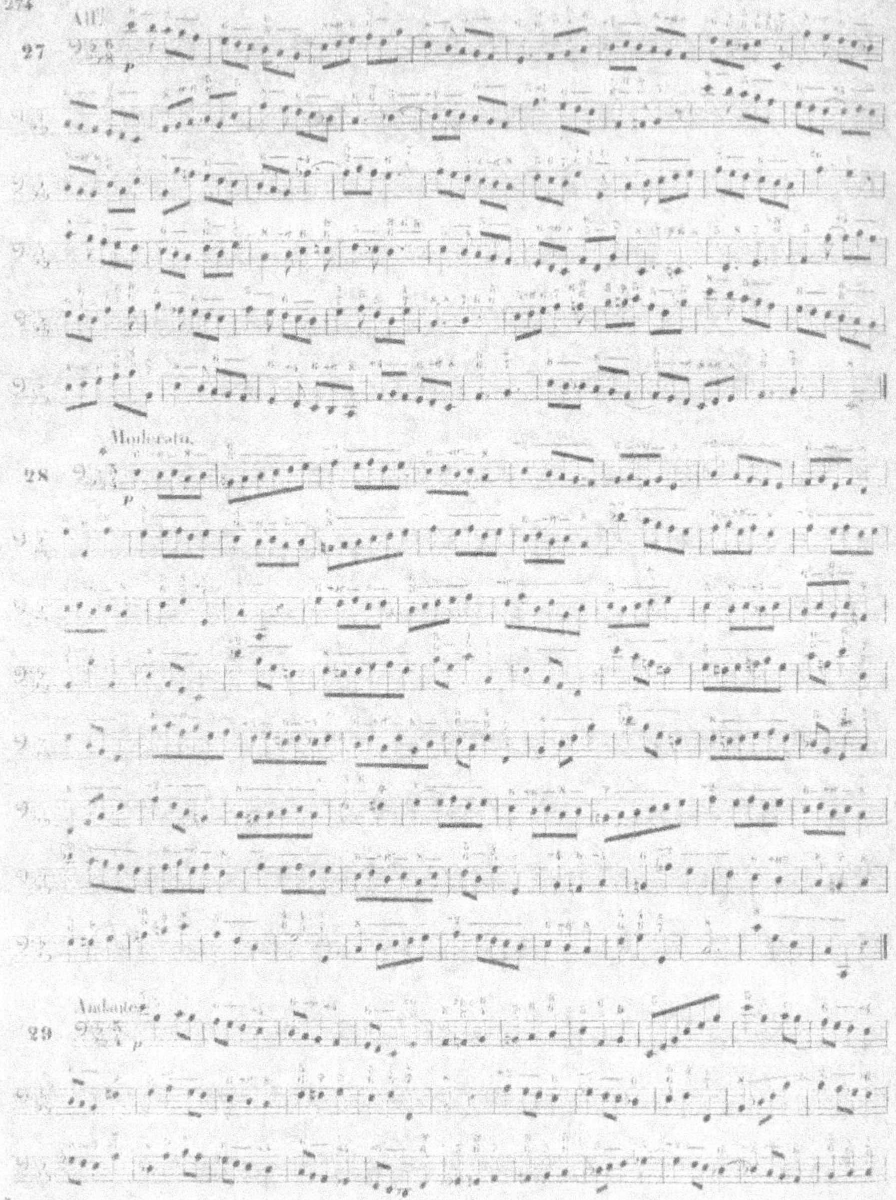

* Cette basse est prise de mon solfège à changement de clef.

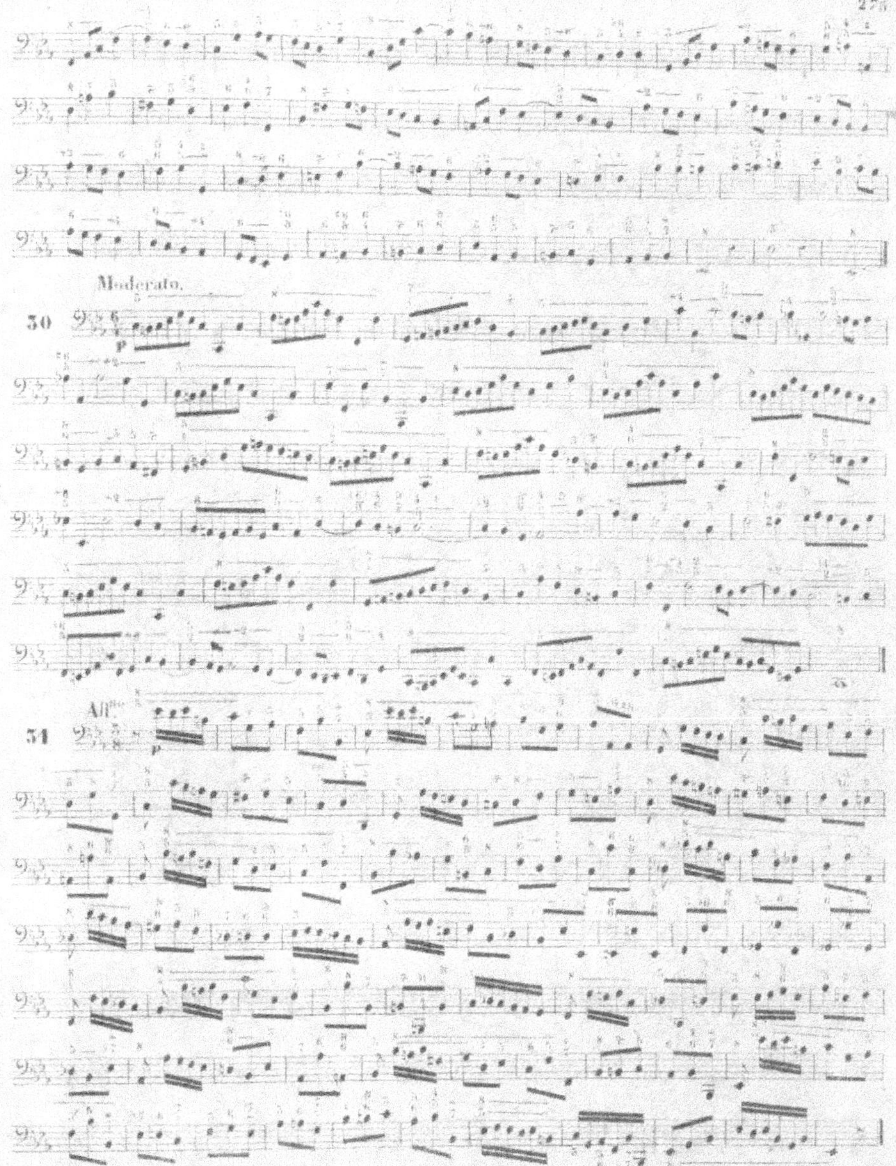
Moderato.
30
Allᵒ.
51

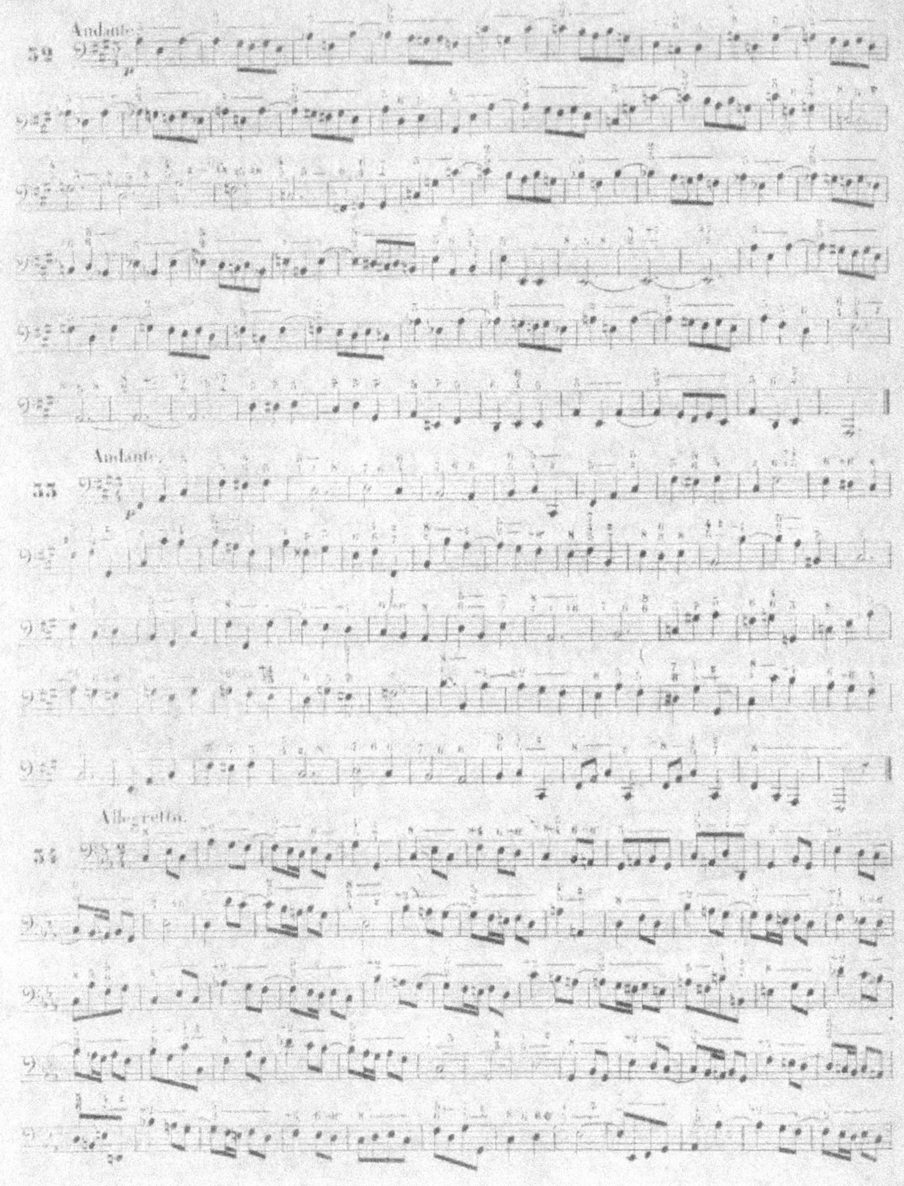
Andante.
52
Andante.
53
Allegretto.
54

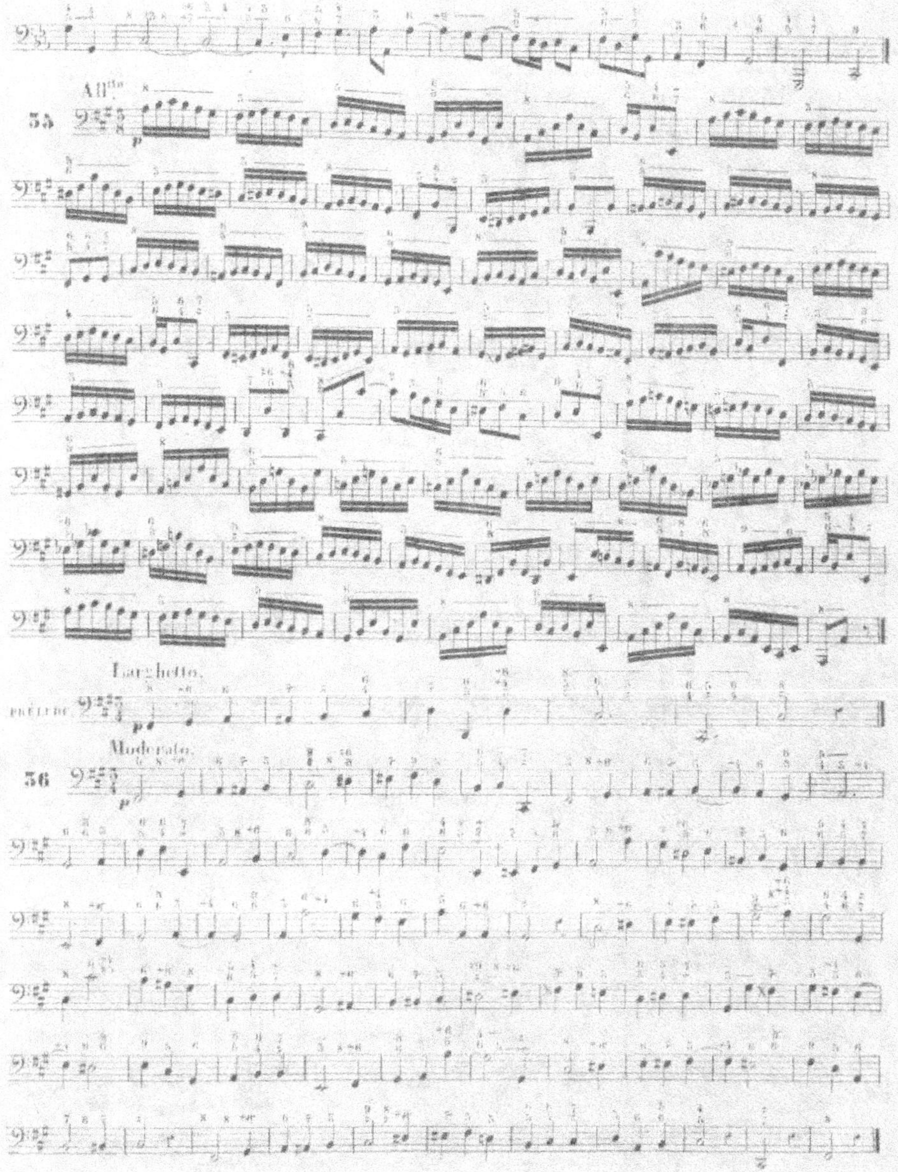
Allᵒ
55
Larghetto.
PRÉLUDE
Moderato.
56

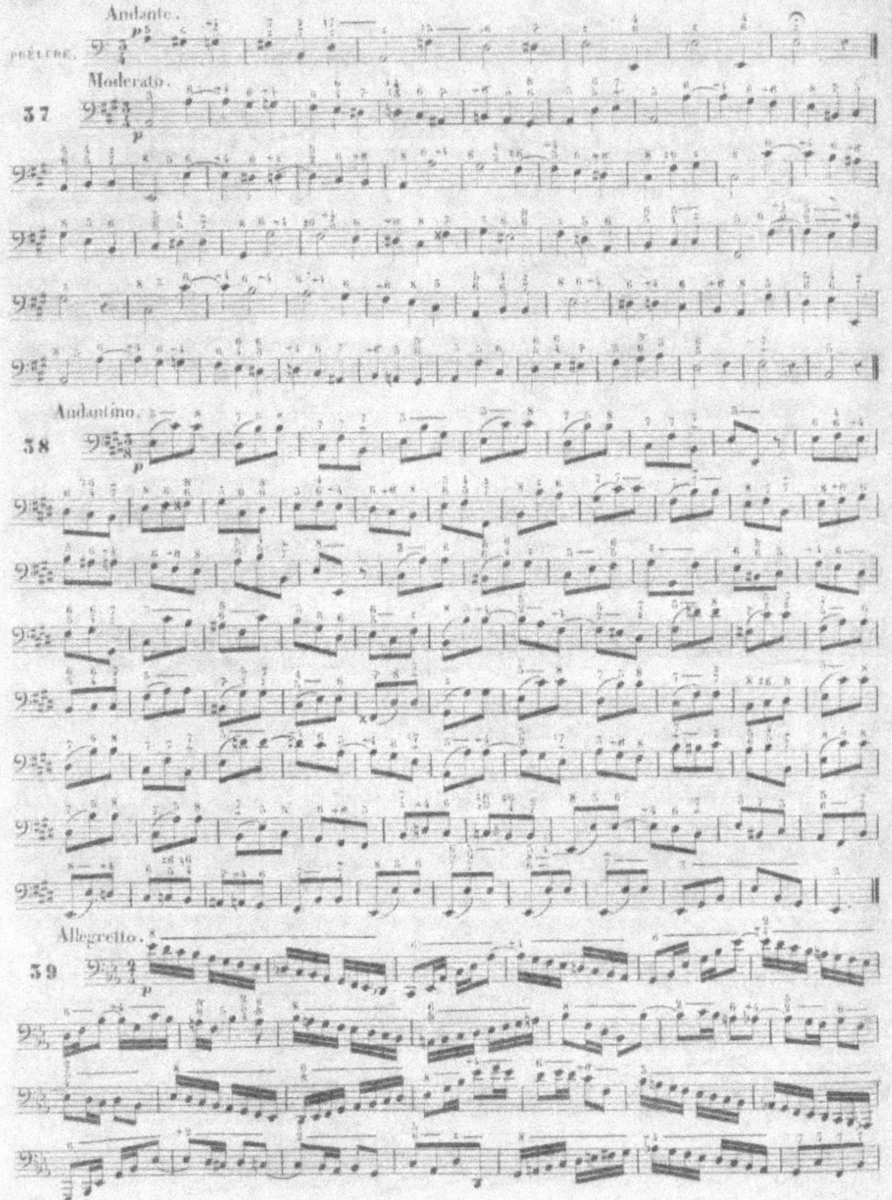
Andante.
PRÉLUDE.
Moderato.
37
Andantino.
38
Allegretto.
39

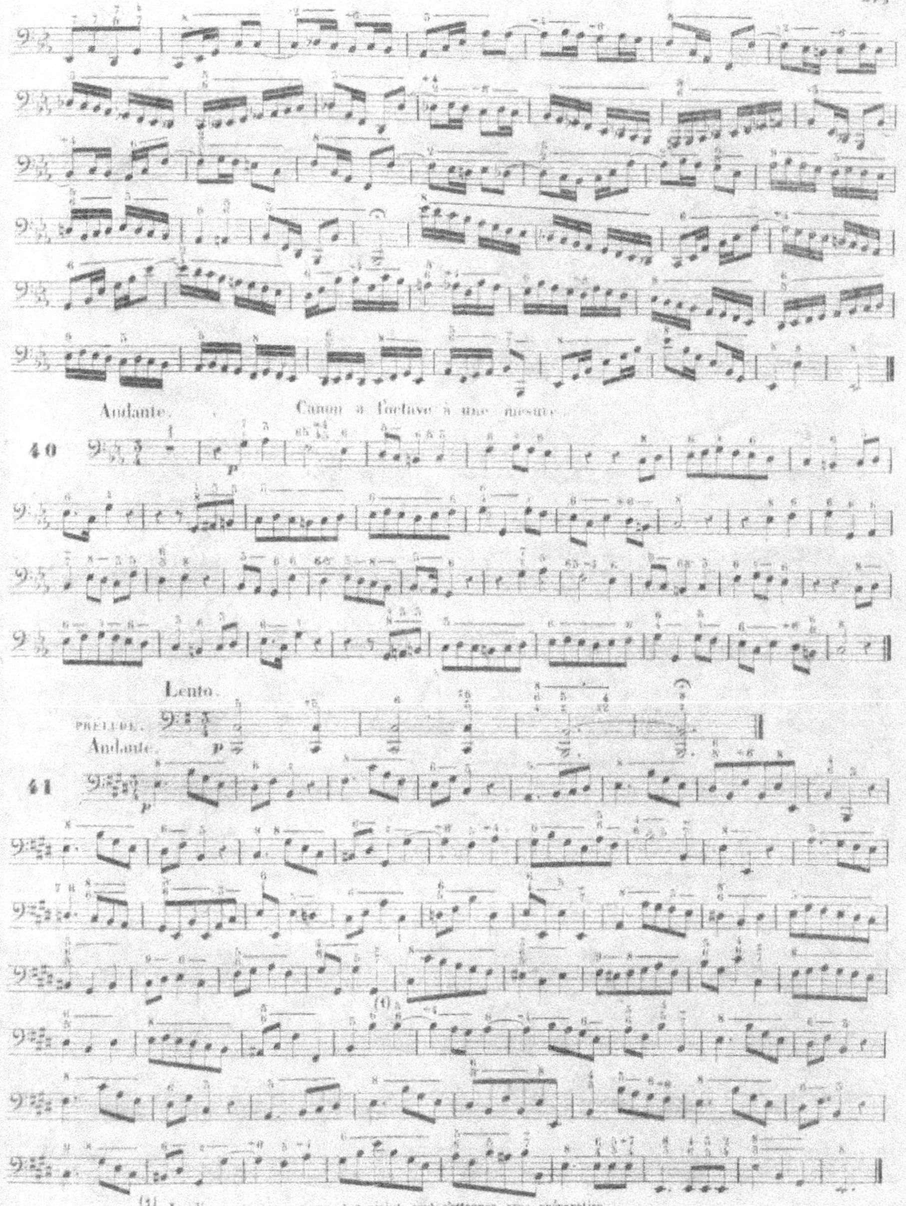

(1) La dissonance par mouvement conjoint peut s'attaquer sans préparation.

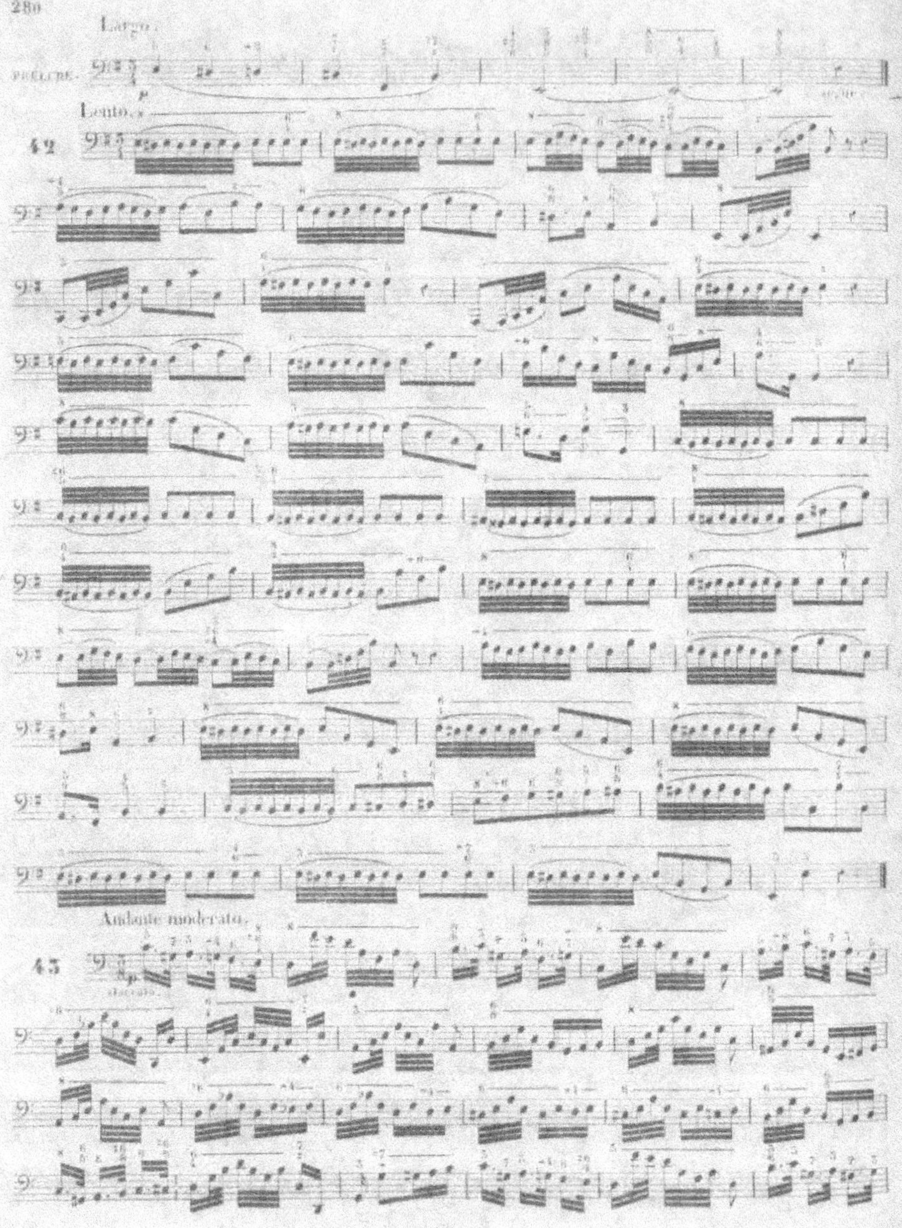
Largo.
PRÉLUDE.
Lento.
42
Andante moderato.
45

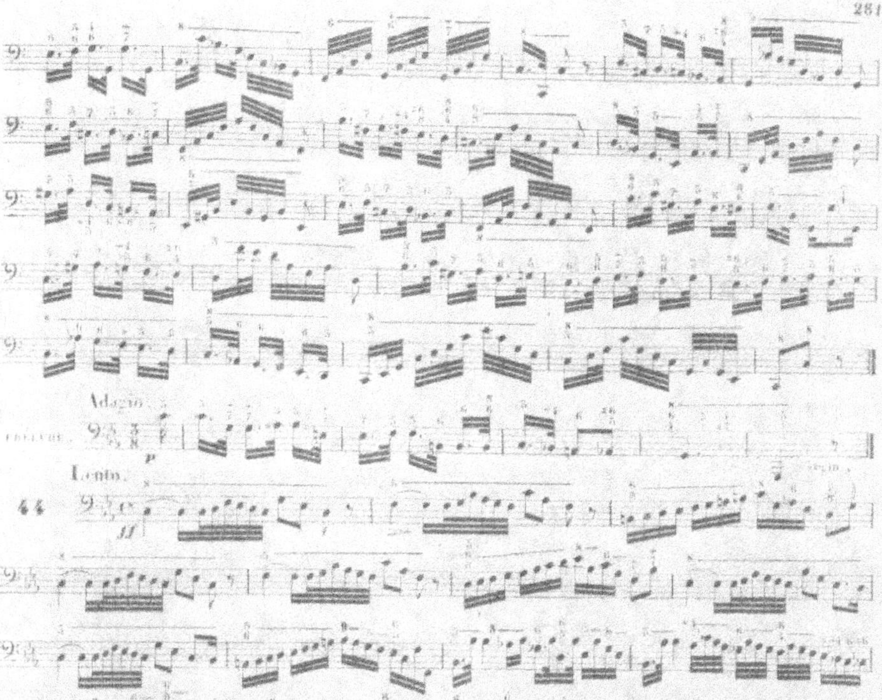

Adagio.

p

Lento.

44

ff

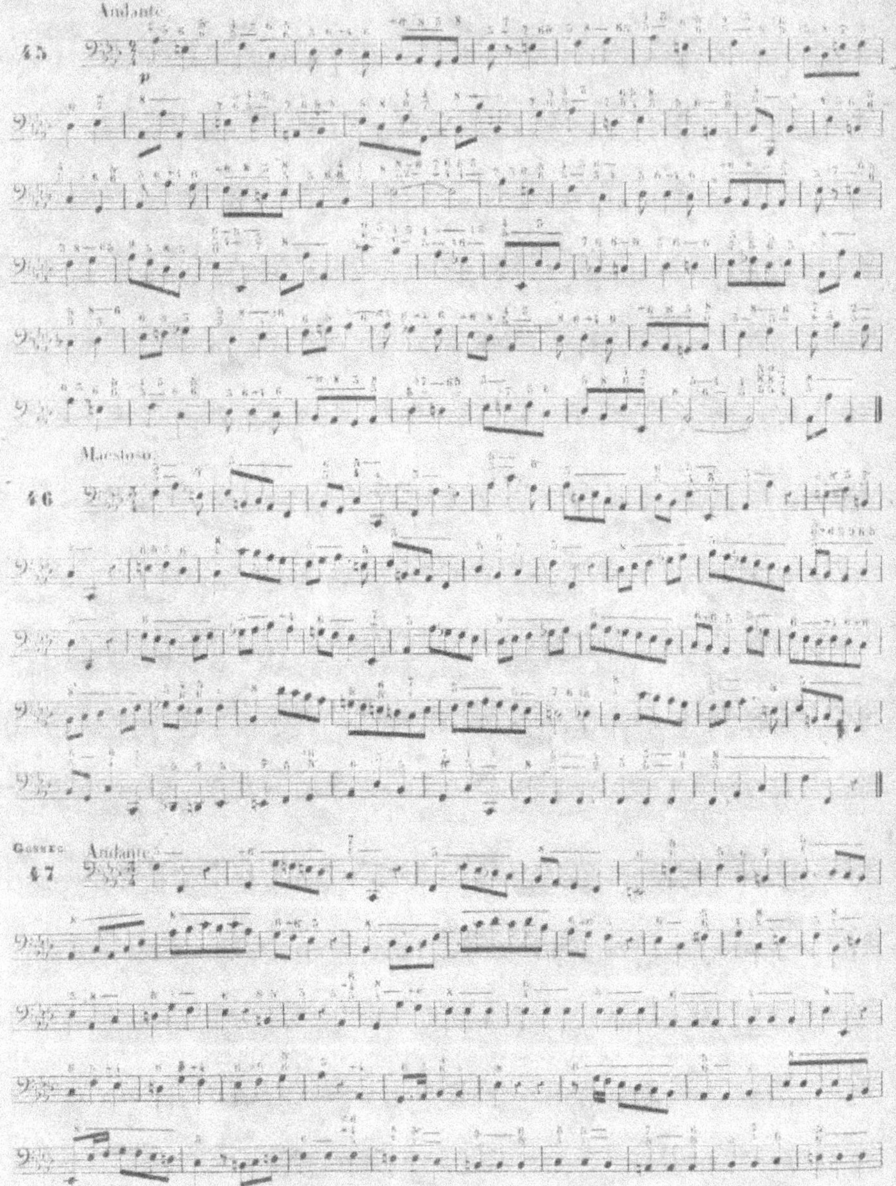
Andante
45
p
Maestoso
46
Basses   Andante
47
Accompagnez et étudiez les belles basses chiffrées du solfège d'Italie.

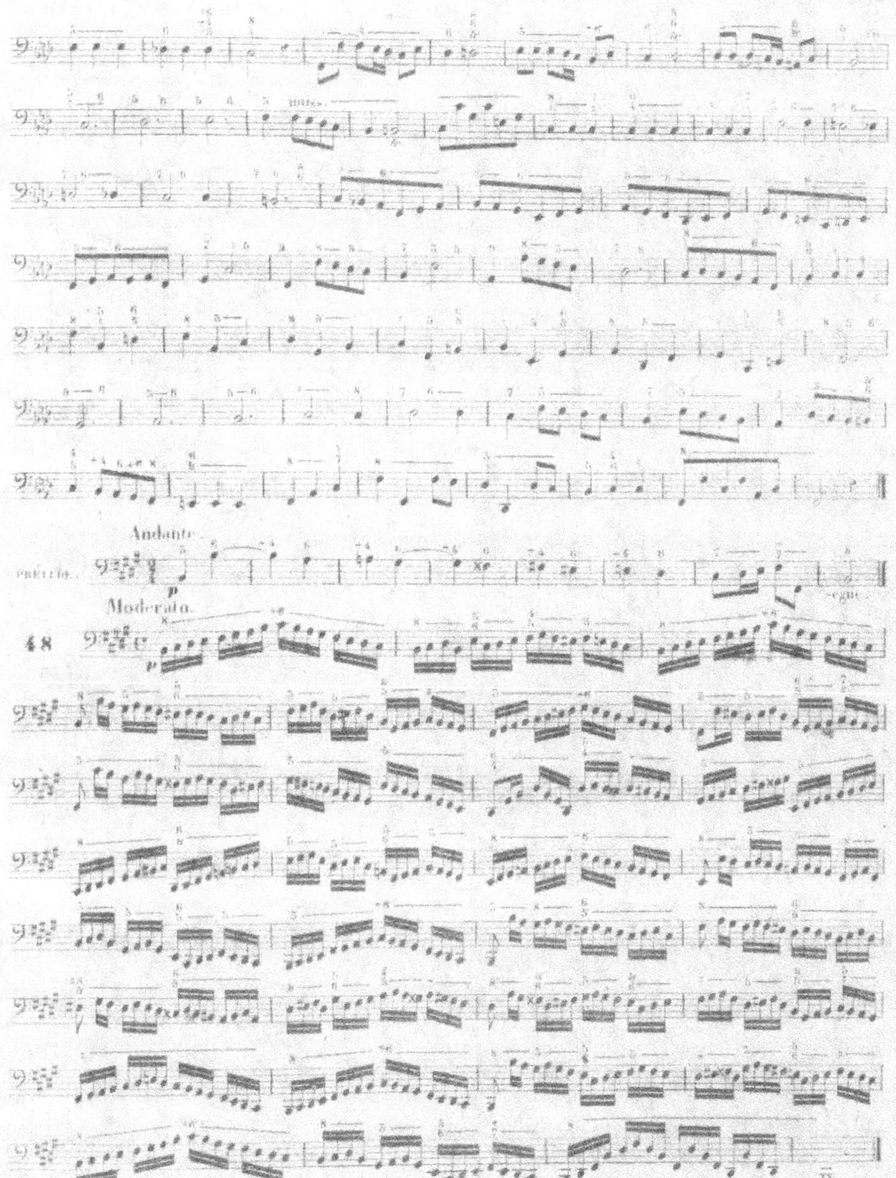

Je recommande aux élèves d'étudier l'ouvrage de Bononcini et particulièrement les basses chiffrées.

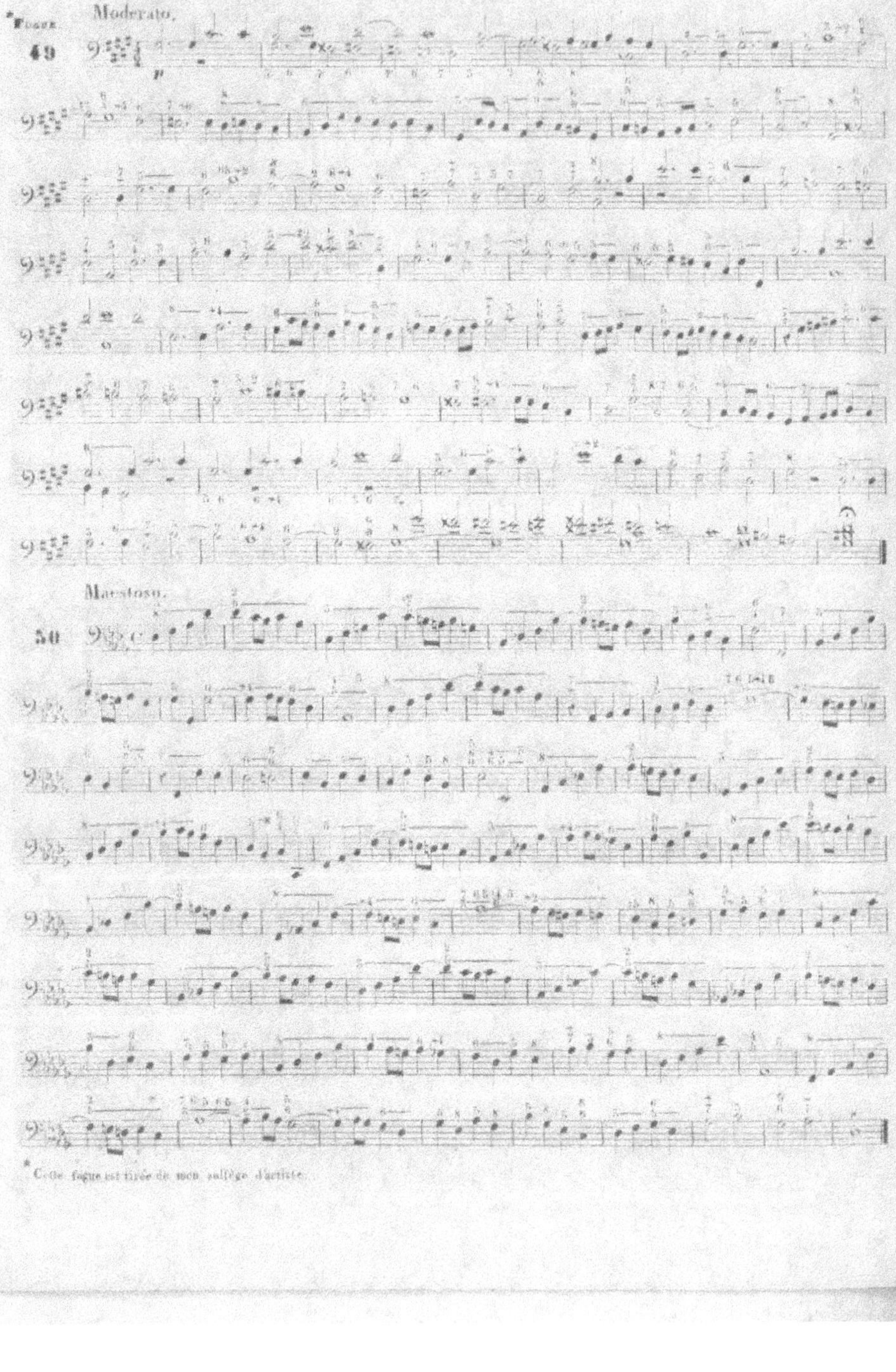

Fugue. Moderato.

49

Maestoso.

50

* Cette fugue est tirée de mon solfège d'artiste.

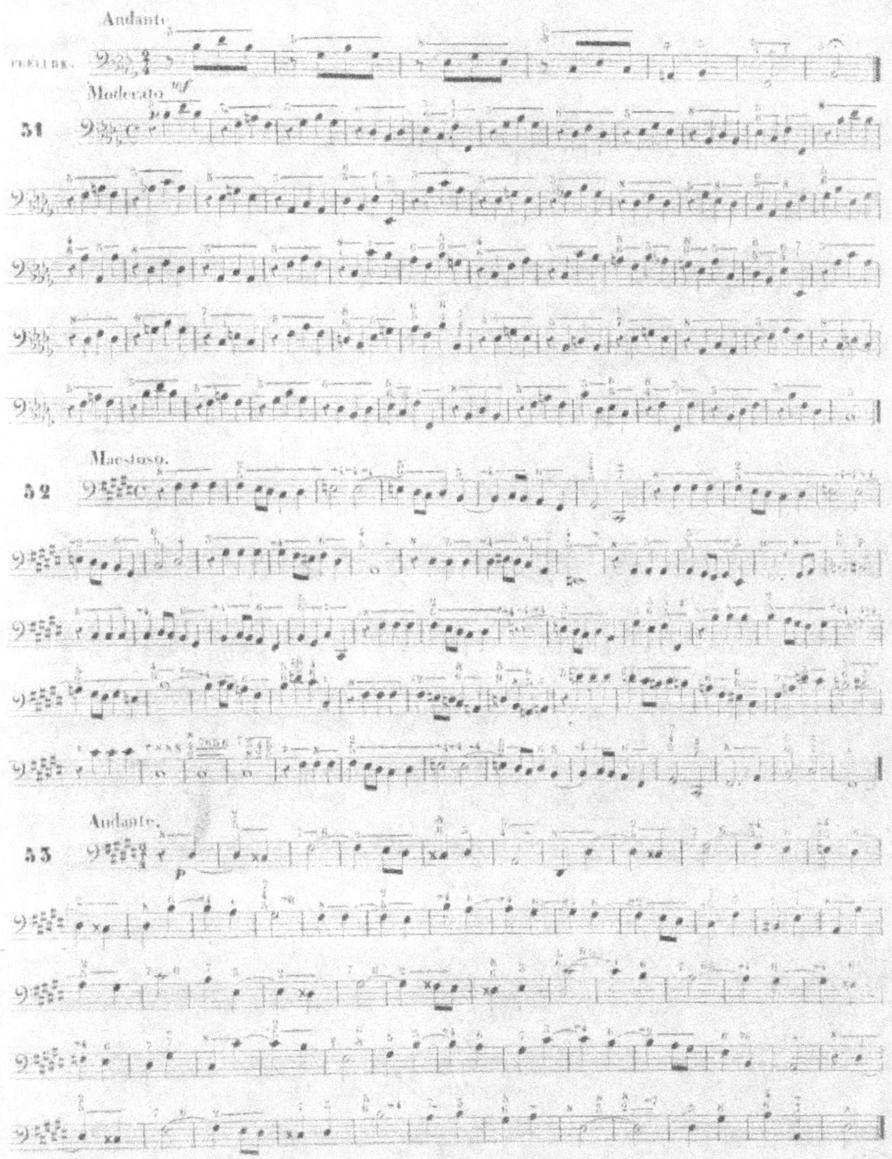

Je recommande particulièrement à mes élèves d'étudier les basses chiffrées de Mattei.

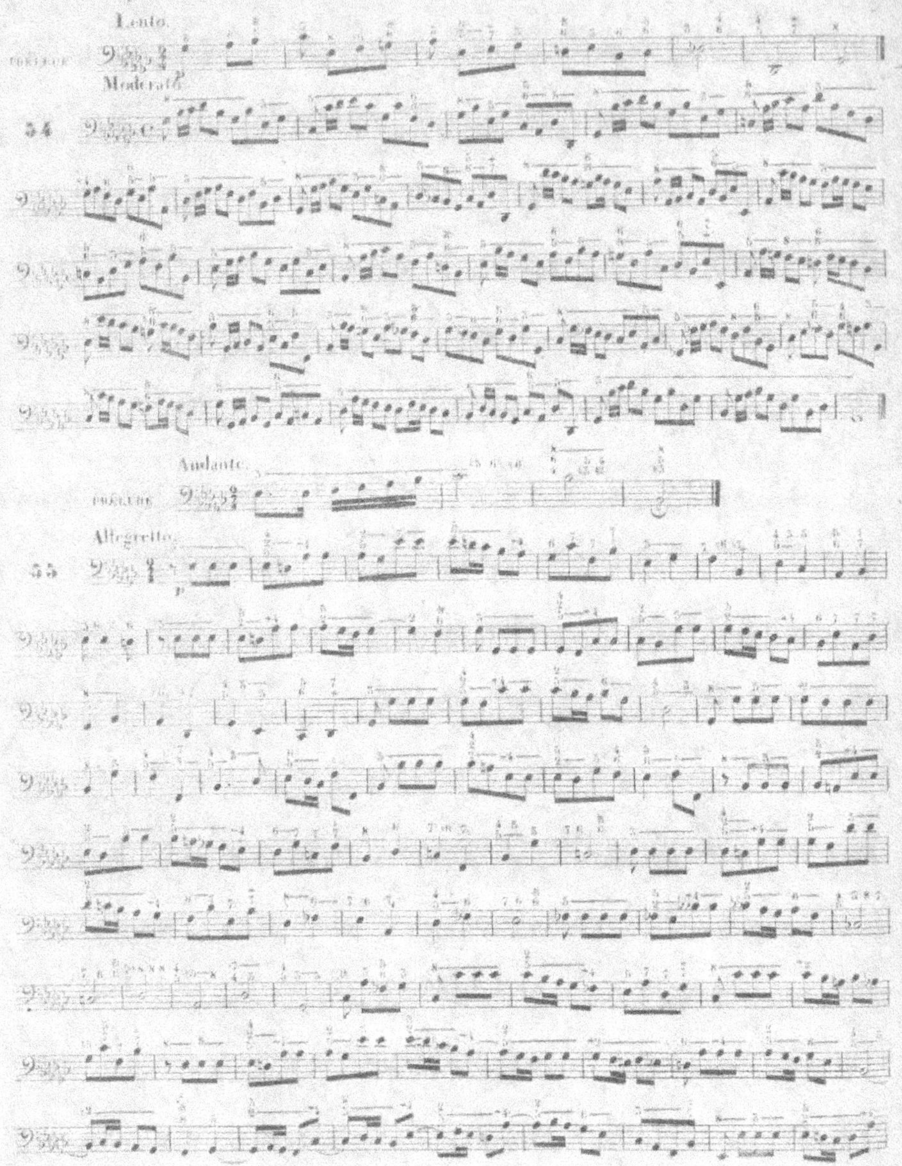

Lento.
Moderato
34
Andante.
Allegretto.
55
Accompagnez et étudiez les basses chiffrées du conservatoire, particulièrement le style fugué.

Andante.
56
p
57
p
Grave.
PRÉLUDE
Moderato
mf
58
p
Dans le grand ouvrage de Choron étudiez les basses de Sala.

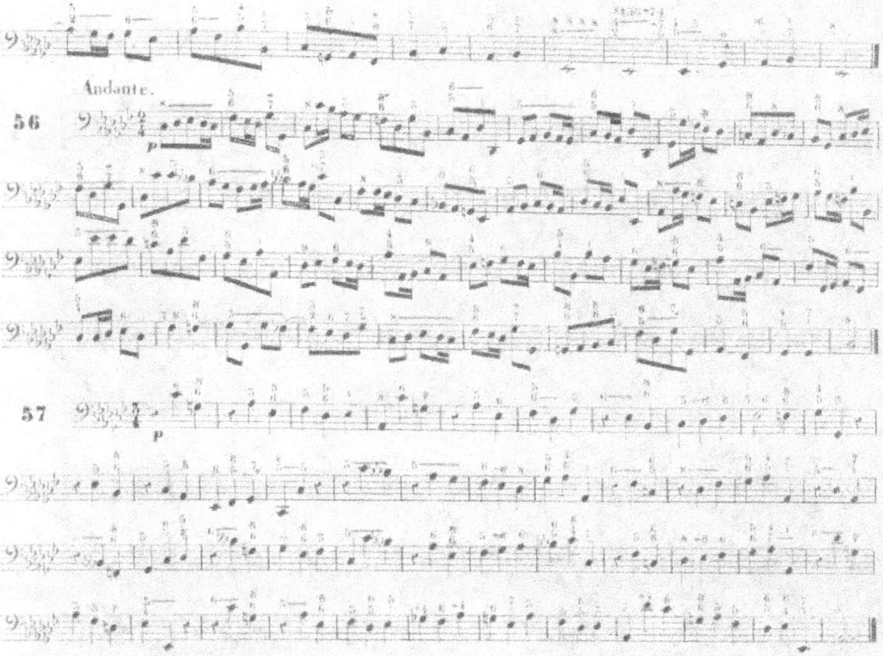

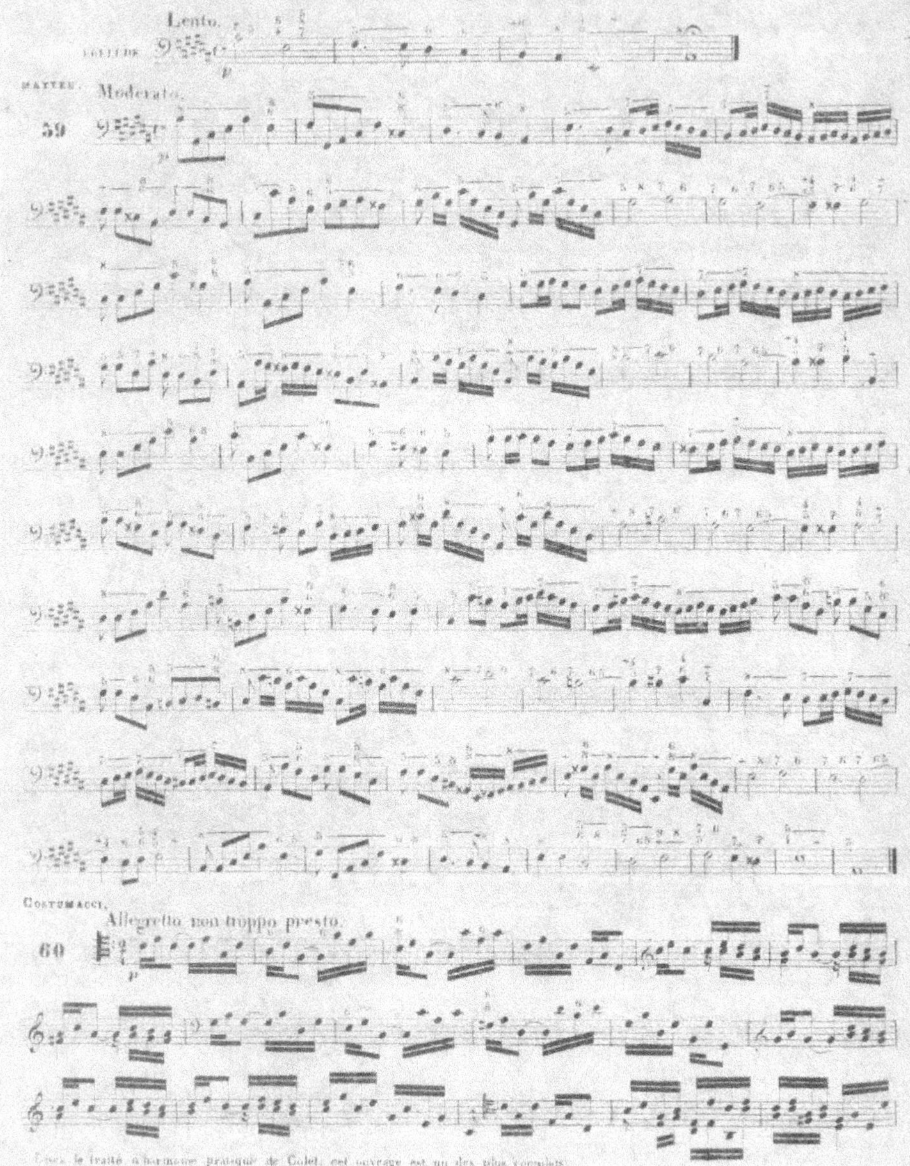

Voici le traité d'harmonie pratique de Colet; cet ouvrage est un des plus complets

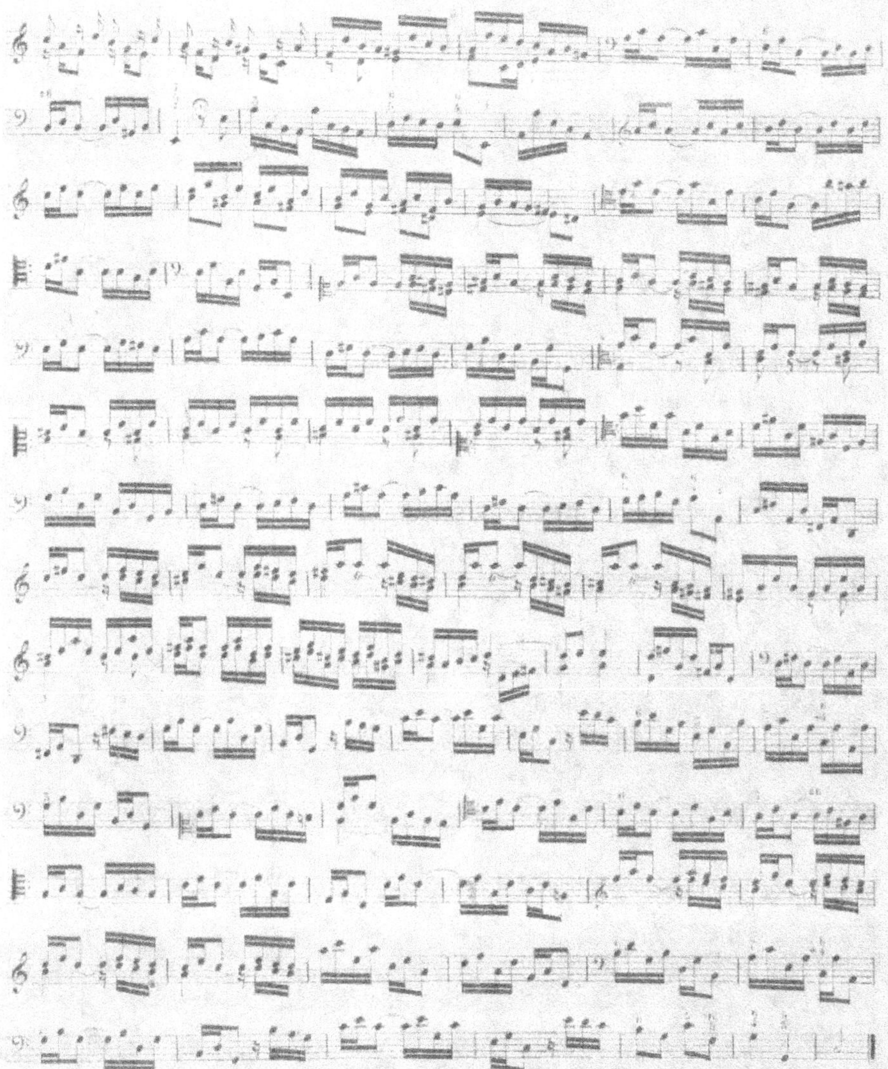

Vous voyez que pour accompagner ce système de leçons il faut savoir toutes les clés.

Vous trouverez ce genre de leçons dans Fenaroli et dans Gastoldi. Les exemples de Castucacci sont renfermés dans l'école d'Italie ouvrage immense rédigé par Choron (Édition 1830). Après mon ouvrage travaillez Fenaroli et Gastoldi vous y trouverez de grandes difficultés à étudier. Vous pourrez aussi consulter l'ouvrage d'Azioli, mais au point de vue de l'accompagnement il est bien moins intéressant.

Fin des Leçons chiffrées.

70 BASSES DANS TOUS LES TONS A ACCOMPAGNER SANS CHIFFRES.

Dans les premières leçons j'ai indiqué les modulations.

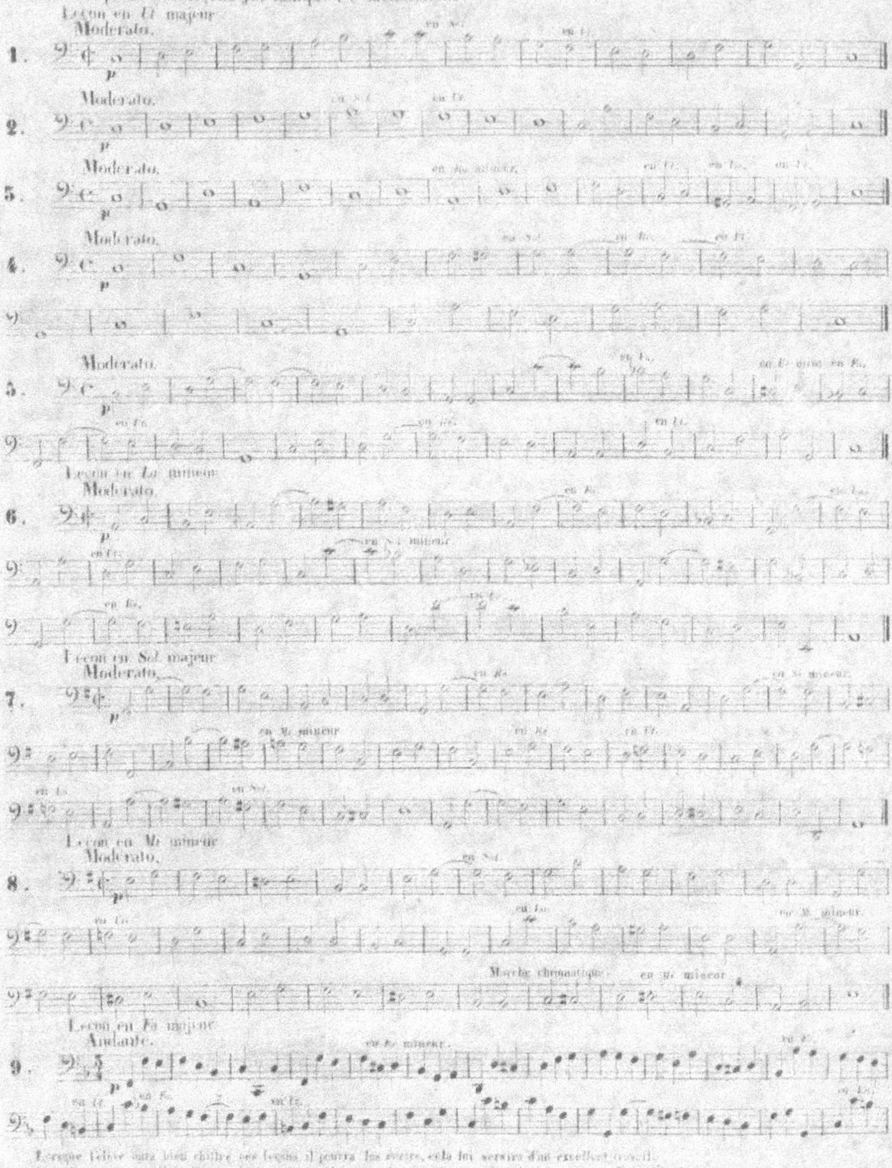

Leçon en Ut majeur
Moderato.
1.

Moderato.
2.

Moderato.
3.

Moderato.
4.

Moderato.
5.

Leçon en La mineur
Moderato.
6.

Leçon en Sol majeur
Moderato.
7.

Leçon en Mi mineur
Moderato.
8.

Leçon en Fa majeur
Andante.
9.

Lorsque l'élève aura bien chiffré ces leçons il pourra les écrire, cela lui servira d'un excellent travail.
Les élèves qui travaillent l'harmonie à quatre parties pour des voix feront bien de les écrire à 3 ou à 4 voix.
Vous pouvez accompagner toutes ces 1res basses faciles en 8ves à la basse.

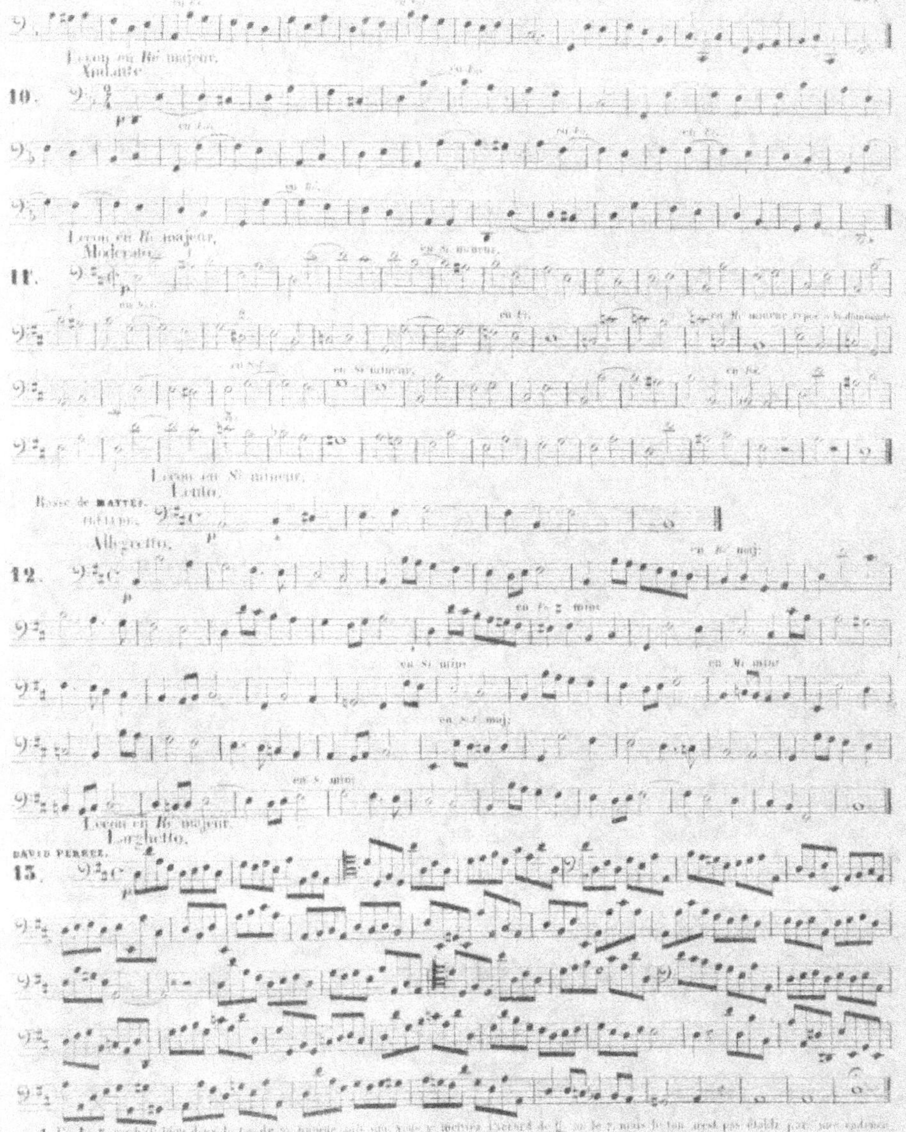
Leçon en Ré majeur.
Andante.
10.
Leçon en Mi majeur.
Moderato.
11.
Basse de MATTEI.
BELLOLI.
Leçon en Si majeur.
Largo.
Allegretto.
12.
Leçon en Ré majeur.
Larghetto.
DAVID PERREZ.
13.

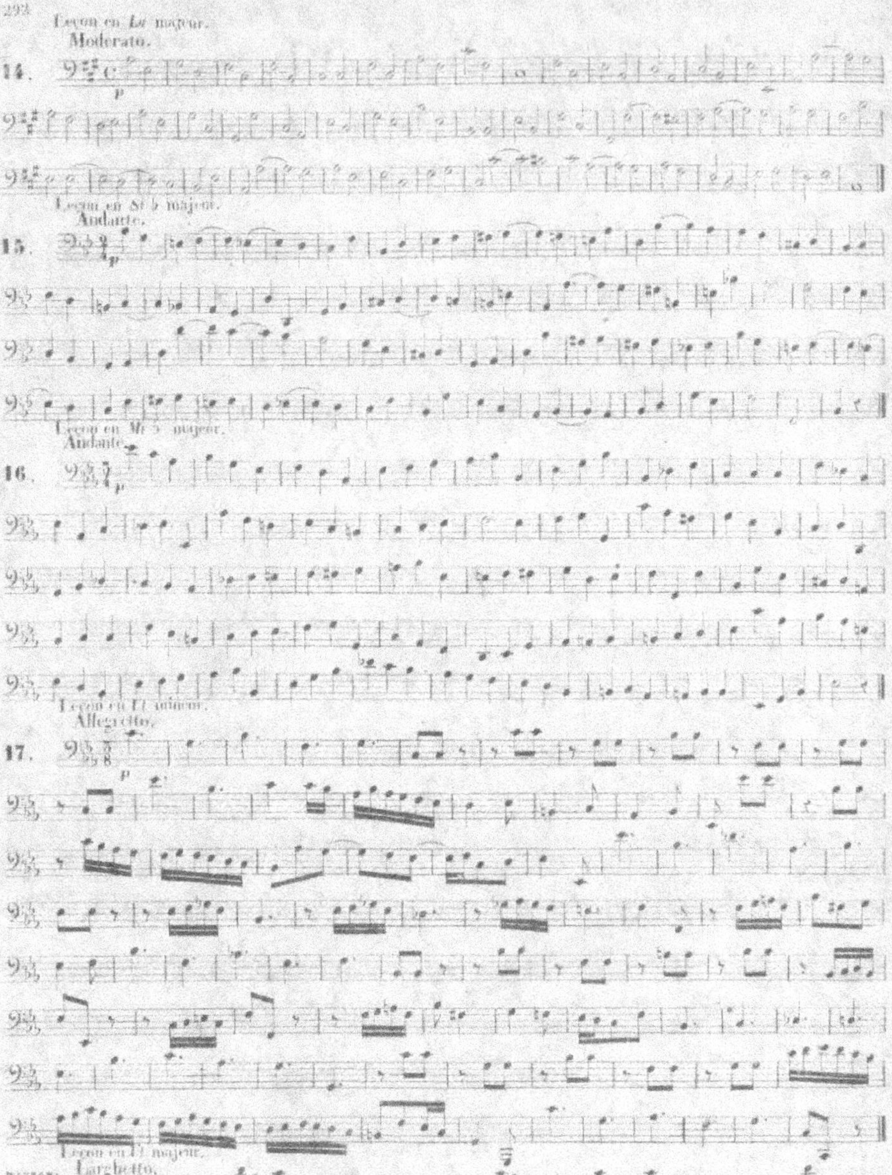

Leçon en La majeur.
Moderato.

14.

Leçon en Si b majeur.
Andante.

15.

Leçon en Mi b majeur.
Andante.

16.

Leçon en Ut mineur.
Allegretto.

17.

Leçon en Fa majeur.
Larghetto.

MAZZONI.

18.

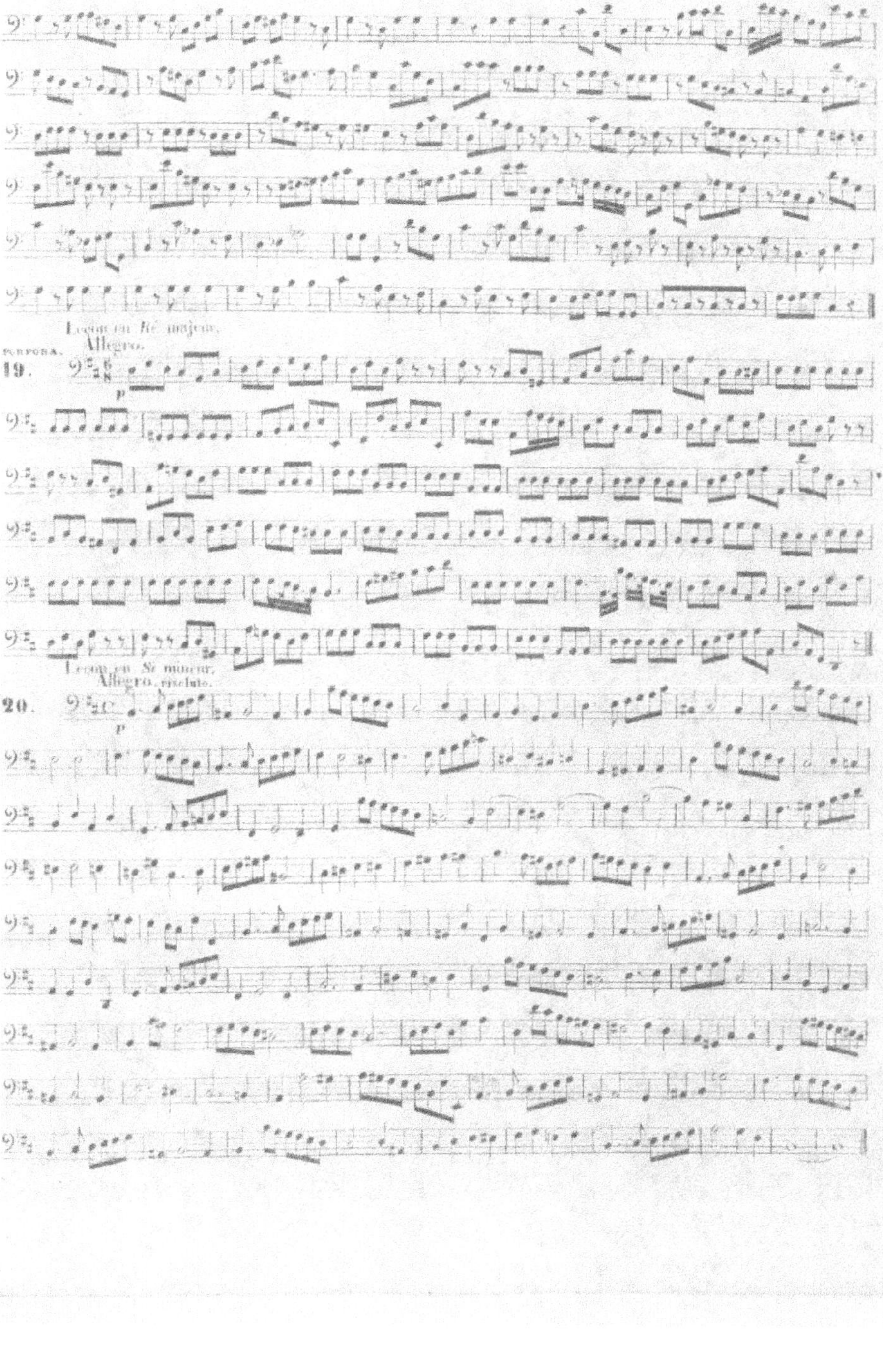

Leçon en Ré majeur.
Allegro.

PORPORA.

19.

p

Leçon en Si mineur.
Allegro risoluto.

20.

p

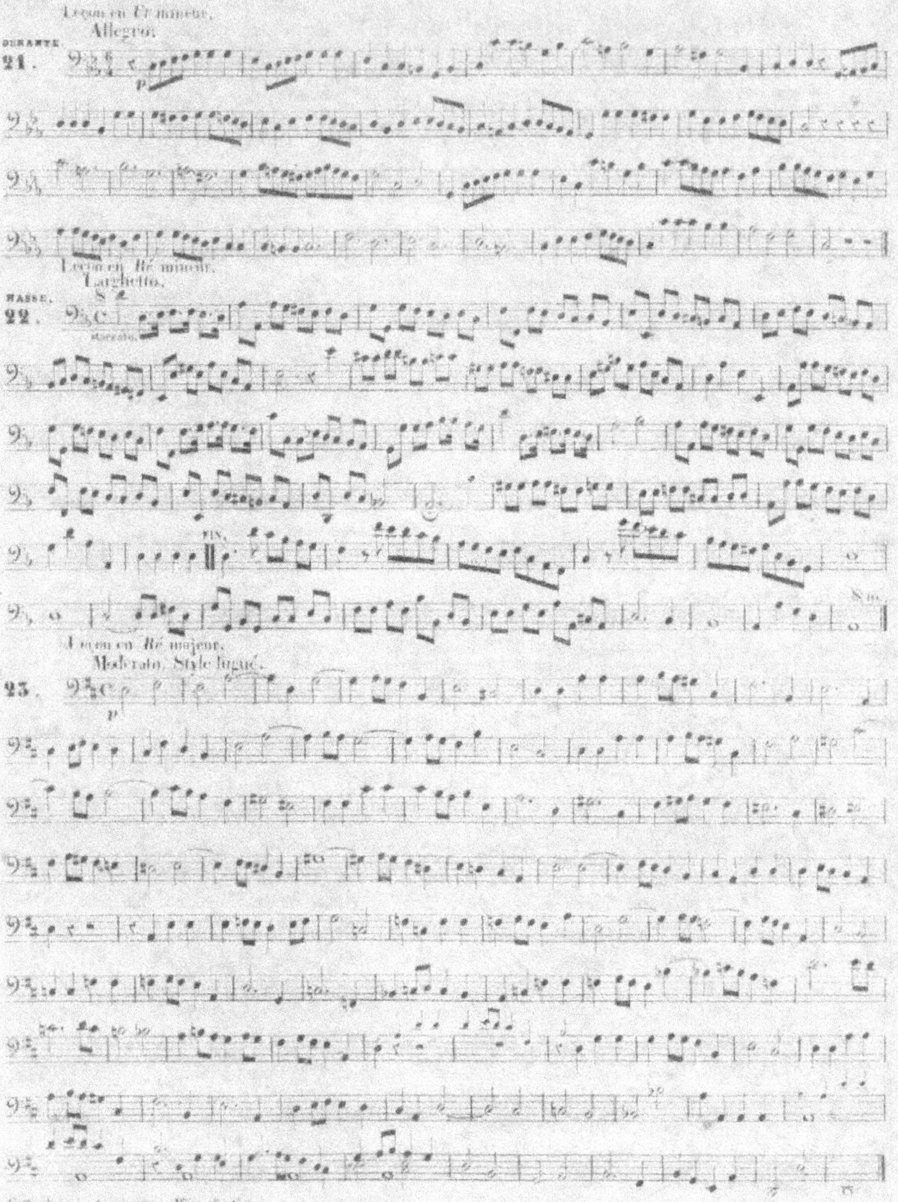

Leçon en Ut mineur.
Allegro.
DURANTE
21.
p
Leçon en Ré mineur.
Larghetto.
BASSE.
22.
staccato.
FIN.
Leçon en Ré majeur.
Moderato. Style fugué.
23.
p

Leçon en Si ♭ majeur.
Moderato. Style fugué.

24.

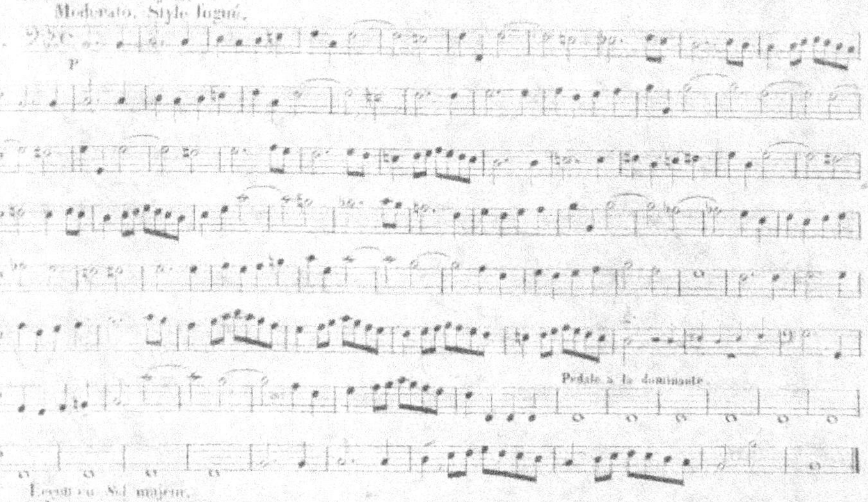

Leçon en Sol majeur.
Largo.

25.

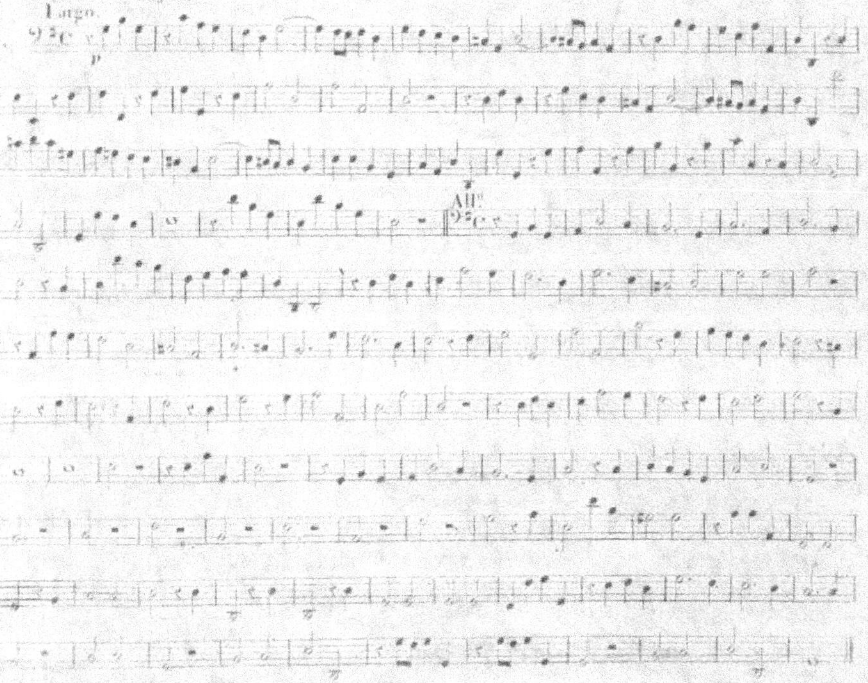

Pédale à la dominante.

Allo.

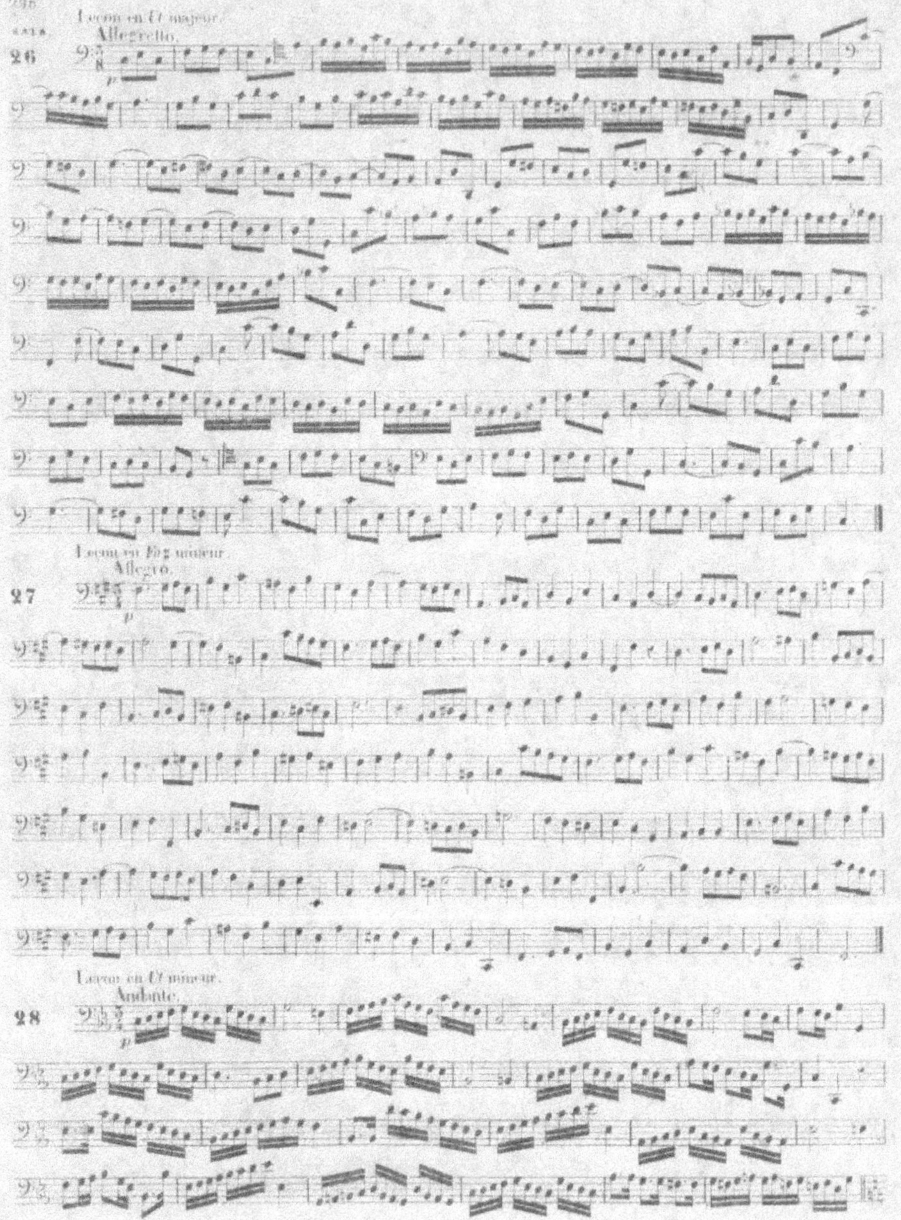
Leçon en Ut majeur.
Allegretto.
26
Leçon en Fa mineur.
Allegro.
27
Leçon en Ut mineur.
Andante.
28

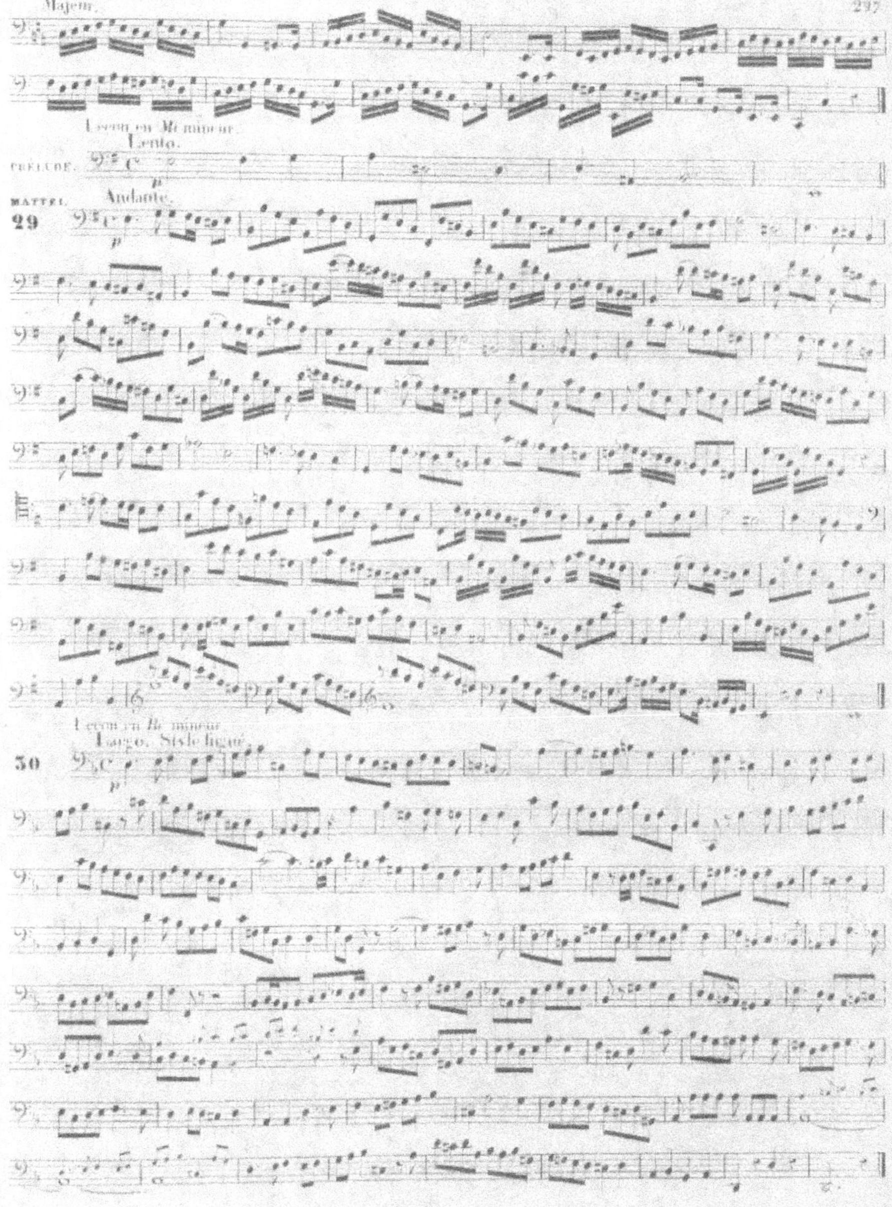
Majeur.
Leçon en Mi mineur.
Lento.
PRÉLUDE.
MATTEI
Andante.
29
p
Leçon en Ré mineur.
Largo. Style ligué
30
p

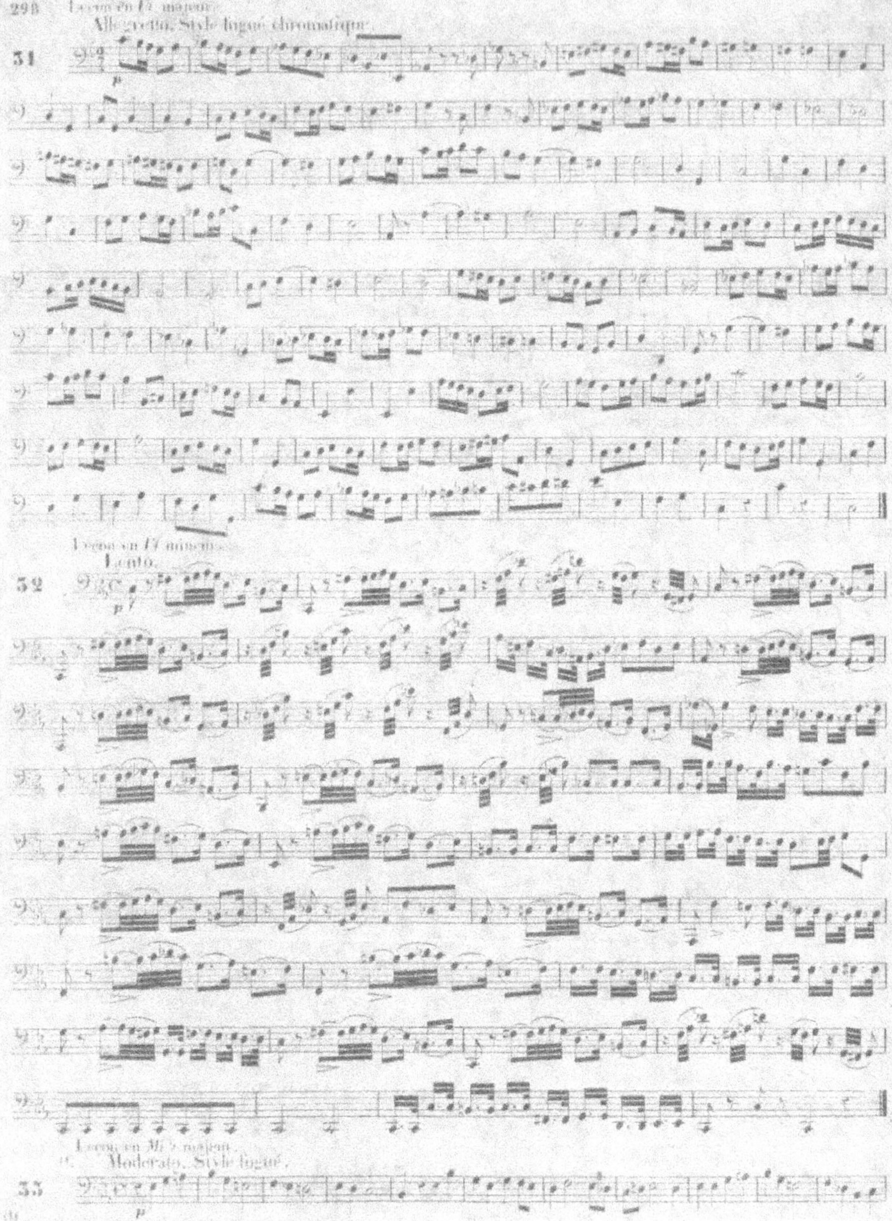
298   Leçon en D majeur.
Allegretto. Style fugué chromatique.
51
Leçon en D mineur.
Lento.
52
Leçon en Mi ♭ majeur.
Moderato. Style fugué.
53
(1) Cette leçon est prise du célèbre d'Artiste ... que plusieurs compositeurs

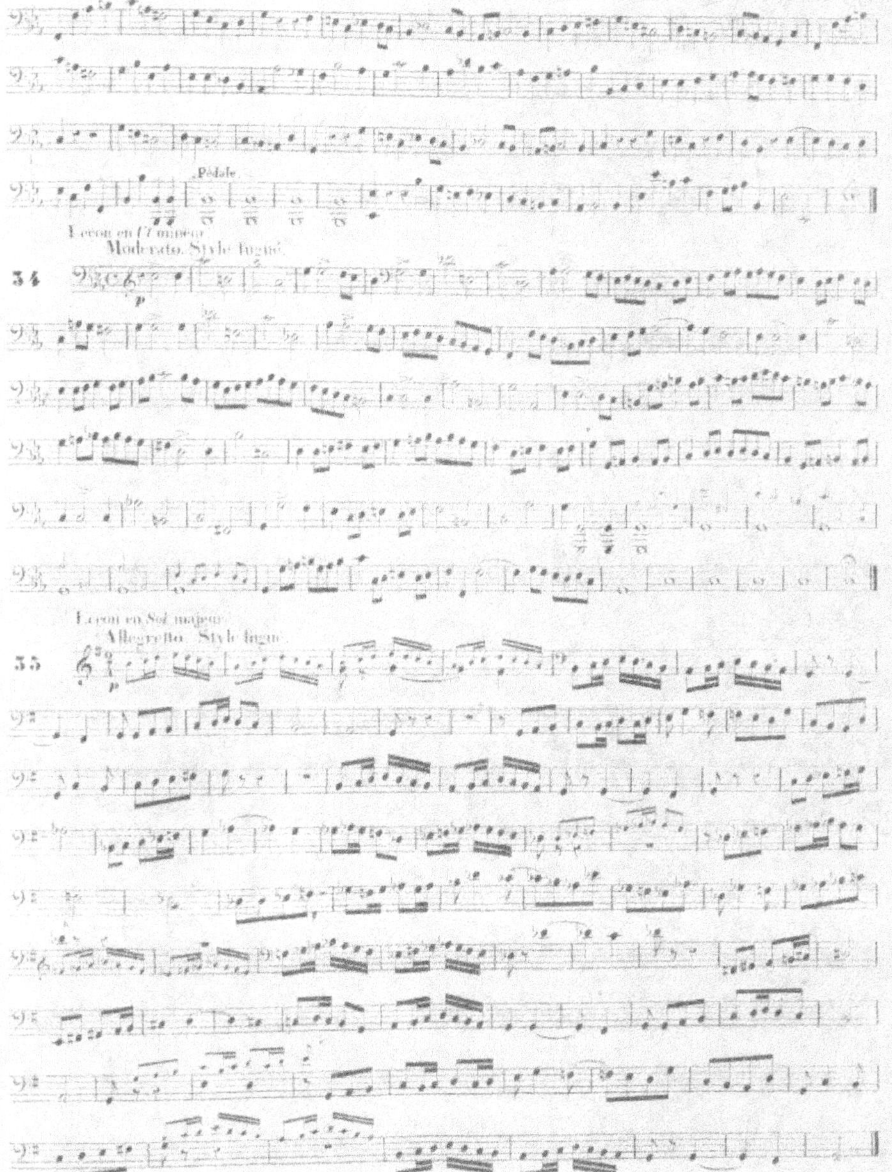
Pédale
Leçon en Ut mineur
Moderato. Style fugué
34
Leçon en Sol majeur
Allegretto. Style fugué
35

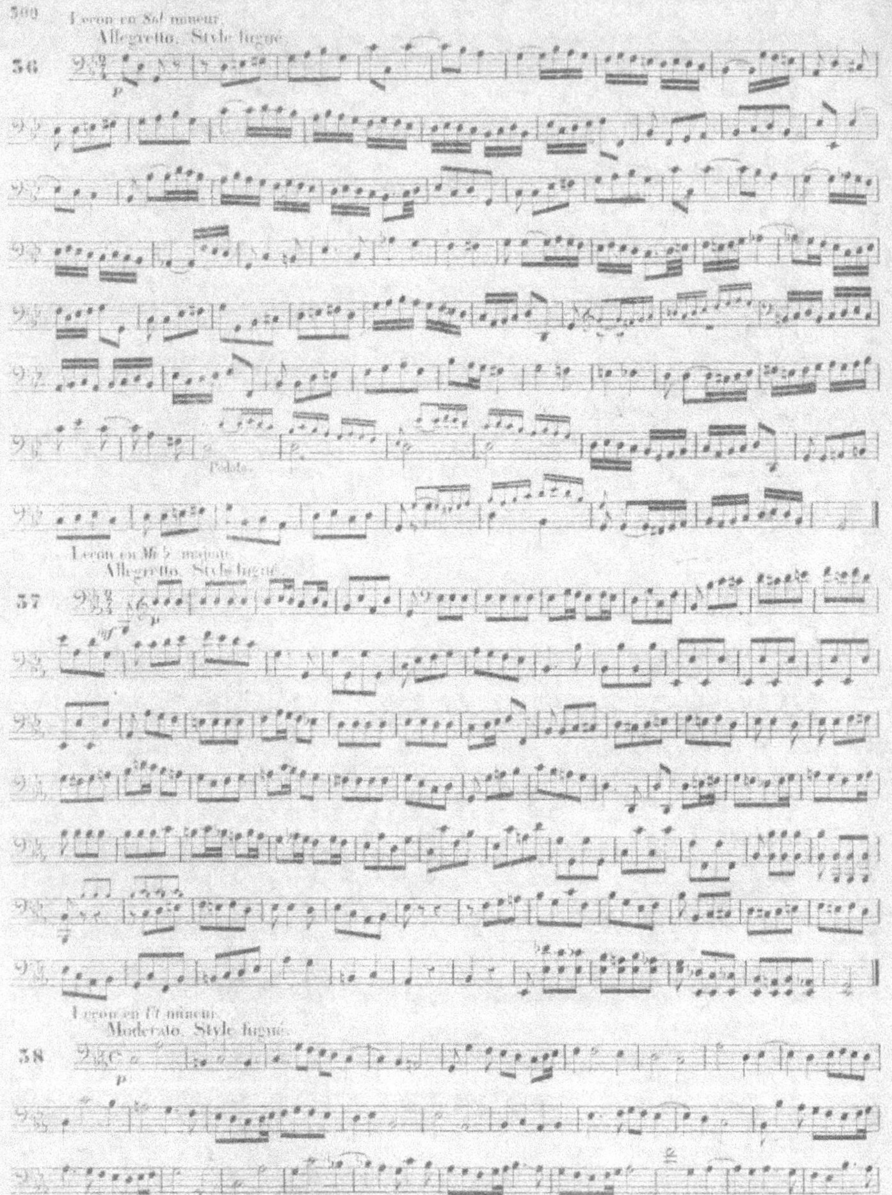

300
36
Leçon en Sol mineur.
Allegretto. Style fugué.
P
Pedale.
Leçon en Mi b majeur.
Allegretto. Style fugué.
37
38
Leçon en Ut mineur.
Moderato. Style fugué.
P
Je recommande aux élèves d'accompagner les basses du solfège d'Italie, celles du solfège du conservatoire ainsi que mon solfège d'artiste.

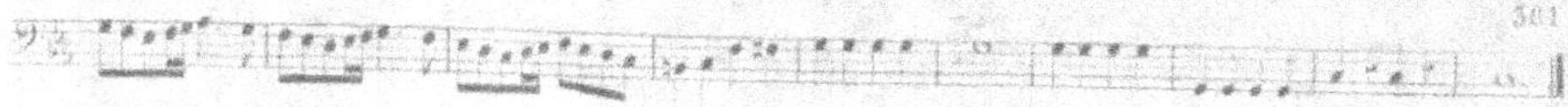

en La mineur. Moderato. Style lingué.
39 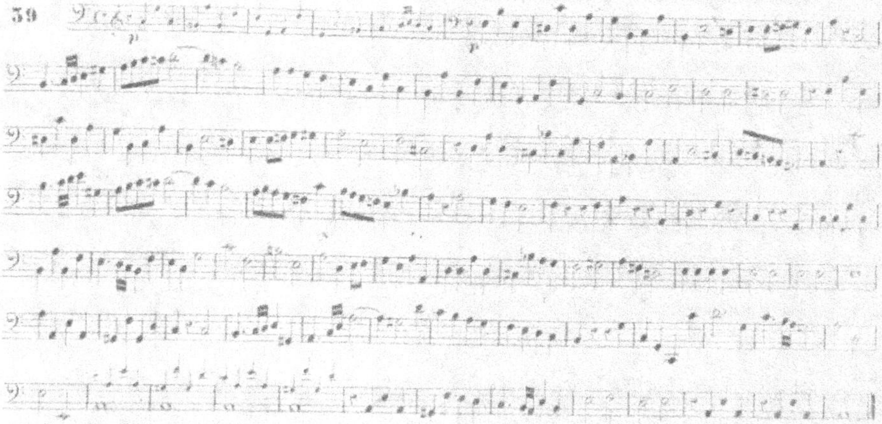
p
p
Leçon en Ré majeur.
Allegretto. Style lingué.
40
p

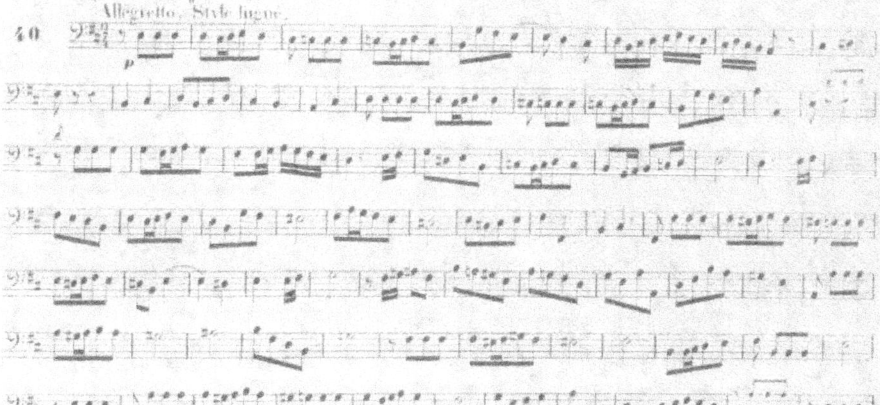

592 Leçon en *Sol mineur.*
Moderato. Style fugué.

SCARLATTI

41.

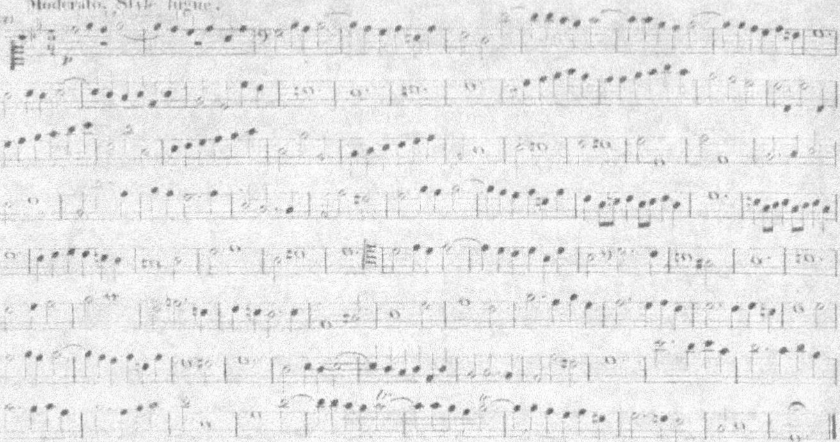

Leçon en *Mi mineur.*
Moderato. Style fugué.

SCARLATTI

42.

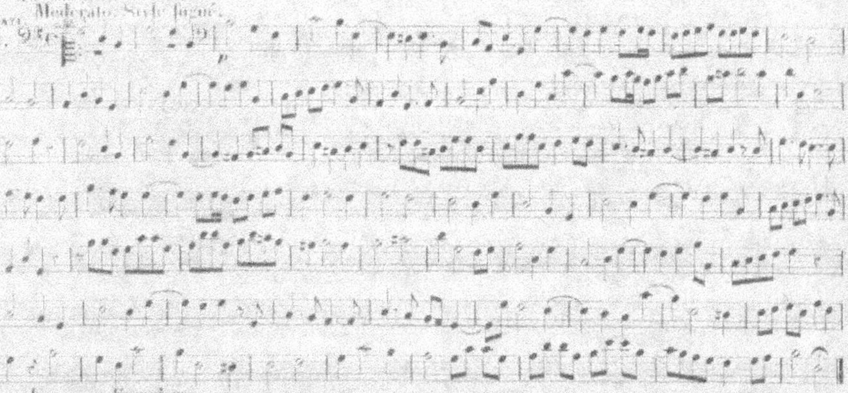

Leçon en *Fa majeur.*
Moderato. Style fugué.

43.

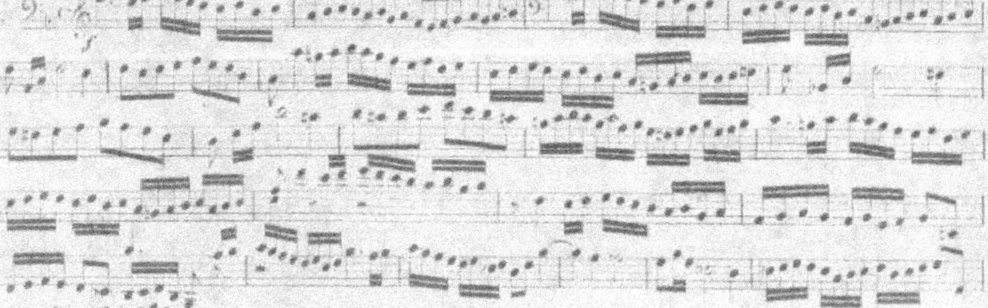

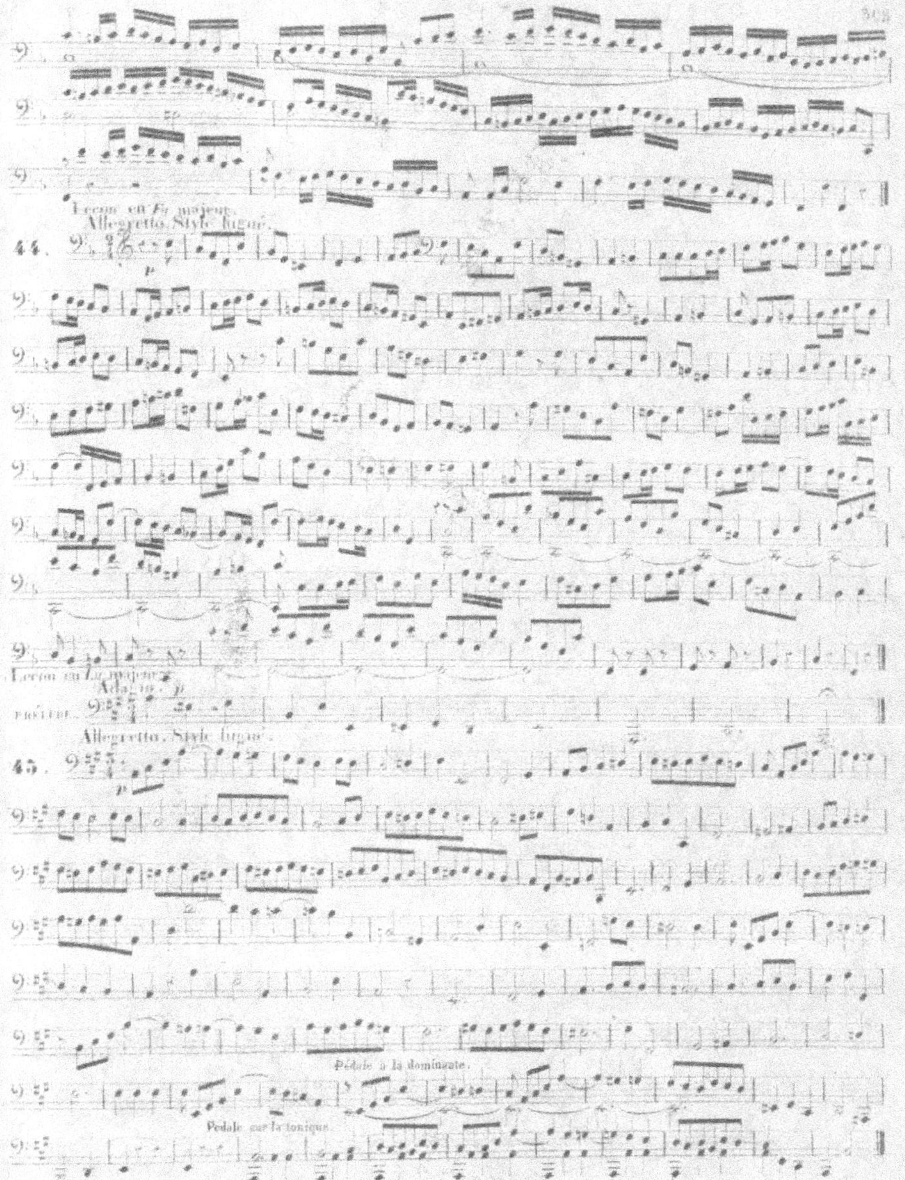

Leçon en Fa majeur.
Allegretto. Style fugué.
44.
Leçon en La majeur.
Adagio.
Prélude.
Allegretto. Style fugué.
45.
Pédale à la dominante.
Pédale sur la tonique.
Je vous recommande détachées les 50 leçons sur toutes les clés faisant suite à mon solfège d'artiste.

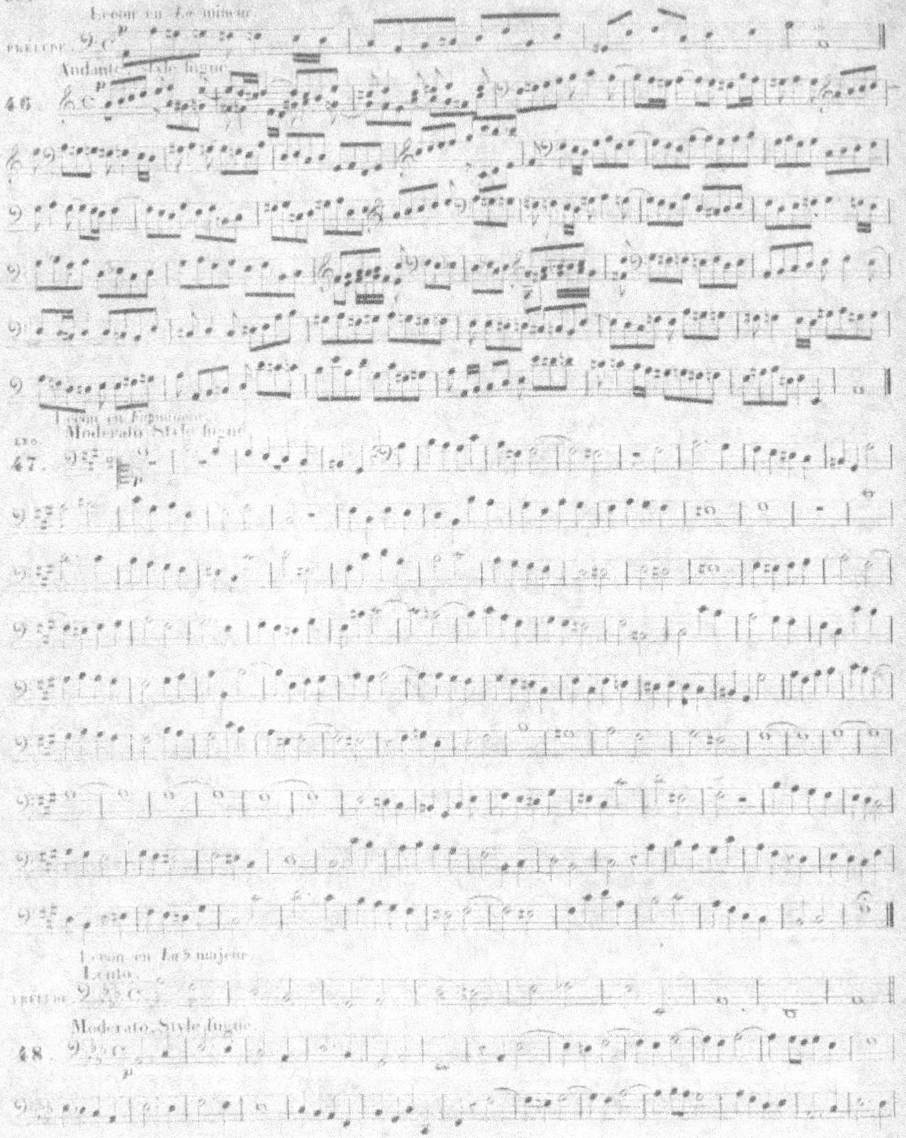

304
Leçon en La mineur.
PRÉLUDE.
Andante. Style fugué.
46.
Leçon en Fa mineur.
Moderato. Style fugué.
47.
Leçon en La♭ majeur.
Lento.
PRÉLUDE.
Moderato. Style fugué.
48.

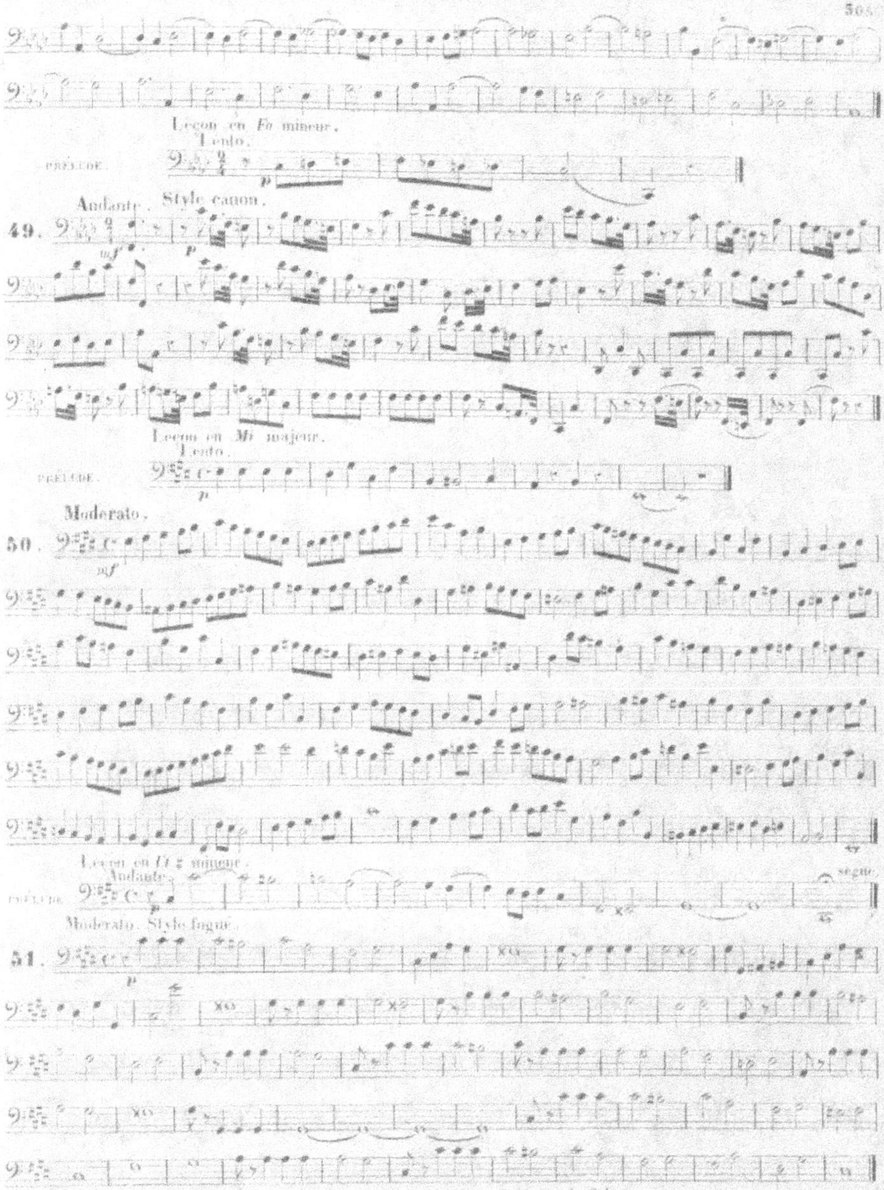

Leçon en *Fa* mineur.
Lento.
PRÉLUDE.
p

Andante. *Style canon.*
49. *mf* *p*

Leçon en *Mi* majeur.
Lento.
PRÉLUDE. *p*

Moderato.
50. *mf*

Leçon en *Ut # mineur.*
Andante. segue
PRÉLUDE.

Moderato. *Style fugué.*
51. *p*

Je recommande aux élèves d'étudier les leçons non chiffrées du célèbre Fenaroli et de Sala.

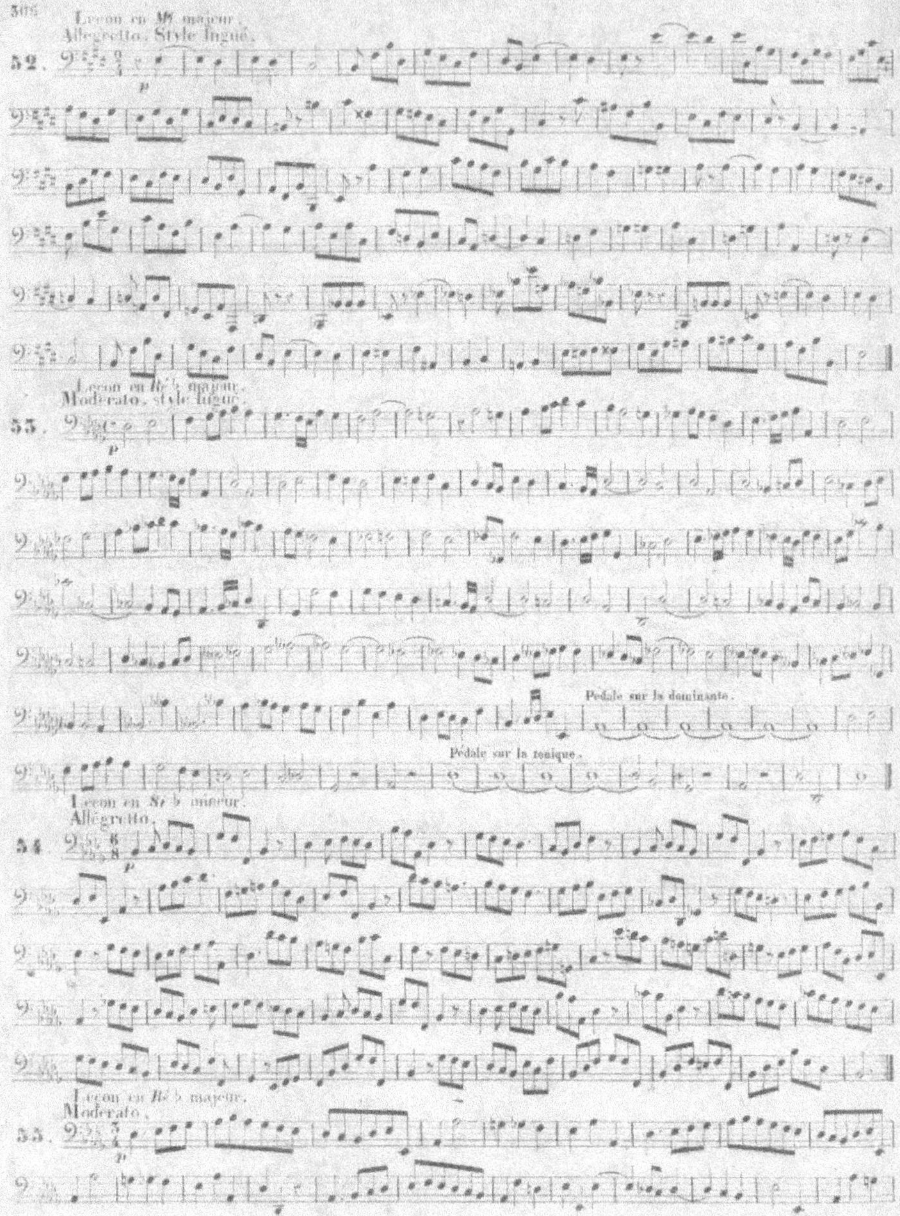
310
Leçon en Mi majeur.
Allegretto. Style fugué.
52.
Leçon en Ut majeur.
Moderato, style fugué.
53.
Pédale sur la dominante.
Pédale sur la tonique.
Leçon en Si b mineur.
Allegretto.
54.
Leçon en Ré b majeur.
Moderato.
55.

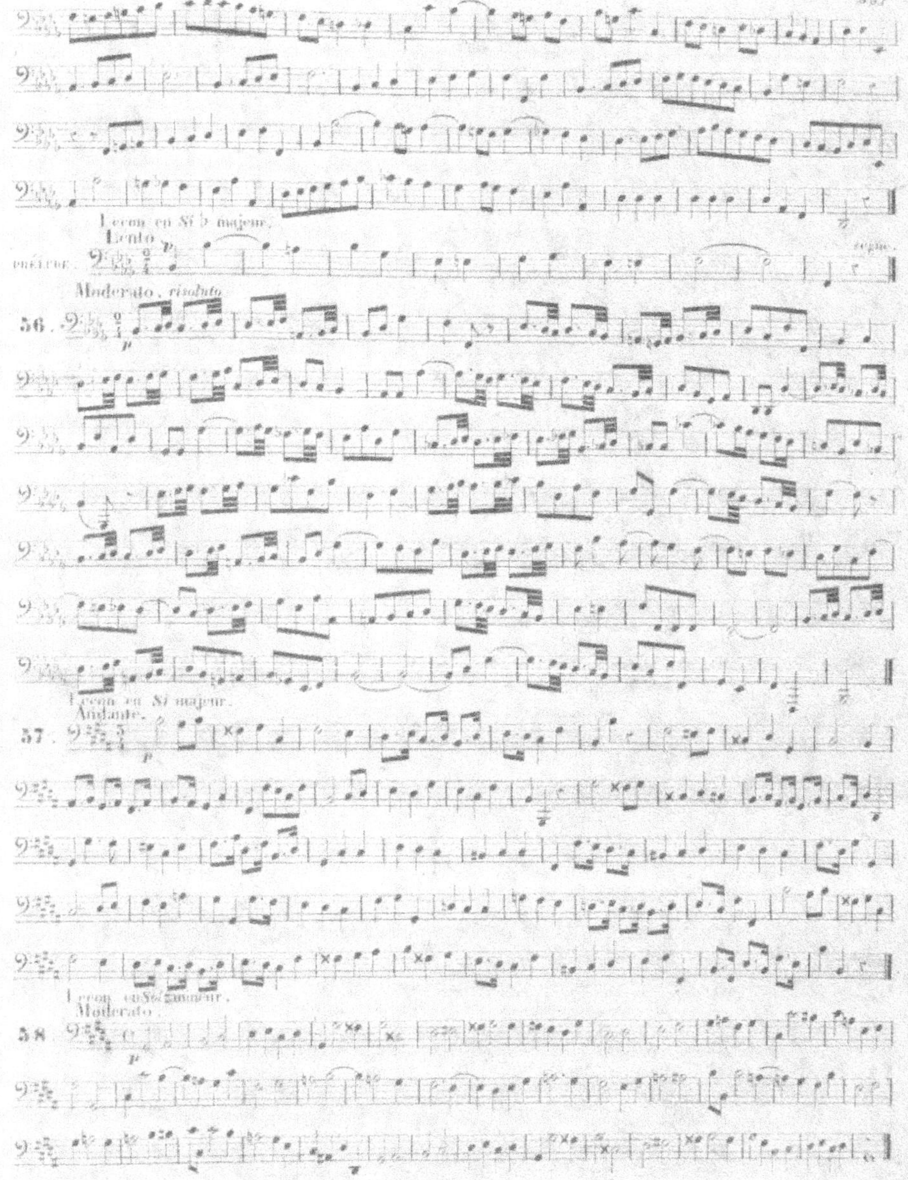
Leçon en Si b majeur.
Lento
PRÉLUDE.
Moderato, risoluto
56.
Leçon en Si majeur.
Andante.
57.
Leçon en Sol mineur.
Moderato
58.

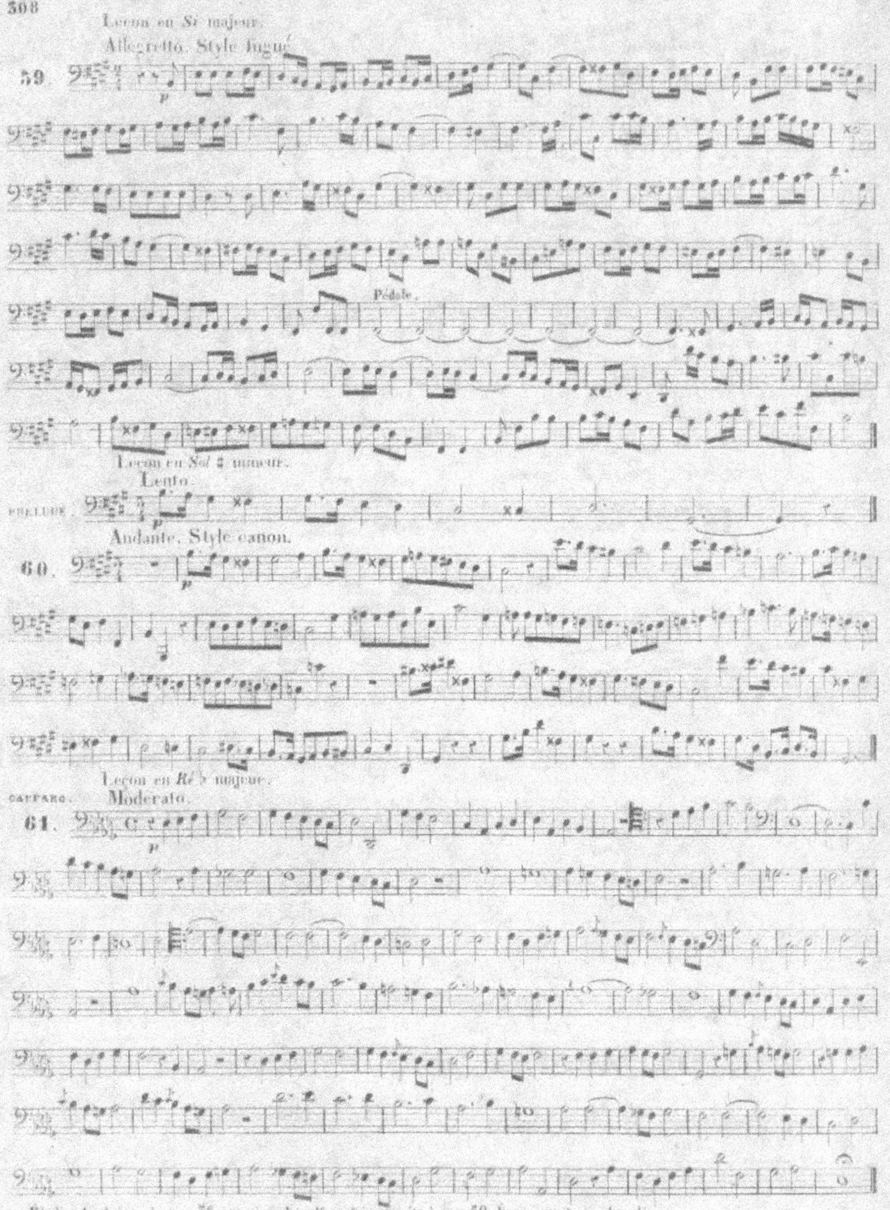

Leçon en Si majeur.
Allegretto. Style fugué
59.
p
Pédale.
Leçon en Sol ♯ mineur.
Lento.
PRELUDE
p
Andante. Style canon.
60.
p
Leçon en Ré ♭ majeur.
CAFFARO.
Moderato.
61.
p

Etudiez les basses de mes 36 exercices du solfège faisant suite à mes 50 leçons sur toutes les clés.

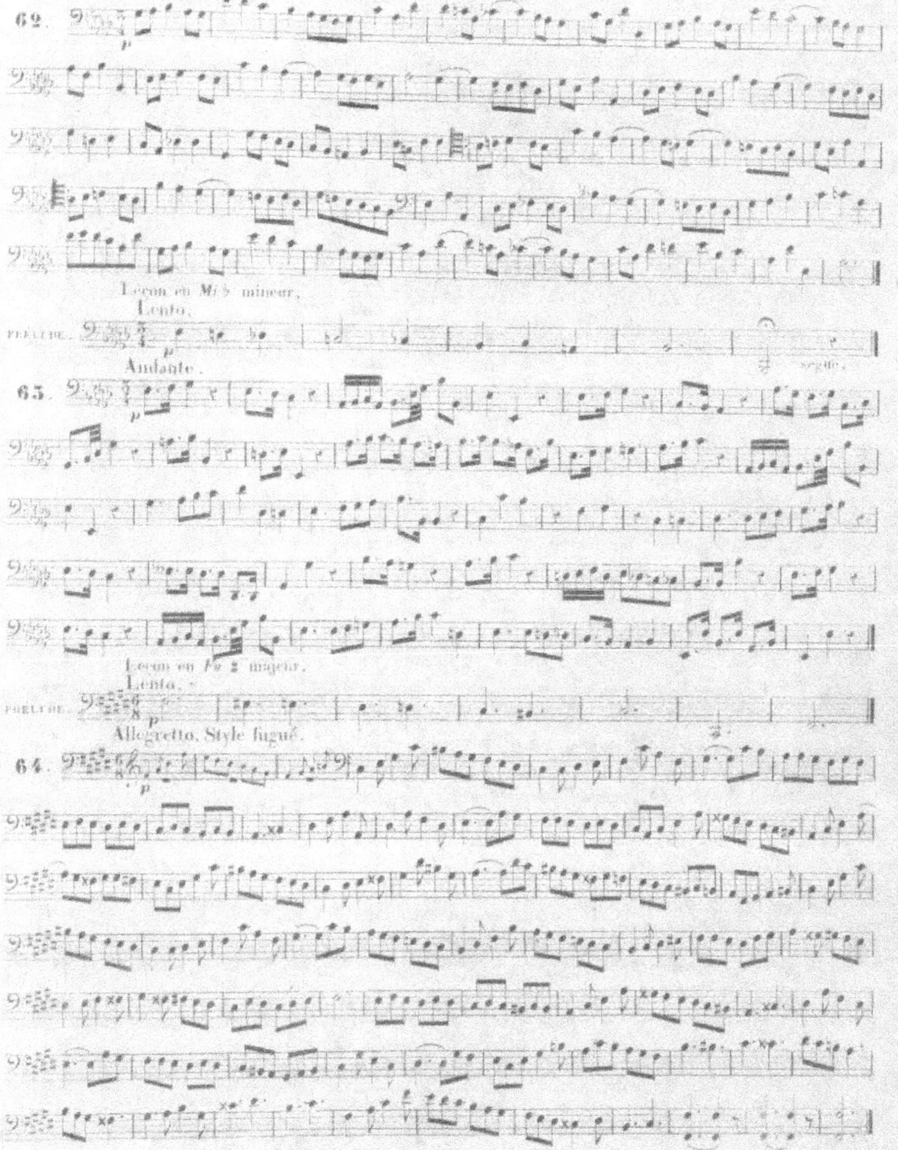

Leçon en Sol ♭ majeur.
Grazioso.

62.

Leçon en Mi ♭ mineur.
Lento.

PRÉLUDE.

Andante.

63.

Leçon en Fa ♯ majeur.
Lento.

PRÉLUDE.

Allegretto, Style fugué.

64.

Réservez-vous des tons dièsés; ils sont très difficiles à bien exécuter.

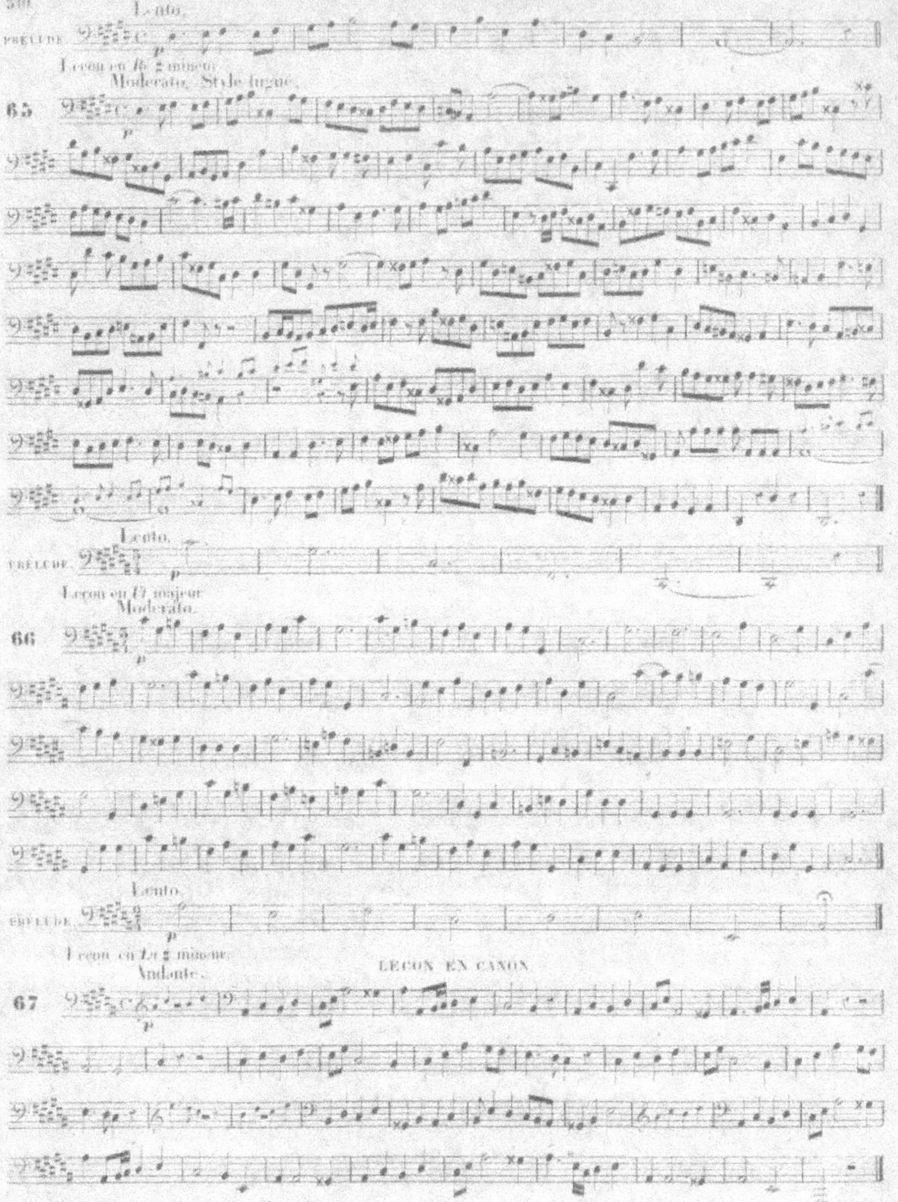

314
Lento.
PRÉLUDE
p
Leçon en Si ♭ mineur.
Moderato. Style fugué.
65
p
Lento.
PRÉLUDE
p
Leçon en Ut majeur
Moderato.
66
p
Lento.
PRÉLUDE
p
Leçon en La ♭ mineur.
Andante.
LEÇON EN CANON
67
p
Le N° 65 est extrait de mon solfège d'ensemble

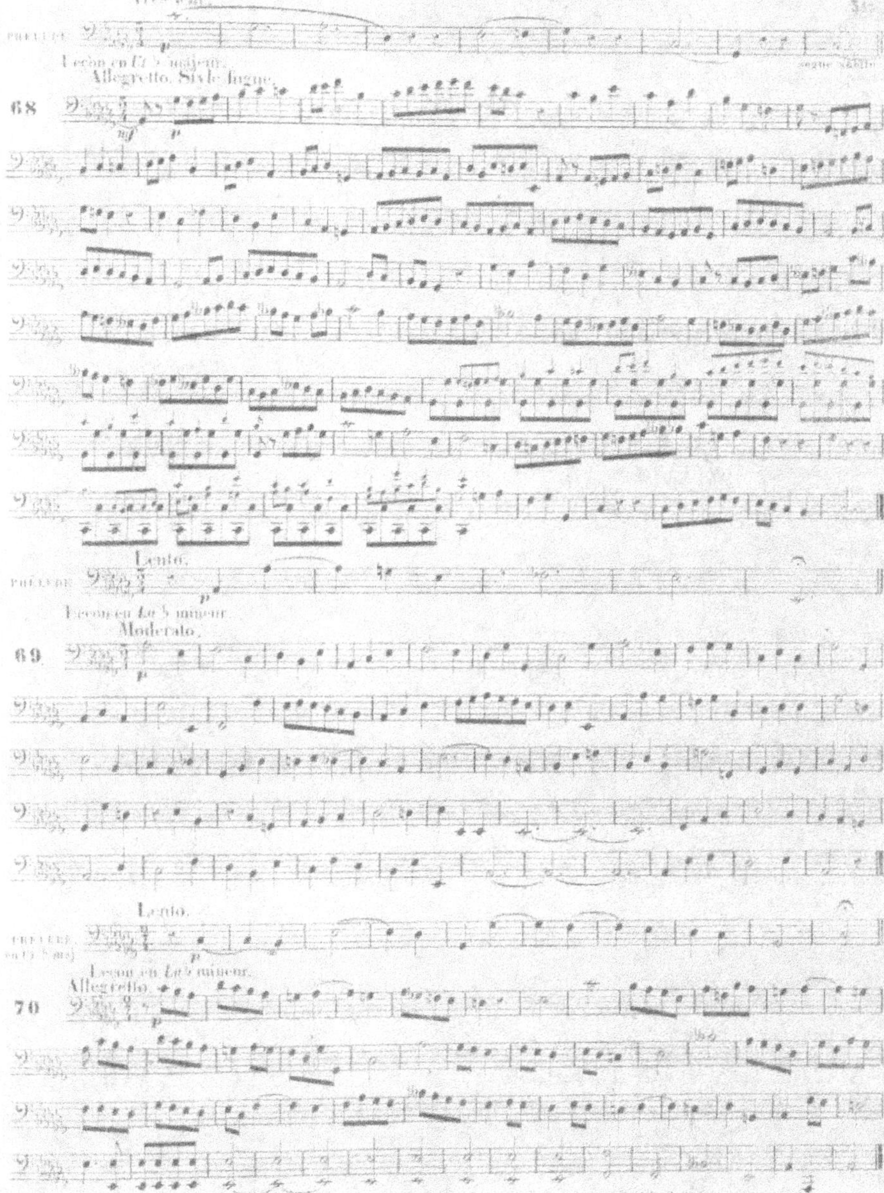
Très lent
315
PRÉLUDE
Leçon en Ut majeur.
Allegretto. Style fugué.
68
Lento.
PRÉLUDE
Leçon en Do ♭ mineur.
Modérato.
69
Lento.
PRÉLUDE
70
Leçon en Do mineur.
Allegretto.

Il ne sera pas très difficile à l'élève de faire des basses sous des chants lorsqu'il saura parfaitement l'harmonie et que parconséquent il aura fait son cours en plaçant des harmonies sur des basses.

Je vais à cet effet donner plusieurs mélodies vocales. Mais avant de s'y mettre il doit avoir fait dessous ses basses sur les gammes majeure et mineure. Je lui conseille de prendre après ce travail la mélodie des airs populaires ou des romances de sa connaissance et de chercher sans regarder l'harmonie de l'auteur la basse la plus naturelle, puis d'en faire plusieurs sur le même chant. Simultanément avec ce travail il pourra prendre les mélodies qu'il trouvera dans tous les livres de vocalisation et s'exercera à trouver de bonnes basses; mais surtout les plus naturelles et parconséquent les moins prétentieuses.

Il fera bien d'étudier plus spécialement les pages 109, 110, 111, 112, 123, 124, 125, 126, et 127, de la 1ʳᵉ partie de mon traité.

Il devra aussi s'exercer à écrire sous la dictée des phrases vocales ou même instrumentales. Ces dernières sont souvent plus difficiles à cause des rhythmes si différents et plus précipités.

S'il veut faire cet exercice seul, il faut qu'il commence par apprendre des airs ou des morceaux par cœur et qu'il s'exerce à les écrire lui seul et sans le secours de la musique; il doit indubitablement arriver.

L'habitude, plus que la théorie, vous apprendra l'art de faire une bonne basse sous un chant.

Il faut d'abord bien étudier la mélodie sous laquelle vous devez faire et votre basse et votre harmonie, chercher à reconnaître les tons dans lesquels on passe et à bien comprendre les repos et les cadences.

Il faut surtout savoir beaucoup de morceaux classiques de mémoire.

Une des difficultés est aussi de reconnaître les appoggiatures, ainsi que les notes étrangères aux accords. Souvent ces notes ne sont que des notes conjointes et qui n'appartiennent pas aux accords, voyez les exemples suivants:

Je vais vous indiquer par des doubles queues des notes étrangères aux accords de tous les passages suivants.

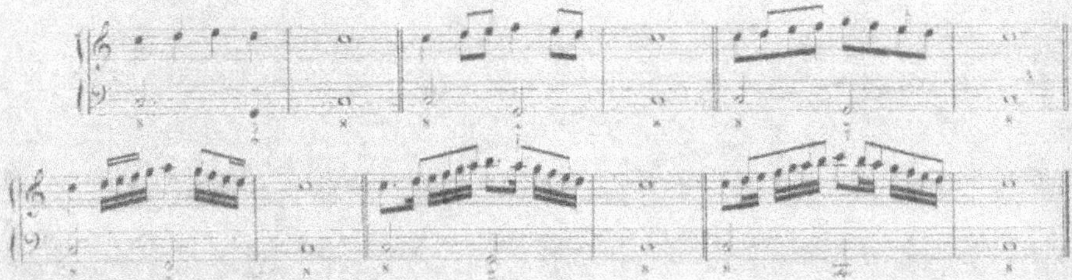

Quant aux notes de passage, aux notes de goût, aux appoggiatures, aux groupes, aux mordants, aux ports de voix aux petites notes, introduites surtout dans l'art du chant moderne, il faudrait des volumes pour pouvoir formuler des règles; je pense que toutes ces connaissances ne peuvent s'acquérir que par l'érudition. Je ne saurais donc trop recommander aux élèves de savoir beaucoup de musique par cœur.

Un nouvel ouvrage sur l'harmonie écrite vient de paraître; il est d'un de nos jeunes professeurs du Conservatoire des plus distingués M. SAVART, ce Professeur s'étend assez grandement sur cette difficile partie de l'enseignement. Je conseille à mes élèves de consulter son ouvrage page 244 et suivantes.

On pourra recourir aussi aux deux ouvrages qui ont spécialement traité la basse sous le chant.

Le premier est une méthode intitulée *Traité de la basse sous le chant* par H. F. N. LANGLÉ ancien professeur du Conservatoire de Paris et bibliothécaire de l'école; précédemment ancien premier maître du Conservatoire de la Pietà à Naples. Cet ouvrage est édité chez Nadermann à Paris.

Le second est un ouvrage de REICHA ayant pour titre *Traité de Mélodie*, abstraction faite de ses rapports avec l'harmonie, suivie d'un supplément sur l'art d'accompagner la mélodie par l'harmonie lorsque la première doit être prédominante.

Nous allons analyser deux airs, un de *Mozart* et l'autre de *Rossini*.

Les doubles queues indiqueront les notes qui ne sont point intégrantes dans les accords.

Romance du Page dans les **NOZZE DI FIGARO**.

Andante.

MOZART.

Pour bien vous rendre compte de l'analyse de ces airs, voyez les, soit à la partition ou bien avec l'accompagnement de Piano.

Cependant ne faites ces recherches qu'après avoir trouvé une bonne basse. Vous comparez la avec celle de l'auteur. Cet air est un chef-d'œuvre de liaisons harmoniques, surtout remarquez les délicieuses modulations du milieu de l'air. Il est je crois impossible de trouver une mélodie plus douce et aussi modulée, que celle-ci sans cesser d'être une mélodie naturelle et inspirée.

Cavatine de la **GAZZA LADRA**.

Allegro.

ROSSINI.

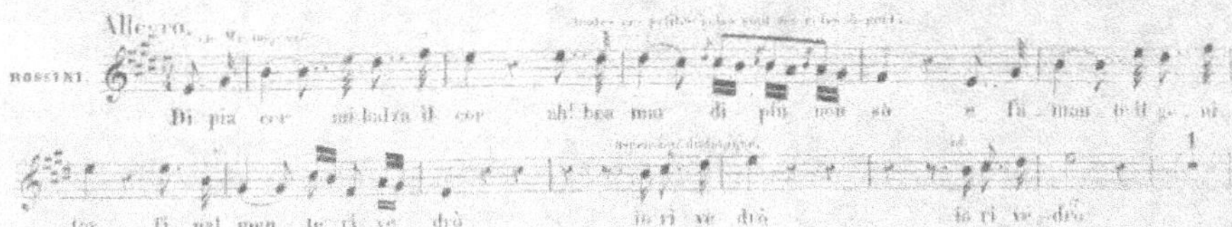

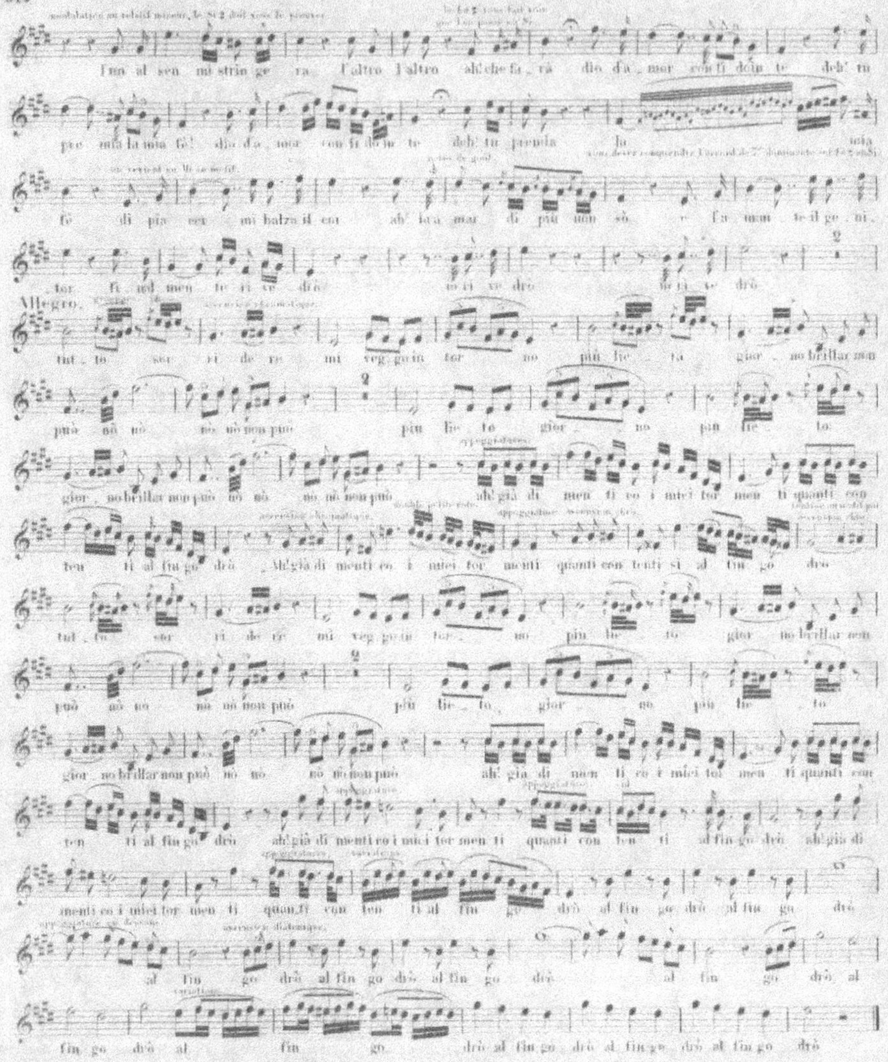

Toutes les doubles notes que vous trouvez dans ce charmant morceau ne sont que des notes d'agrément qui
ne sont point intégrantes à l'harmonie; ou ce sont des notes de goût ou de passage, ou bien des appoggiatures, ou des variations toujours données par le goût et le style. Cherchez à faire une bonne basse sous cet air et après faites de vous
même un accompagnement de piano. Si vous savez par trop ces deux mélodies faites votre travail sur d'autres morceaux

CHANT DONNÉ AVEC DIVERSES BASSES
SUR UNE CADENCE PARFAITE
18 différentes basses.

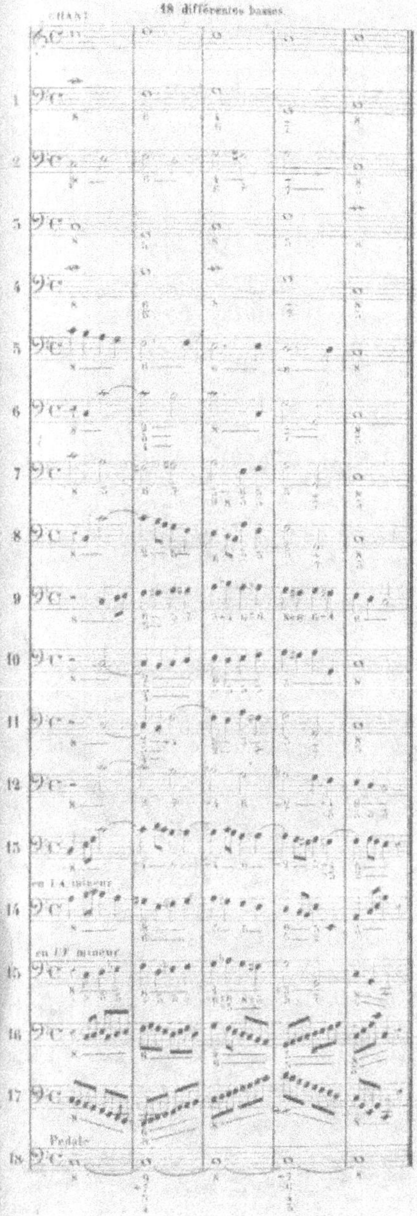

MARCHE D'HARMONIE VOCALE
AVEC DIVERSES BASSES.

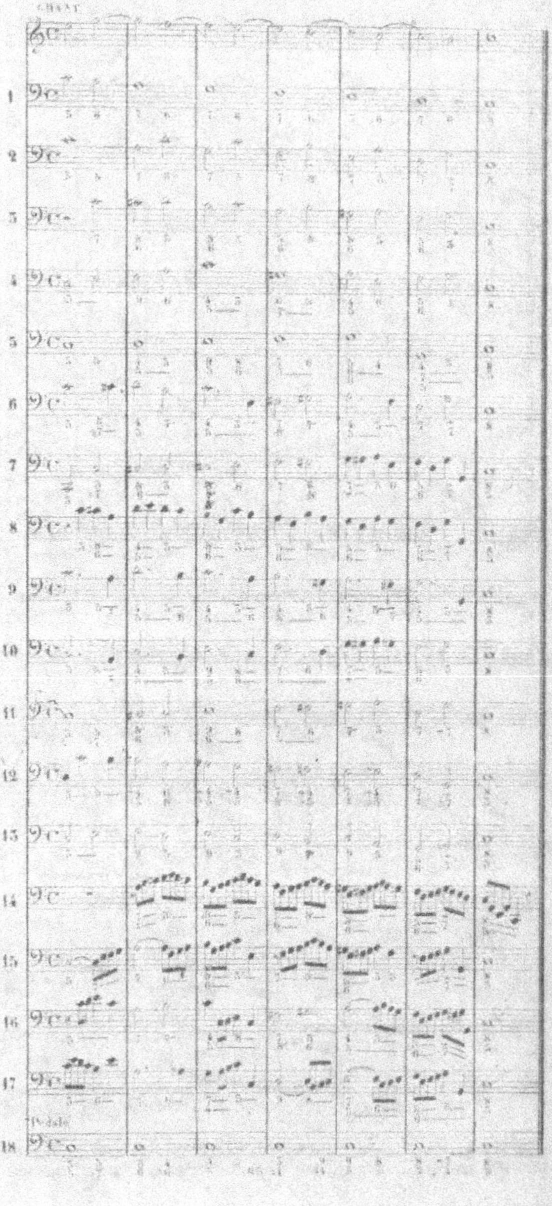

CHANT

CHANT

en LA mineur

en UT mineur

Pédale

Apprenez ces basses par cœur et composez-en d'autres.

AH VOUS DIRAIS-JE MAMAN

Air connu avec plusieurs basses différentes.

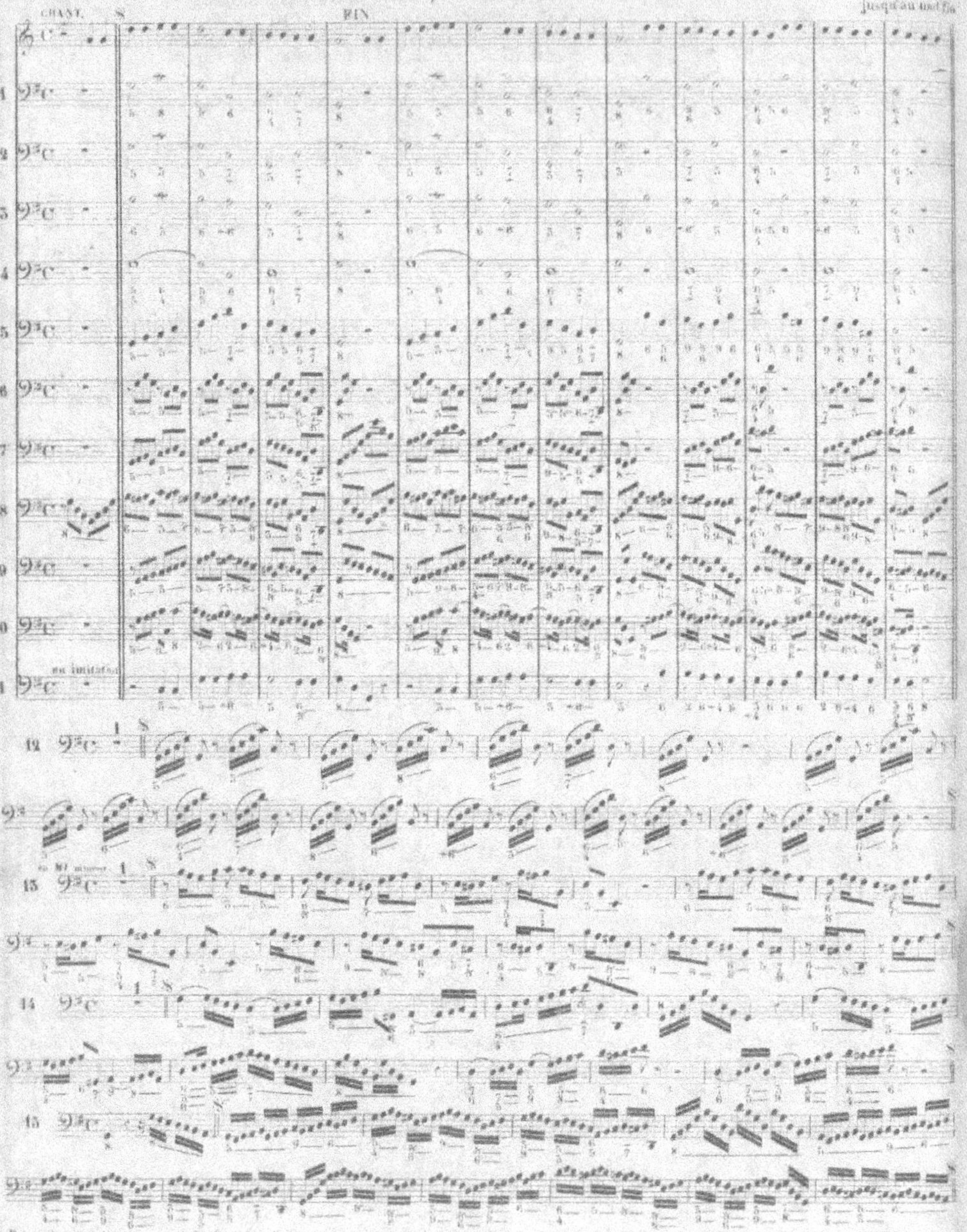

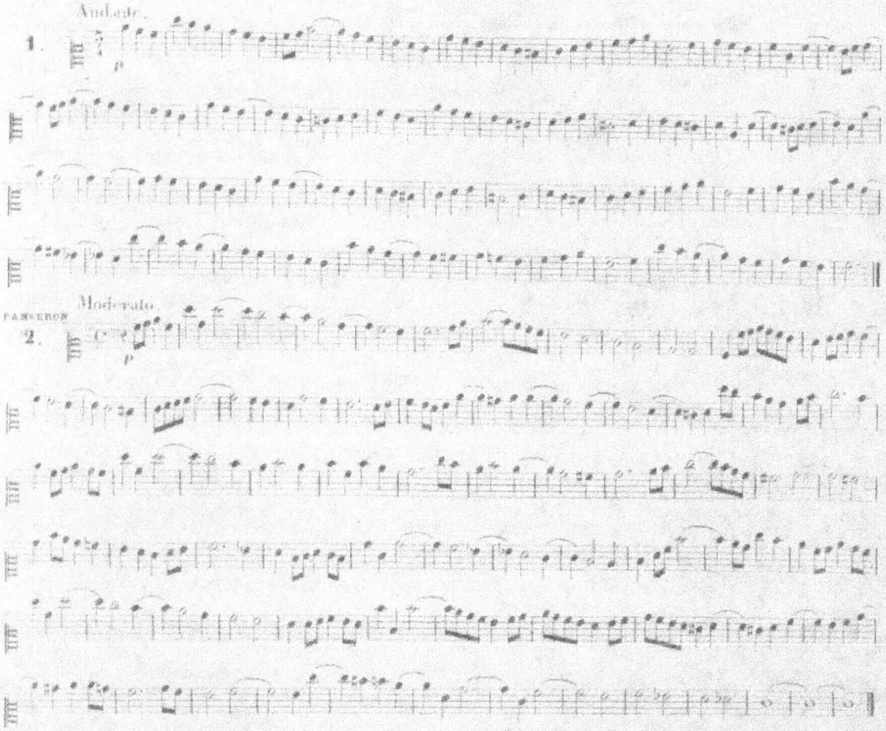

Andante.
1.
p
PANSERON
Moderato.
2.
p
MÉLODIE DE PANSERON.
Andante grazioso.
3.
p

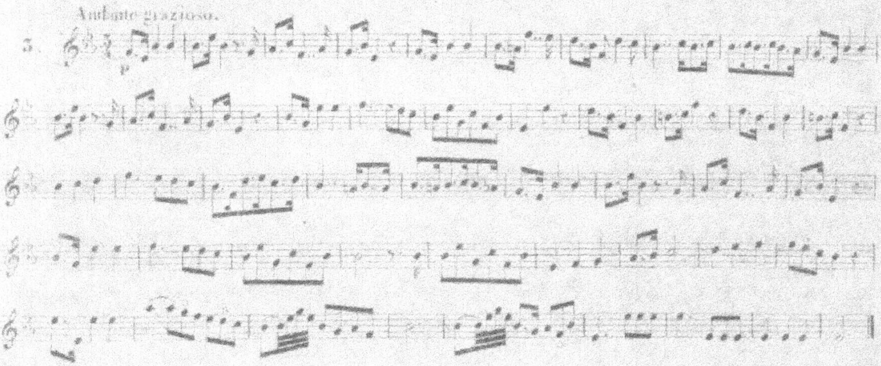

CHANT DE PANSERON.

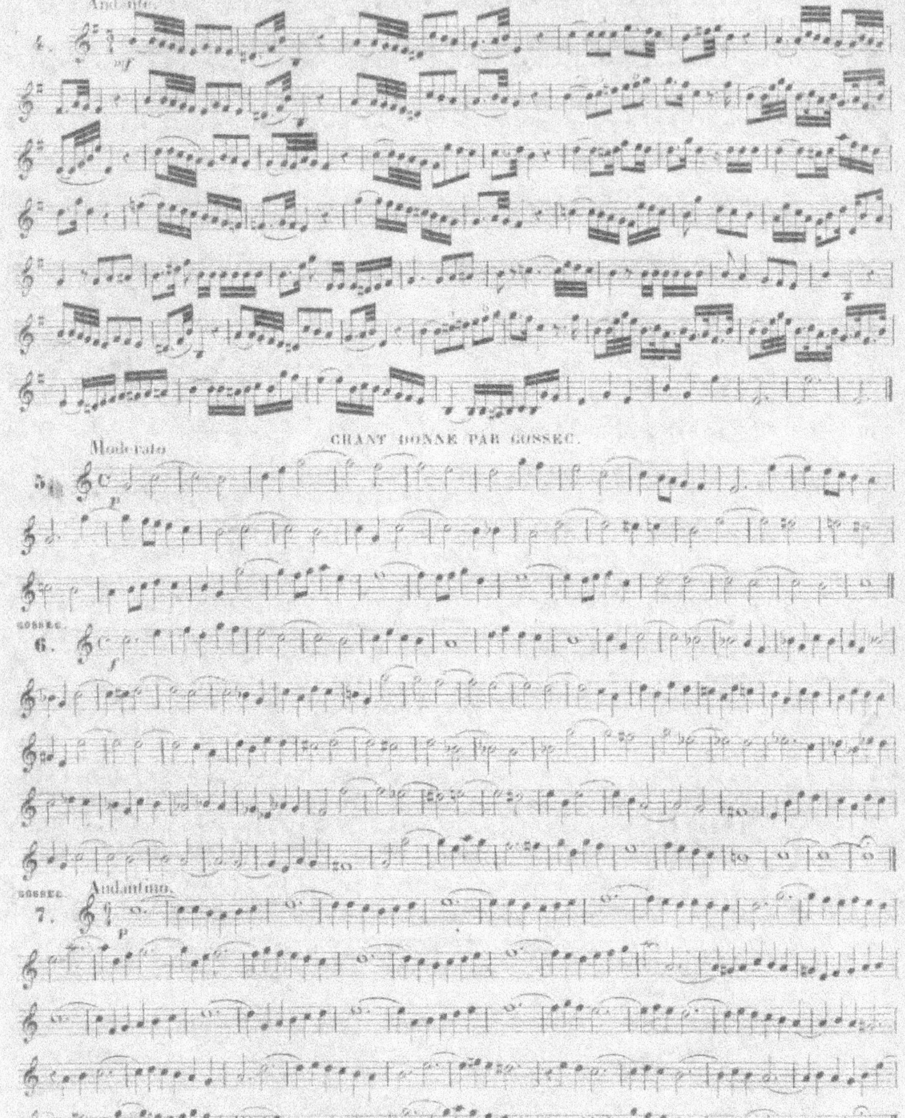

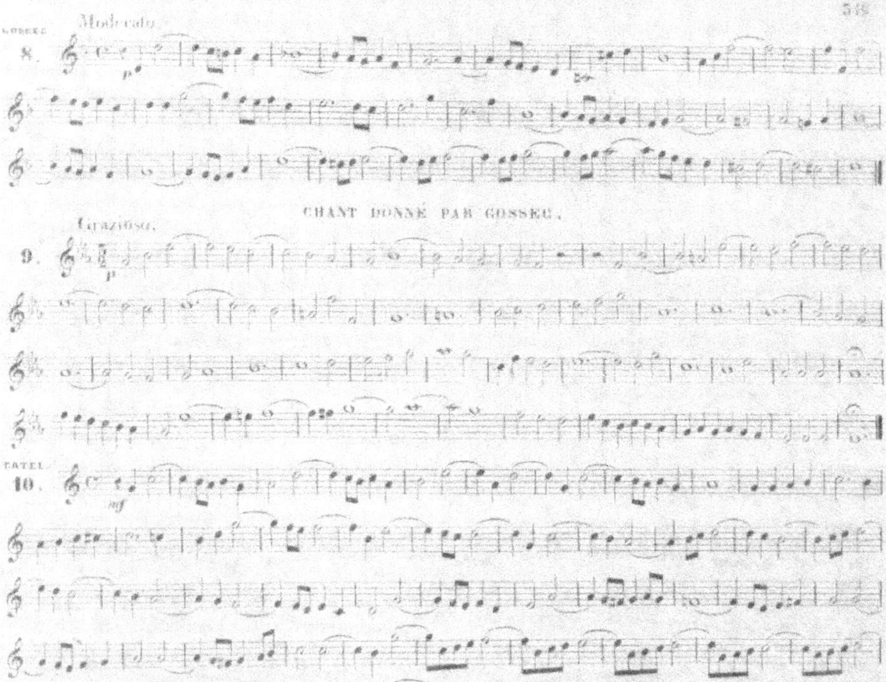

GOSSEC. Moderato.
8.
p
CHANT DONNÉ PAR GOSSEC.
Grazioso.
9.
p
CATEL.
10.
mf
CATEL. Moderato.
11.
p
GOSSEC. Andante.
12.
mf

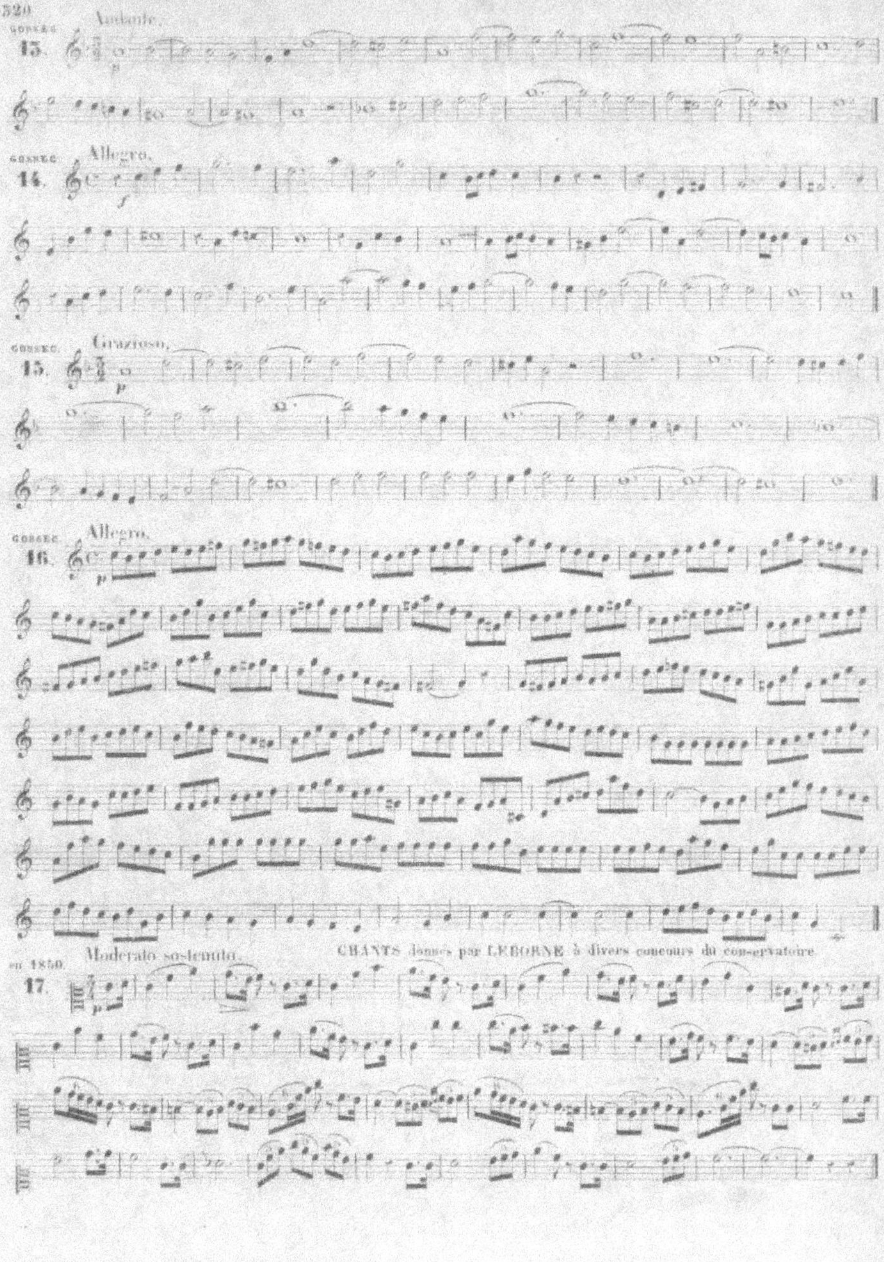

GOSSEC.
13. Andante.

GOSSEC. Allegro.
14.

GOSSEC. Grazioso.
15.

GOSSEC. Allegro.
16.

en 1850. Moderato sostenuto. CHANTS donnés par LEBORNE à divers concours du conservatoire.
17.

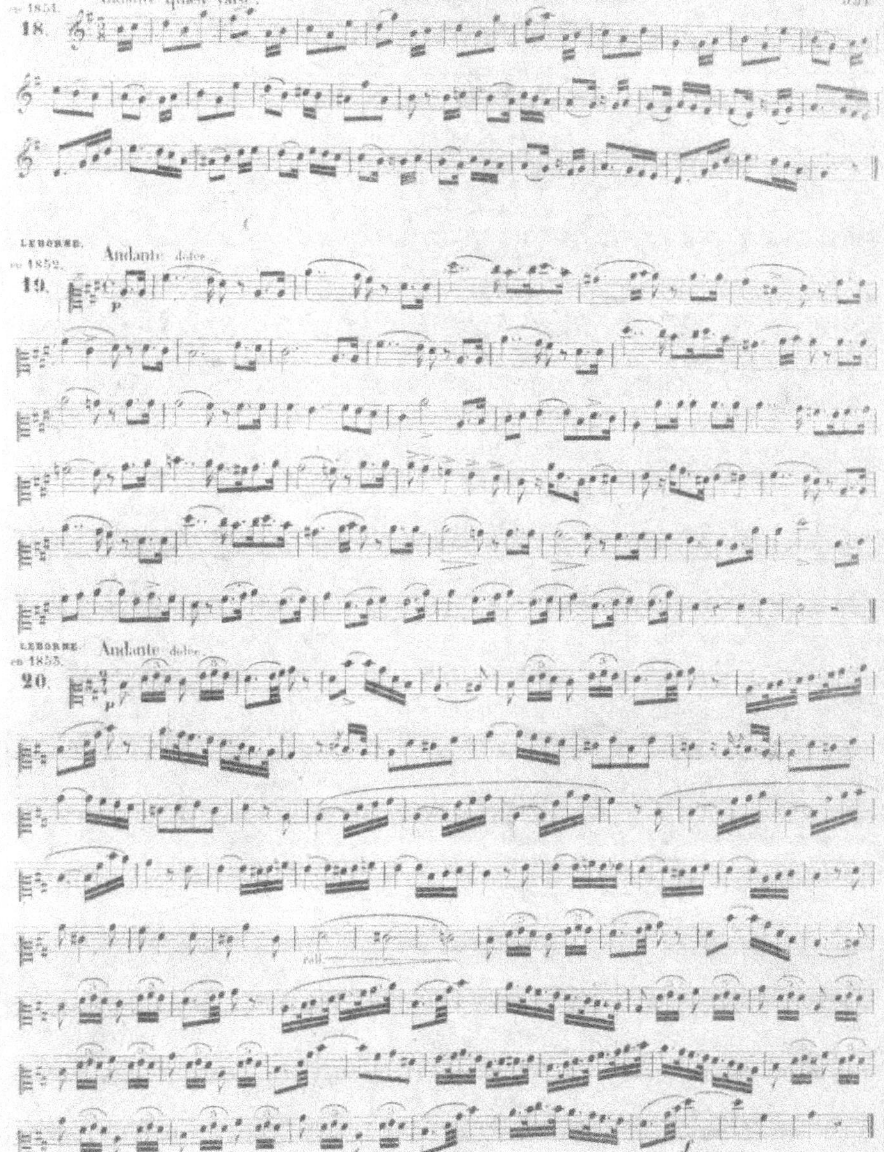

LEBORNE en 1851. Andante quasi Valse.
18.
LEBORNE en 1852. Andante dolce.
19.
LEBORNE en 1853. Andante dolce.
20.
Après avoir fait des basses sous ces chants, l'élève fera bien de les écrire à 4 parties vocales.

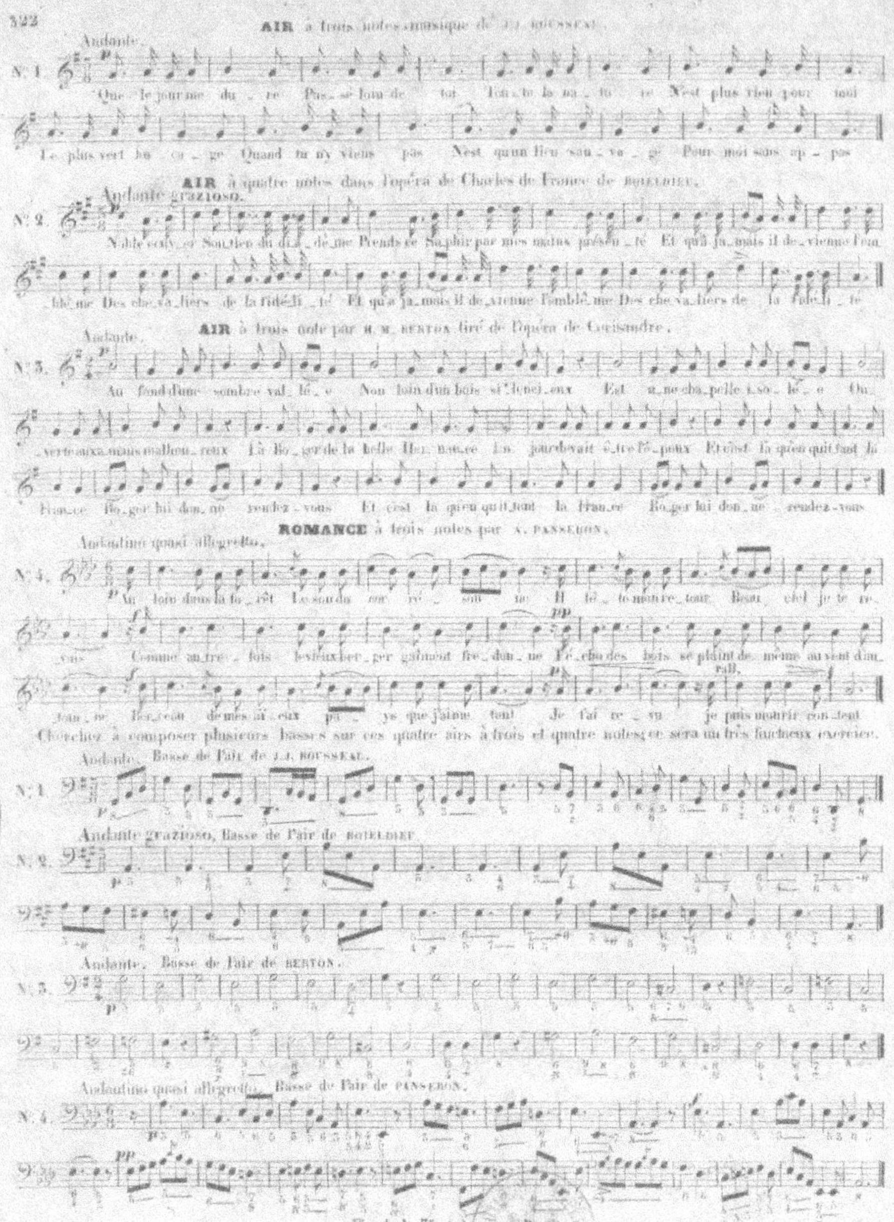
AIR à trois notes musique de J. J. ROUSSEAU.
Andante.
N.° 1.
Que le jour me dure Pas si loin de toi Toute la na_tu_re N'est plus rien pour moi
Le plus vert bo_ca_ge Quand tu n'y viens pas N'est qu'un lieu sau_va_ge Pour moi sans ap_pas
AIR à quatre notes dans l'opéra de Charles de France de BOIELDIEU.
Andante grazioso.
N.° 2.
Noble courcer Soutien du di_ a_dè_me Prends ce Saphir par mes mains présen_té Et qu'il ja_mais il de_vienne l'em
blème Des che_va_liers de la fidé_li_té Et qu'à ja_mais il de_vienne l'emblè_me Des che_va_liers de la fidé_li_té
AIR à trois note par M. M. BERTON tiré de l'opéra de Corisandre.
Andante.
N.° 3.
Au fond d'une sombre val_lé_e Non loin d'un bois si_lenci_eux Est u_ne cha_pelle i_so_lé_e Ou_
verte aux mains malheu_reux Là Ro_ger de la belle Her_man_ce Lui jouroyait ê_tre lé_poux Et c'est la qu'en quit tant la
France Ro_ger lui don_ne rendez-vous Et c'est la qu'en quit tant la France Ro_ger lui don_ne rendez-vous
ROMANCE à trois notes par A. PANSERON.
Andantino quasi allegretto.
N.° 4.
Au loin dans la fo_rêt Le sou du cor ré_son_ne H_lè_te nature tour Beau ciel je te re_
vois Comme autre_fois les vieux ber_ger gaînant fre_don_ne Le cha des bois se plaint de même au vent d'au
tom_ne Ber_ceau de mes ai_eux pa_ys que j'aime tant Je t'ai re_vu je puis mourir con_tent
Cherchez à composer plusieurs basses sur ces quatre airs à trois et quatre notes; ce sera un très facheux exercice.
Andante. Basse de l'air de J. J. ROUSSEAU.
N.° 1.
Andante grazioso. Basse de l'air de BOIELDIEU
N.° 2.
Andante. Basse de l'air de BERTON.
N.° 3.
Andantino quasi allegretto. Basse de l'air de PANSERON.
N.° 4.
Fin de la 3.° et dernière Partie.

TABLE DES MATIÈRES.

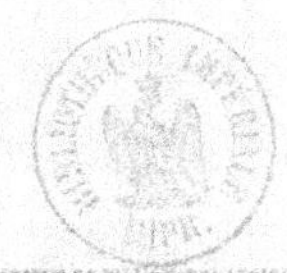

FIN DE LA TABLE DES MATIÈRES.

Tours. — Imprimerie Ch. Mazereau, rue de Clocheville.

www.ingramcontent.com/pod-product-compliance
Lightning Source LLC
LaVergne TN
LVHW011935180726
843502LV00003B/800